Fokus Chemie

Abitur

Abiturtraining Chemie
Optimale Prüfungsvorbereitung

Fokus Chemie

Abiturtraining Chemie

Autorinnen und Autoren: Tina Degering, Arno Fischedick, Dr. Holger Fleischer, Stefanie Kohl-Krug, Franziska Lehmann-Eser, Dr. Uwe Lüttgens, Ralf Malz, Thorsten May, Jörn Peters, Dr. Marcus Rehbein, Jens Riedel, Christina Schwiertz, Christa Spier, Dr. Reinhard Vetters

Redaktion: Franziska Trnka
Redaktionelle Mitarbeit: Dr. Manuel Becker
Umschlaggestaltung: klein & halm Grafikdesign Studio, Berlin, SOFAROBOTNIK GbR, Augsburg & München (Logo)
Umschlagfoto: Aminopyralid herbicide molecule, illustration: science-photo.de
Layoutkonzept: klein & halm Grafikdesign Studio, Berlin
Technische Umsetzung: L42 AG, Berlin
Grafik: Hannes von Goessel, Erding; Birgit Janisch, Berlin; Tom Menzel, Scharbeutz; Oxana Rödel, Teltow; Detlef Seidensticker, München; ww-visuell Werner Wildermuth, Würzburg

Weitere Abiturtrainings

Abiturtraining Biosphäre	978-3-06-015789-1
Abiturtraining Universum	978-3-06-011823-6

www.cornelsen.de

1. Auflage, 1. Druck 2024

Alle Drucke dieser Auflage sind inhaltlich unverändert und können nebeneinander verwendet werden.

Druck: Athesiadruck GmbH

ISBN 978-3-06-015184-4

PEFC
PEFC/18-31-166
PEFC-zertifiziert
Dieses Produkt stammt aus nachhaltig bewirtschafteten Wäldern und kontrollierten Quellen
www.pefc.de

Inhalt

Inhalt

So arbeitest du mit dem Abiturtraining

Methoden

Im Methodenteil findest du hilfreiche Tipps für deine Lernphase. Hier lernst du, wie du dein Lernen organisieren und optimieren kannst.

Inhaltsteil Abiturwissen und Übungsaufgaben

Im Inhaltsteil findest du zu jedem Thema eine Einstiegsseite mit zwei QR-Codes und eine „Ich kann"-Liste zum Abhaken.

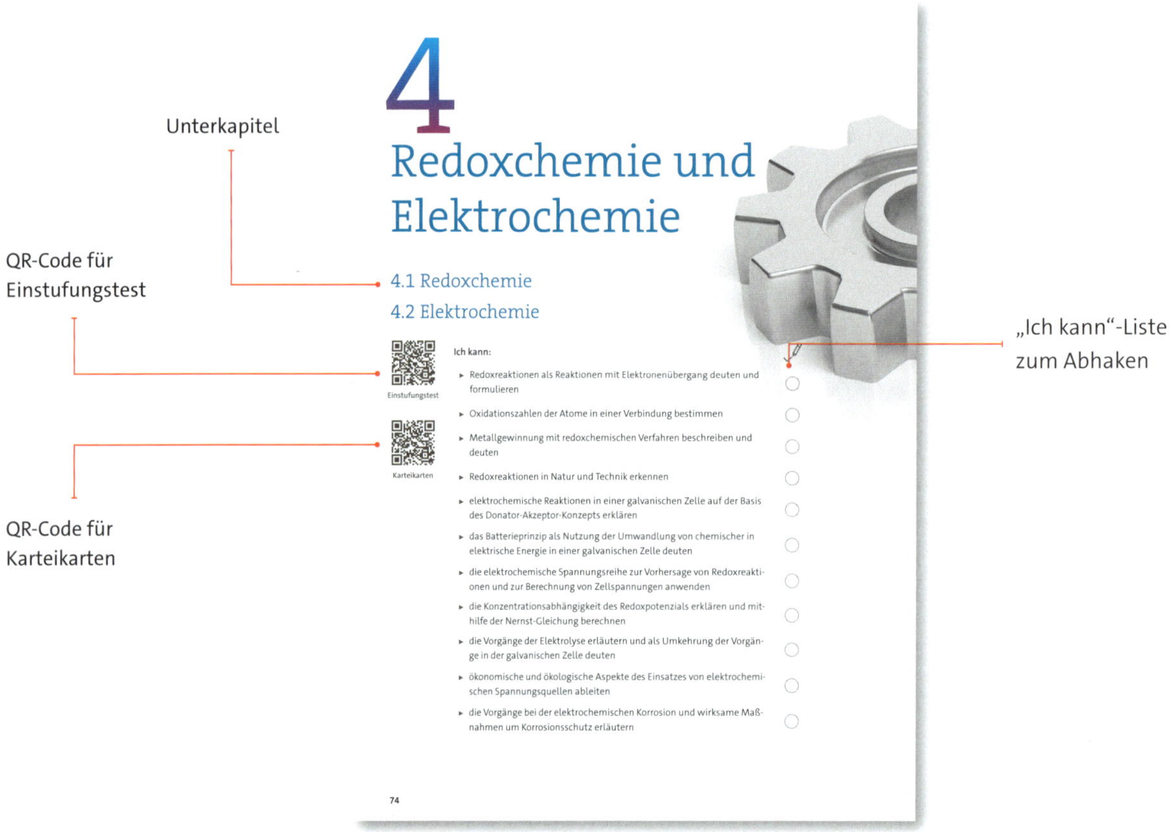

Abiturwissen

Zu jedem Thema findest du die abiturrelevanten Themen in übersichtlichen Boxen zusammengefasst.

Ein QR-Code für Zusatzinhalte.

Merksätze in blau

Kreise zum Abhaken der gelernten Boxen

Hinweise und Tipps

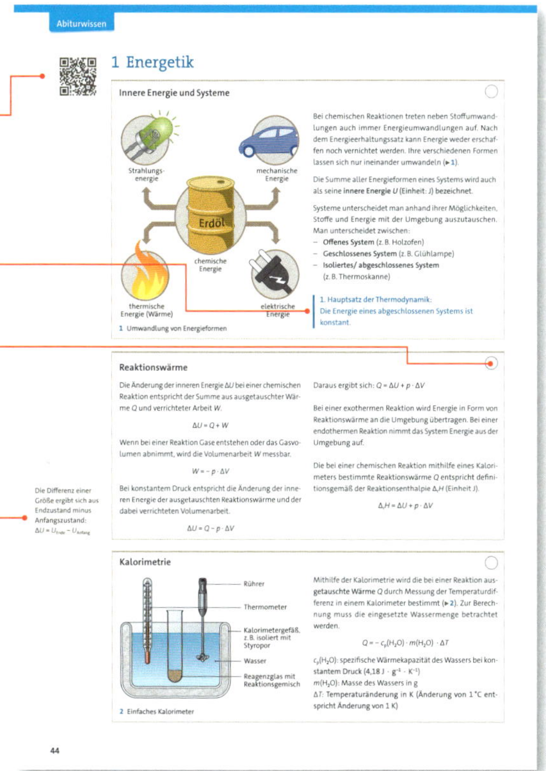

Check-up

Im Check-up zu jedem Thema kannst du dein Wissen an realistischen Übungsaufgaben testen.

Umfangreiche Aufgaben auf Abiturniveau

Ein QR-Code für Lösungen.

Kurze Aufgaben

Zeichenbereich für Aufgaben

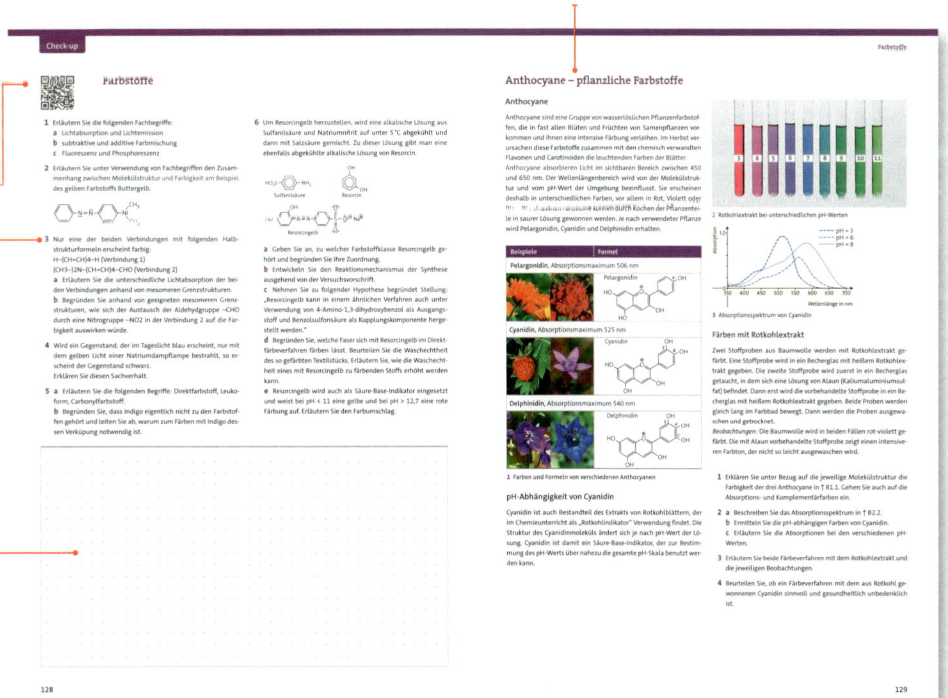

Klausurtraining

Mit den originalen Abituraufgaben kannst du dich testen und optimal auf die Realbedingungen vorbereiten.

Ein QR-Code führt dich zu den Beispiellösungen der Klausur.

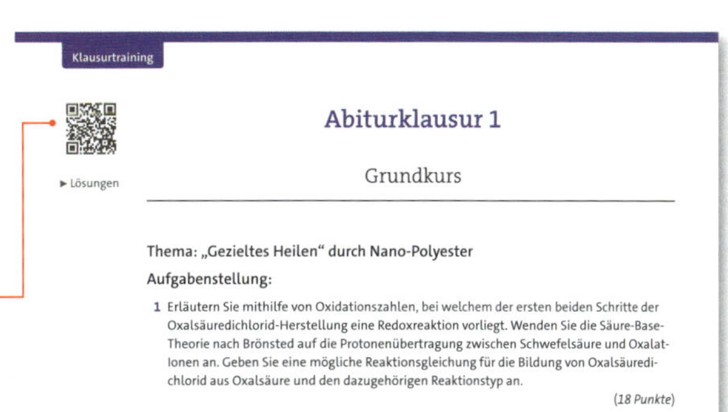

Dein Lerntracker

Für eine optimale Vorbereitung ist es wichtig, dass du dir deine Ziele in Lernphasen einteilst. Mit einem Lerntracker kannst du deinen Lernfortschritt planen und festhalten.

Thema/Aufgabe	Beginn	Ende	Kommentar	✓
Methoden zum Lernen				○
				○
				○
				○
				○
				○
				○
				○
				○
				○
				○
				○
				○
				○
				○
				○
				○
				○
				○
				○
				○

Methoden

- Den Arbeitsplatz organisieren
- 10 Tipps für deine Lernphase
- Assoziatives Lernen
- Sachverhalte visualisieren
- Active Recall
- Richtig recherchieren
- Abbildungen verstehen
- Diagramme auswerten
- Wichtige Größen und Daten in der Chemie
- Berechnen von quantitativen Größen
- Bestimmen von Oxidationszahlen
- Entwickeln von Redoxgleichungen
- Textaussagen als Reaktionsmechanismus darstellen
- Analytische Chemie
- Aufgaben verstehen - Operatoren
- Eine mündliche Prüfung vorbereiten
- Grundlegende Konzepte: Stoffe, Teilchen, Reaktionen

Den Arbeitsplatz organisieren

Wie du deine Lernumgebung gestaltest, hat direkten Einfluss darauf, wie erfolgreich und konzentriert du lernen und arbeiten kannst. Die folgenden Vorschläge helfen dir, dich und deine Umgebung optimal für die Lernphase vorzubereiten.

1 Ein organisierter Arbeitsplatz

Arbeitsplatz festlegen • Ein fester Ort zum Lernen lässt dich besser fokussieren. Ein separater Schreibtisch in ruhiger und heller Umgebung ist optimal. Das Bett ist zum Lernen nicht so gut geeignet, da dein Gehirn es mit dem Schlafen assoziiert. Wähle also deinen Schreibtisch als festen Arbeitsplatz für die Prüfungsvorbereitung.

Alles griffbereit haben • Halte deinen Schreibtisch so leer wie möglich. Lege nur die Materialien bereit, die du für deine Lernphase brauchst. Dazu gehören z. B. deine Aufzeichnungen aus dem Unterricht, dein Schulbuch, Papier und Schreibmaterial sowie ein Laptop oder Tablet.

Viel trinken • Stelle dir gleich zu Beginn ein großes Glas Wasser bereit. Bei so viel Denksport benötigt dein Gehirn ausreichend Flüssigkeit. Achte deshalb darauf, beim Lernen regelmäßig zu trinken.

Frische Luft tanken • Dein Gehirn braucht beim Lernen viel Sauerstoff und deshalb frische Luft. Am besten öffnest du vor dem Lernen und auch währenddessen regelmäßig die Fenster.

Ablenkungen minimieren • Stelle sicher, dass dich dein Handy beim Lernen nicht ablenkt. Pausiere unnötige Apps oder nutze extra Konzentrationsapps, um dich in der Lernphase nicht ablenken zu lassen. Falls du dein Handy gerade nicht zum Lernen brauchst, kannst du es in ein anderes Zimmer legen. Kopfhörer oder Ohrstöpsel können dir dabei helfen, dich nicht von Geräuschen in deiner Umgebung stören zu lassen.

Angenehme Atmosphäre schaffen • Wenn du deine Umgebung individuell gestaltest, z. B. mit Pflanzen, kann das dazu beitragen, dass du dich beim Lernen wohlfühlst. Das ist wichtig, damit du deine Lernphase mit positiven Eindrücken verbindest und deine Motivation steigt. Achte aber auch auf genug Platz und wenige Ablenkungen.

Lernoutfit tragen • Vermeide es, locker im Pyjama zu lernen. Wenn du für deine Lernphase stattdessen Kleidung wählst, die du auch in deiner Prüfungssituation anziehen würdest, kann das deine Konzentrationsfähigkeit und Lernbereitschaft fördern.

Gemeinsam lernen • Sich online oder offline mit anderen zum Lernen zu verabreden, kann motivieren. Ihr könnt ruhig nebeneinander lernen oder euch Lerninhalte gegenseitig abfragen und erklären. Im Internet findest du auch Videos, in denen Menschen für mehrere Stunden konzentriert lernen und arbeiten (Suchbegriff: "study with me"). Dadurch fühlst du dich in deiner Lernphase nicht allein und wirst motiviert, deine Lernzeit sinnvoll zu nutzen.

> Ein aufgeräumter und organisierter Arbeitsplatz hilft dir dabei, motiviert und fokussiert zu lernen.

10 Tipps für deine Lernphase

Du sitzt endlich am Schreibtisch und möchtest anfangen zu lernen. Hier sind 10 Tipps für dich, mit denen du deine Lernphase bis zum Abi erfolgreich nutzen und dein Lernen effizienter gestalten kannst.

1 Ausreichend schlafen • Schlaf ist besonders wichtig, damit dein Gehirn die erlernten Inhalte verarbeiten und ins Langzeitgedächtnis übernehmen kann. Nur mit ausreichend Schlaf kannst du am nächsten Tag ausgeruht starten und produktiv sein. Daher sollte ausreichend erholsamer Schlaf für dich eine hohe Priorität haben.

2 Überblick verschaffen • Mache dir einen Überblick, wie viele Tage dir bis zur Prüfung zur Verfügung stehen und was du bis dahin können musst. Indem du deine Ziele und Lernzeiten planst, kannst du besser einschätzen, wie viel Zeit dir für die einzelnen Lernfelder bleibt.

3 Produktiv sein • Kenne und nutze deine produktivste Phase am Tag. Morgens können sich viele Menschen am besten konzentrieren. Nach Mahlzeiten hat man meistens ein Konzentrationstief. Du siehst dich eher als Nachteule? Wenn du nachts lernen möchtest, verwechsle eine produktive Lernphase nicht mit gestresstem, übermüdetem Pauken.

4 Prokrastination vermeiden • Du schiebst dein Lernen immer vor dir her und kommst mit der Prüfungsvorbereitung nicht voran? Prokrastinieren ist ein Schutzmechanismus deines Gehirns, um dich vor Stress zu schützen. Besonders beim Lernen für das Abitur scheint die Menge an Lerninhalten ein unüberwindbares Hindernis und sorgt für Stress. Suche dir aktiv Möglichkeiten, um deinen Stress zu managen. So kannst du deinem Gehirn signalisieren, dass alles in Ordnung ist. Wenn du dir den Lernstoff in kleinere Portionen einteilst, wirkt der Aufwand machbar und nicht so überwältigend. Setze dir daher lieber mehrere kleine Lernziele statt einem großen.

5 Zeiten einteilen • Lerne in festgelegten Zeitblöcken. Du musst nicht 24/7 produktiv sein. Pausen sind sogar sehr wichtig für das Lernen. Nutze hierfür z. B. die Pomodoro-Technik. Dabei dauert eine Arbeitsphase 25 min mit anschließend 5 min Pause. Nach vier Arbeitsdurchgängen legst du eine längere Pause ein. Die Zeitspannen kannst du natürlich individuell an deine Bedürfnisse anpassen.

6 Pausen machen • Mache genügend erholsame Pausen. Diese sind wichtig, damit dein Kopf das Gelernte verarbeiten kann. Nach einer Pause bist du dann wieder aufnahmefähig und kannst effektiv weiterarbeiten. Nach einer erfolgreichen Lernphase solltest du dich auch belohnen. Triff dich mit Freunden, mache Sport, bewege dich an der frischen Luft oder gehe anderen Offline-Hobbys nach. Es ist daher sinnvoll, wenn du dir deinen Tag vorher in produktive Phasen, Pausen und Freizeit einteilst. Achte also darauf, dass du dich beim Lernen konzentrieren kannst.

7 Fragen formulieren • Sich Lösungen und Zusammenfassungen durchzulesen, reicht für ein umfassendes Verständnis meistens nicht aus. Versuche, vor und nach dem Lernen eines Themas aktiv Fragen zu formulieren und zu beantworten. Nur so kannst du dich selbst überprüfen und feststellen, ob du alles Notwendige verstanden und Wissenslücken geschlossen hast.

8 Hilfsmittel verwenden • Es gibt viele Hilfsmittel und Medien, um ein schwieriges Thema besser zu verstehen. Es kann hilfreich sein, sich die Erklärung eines Themas von mehreren Quellen (z. B. Schulbuch, Websites, Erklärvideos) einzuholen. Pass auf, dass die Inhalte dabei relevant und die Quellen vertrauenswürdig sind.

9 Recherchieren • Um tiefere Zusammenhänge zu erkennen, kann es dir helfen, zusätzliche Infos zu recherchieren (▶ S. 17). Diese bieten deinem Gehirn mehr Anknüpfungspunkte und du kannst dir die notwendigen Inhalte besser merken.

10 Aus Fehlern lernen • Du wirst bei der Prüfungsvorbereitung immer wieder Fehler machen. Lass dich davon nicht abschrecken. Fehler zu machen ist hilfreich und sogar wichtig für den Lernfortschritt. Sie helfen dir, Schwierigkeiten zu erkennen, aus ihnen zu lernen und dich zu verbessern.

2 Gutes Planen zahlt sich aus

Assoziatives Lernen

Wenn dir monotones Wiederholen beim Lernen nicht mehr weiter hilft, versuche es mal mit dem assoziativen Lernen. Das assoziative Lernen ist eine wirksame Methode, um sich Wissen mithilfe von Verknüpfungen schnell und erfolgreich zu merken. So entgehst du dem stumpfen Auswendiglernen und gestaltest dein Lernen dynamischer.

Assoziationen und Vorwissen • Das Wort *assoziieren* bedeutet so viel wie *verknüpfen, vernetzen* oder *verbinden*. Es handelt sich bei Assoziationen um Vorstellungen, die einer Person schnell zu einem bestimmten Thema einfallen. Über Assoziationen werden neue Inhalte mit deinem Vorwissen verknüpft. Also mit dem Wissen, das du bereits hast, bevor du dich mit einem Thema intensiver auseinandersetzt. Dein Vorwissen bietet dir dann Anknüpfungspunkte für das neue Wissen. Mithilfe dieser Vernetzung kannst du das verknüpfte Wissen schneller abrufen. Der Vorteil dieser Technik ist, dass sie ganz individuell genutzt werden kann. Kreativität kann hierbei besonders hilfreich sein, denn kreative Verknüpfungen erleichtern dir später, das Gelernte abzurufen.

> Beim assoziativen Lernen verknüpfst du neue Inhalte mit deinem Vorwissen. Dadurch kannst du das neu erlernte Wissen einfacher abrufen.

Assoziationsmethode • Diese Methode kannst du auf verschiedene Arten für dich nutzen. Am besten trägst du dein Vorwissen zunächst zusammen, um anschließend neue Inhalte damit zu verknüpfen. Dazu gibt es unterschiedliche Darstellungsformen. Du kannst dein Vorwissen in einer einfachen Liste mit Stichpunkten notieren. Du könntest aber auch visualisierende Assoziationssterne oder umfangreichere ABC-Listen nutzen. Bei einem Assoziationsstern handelt es sich um einen Stern mit beliebig vielen Zacken. In die Mitte des Sterns schreibst du das übergeordnete Thema und an den Zacken notierst du deine Assoziationen.

ABC-Listen • Bei ABC-Listen notierst du zunächst die Buchstaben des Alphabets untereinander. Als Überschrift dient das Thema, zu dem die ABC-Liste angelegt wird. Die Begriffe, die du mit dem Thema assoziierst, notierst du bei dem entsprechenden Anfangsbuchstaben. Die Begriffe können unabhängig von der alphabetischen Reihenfolge aufgeschrieben werden. Du kannst dabei einzelne Buchstaben freilassen oder auch mehrere Wörter zu einem Buchstaben zuordnen.

Wenn du diese Methoden zu unterschiedlichen Zeitpunkten des Lernprozesses durchführst, wirst du deinen Wissenszuwachs bemerken.

Merksätze • Auch während des Lernens kannst du visualisierte Übersichten verwenden, um deinen Wissensstand zu reflektieren und neue Informationen mit deinem Vorwissen zu verknüpfen (▶ S. 15). Wie kannst du dir aber besonders schwer zu merkende Fachbegriffe, Formeln und Abfolgen einprägen? Hier profitierst du besonders von kreativen oder skurrilen Eselsbrücken und Merksätzen. Im Internet findest du zu vielen Abi-Themen bereits gute Merksätze. Nimm dir daher bei einem schwierigen Thema am Anfang kurz Zeit für eine passende Assoziation und lerne dadurch einfacher und schneller.

Loci-Methode • Bei der Loci-Methode bringst du Lerninhalte in eine gedankliche Bildreihenfolge und verknüpfst diese mit einem bekannten Ort. Dadurch entwickelst du eine kleine Geschichte. Schaue dich beispielsweise in deinem Zimmer um. Bestimmte Möbelstücke kannst du mit einer wichtigen Info verknüpfen. Je mehr du diese Info verbildlichen und mit dem Möbelstück in eine Geschichte einspannen kannst, desto leichter wird es dir fallen, dich an die Informationen zu erinnern.

1 **Überlege dir, wie du das Thema Korrosion mithilfe der Loci-Methode visualisieren könntest.**

1 Beispiel einer möglichen Verknüpfungsroute zur Loci-Methode in einem Zimmer

Sachverhalte visualisieren

Du kannst Lerninhalte in verschiedener Form visuell darstellen und strukturieren. Mit diesen Techniken machst du dir Themen übersichtlicher und leichter zugänglich. Du bekommst einen Überblick darüber, welche Inhalte für ein bestimmtes Thema relevant sind. Dadurch nimmst du eventuelle Wissenslücken wahr und kannst sie dann mit den passenden Inhalten füllen.

Mind-Map • Notizen solltest du beim Lernen abwechslungsreich und dynamisch gestalten, um das assoziative Denken zu verstärken. Ein effektives Denkwerkzeug dafür ist die Mind-Map. Wenn du eine Mind-Map erstellen willst, positionierst du das Thema in der Mitte des Blattes (▶ 2). Vom Thema aus ziehst du mehrere Linien mit Oberbegriffen. Davon gehen wiederum weitere Linien mit Unterbegriffen aus. Mithilfe von Größe, Farben, Symbolen und Pfeilen kannst du Hierarchien und Kategorien hervorheben. Diese Technik kann im Kontext von Brainstorming, aber auch bei gezielten Zusammenfassungen genutzt werden.

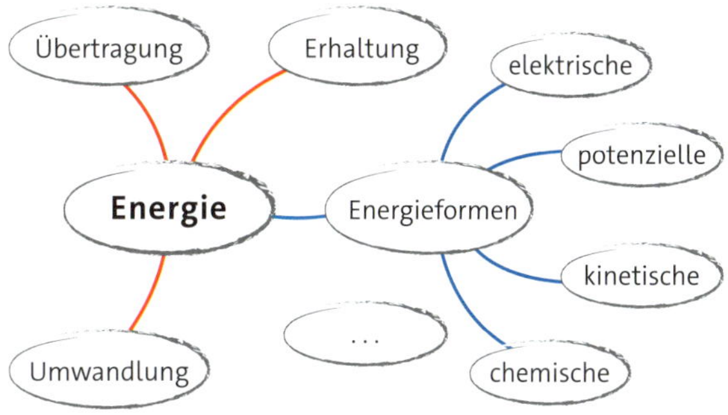

2 Mind-Map zum Thema Energie

Concept Map • Bei einer Concept Map (▶ 3) geht es um die Darstellung von Begriffshierarchien und deren Beziehung zueinander. Dadurch kannst du komplexe Sachverhalte und logische Verbindungen visualisieren. Das Thema steht ganz oben. Ausgehend von diesem entwickelst du die Concept Map. Die zentralen Begriffe stehen in logischen Beziehungen zueinander, was mithilfe von Pfeilen dargestellt wird. An die Pfeile wird jeweils die logische Beziehung geschrieben, zum Beispiel: *ist Teil von, besteht aus, ist größer als, führt zu, bewirkt, weil,* etc.

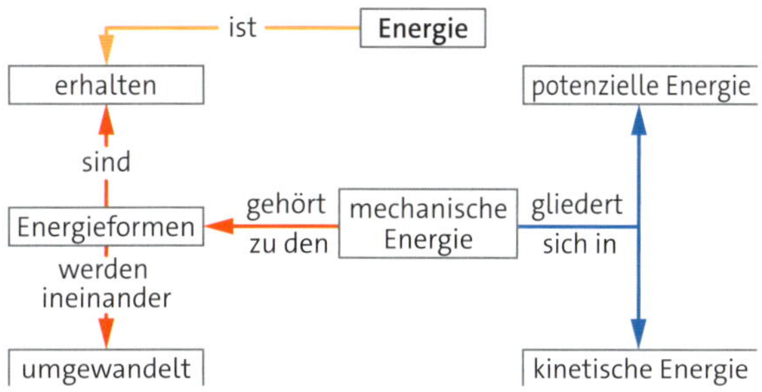

3 Concept-Map zum Thema Energie

Venn-Diagramm • Beim Vergleichen stellst du zwei Inhalte nebeneinander und suchst Gemeinsamkeiten und Unterschiede. Dadurch kann es dir gelingen, besondere Merkmale zu verdeutlichen. Dein Gehirn setzt sich beim Vergleichen tiefer mit dem Inhalt auseinander, als wenn du ihn isoliert betrachtest. Du kannst Vergleiche in einer Tabelle darstellen oder auch ein Venn-Diagramm nutzen (▶ 4). Ein Venn-Diagramm besteht aus zwei Kreisen, die sich in der Mitte überlappen können. In die einzelnen Kreisteile schreibst du die Aspekte, die für die einzelnen Sachverhalte typisch sind. In dem mittleren sich überschneidenden Teil notierst du die Gemeinsamkeiten. Auch der Vergleich von drei Sachverhalten ist mit einem Venn-Diagramm möglich.

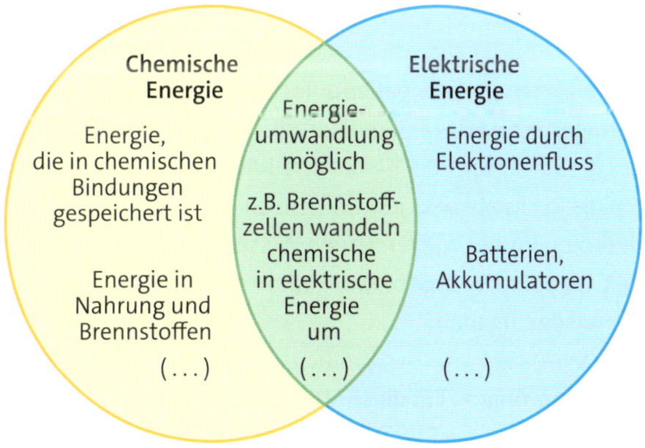

4 Venn-Diagramm zur chemischen und elektrischen Energie

1 Probiere hier deine bevorzugte Variante aus und strukturiere dein Wissen zum Thema Energetik.

Active Recall

Lesen, markieren und Stichpunkte aufschreiben allein helfen dir beim Lernen nicht weiter? Mit der Methode des aktiven Abrufens von Lerninhalten (Active Recall) lernst du gezielt, festigst das erworbene Wissen nachhaltig und erkennst offene Baustellen, an denen du noch arbeiten musst.

Ziel der Methode • Die Methode des Active Recalls setzt auf ein aktives Auseinandersetzen mit den Lerninhalten. Dabei stellst du dir bewusst Fragen zu thematischen Schwerpunkten, fasst dein Wissen zum Thema zusammen und erklärst Zusammenhänge mit eigenen Worten. So regst du intensives Nachdenken an und sorgst für einen langfristigen Lernerfolg.

Meistens basiert diese Technik darauf, dass du die thematischen Grundlagen bereits verstanden und dir Vorwissen angeeignet hast. Trotzdem kannst du dir bereits vor der Erarbeitung eines Lerninhaltes Fragen stellen, die du im Laufe der Erarbeitungsphase beantworten möchtest.

Umsetzung • Verschaffe dir zuerst einen Überblick zu einem Lernfeld. Formuliere währenddessen und danach gezielt Fragen, mit deren Antworten du die Inhalte sinnvoll wiedergeben, beschreiben und vergleichen kannst. Diese Fragen können kurz sein oder auch einen prüfungsähnlichen Charakter haben.

Beim Active Recall stellt man sich gezielt Fragen und beantwortet sie mit Fachbegriffen und in eigenen Worten.

In diesem Abi-Trainer findest du QR-Codes zu passenden digitalen Karteikarten auf den Einstiegsseiten der Themenbereiche.

Karteikarten • Eine beliebte Technik, um sein Wissen abzufragen, ist das Lernen mit Karteikarten. Schreibe die Frage auf die Vorderseite der Karteikarte und eine genaue Antwort auf die Rückseite (▶ 1). Kontrolliere durch regelmäßiges Wiederholen immer wieder deinen Wissensstand. So stellst du fest, ob du in der Lage bist, die Inhalte korrekt und vollständig wiederzugeben.

Brainstorming • Für diese Methode nimmst du dir ein leeres Blatt und einen Stift und versuchst zu einem Überthema alle gelernten Informationen aus dem Kopf aufzuschreiben. Dabei muss nicht alles vollständig sein. Denn diese Methode eignet sich besonders gut, um noch vorhandene Wissenslücken aufzuzeigen. Du kannst anschließend die Lücken füllen, Fehler verbessern und die Methode wiederholen. Ein Brainstorming hilft dir dabei, dein Wissen abzubilden und zu strukturieren.

Bevor du mit dem Lernen beginnst, schreibe alle Fachwörter und Begriffe auf ein leeres Blatt, die dir zu dem Thema des Kapitels einfallen. Nun kannst du dich genauer mit dem Inhalt beschäftigen. Dafür schaust du dir z. B. in diesem Prüfungstrainer eine Lernbox im Bereich Abiturwissen an. Wenn du den Inhalt verstanden hast, schließe das Buch und nimm dir wieder ein leeres Blatt. Versuche so viele der gelernten Informationen wie möglich korrekt aufzuschreiben. Danach vergleichst du deine Notizen mit der Lernbox und füllst die Lücken auf. Wiederhole die Methode, bis du zufrieden bist. Du kannst diese Methode in zeitlichen Abständen immer wieder wiederholen, um deinen Wissensstand im kleineren oder größeren Umfang zu testen.

Erklären • Etwas mit eigenen Worten zu erklären, ist die beste Art, um festzustellen, ob du Inhalte wirklich verstanden hast und aus dem Gedächtnis abrufen kannst. Inhalte zu verstehen und sich langfristig zu merken gelingt dir besser, wenn du versuchst, dir selbst oder einer anderen Person diese Inhalte zu erklären. Diese Technik kannst du allein üben, indem du mit dir selbst sprichst, oder auch mit anderen: einem Haustier, einem Familienmitglied oder Freunden. Dadurch bist du gezwungen, mit eigenen Worten Zusammenhänge verständlich darzustellen. Durch Nachfragen vom Gegenüber musst du spontan agieren. Dabei merkst du schnell, ob du alles richtig verstanden hast und welche Inhalte du dir noch einmal genauer anschauen musst. Dabei kann es sich auch lohnen, die Situation wie ein Interview oder eine mündliche Prüfung zu gestalten. So können auch bewusst schwierige Nachfragen gestellt werden, auf die man antworten muss. Das hilft sowohl der fragenden als auch der antwortenden Person.

Übe immer wieder, die wichtigsten Lerninhalte zu erklären und mit eigenen Worten wiederzugeben.

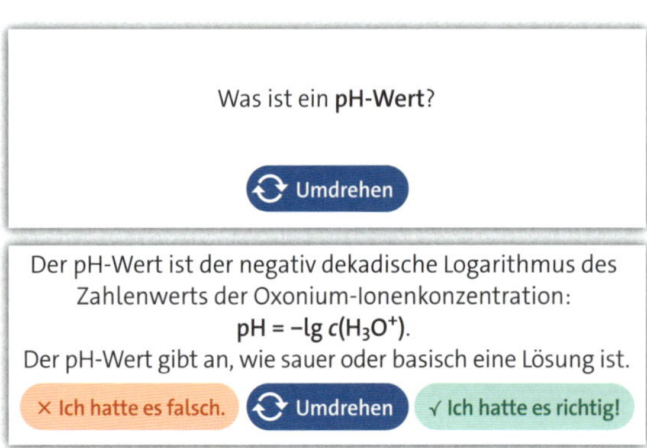

1 Karteikarte zum pH-Wert

2 Gegenseitiges Erklären hilft, sich aktiv zu erinnern

Richtig recherchieren

Bei einer Recherche geht es darum, selbstständig Informationen zu ermitteln und Nachforschungen anzustellen. Hierbei kannst du unterschiedliche Quellen und Medien nutzen. Insbesondere dein Schulbuch und die Suche im Internet können dir helfen, schnell an das benötigte Wissen zu gelangen.

Schulbuch • Eine effektive Variante, um deine Wissenslücken bei Unklarheiten zu schließen, ist die Schulbuch-Recherche. Das Schulbuch bietet dir unterschiedliche Merkmale, die dir dabei helfen können, offene Fragen zu beantworten.

Das Inhaltsverzeichnis findest du vorne im Schulbuch. Dort hast du einen Überblick über alle Kapitel des Buches und kannst nach Themen entsprechend den Titeln der einzelnen Kapitel suchen. Folglich handelt es sich bei diesem Vorgehen nicht um eine detaillierte Suche, sondern um eine Auswahl passender Themen für eine grobe Orientierung.

Dem gegenüber steht die detaillierte Recherche mithilfe des Registers. Das Register befindet sich hinten im Schulbuch und beinhaltet konkrete Begriffe, die in den einzelnen Texten des Buches genannt werden. Zu den alphabetisch geordneten Fachbegriffen sind die jeweiligen Seitenzahlen vermerkt, auf denen du Informationen zu dem gewählten Sachverhalt findest. Das bietet dir eine detaillierte Übersicht und du kannst Begriffe und Themen gezielter finden und nachlesen.

Zusätzlich weisen Schulbücher häufig ein Glossar auf, in dem du relevante Fachbegriffe sowie die entsprechenden Definitionen findest. Die im Glossar dargestellten Definitionen kannst du nutzen, um die Bedeutung eines Begriffes erneut nachzuschlagen. Begriffe, die du nur schwer aus einem Text ableiten kannst, können meistens mithilfe des Glossars besser verstanden und eingeordnet werden.

> Im Schulbuch kann man über das Inhaltsverzeichnis, das Register oder das Glossar Informationen zu abiturrelevanten Themen recherchieren.

Internet • Eine weitere Variante für die eigene Recherche ist die Nutzung des Internets. Zur Recherche im Internet kannst du unterschiedliche Online-Suchmaschinen nutzen. Ein Vorteil der Internetrecherche ist die große Anzahl an zur Verfügung stehenden Quellen. Zu diesen zählen nicht nur Texte, sondern auch Bilder, Animationen und Videos.

3 Verschiedene Quellen helfen bei der Vorbereitung.

Hast du eine interessante Quelle gefunden, solltest du dieser aber nicht blind vertrauen. Da Informationen über das Internet ungefiltert verbreitet werden können, müssen Texte und Videos auf Webseiten kritisch betrachtet werden. Es ist also wichtig, die Quellen und ihre Inhalte zunächst auf ihre Glaubwürdigkeit zu überprüfen. Dazu bietet es sich an, die Inhalte verschiedener Quellen miteinander zu vergleichen und auf seriöse Quellenangaben zu achten. So kannst du Fake News und falsche Inhalte filtern und Behauptungen von objektiven Fakten unterscheiden. Erst dann kannst du sicher sein, dass das Gelernte auch wirklich stimmt.

Bei der Eingabe der Suchanfrage über das entsprechende Feld bietet es sich nicht an, ausformulierte Fragen einzugeben. Viel gewinnbringender ist es, wenn du nach einzelnen Schlagwörtern suchst und diese gegebenenfalls variierst.

Zusätzlich gibt es Suchoperatoren, mit deren Hilfe du die Suchanfrage konkretisieren kannst. Zu diesen zählt beispielsweise das Ausschließen von Begriffen aus der Suche mithilfe eines Bindestrichs, den du direkt vor das Wort setzt. Auch die Nutzung von Anführungszeichen unterstützt das Finden bestimmter Phrasen. Sogar den Dokumententyp kannst du eingrenzen, indem du diesen in deiner Suchanfrage angibst. Dazu wird die Formulierung „filetype" genutzt, der das entsprechende Format folgt. Bei der Suche nach PDF-Dokumenten lautet die Eingabe folglich: „filetype:pdf". Darüber hinaus gibt es viele weitere Suchoperatoren, die du – teils abhängig von der gewählten Online-Suchmaschine – nutzen kannst.

> In Lexika, Zeitschriften und im Internet findet man viele Informationen und Darstellungen zu abiturrelevanten Themen. Man sollte gezielt suchen und auf die Zuverlässigkeit der Quellen achten.

Tipps zum Recherchieren

1 Das Inhaltsverzeichnis gibt dir einen Überblick über alle Themen im Buch.. So sparst du Zeit beim Suchen.
2 Im Register stehen wichtige Fachbegriffe und wo sie im Buch zu finden sind. So kannst du effizient nach Schlagworten suchen.
3 In einem Glossar gibt, kannst du die Bedeutung essentieller Begriffe nachschlagen.
4 Im Internet findest du zahlreiche Webseiten mit Infos. Achte aber auf die Glaubwürdigkeit der Quellen.
5 Formuliere deine Begriffe in Suchmaschinen möglichst genau, um schnell die richtigen Treffer zu finden.
6 Mit Einschränkungen wie z. B. "fyletype" kannst du die Ergebnisse nach deinen Anforderungen filtern.

Abbildungen verstehen

Abbildungen stellen ein wesentliches Mittel zur Veranschaulichung von Inhalten und zur Vermittlung von Informationen dar. Damit du dir Inhalte von Texten und Aufgaben erschließen kannst, musst du die Aussagen von Abbildungen erkennen können. Im Folgenden stellen wir dir fünf Schritte vor, um eine Abbildung schnell zu verstehen und zu analysieren.

Versuchsaufbauten, chemische Vorgänge und schematische oder modellhafte Zusammenhänge sind oft in Abbildungen dargestellt. Sie sind nützlich, um komplizierte Sachverhalte übersichtlich zu veranschaulichen. Verschiedene Farben, Formen, Linien, Pfeile und Beschriftungen helfen dir dabei, die Aussagen zu erkennen. Wenn du die Aussage der Abbildung verstehen willst, kannst du dir schrittweise die Bedeutung der einzelnen Komponenten erschließen.

Schritt 1 • Bevor du dich mit einer Abbildung genauer auseinandersetzt, ist es wichtig, dass du dir einen Überblick verschaffst. Hierzu solltest du die Abbildung kurz betrachten und die Abbildungsunterschrift lesen, welche die dargestellten Aspekte thematisch zusammenfasst.

Schritt 2 • Dann betrachtest du die Abbildung genauer. Lies dabei die Beschriftungen der einzelnen Bestandteile. Nimm bewusst wahr, wie Farben, Formen und Pfeile eingesetzt werden, sofern diese vorhanden sind. Hierbei bietet es sich außerdem an, auf Regelmäßigkeiten zu achten. Durch dieses Vorgehen kannst du das im ersten Schritt erschlossene Thema gegebenenfalls konkretisieren.

Schritt 3 • Im nächsten Schritt identifizierst du unbekannte Worte und Aussagen in der Beschriftung. Wenn du einen Begriff nicht kennst, solltest du diesen recherchieren. Kläre außerdem die Bedeutung von Farben und Formen. Oft werden damit zusätzliche Infos ausgedrückt, die zur Aussage der Abbildung beitragen. Fasse die Ergebnisse deiner Überlegungen in einer kurzen Randnotiz zusammen.

Schritt 4 • Im vierten Schritt interpretierst du die verschiedenen Bestandteile und leitest die Aussagen der Abbildung ab. Dazu ist es nützlich, die folgenden Punkte zu beachten.

Zunächst markierst du wichtige Schlagwörter in der Abbildung. Hierbei solltest du nicht alle Beschriftungen innerhalb der Abbildung markieren, sondern Schwerpunkte setzen. Dabei kannst du dich bereits an der Aufgabenstellung orientieren. Indem du dazu unterschiedliche Farben benutzt, hältst du deine Notizen übersichtlich.

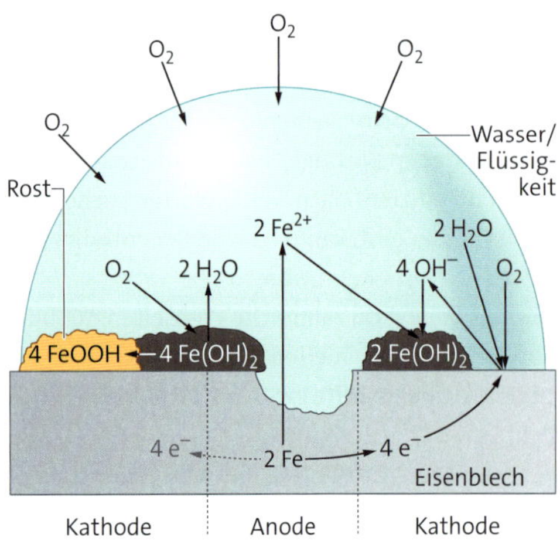

1 Schema der Sauerstoffkorrosion von Eisen

In manchen Abbildungen sind Prozesse dargestellt, z. B. durch Pfeile, Start- und Endpunkte oder Momentaufnahmen. Dann ist es sinnvoll, wenn du zunächst bestimmst, ob es sich um einen einfachen oder einen zyklischen (d. h. sich wiederholenden) Prozess handelt. Indem du die zuvor markierten Schlagwörter miteinander in Verbindung bringst, kannst du dir auch komplizierte Abläufe erschließen.

Manche Abbildungen vergleichen Sachverhalte. Dann musst du ggf. Gemeinsamkeiten und Unterschiede herausstellen. Notiere dir zu allen Punkten deine Erkenntnisse, damit du sie dann zu einer Gesamtaussage zusammenführen kannst.

Schritt 5 • Im letzten Schritt geht es wie bei allen Erschließungsmethoden um die schriftliche Zusammenfassung der konkreten Inhalte. Schaue dir dazu deine Notizen zu den einzelnen Bestandteilen der Abbildung an und fasse die Hauptaussage zusammen. Anschließend kannst du dann je nach Aufgabenstellung auf Details eingehen und Einzelheiten gezielt beschreiben. Manchmal bietet es sich auch an, die Erkenntnisse in einer Grafik zusammenzufassen (▶ **S. 15**).

Verschaffe dir erst einen Überblick und betrachte dann die Details einer Abbildung.

Abbildungen verstehen

1. Erste Betrachtung
2. Beschriftung und Bestandteile betrachten
3. Unbekanntes klären
4. Ableitung der Aussagen
5. Inhalte festhalten

Beispiel Abbildung zur Sauerstoffkorrosion von Eisen

Rost begegnet uns überall im Alltag. Diese Veränderung von metallischen Werkstoffen durch Umwelteinflüsse wird Korrosion genannt. Ist die Oberfläche von Eisen mit Feuchtigkeit oder Wasser benetzt, führt der im Wasser gelöste Sauerstoff zu einer elektrochemischen Reaktion, der Sauerstoffkorrosion.

1 Welche Bestandteile sind auf der Abbildung zu sehen? Wie würdest du den dargestellten Prozess mit eigenen Worten beschreiben?

Diagramme auswerten

Um Diagramme zu verstehen und diese auswerten zu können, ist ein systematisches Vorgehen hilfreich. Die folgenden 5 Schritte geben dir Anhaltspunkte, wie du dein Vorgehen gliedern kannst, um die nötigen Erkenntnisse abzuleiten.

Selbst erstellte oder vorgegebene Diagramme oft auch im Rahmen einer Aufgabe betrachtet. Deshalb sind Diagramme als Teil von Aufgabenstellungen mit Operatoren wie z. B. beschreiben", „erklären" oder „deuten" verbunden. Um diese Aufgaben zu lösen, kannst du dich nach den folgenden Schritten richten:

Schritt 1 • Zunächst lohnt es sich, das Diagramm als Ganzes zu betrachten. Dabei erfasst du das Thema, erfasst den Diagrammtitel und liest die Abbildungsunterschrift. Auch die Achsenbeschriftung gibt dir Aufschluss über die Inhalte des Diagramms.

Schritt 2 • Nach dem ersten Überblick betrachtest du die einzelnen Elemente des Diagramms. Du interpretierst Beschriftungen sowie Einheiten und Größenordnungen an den Achsen. Auch die Legende und ggf. zusätzliche Infos oder Erläuterungen geben dir weitere Informationen, wie das Dargestellte zu verstehen ist. Farben und Formen sind außerdem häufige Stilmittel, an denen du die Besonderheiten der Daten erkennst.

Schritt 3 • Dann analysierst du die dargestellten Verläufe und Kurven. Stelle fest, welche Informationen das Diagramm gibt und notiere dir deine Erkenntnisse. Welche Abhängigkeiten ergeben sich aus dem Diagramm? Was sind die Grenzen der Aussagekraft des Gezeigten? Was lernt man aus der Darstellung?

Schritt 4 • Dieser Schritt ist optional. Wenn die Aufgabenstellung danach verlangt, aus den Werten des Diagramms weitere Informationen abzuleiten, kannst du dazu die theoretische Grundlage nutzen. Möglicherweise musst du aus den Werten oder z. B. aus einer Geradensteigung eine weitere Größe ermitteln.

Schritt 5 • Am Ende solltest du die herausgefundenen Erkenntnisse schriftlich zusammenfassen. In den meisten Aufgaben leitest du aus dem Diagramm bestimmte Aussagen ab, die du dann prägnant formulieren musst. Hier ist es ratsam, dass du auch begründest, woran du deine Schlussfolgerungen fest machst und woran du bestimmte Folgerungen erkennst.

Diagramme auswerten

1 Überblick verschaffen
2 Genauer betrachten
3 Verläufe und Gesamtaussage erkennen
4 Informationen und Aussagen ableiten
5 Erkenntnisse zusammenfassen

Beispiel Energiediagramm

Ein Katalysator ermöglicht einen alternativen Reaktionsweg mit verringerter Aktivierungsenergie.

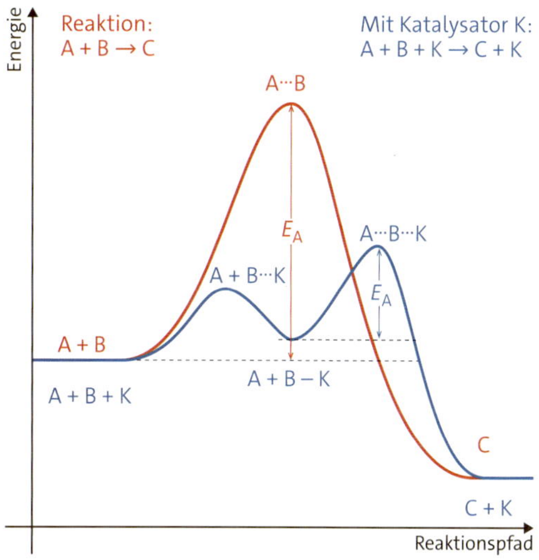

1 Energiediagramm einer nicht katalysierten (rot) und katalysierten (blau) Reaktion

1 Beschreibe das Diagramm in Abbildung ▸ 1. Nutze dafür die fünf Schritte.

Wichtige Größen und Daten in der Chemie

Größen in der Chemie

Größe	Formelzeichen	Einheit
Masse	m	kg, g
Volumen	V	m^3, ℓ
Stoffmenge	n	mol
molare Masse	M	g/mol
molares Volumen	V_m	ℓ/mol
Teilchenanzahl	N	1
Dichte	ϱ	g/cm^3, g/ℓ
Massenanteil	w	1, %
Massenkonzentration	β	g/ℓ
Stoffmengen-konzentration	c	mol/ℓ
Temperatur	T, ϑ	K, °C

Vorsätze von Einheiten (Auswahl)

Vorsatz	Kurz-zeichen	Faktor, mit dem die Einheit multipliziert wird	
Giga	G	1 000 000 000	(10^9)
Mega	M	1 000 000	(10^6)
Kilo	k	1 000	(10^3)
Dezi	d	0,1	(10^{-1})
Zenti	c	0,01	(10^{-2})
Milli	m	0,001	(10^{-3})
Mikro	µ	0,000 001	(10^{-6})
Nano	n	0,000 000 001	(10^{-9})

Größengleichungen in der Chemie

Dichte	$\varrho = \frac{m}{V}$ $\varrho = \frac{M}{V_m}$
molare Masse	$M = \frac{m}{n}$
molares Volumen	$V_m = \frac{V}{n}$
Massenanteil	$w(\text{Stoff}) = \frac{m(\text{Stoff})}{m(\text{Stoffgemisch})}$
Volumenanteil	$\varphi(\text{Stoff}) = \frac{V(\text{Stoff})}{V(\text{Stoffgemisch})}$
Massenkonzentration	$\beta(\text{Stoff}) = \frac{m(\text{Stoff})}{V(\text{Stoffgemisch})}$
Stoffmengenkonzentration	$c(\text{Stoff}) = \frac{n(\text{Stoff})}{V(\text{Stoffgemisch})}$

Konstanten in der Chemie

Normdruck p_n	p_n = 1013 hPa
Normtemperatur T_n	T_n = 273,15 K
Molares Volumen eines idealen Gases im Normzustand $V_{m,n}$	$V_{m,n}$ = 22,4 ℓ/mol
Avogadro-Konstante N_A	$N_A = 6{,}0221367 \cdot 10^{23}\ mol^{-1}$

Thermodynamische Daten ausgewählter Stoffe

Formel	M in $g \cdot mol^{-1}$	$\Delta_f H_m^0$ in $kJ \cdot mol^{-1}$	S_m^0 in $J \cdot K \cdot mol^{-1}$	$\Delta_f G_m^0$ in $kJ \cdot mol^{-1}$	Formel	M in $g \cdot mol^{-1}$	$\Delta_f H_m^0$ in $kJ \cdot mol^{-1}$	S_m^0 in $J \cdot K \cdot mol^{-1}$	$\Delta_f G_m^0$ in $kJ \cdot mol^{-1}$
$H_2O(l)$	18	−286	70	−237	$Cl_2(g)$	71	0	223	0
$H_2O(g)$	18	−244	189	−229	Ethanal(l)	44	−192	160	−128
$CO_2(g)$	44	−394	214	−394	Ethansäure(l)	60	−486	160	−389
NaCl(s)	58,5	−411	72	−384	$Ag^+(aq)$	108	106	73	77
$CaCl_2(s)$	111	−796	105	−748	$Na^+(aq)$	23	−240	59	−262
$C_4H_{10}(g)$	58	−126	310	−17	$Ca^{2+}(aq)$	40	−543	−53	−554
Na(s)	23	0	51	0	$Cl^-(aq)$	35,5	−167	56	−131
Ag(s)	108	0	43	0	$OH^-(aq)$	17	−230	−11	−157
$NH_3(g)$	17	−46	193	−16	$NH_4^+(aq)$	18	−132	113	−79

Berechnen von quantitativen Größen

Zwischen der Stoffmenge, der Masse und dem Volumen von Stoffportionen bestehen proportionale Zusammenhänge, mit denen die quantitativen Größen ineinander umgerechnet werden können.

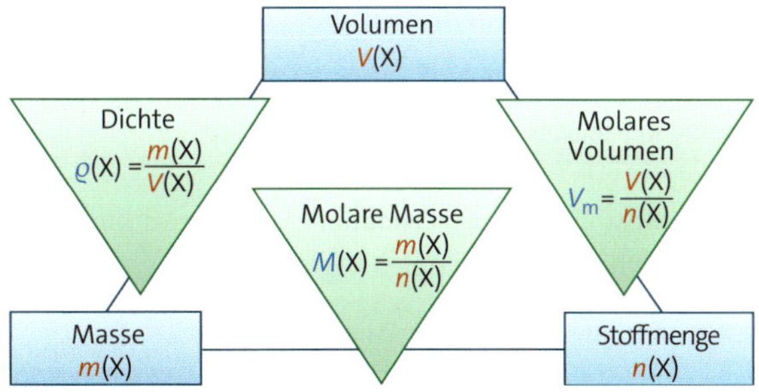

1 Zusammenhang zwischen quantitativen Größen

Schrittfolge	Beispiel 1
1 Lesen Sie die Aufgabe aufmerksam und vollständig.	**Aufgabe:** In einem Kolbenprober wurden 80 mL Methan aufgezogen. Berechnen Sie die Stoffmenge der Sauerstoffportion unter Normbedingungen.
2 Analysieren Sie die Aufgabenstellung. Notieren Sie gegebene und gesuchte Größen. Rechnen Sie Volumenangaben passend um.	**Gegeben:** $V(CH_4)$ = 80 mL = 0,08 L, V_m = 22,4 L · mol^{-1} **Gesucht:** $n(CH_4)$
3 Nutzen Sie zur Berechnung die passende Größengleichung. $n(X) = \frac{V(X)}{V_m}$	**Lösung:** $n(CH_4) = \frac{V(CH_4)}{V_m} = \frac{0{,}08\ L}{22{,}4\ L \cdot mol^{-1}} = 0{,}0036\ mol$
4 Formulieren Sie einen Antwortsatz.	**Antwort:** Die Stoffmenge der Gasportion beträgt 0,0036 mol.

Schrittfolge	Beispiel 2
1 Lesen Sie die Aufgabe aufmerksam und vollständig.	**Aufgabe:** Benzin kann ganz vereinfacht als das Alkan Octan (C_8H_{18}) beschrieben werden. In einem Tank befinden sich noch 25 L Octan ($\varrho(C_8H_{18})$ = 0,7 g · mL^{-1}). Berechnen Sie die Stoffmenge an Octan im Tank.
2 Analysieren Sie die Aufgabenstellung. Notieren Sie gegebene und gesuchte Größen. Beachten Sie, dass für Flüssigkeiten und Feststoffe zur Berechnung die molare Masse notwendig ist.	**Gegeben:** $V(C_8H_{18})$ = 25 L = 25 000 mL, $\varrho(C_8H_{18})$ = 0,7 g · mL^{-1} **Gesucht:** $M(C_8H_{18})$, $n(C_8H_{18})$
3 Bestimmen Sie aus der Formel der Verbindung die molare Masse. $M(1\ C) = 12\ g \cdot mol^{-1}$; $M(1\ H) = 1\ g \cdot mol^{-1}$	$M(C_8H_{18}) = 8 \cdot M(1\ C) + 18 \cdot M(1\ H)$ $= 8 \cdot 12\ g \cdot mol^{-1} + 18 \cdot 1\ g \cdot mol^{-1}$ $= 114\ g \cdot mol^{-1}$
4 Berechnen Sie mithilfe der Dichte die Masse der Stoffportion. $m(X) = \varrho(X) \cdot V(X)$	$m(C_8H_{18}) = \varrho(C_8H_{18}) \cdot V(C_8H_{18})$ $= 0{,}7\ g \cdot mL^{-1} \cdot 25\,000\ mL$ $= 17\,500\ g$
5 Nutzen Sie zur Berechnung die passende Größengleichung. $n(X) = \frac{m(X)}{M(X)}$	**Lösung:** $n(C_8H_{18}) = \frac{m(C_8H_{18})}{M(C_8H_{18})} = \frac{17\,500\ g}{114\ g \cdot mol^{-1}} = 153{,}5\ mol$
6 Formulieren Sie einen Antwortsatz.	**Antwort:** Im Tank befinden sich noch 153,5 mol Octan.

Bestimmen von Oxidationszahlen

Anorganischen Verbindungen

AUFGABE Bestimmen Sie die Oxidationszahlen der Atome in MnOOH und in AlF_6^{3-}.

Bei der Bestimmung von Oxidationszahlen in Verbindungen geht man nach folgenden Regeln vor:

Regeln zur Bestimmung der Oxidationszahlen	
1. Atome in elementaren Stoffen haben die Oxidationszahl **0**.	$\overset{0}{Zn}$, $\overset{0}{Fe}$, $\overset{0}{Cu}$, $\overset{0}{H_2}$, $\overset{0}{O_2}$, $\overset{0}{O_3}$, $\overset{0}{Cl_2}$
2. Bei einfachen Ionen entspricht die Oxidationszahl der Ionenladung.	$\overset{II}{Zn^{2+}}$, $\overset{III}{Fe^{3+}}$, $\overset{I}{Cu^{+}}$, $\overset{I}{H^{+}}$, $\overset{-II}{O^{2-}}$, $\overset{-I}{Cl^{-}}$
3. Fluor hat in Verbindungen immer die Oxidationszahl **–I**.	$\overset{I}{H}\overset{-I}{F}$, $\overset{II}{Ca}\overset{-I}{F_2}$, $\overset{III}{Al}\overset{-I}{F_3}$, $\overset{IV}{C}\overset{-I}{F_4}$, $\overset{II}{O}\overset{-I}{F_2}$
4. Wasserstoff hat in Verbindungen die Oxidationszahl **I**. (Ausnahme: Hydride)	$\overset{I}{H}\overset{-I}{Cl}$, $\overset{I}{H_2}\overset{-II}{O}$, $\overset{I}{H_2}\overset{-I}{O_2}$, $\overset{-III}{N}\overset{I}{H_3}$, $\overset{-IV}{C}\overset{I}{H_4}$ Ausnahmen: $\overset{I}{Na}\overset{-I}{H}$, $\overset{II}{Ca}\overset{-I}{H_2}$
5. Sauerstoff hat in Verbindungen die Oxidationszahl **–II**. (Ausnahmen: Peroxide und Sauerstofffluoride)	$\overset{IV}{S}\overset{-II}{O_2}$, $\overset{VI}{S}\overset{-II}{O_3}$, $\overset{I}{H_2}\overset{VI}{S}\overset{-II}{O_4}$, $\overset{III}{Al_2}\overset{-II}{O_3}$ Ausnahmen: $\overset{I}{H_2}\overset{-I}{O_2}$, $\overset{II}{O}\overset{-I}{F_2}$
6. Die Summe der Oxidationszahlen aller Atome eines Teilchens entspricht der Gesamtladung des Teilchens.	ungeladene Teilchen: $\overset{IV}{C}\overset{-II}{O_2}$, $\overset{IV}{Si}\overset{-I}{F_4}$, $\overset{III}{Al}(\overset{-II}{O}\overset{I}{H})_3$, $\overset{-II}{C}\overset{I}{H_3}\overset{-II}{O}\overset{I}{H}$ Ionen: $\overset{I}{H}\overset{IV}{C}\overset{-II}{O_3^-}$, $\overset{IV}{Si}\overset{-I}{F_6^{2-}}$, $[\overset{III}{Al}(\overset{-II}{O}\overset{I}{H})_4]^-$

1. Beispiel: Oxidationszahlen der Atome in MnOOH

a) Anwenden der Regeln 1 und 2: Es liegen weder elementare Stoffe noch einfache Ionen vor.

b) Anwenden der Regel 3: Die Verbindung enthält kein Fluor.

c) Anwenden der Regeln 4 und 5: Wasserstoff erhält die Oxidationszahl I und Sauerstoff erhält die Oxidationszahl –II.

$Mn\overset{-II}{O}\overset{-II}{O}\overset{I}{H}$

d) Anwenden der Regel 6: Die Gesamtladung im MnOOH ist null. Daraus ergibt sich für Mangan die Oxidationszahl **III**.

$\overset{III}{Mn}\overset{-II}{O}\overset{-II}{O}\overset{I}{H}$ $\quad III - II - II + I = 0$

2. Beispiel: Oxidationszahlen der Atome in AlF_6^{3-}

a) Anwenden der Regeln 1 und 2: Es liegen weder elementare Stoffe noch einfache Ionen vor.

b) Anwenden der Regel 3: Fluor hat die Oxidationszahl **–I**.

$Al\overset{-I}{F_6^{3-}}$

c) Anwenden der Regeln 4 und 5: Es ist weder Wasserstoff noch Sauerstoff enthalten.

d) Anwenden der Regel 6: Die Gesamtladung des AlF_6^{3-}-Ions beträgt –3. Daraus ergibt sich für Aluminium die Oxidationszahl **III**.

$\overset{III}{Al}\overset{-I}{F_6^{3-}}$ $\quad 1 \cdot III + 6 \cdot (-I) = -3$

Organischen Verbindungen

AUFGABE Bestimmen Sie die Oxidationszahlen der Kohlenstoffatome im Propanalmolekül.

1 Aufstellen der Strukturformel des Propanalmoleküls:

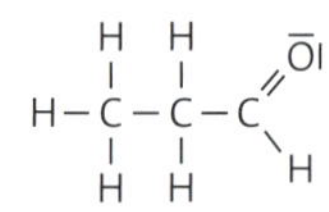

2 Ermittlung der Elektronegativität (EN) aller im Molekül vorhandenen Atome:

EN(C) = 2,5; EN(H) = 2,1; EN(O) = 3,5

3 Zuordnung der bindenden Elektronenpaare zu den einzelnen Atomen:

Das Atom mit der höheren Elektronegativität erhält formal die bindenden Elektronen. Sind zwei gleiche Atome an einer Bindung beteiligt, so teilen sie sich die Elektronen. Die Elektronen, die jedes Atom auf diese Weise erhält, werden gezählt.

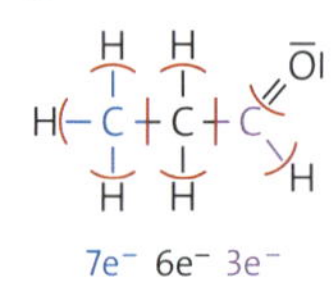

4 Ermittlung der Oxidationszahlen:

Die Anzahl der Außenelektronen eines Atoms wird anhand der Hauptgruppennummer im PSE ermittelt. Die Oxidationszahl ergibt sich aus der Differenz der Außenelektronen und den zugeordneten Elektronen. Beispiele:

C-Atom: 4–7 = –III; C-Atom: 4–3 = I

5 Notieren der Oxidationszahlen:

Die ermittelten Oxidationszahlen werden in der Strukturformel oder der Halbstrukturformel notiert.

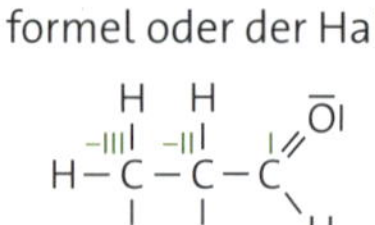

$\overset{-III}{C}H_3-\overset{-II}{C}H_2-\overset{I}{C}HO$

Methode

Entwickeln von Redoxgleichungen

AUFGABE Entwickeln Sie die Redoxgleichung für die Reaktion von Permanganat-Ionen mit Chlorid-Ionen **in saurer Lösung.**

1 Notieren der korrespondierenden Redoxpaare

An jeder Redoxreaktion sind zwei korrespondierende Redoxpaare beteiligt.

Korrespondierendes Redoxpaar 1:	Korrespondierendes Redoxpaar 2:
Mn^{2+}/MnO_4^-	$2\,Cl^-/Cl_2$

2 Aufstellen der Gleichungen für Oxidation und Reduktion

a) Bestimmen der Oxidationszahlen des jeweiligen korrespondierenden Redoxpaars

b) Ermitteln der Anzahl der jeweils beteiligten Elektronen

c) Ausgleichen der Ladungsbilanz durch Ergänzen von Protonen H^+ in saurer Lösung

d) Ausgleichen der Teilchenbilanz durch eine entsprechende Anzahl von Wassermolekülen

Reduktion	Oxidation
$\overset{VII\ -II}{MnO_4^-} \longrightarrow \overset{II}{Mn^{2+}}$	$2\,\overset{-I}{Cl^-} \longrightarrow \overset{0}{Cl_2}$
$MnO_4^- + 5\,e^- \longrightarrow Mn^{2+}$	$2\,Cl^- \longrightarrow Cl_2 + 2\,e^-$
$MnO_4^- + 5\,e^- + 8\,H^+ \longrightarrow Mn^{2+}$	$2\,Cl^- \longrightarrow Cl_2 + 2\,e^-$
$\overset{VII\ -II}{MnO_4^-} + 5\,e^- + 8\,H^+ \longrightarrow \overset{II}{Mn^{2+}} + 4\,H_2O$	$2\,\overset{-I}{Cl^-} \longrightarrow \overset{0}{Cl_2} + 2\,e^-$

3 Aufschreiben der Redoxgleichung

a) Ausgleichen der Elektronenanzahl in beiden Gleichungen über das kleinste gemeinsame Vielfache, sodass gleich viele Elektronen aufgenommen wie abgegeben werden.

b) Addition der Teilgleichungen zur Redoxreaktion. Die Anzahl der Elektronen ist dabei auf beiden Seiten gleich und lässt sich kürzen.

Reduktion:

$$MnO_4^- + 5\,e^- + 8\,H^+ \longrightarrow Mn^{2+} + 4\,H_2O \quad | \cdot 2$$

Oxidation:

$$2\,Cl^- \longrightarrow Cl_2 + 2\,e^- \quad | \cdot 5$$

Redoxreaktion:

$$2\,MnO_4^- + \cancel{10\,e^-} + 16\,H^+ + 10\,Cl^- \longrightarrow 2\,Mn^{2+} + 8\,H_2O + 5\,Cl_2 + \cancel{10\,e^-}$$

AUFGABE Entwickeln Sie die Redoxgleichungen für die Reaktion von Permanganat-Ionen mit Mangan(II)-Ionen in **alkalischer Lösung.**

1 Notieren der korrespondierenden Redoxpaare

An jeder Redoxreaktion sind zwei korrespondierende Redoxpaare beteiligt.

Korrespondierendes Redoxpaar 1:	Korrespondierendes Redoxpaar 2:
MnO_4^-/MnO_2	Mn^{2+}/MnO_2

2 Aufstellen der Gleichungen für Oxidation und Reduktion

a) Bestimmen der Oxidationszahlen des jeweiligen korrespondierenden Redoxpaars

b) Ermitteln der Anzahl der jeweils beteiligten Elektronen

c) Ausgleichen der Ladungsbilanz durch Ergänzen von Hydroxid-Ionen OH– in alkalischer Lösung

d) Ausgleichen der Teilchenbilanz durch eine entsprechende Anzahl von Wassermolekülen

Reduktion	Oxidation
$\overset{VII\ -II}{MnO_4^-} \longrightarrow \overset{IV\ -II}{MnO_2}$	$\overset{II}{Mn^{2+}} \longrightarrow \overset{IV\ -II}{MnO_2}$
$MnO_4^- + 3\,e^- \longrightarrow MnO_2$	$Mn^{2+} \longrightarrow MnO_2 + 2\,e^-$
$MnO_4^- + 3\,e^- \longrightarrow MnO_2 + 4\,OH^-$	$Mn^{2+} + 4\,OH^- \longrightarrow MnO_2 + 2\,e^-$
$\overset{VII\ -II}{MnO_4^-} + 3\,e^- + 2\,H_2O \longrightarrow \overset{IV\ -II}{MnO_2} + 4\,OH^-$	$\overset{II}{Mn^{2+}} + 4\,OH^- \longrightarrow \overset{IV\ -II}{MnO_2} + 2\,e^- + 2\,H_2O$

3 Aufschreiben der Redoxgleichung

a) Ausgleichen der Elektronenanzahl in beiden Gleichungen über das kleinste gemeinsame Vielfache, sodass gleich viele Elektronen aufgenommen wie abgegeben werden

b) Addition der Teilgleichungen zur Redoxreaktion. Die Anzahl der Elektronen ist dabei auf beiden Seiten gleich und lässt sich kürzen.

Reduktion:

$$MnO_4^- + 3\,e^- + 2\,H_2O \longrightarrow MnO_2 + 4\,OH^- \quad | \cdot 2$$

Oxidation:

$$Mn^{2+} + 4\,OH^- \longrightarrow MnO_2 + 2\,e^- + 2\,H_2O \quad | \cdot 3$$

Redoxreaktion:

$$2\,MnO_4^- + \cancel{6\,e^-} + \cancel{4\,H_2O} + 3\,Mn^{2+} + \cancel{12}\,4\,OH^- \longrightarrow 5\,MnO_2 + \cancel{8\,OH^-} + \cancel{6\,e^-} + \cancel{6}\,2\,H_2O$$

Textaussagen als Reaktionsmechanismus darstellen

AUFGABE Stellen Sie den 2. Syntheseschritt der Synthese von Halothan in Form eines Reaktionsmechanismus mit Strukturformeln dar.

Halothan (2-Brom-2-chlor-1,1,1-trifluorethan) wird seit 1956 als Inhalationsanästhetikum eingesetzt. Halothan lässt sich aus 2-Chlor-1,1-Difluorethen synthetisieren. Dieses wird mit Bromfluorid umgesetzt. Der partiell positive Teil des Bromfluoridmo-leküls tritt zunächst in Wechselwirkung mit den π-Elektronen der Doppelbindung. Es entsteht der π-Komplex. Durch die noch stärkere Verschiebung der Elektronen der Bindung zwischen den beiden Atomen des Bromfluorids infolge der erhöhten Elektronendichte im Bereich der Doppelbindung kommt es zur heterolytischen Spaltung des Bromfluoridmoleküls und zum Austritt eines negativ geladenen Fluorid-Ions F^-. Aufgrund der Elektronegativität der beiden Fluoratome im 2-Chlor-1,1-Difluorethen ist das Kohlenstoffatom dort besonders stark positiviert. Es bildet sich ein positiv geladenes Carbeniumion aus. Nun erfolgt der nucleophile Rückseitenangriff des gebildeten Fluoridions. Als Produkt entsteht das Halothanmolekül.

Reaktionsmechanismen veranschaulichen die Bewegung der Elektronen während einer Reaktion. Der Elektronen-fluss wird mit geschwungenen Pfeilen verdeutlicht. Die Pfeilspitze weist immer dorthin, wohin sich die Elektronen bewegen.

1 Ermitteln Sie zunächst die Edukte und das Produkt für diesen Syntheseschritt und stellen Sie diese unter Verwendung von Strukturformeln dar:
Als Ausgangsstoffe werden 2-Chlor-1,1-Difluorethen und Bromfluorid eingesetzt. Das Endprodukt für diesen Syntheseschritt ist das 2-Brom-2-chlor-1,1,1-trifluorethan.

2 Vergleichen Sie die Edukte und das Produkt. Ermitteln Sie, welcher Reaktionstyp vorliegt:
2-Chlor-1,1-Difluorethen ist eine Verbindung mit einer C=C-Doppelbindung. Das zweite Edukt ist ein Interhalogen aus einem Brom- und einem Fluoratom. Bei der Reaktion entsteht nur das 1-Brom-1-Chlor-2,2-trifluorethan. Man sieht, dass der Stoff Bromfluorid an die C=C-Doppelbindung des 2-Chlor-1,1-Difluorethens addiert worden ist. Hier liegt eine elektrophile Addition vor

3 Ermitteln Sie, ob das Bromfluorid ein polares oder ein unpolares Teilchen ist:
Die Elektronegativität des Fluoratoms beträgt 4,0 und die Elektronegativität des Bromatoms beträgt 2,8. Die Bindungselektronen im Bromfluorid werden also stärker von dem Fluor- als von dem Bromatom angezogen. Das Fluoratom trägt daher eine negative und das Brom-atom eine positive Partialladung. Diese werden über dem Molekül entsprechend angegeben. Die heterolytische Spaltung wird mit einer gepunkteten Linie gekennzeichnet.

4 Zeichnen Sie das Zwischenprodukt:
Das Brom-Kation greift zuerst das Kohlenstoffatom mit dem gebundenen Chloratom an, da das Chloratom eine geringere Elektronegativität als Fluor besitzt (3,5). Das entstehende Carbeniumion wird mit den entsprechenden Reaktionspfeilen ausgehend von den Edukten gezeichnet.

5 Kennzeichnen Sie die echten Ladungen, die im Verlauf der Reaktion entstehen:
Eine negative Ladung trägt das Fluoridion, da es 8 statt 7 Valenzelektronen trägt. Eine positive Ladung trägt das Kohlenstoffatom des Carbeniumions, an das die beiden Fluoratome gebunden sind. Formal besitzt es nur 3 statt vier Außenelektronen

6 Stellen Sie mit geschwungenen Pfeilen die entsprechenden Elektronenbewegungen dar:
Da die Elektronen der Doppelbindung in Wechselwir-kung mit dem positiv polarisierten Bromatom im Brom-fluoridmolekül treten, wird ein geschwungener Pfeil ausgehend von der Doppelbindung mit der Pfeilspitze zum positiv polarisierten Bromatom im Bromfluoridmolekül gezeichnet. Ebenso wird im zweiten Reaktionsschritt ein geschwungener Pfeil ausgehend von einem freien Elektronenpaar des Fluoridions zu dem Kohlenstoffatom gezeichnet, das die echte positive Ladung trägt.

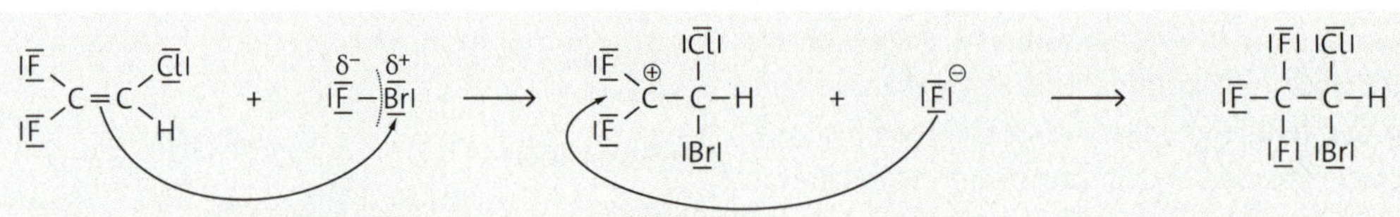

2-Chlor-1,1-Difluorethen Bromflurorid Carbeniumion Fuoridion 1-Brom-1-Chlor-2,2-trifluorethan

Analytische Chemie

Aufklärung der Struktur durch qualitative und quantitative Analyse

Die Strukturformel einer organischen Verbindung kann mithilfe chemischer Reaktionen und physikalischer Verfahren (Bestimmung der molaren Masse) aufgeklärt werden.

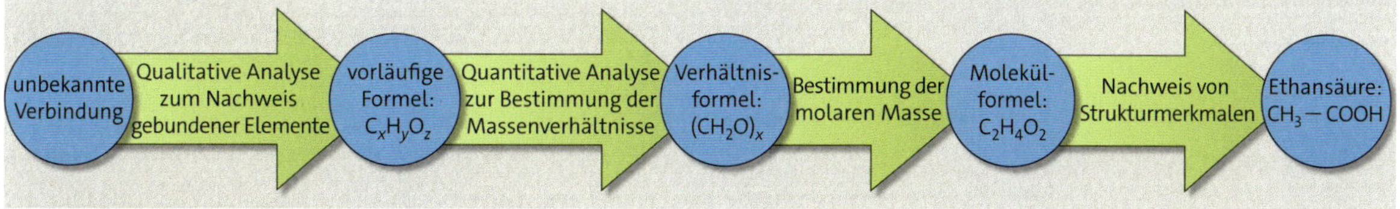

Chromatografie

Verschiedene Verfahren zur Trennung von Stoffgemischen und zum Nachweis der Stoffe. Die Verfahren beruhen auf der unterschiedlichen Verteilung der Stoffe zwischen einer mobilen und einer stationären Phase.
Wichtige Verfahren: Gaschromatografie, Dünnschichtchromatografie, Säulenchromatografie, Papierchromatografie, Flüssigkeitschromatografie (HPLC)

Instrumentelle Methoden zur Strukturaufklärung

Massenspektrometrie

In einem Massenspektrometer werden die Moleküle einer chemischen Verbindung ionisiert und in einem elektrischen Feld beschleunigt. Aus der anschließenden Ablenkung in einem Magnetfeld wird die Masse der Molekül- und der aus ihrem Zerfall entstandenen Fragment-Ionen bestimmt. Das dabei aufgenommene Massenspektrum ist für die Verbindung spezifisch.

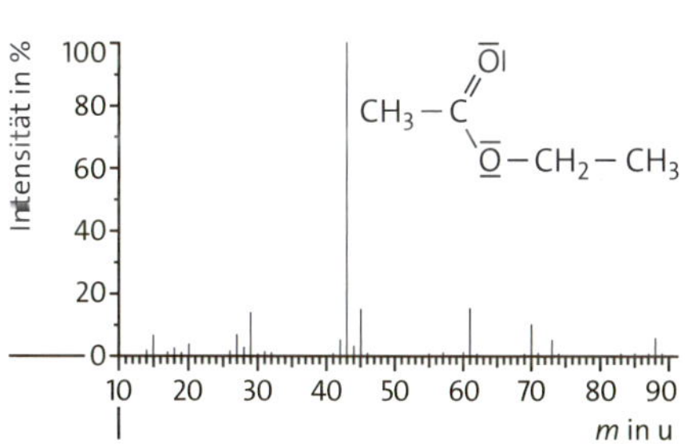

UV/VIS-Spektroskopie

Die Absorption von Energie elektromagnetischer Strahlung im sichtbaren (VIS) oder ultravioletten (UV) Bereich durch Elektronen im Molekül führt zu einem spezifischen Absorptionsspektrum.
Aus der Extinktion bei einer bestimmten Wellenlänge kann mithilfe des **Lambert-Beer'schen-Gesetzes** die Stoffmengenkonzentration des Stoffs in einer Lösung bestimmt werden:

$E = \varepsilon_\lambda \cdot c \cdot d$

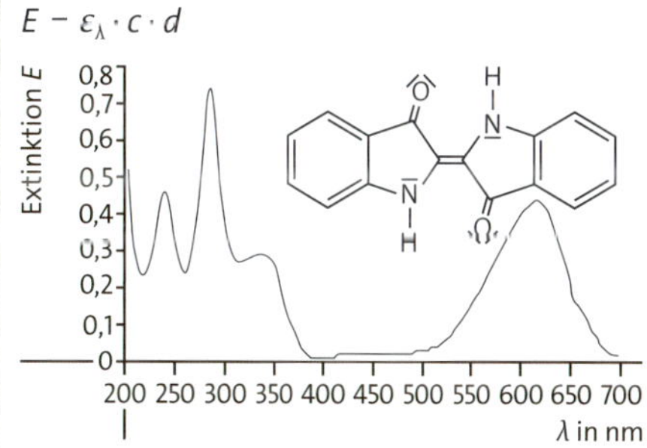

IR-Spektroskopie

Durch Absorption von Energie elektromagnetischer Strahlung im Infrarotbereich (IR) werden Moleküle zu Molekülschwingungen angeregt. Die Anregungsenergie ist für bestimmte Molekülgruppen charakteristisch. Die Absorptionsbanden im Fingerprint-Bereich ($\tilde{\nu} < 1500\,\text{cm}^{-1}$) sind für viele Verbindungen charakteristisch.

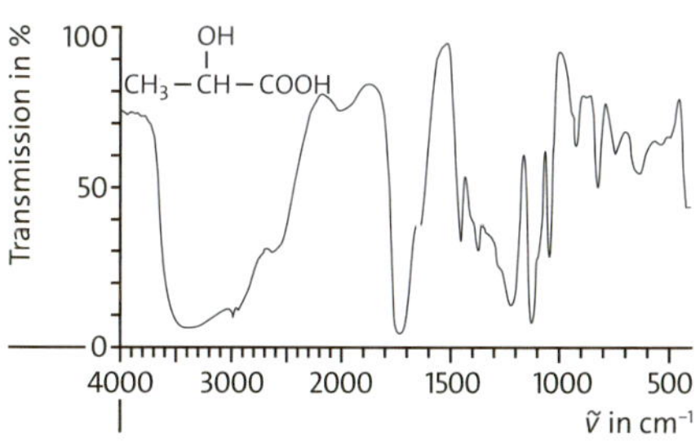

¹H-NMR-Spektroskopie

Durch Absorption von Energie elektromagnetischer Strahlung im Radiowellenbereich in einem sehr starken Magnetfeld werden Wasserstoffatomkerne (Protonen) angeregt.
Die unterschiedlichen Bindungsverhältnisse und Bindungspartner im Molekül (*chemische Umgebung*) führen zu einer charakteristischen chemischen Verschiebung δ.

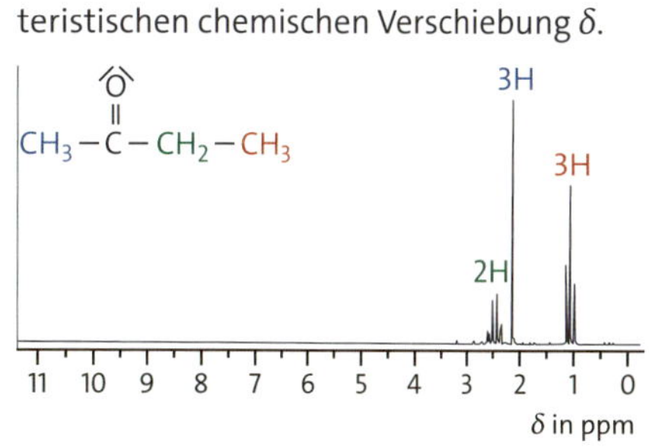

Aufgaben verstehen – Operatoren

Operatoren sind *handlungsleitende Verben*, die bei einer Aufgabenstellung darüber Auskunft geben, welche Tätigkeit beispielsweise in einer Klausuraufgabe gefordert wird. Als **Signalwörter** bestimmen sie Art und Umfang der geforderten Leistung.

Mithilfe von einheitlichen Standards wie in den *Einheitlichen Prüfungsanforderungen in der Abiturprüfung Chemie* wird festgelegt, welche Tätigkeiten beim Bearbeiten der Aufgabe erwartet werden, damit eine Vergleichbarkeit der individuellen Lösung möglich wird. Das Wissen um die Bedeutung der Operatoren ist dabei hilfreich, um schon zu Beginn der Bearbeitung einer Klausuraufgabe eine *geeignete Zeiteinteilung* vorzunehmen und abschätzen zu können, in *welcher Tiefe* die Aufgabenstellung bearbeitet werden soll.

Den Operatoren sind drei **Anforderungsbereiche** (kurz: **AFB**) zugeordnet, aus denen der Schwierigkeitsgrad der Aufgaben ersichtlich wird, wobei die konkrete Zuordnung eines Operators vom Kontext der Aufgabenstellung abhängt:

Anforderungsbereich I umfasst das Wiedergeben und Beschreiben fachspezifischer Sachverhalte aus einem abgegrenzten Gebiet und im gelernten Zusammenhang sowie dem wiederholenden Benutzen geübter Arbeitstechniken und Methoden. Dies erfordert vor allem **Reproduktionsleistungen**.

Anforderungsbereich II umfasst das selbstständige Erklären, Bearbeiten und Ordnen bekannter fachspezifischer Inhalte sowie das angemessene Anwenden gelernter Inhalte und Methoden auf andere Sachverhalte. Dies erfordert vor allem **Reorganisationsleistungen**.

Anforderungsbereich III umfasst den rückbeziehenden Umgang mit neuen Problemstellungen, den eingesetzten Methoden und den gewonnenen Erkenntnissen, um zu Begründungen, Folgerungen, Beurteilungen und Handlungsoptionen zu gelangen. Dies erfordert vor allem **Reflexion und Transferleistungen**.

Operator	Was wird verlangt?	Beispiele für eine Aufgabe in der Chemie	AFB
Analysieren	Systematische Untersuchung eines Sachverhalts, um die Merkmale und Beziehungen zueinander zu erfassen.	Analysieren Sie die verschiedenen Verfahren zur Chlor-Alkali-Elektrolyse mithilfe der zugrunde liegenden Daten.	II–III
Angeben/ Nennen	Fakten, Sachverhalte, Begriffe, Daten ohne nähere Erläuterungen aufzählen.	Nennen Sie die Möglichkeiten zur sinnvollen Verwendung von Copolymeren für den Fahrzeugbau.	I
Anwenden	Einen bekannten Zusammenhang oder eine Methode auf einen neuen Sachverhalt beziehen.	Wenden Sie Ihre Kenntnisse über Katalysatoren auf Enzyme an.	II
Aufstellen von Hypothesen	Eine begründete Vermutung formulieren.	Stellen Sie eine Hypothese zur Löslichkeit von Methanal in Methanol auf.	III
Auswerten	Daten oder Ergebnisse in einen Zusammenhang stellen und Schlussfolgerungen ziehen.	Werten Sie die Ergebnisse der Titration von Phosphorsäure mit Natronlauge aus.	III
Begründen	Sachverhalte auf Regeln oder Gesetzmäßigkeiten zurückführen.	Begründen Sie die Zuordnungen der einzelnen Aminosäuren aufgrund ihrer Reste.	III
Berechnen	Mittels Größengleichungen eine chemische oder physikalische Größe bestimmen.	Berechnen Sie die Gleichgewichtskonstante K_c mithilfe des Massenwirkungsgesetzes für die gegebene Reaktion.	I–II
Bestimmen/ Ermitteln	Ergebnisse aus gegebenen Daten generieren.	Bestimmen Sie aus der gegebenen Titrationskurve einer Essigsäurelösung mit Natronlauge den Äquivalenzpunkt.	II
Beschreiben	Sachverhalte strukturiert unter Verwendung der Fachsprache wiedergeben.	Beschreiben Sie die einzelnen Prozessschritte des Membranverfahrens.	I

Operator	Was wird verlangt?	Beispiele für eine Aufgabe in der Chemie	AFB
Beurteilen/ Bewerten	Zu einem Sachverhalt oder einer Aussage unter Verwendung von Fachwissen und Fachmethoden eine begründete Einschätzung geben.	Beurteilen Sie die gegebenen Stoffe hinsichtlich ihrer Eignung als Säure/Basen-Indikatoren. Bewerten Sie die unterschiedlichen Möglichkeiten zum Recycling von Kunststoffen.	III
Darstellen	Sachverhalte strukturiert fachsprachlich oder grafisch wiedergeben und Bezüge sowie Zusammenhänge aufzeigen.	Stellen Sie die Konzentrationen der Edukte und Produkte für die Gleichgewichtsreaktion zur Bildung von Ammoniak grafisch dar.	I
Definieren	Einen Begriff durch eindeutige Angaben der wesentlichen Merkmale bestimmen.	Definieren Sie den Begriff „isoeletrischer Punkt".	I
Diskutieren	Argumente zu einer Aussage oder These einander gegenüberstellen und abwägen.	Diskutieren Sie die Verwendung von Aluminium als Verpackungsmaterial.	III
Entwickeln	Zielgerichtet Sachverhalte und Methoden miteinander verknüpfen.	Entwickeln Sie einen Versuchsaufbau zur Herstellung von Alkanolen.	II–III
Erklären	Strukturen und Zusammenhänge erfassen und auf allgemeine Gesetze zurückführen.	Erklären Sie die unterschiedlichen Siedetemperaturen der Stoffe ...	II–III
Erläutern	Wesentliche Teile eines Sachverhalts oder Vorgangs an Beispielen oder durch zusätzliche Informationen (ggf. anhand von chemischen Formeln und Gleichungen) verständlich machen.	Erläutern Sie den Mechanismus der Polymerisation von Propen.	II
Formulieren	Eine Strukturformel, eine Reaktionsgleichung oder einen Sachverhalt in Textform notieren.	Formulieren Sie die Teilgleichungen bei einer Redoxreaktion von ...	I–II
Interpretieren/ Deuten	Sachverhalte und Zusammenhänge im Hinblick auf Erklärungsmöglichkeiten herausarbeiten.	Interpretieren Sie den Kurvenverlauf der Leitfähigkeitstitration mit Schwefelsäure.	II–III
Nennen	Elemente, Sachverhalte und Begriffe ohne Erläuterung wiedergeben.	Nennen Sie die Möglichkeiten zur sinnvollen Anwendung von Copolymeren für den Fahrzeugbau.	I
Ordnen/ Klassifizieren	Begriffe, Gegenstände usw. auf der Grundlage bestimmter Merkmale systematisch einteilen.	Ordnen Sie die gegebenen Stoffe entsprechend ihren Elektronegativitätsdifferenzen (ΔEN) einer Bindungsart zu.	I–II
Prüfen/ Überprüfen	Sachverhalte oder Aussagen an Fakten oder innerer Logik messen und Widersprüche aufdecken.	Überprüfen Sie die im Zeitungsartikel genannten Möglichkeiten zur Herstellung von Biokunststoffen.	II–III
Skizzieren	Sachverhalte oder Strukturen auf das Wesentliche reduzieren und diese grafisch oder als Fließtext wiedergeben.	Skizzieren Sie den Verlauf einer elektrophoretischen Trennung der drei Aminosäuren Alanin, Glycin und Prolin.	I
Vergleichen/ Gegenüberstellen	Gemeinsamkeiten und Unterschiede von Sachverhalten, Objekten oder Vorgängen ermitteln.	Vergleichen Sie den Bau und die Funktion von Batterien mit denen von Akkumulatoren.	II
Zeichnen	Eine exakte Darstellung beobachtbarer oder gegebener Strukturen anfertigen.	Zeichnen Sie ein Modell eines Seifen-Anions, das die allgemeinen Strukturmerkmale von Tensiden verdeutlicht.	I

Eine mündliche Prüfung vorbereiten

Eine mündliche Prüfung ist für die meisten Prüflinge ungewohnter als Abiturklausuren zu schreiben. Folgende Schritte können dir helfen, dich auf die mündliche Prüfung vorzubereiten.

1 Probe vorher die Prüfungssituation, du kannst dich auch dabei filmen.

Schritt 1 • Zu Beginn solltest du mit einer umfangreichen Recherche im Themenfeld starten (▶ S. 17). Setze dabei nicht so sehr auf künstliche Intelligenzen, da diese nur unzureichend auf Quellenangaben zurückgreifen können. Ordne das Themenfeld erst einmal ganz allgemein ein, um später auch über den Tellerrand hinaus Fragen beantworten zu können. Je genauer du dich mit dem jeweiligen Themenfeld auseinandergesetzt hast, umso besser bist du auch auf mögliche Fragen in der Prüfung vorbereitet.

Schritt 2 • Versuche, das Thema auch in die Themenfelder des aktuellen Lehrplans einzuordnen. Gehe dafür z. B. Kapitelübersichten durch. Während der mündlichen Befragung wird fast immer auch auf weitere im Lehrplan gesetzte Themenbereiche eingegangen. Wenn du alle großen Themenblöcke kennst, kannst du dir den Übergang zum nächsten Themenblock besser vorstellen und wirst so nicht überrascht.

Schritt 3 • Trage selbst erarbeitete Texte zur Probe deiner Familie oder Freunden vor und bitte sie, dir Feedback zu deiner Vortragsart zu geben. Sprichst du z. B. zu laut oder zu leise? Redest du eher zu schnell oder zu langsam? Kannst du verschiedene Punkte gut in einen Zusammenhang bringen oder ist der Übergang manchmal unklar? Du kannst auch mit anderen Prüflingen zusammen Prüfungssituationen proben oder dich selbst dabei filmen (▶ 1). So erkennst du schnell, was du ändern solltest (z. B. Füllworte wie „ähm" vermeiden). Je öfter du übst, umso geringer wird die Prüfungsangst.

Schritt 4 • Bereite dich gezielt auf mögliche Nachfrage vor, indem du dir schon im Vorfeld Fragen ausdenkst. Auch aus Nachfragen von Freunden zu deinen gehaltenen Vorträgen erkennst du noch mögliches Fragenpotenzial. So kannst du in der Prüfung den Gesprächs- und Fragefaden lenken und dadurch schon erste Fragen durch eigenes Beantworten gut für dich nutzen. Dadurch baust du Selbstvertrauen und Sicherheit auf. In der Prüfung kannst du auch gerne die verwendeten Fachbegriffe definieren oder Abläufe erklären, ohne dich dabei in kleinsten Details zu verlieren. Denke immer an die Fachsprache und setze die Basiskonzepte ein.

Schritt 5 • Ein Sprichwort sagt: „Wer fragt, der führt". Stelle dir selbst rhetorische Fragen, die du dir vorher zum Thema gestellt hast und beantworte sie geschickt. So nimmst du den Prüfenden mögliche Fragen vorweg und die Prüfungszeit geht schnell vorbei. Falls dir eine für dich unverständliche Frage gestellt wird, hake durch gezielte Fragen nach, um sie dann besser beantworten zu können. So steuerst du den Prüfungsverlauf aktiv mit.

Schritt 6 • Wähle ein Outfit, das dem Tag der Abiturprüfung angemessen erscheint. Der Stil sollte aber auch zu deiner Persönlichkeit passen. Halte während der Prüfung Blickkontakt zu den Prüfenden, das wirkt selbstsicher. Schaue nicht mit gesenktem Kopf auf deine Notizen oder den Boden, sondern bleibe in einer aufrechten und selbstbewussten Körperhaltung.

Schritt 7 • Erscheine pünktlich und gut gestärkt zur Prüfung, das sorgt für einen entspannteren Beginn. Dein Körper muss an diesem Tag viel leisten. Iss und trinke vorher ausreichend, damit deinem Körper genug Energie zur Verfügung steht.

Eine mündliche Prüfung vorbereiten:

1 Recherchiere zu Beginn
2 Lehrplan anschauen und Themen einordnen
3 Probe die mündliche Prüfung
4 Entwickle weiterführende Fragen
5 Führe das Gespräch und stelle Fragen
6 Sicheres Auftreten
7 Sorge vorher für dich

Die nachfolgenden Aufgaben eignen sich zur Übung von mündlichen Prüfungen in der Chemie. Sie dienen als Beispiele für mögliche Transferaufgaben. Bei Transferaufgaben sollst du dein erworbenes Wissen auf neue Sachverhalte übertragen. Ungewöhnlich ist die bewusst offene Aufgabenstellung. Als Lösungen gibt es daher Erwartungshorizonte und keine genauen Lösungswege. Zur Übung kannst du ähnliche Aufgaben auch selbst entwickeln.

Basiskonzepte • Ein Lehrplan umfasst mehrere Themenfelder, von denen sich besonders Aufgaben zu den Themen Kunststoffe, Naturstoffe, Organik, Seifen und Tenside sowie

Methoden der analytischen Chemie eignen. Außerdem sind auch Sonderthemen möglich wie Aromatenchemie, Nanomaterialien, Farbstoffe und Färbeverfahren.

Die anderen Themenfelder sind maßgeblich wichtig für das Hintergrundwissen und eine fundierte Argumentation. Sie werden häufig Basiskonzepte genannt (> 2). Aus der Mittelstufe kennst du bereits das Stoff-Teilchen-Konzept, das Struktur-Eigenschafts-Konzept und das Donator-Akzeptor-Konzept, in der Oberstufe kommt noch das Energie-Konzept, das Gleichgewichtskonzept und das erweiterte Donator-Akzeptor-Konzept hinzu.

Auf den nächsten Seiten folgen konkrete Aufgaben zu chemischen Themenfeldern, bei deren Bearbeitung die Basiskonzepte immer mit angeführt werden sollten. Für die Aufgaben nimmst du an, dass du im Produkt- und Prozessingenieurwesen bzw. in der Analytik der chemischen Industrie arbeitest.

Du bekommst konkrete Aufgabenstellung für die Entwicklung von Produkten. Für dich besteht nun die Aufgabe, das Finden geeigneter Lösungen zu unterstützen.

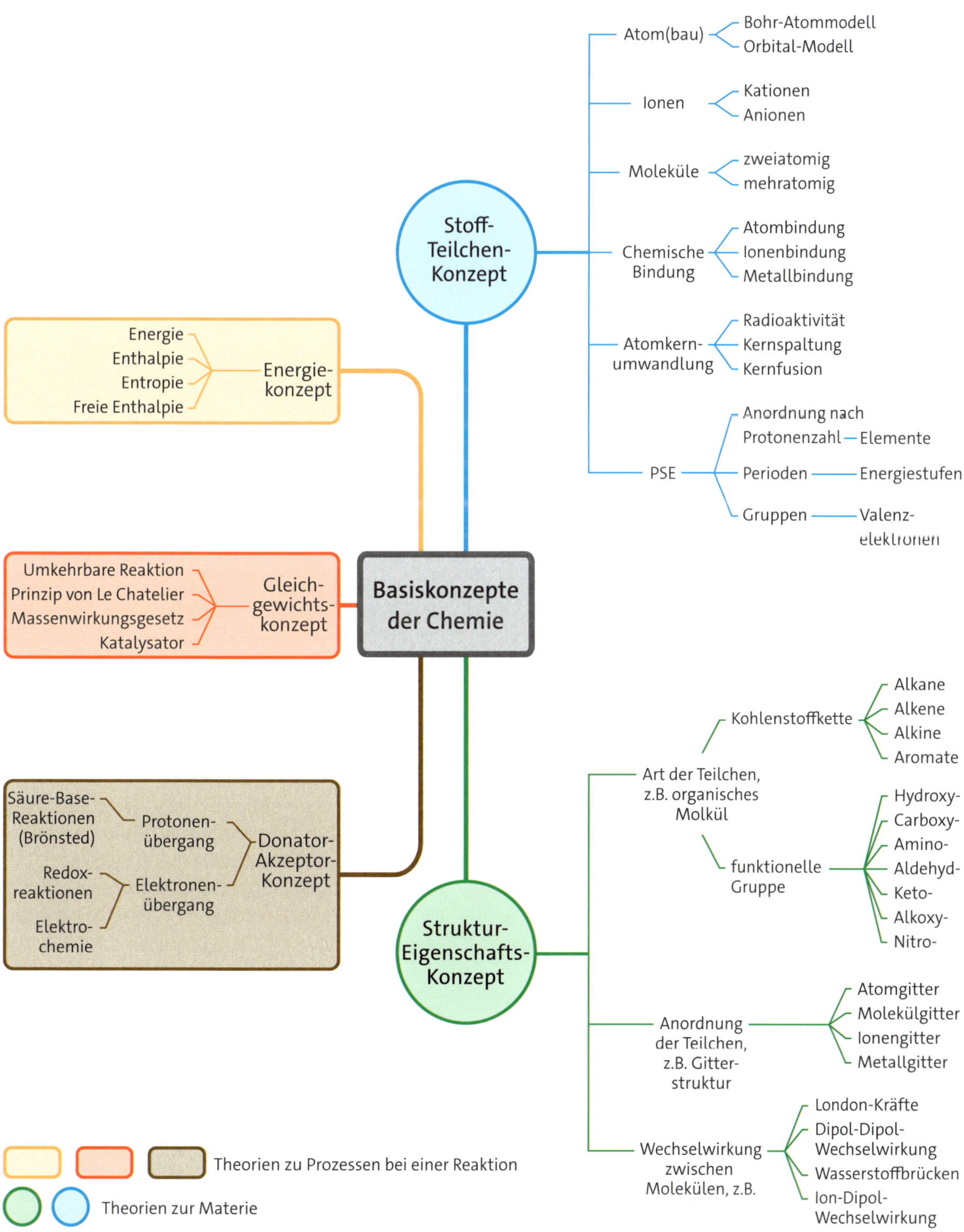

2 Übersicht der Basiskonzepte in der Chemie

Beispiel Aufgabe

Thema: **Kunststoffe**

1 Sie sollen nach einer Kundenanfrage aus Kunststoffen ...

a ein Geschirr entwickeln, das sich in Kitas einsetzen lässt und spülmaschinenfest sein soll.

b ein Dämmmaterial für Häuser entwickeln, das einen 30 % Holzanteil und einen möglichst hohen Anteil an biologisch abbaubaren Kunststoffen enthält.

c einen preiswerten Kunststoffblumentopf entwickeln, der nach ca. 3 Monaten kompostierbar ist.

d einen Taucheranzug entwickeln, der auch in der Tiefsee eingesetzt werden kann.

Erläutern und beurteilen Sie Ihre Möglichkeiten.

Beispiel für Lösungsansätze

Thema: **Kunststoffe**

Nachfolgend sind relevante Themenstellungen und Lösungsansätze skizziert, die bei der Entwicklung geeigneter Produkte oder deren Analyse helfen können. In einer mündlichen Prüfung kannst du diese Aspekte in den Antworten einfließen lassen.

1 a

- bevorzugte Kunststoffart aussuchen: hier möglicherweise Duroplasten, weil sie besonders langlebig und stabil sind
- bevorzugtes Herstellungsverfahren: hier möglicherweise Polyaddition, ist reproduzierbar durch eine Form herzustellen
- sonstige geforderte Parameter: hier spülmaschinenfest, wird durch die Kunststoffart erreicht, da besonders thermostabiler Kunststoff
- keine Weichmacher verwenden, da das Produkt von Kleinkindern genutzt wird
- es gibt keine Anforderungen an die Entsorgung
- Basiskonzept Stoffe und Eigenschaften beachten

1 b

- bevorzugte Kunststoffart aussuchen: hier möglicherweise einen Thermoplasten, z.B. einen Polyester, weil er durch Hydrolyse möglicherweise biologisch abbaubar sein könnte
- bevorzugtes Herstellungsverfahren: hier möglicherweise Polykondensation, dabei könnten dann auch die Holzspäne mit eingearbeitet werden
- sonstige geforderte Parameter: hier biologisch abbaubar, hier auf die biobasierten und nicht biobasierten Kunststoffe eingehen
- es gibt Anforderungen an die Entsorgung: daher in die allgemeinen Kunststoffentsorgungsmöglichkeiten einordnen: hier biologisch abbaubar
- die Holzspäne und der Kunststoff könnten auch mithilfe eines Bioklebstoffes verklebt werden. Hierzu eignet sich z. B. ein auf Stärke basierender Klebstoff, der sich gut mit der Cellulose im Holz vereinigt. Hier außerdem auf Verklebungen allgemein eingehen. Adhäsive Systeme erklären
- Basiskonzept Stoff-Eigenschaften beachten

1 c

- bevorzugte Kunststoffart aussuchen: hier möglicherweise einen Thermoplasten, z. B. einen Polyester, weil er durch Hydrolyse möglicherweise biologisch abbaubar sein könnten
- bevorzugtes Herstellungsverfahren: hier möglicherweise Polykondensation, dabei könnten die Töpfe durch ein Spritzgießverfahren möglichst dünnwandig hergestellt werden, sodass weniger Material eingesetzt werden muss
- sonstige geforderte Parameter: hier schnell biologisch abbaubare Töpfe werden hinterher möglicherweise ins Erdreich gesetzt, daher hier auf die biobasierten und nicht biobasierten Kunststoffe eingehen und sich eher für die etwas teureren biobasierten und biologisch abbaubaren Kunststoffe, z.B. PLA entscheiden
- es gibt Anforderungen an die Entsorgung: daher in die allgemeinen Kunststoffentsorgungsmöglichkeiten einordnen: hier biologisch abbaubar
- Basiskonzept Stoff-Eigenschaften beachten

1 d

- bevorzugte Kunststoffart aussuchen: hier möglicherweise einen Elastomer, der sich möglicherweise auch für eine Copolymerisation eignet. Durch die Copolymerisation könnte man ein Dreischichtsystem bauen, wobei z. B. die mittlere Schicht einen schwammartigen Aufbau haben könnte, was seine isolierende Wirkung verstärken könnte.
- bevorzugtes Herstellungsverfahren: hier möglicherweise Polyaddition, und Verklebung zu einem Copolymer, dabei auf Elastizität achten, möglicherweise Epoxidharz als Kleber.
- sonstige geforderte Parameter: hier auch in der Tiefsee einsetzbar, daher isolierend und nicht durch die Salzionen des Meerwasser angreifbar.
- es gibt keine Anforderungen an die Entsorgung: daher in die allgemeinen Kunststoffentsorgungsmöglichkeiten einordnen.
- Basiskonzept Stoff-Eigenschaften

Beispiel Aufgaben

Lösungsansätze zu diesen Aufgaben findest du im QR-Code.

Thema: **Naturstoffe und Organik**

2 Sie sollen nach einer Kundenanfrage aus Naturstoffen ...

a Hartkapselhüllen für feste Medikamente, z.B. Mineralstoffe als Nahrungsergänzungsmittel herstellen, die je nach Anforderung im Magen (ca. pH 1,2) oder im Dünndarm (ca. pH 6,0) aufgespalten werden sollen.

b einen Muskelaufbaushake entwickeln.

c eine neue „Margarine" entwickeln.

d Aroma und Duftstoffe aus Estern herstellen.

3 Ihr Kollege Herr Maier produziert verschiedene Aromastoffe für die Lebensmittelindustrie. Zur Herstellung von Birnen- und Bananenaromen benötigt er Essigsäurepentylester. Normalerweise setzt er Säure und Alkohol im Verhätnis 1:1 ein.

Da der Preis für den einzusetzenden Alkohol stark gestiegen ist, möchte er die Produktion durch Konzentrationsänderungen verschieben. Dazu stellt er die folgenden Überlegungen an, um möglichste viel Produkt zu erhalten.

Berechnen Sie dazu die folgenden Überlegungen und geben Sie auch eine Reaktionsgleichung an. $K_c - 5$

1. Er vergleicht die Veränderung in der Produktmenge des Esters in %, wenn er die Säure im 10-fachen Überschuss einsetzt und gleichzeitig schon 3 mol Wasser zu Beginn vorlegt.
2. Er überlegt nun, die Säure im 10-fachen Überschuss einzusetzen, um im Gleichgewicht gleich wieder 1 mol Wasser abzuziehen. Auch hier ermittelt er die Produktionsmenge des Esters in %.
3. Nun möchte er vergleichen, was er erreichen kann, wenn er nur die Säure im 100-fachen Überschuss einsetzt und sonst nichts verändert.

Ihr Kollege hat Sie um Rat gebeten. Erläutern und beurteilen Sie die Möglichkeiten im Vergleich.

Thema: **Seifen, Tenside und Reinigungsmittel**

4 Sie sollen nach einer Kundenanfrage ein Reinigungsmittel entwickeln ...

a mit dem Blutflecke aus Baumwollfasern entfernt werden können.

b das zum Entfernen von Kalkflecken geeignet ist.

c um Pilzbefall an Baumrinde zu vermindern.

d sodass dunkle Mineralölflecken an den Händen von Mechanikern beseitigt werden können.

Erläutern und beurteilen Sie Ihre Möglichkeiten.

Thema: **Methoden der analytischen Chemie**

5 Ihre Kollegin Frau Meier bittet Sie um Hilfe. Sie soll nach einer Kundenanfrage bestimmen ...

a ob die Proben aus echtem Bienenwachs oder nur aus Paraffinen bestehen.

b wie hoch der Anteil an ungesättigten Fettsäuren in einem Olivenöl ist.

c ob die Probe aus Carbonsäuren oder ausschließlich aus anorganischen Säuren besteht.

d wie hoch die unterschiedliche Wasserkonzentration verschiedener Laugenproben ist.

Erläutern und beurteilen Sie ihre Möglichkeiten.

Grundlegende Konzepte – Stoffe, Teilchen, Reaktionen

Einteilung der Stoffe

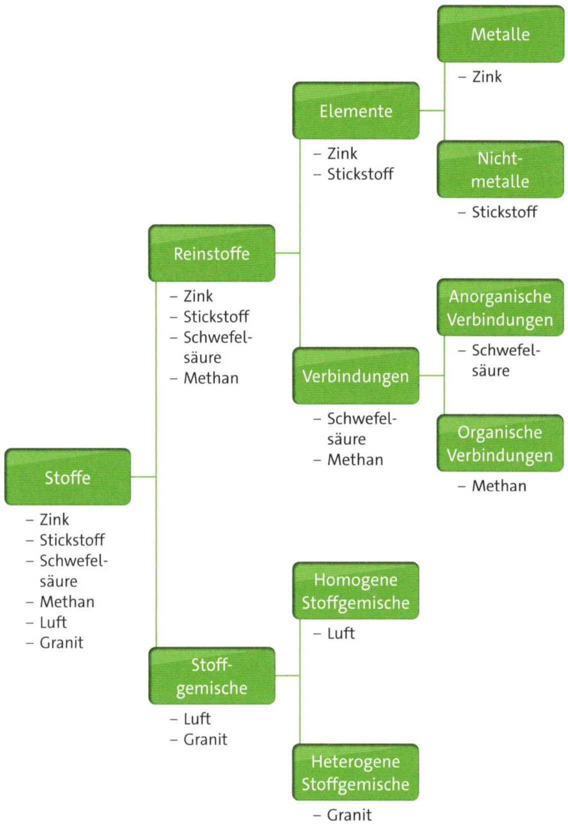

Element – Verbindung – Formel

Element: Reinstoff, der nur aus gleichartigen Atomen besteht.

– Das Element *Kohlenstoff* besteht ausschließlich aus Kohlenstoff*atomen*. Die *Formel* von Kohlenstoff entspricht dem Elementsymbol.
Beispiele: C, Fe, Cu, He

– Das Element *Wasserstoff* besteht ausschließlich aus Wasserstoff*molekülen*, die ihrerseits nur aus Wasserstoffatomen aufgebaut sind.
Beispiele: H_2, Cl_2

Verbindung: Reinstoff, in dem die Atome oder Ionen mindestens zweier Elemente verbunden sind und zwischen deren Massen ein bestimmtes Verhältnis besteht

– Nichtmetall-Nichtmetall-Verbindung: In Wasser liegen Moleküle vor, die aus zwei Wasserstoffatomen und einem Sauerstoffatom aufgebaut sind. Die **Molekülformel** (Summenformel) gibt die Art und Anzahl der Atome in einem Molekül an.
Beispiele: H_2O, CO_2

– Metall-Nichtmetall-Verbindung: In salzartigen Verbindungen wie Natriumchlorid liegen keine Moleküle, sondern Ionen vor. Das Anzahlverhältnis der Ionen wird durch **Verhältnisformeln** angegeben.
Beispiele: NaCl, $MgBr_2$

Kennzeichen chemischer Reaktionen

Stoffumwandlung: Bei chemischen Reaktionen entstehen neue Stoffe mit anderen Eigenschaften. Die Ausgangsstoffe sind nach Ablauf der Reaktion nicht mehr vorhanden.

Energieumwandlung: Chemische Reaktionen verlaufen exotherm oder endotherm.

Umbau chemischer Bindungen: Es findet eine Umgruppierung der Teilchen statt. Dabei werden die chemischen Bindungen in den Teilchen der Ausgangsstoffe gelöst und neue Bindungen in den Teilchen der Reaktionsprodukte gebildet.

Massenerhaltung: Die Masse der Reaktionsprodukte ist gleich der Masse der Ausgangsstoffe.

$$m(\text{Ausgangsstoffe}) = m(\text{Reaktionsprodukte})$$

Stoffumwandlung	$2\ H_2$	+	O_2	⟶	$2\ H_2O$
	Ausgangsstoffe				Reaktionsprodukt
Eigenschaften	gasförmig				flüssig
Energieumwandlung	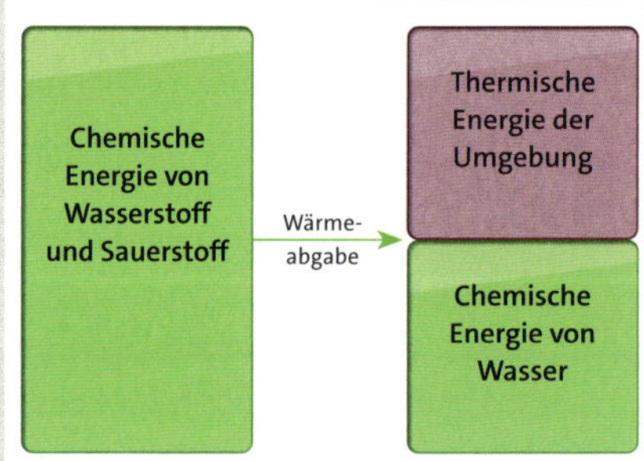				
Veränderung der Teilchen	2 Wasserstoffmoleküle	+	1 Sauerstoffmolekül	⟶	2 Wassermoleküle
Umbau chemischer Bindungen	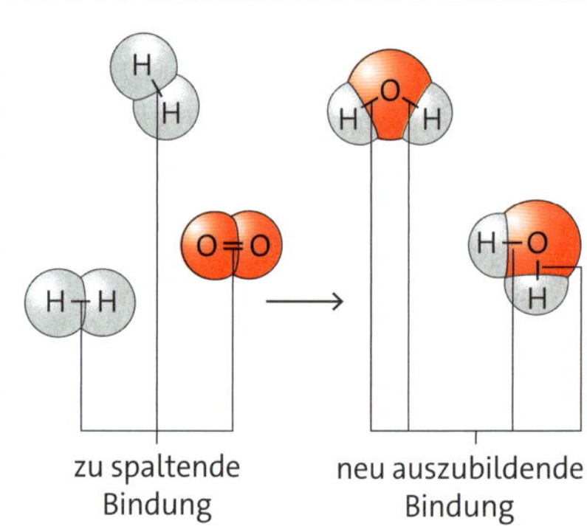				
Massenerhaltung	$m(H_2)$	+	$m(O_2)$	=	$m(H_2O)$
	2 g	+	16 g	=	18 g

Reaktionsbedingungen

Eine chemische Reaktion verläuft schneller durch:

- Temperaturerhöhung bzw. macht sie erst möglich
- Konzentrationserhöhung der Ausgangsstoffe
- größeren Zerteilungsgrad bzw. bessere Durchmischung der Ausgangsstoffe

Reaktionsgleichung

Eine Reaktionsgleichung ist eine Beschreibung einer chemischen Reaktion durch Formeln. Die vor den Formeln stehenden Faktoren beschreiben das Verhältnis der Teilchenanzahlen.

Sie enthält Aussagen über qualitative Änderungen und quantitative Verhältnisse zwischen den Reaktionsteilnehmern und schließt Aussagen zur Stoffebene und Teilchenebene ein.

Aussagen einer Reaktionsgleichung	$2\,H_2 + O_2 \longrightarrow 2\,H_2O$
Stoffebene	Wasserstoff reagiert mit Sauerstoff zu Wasser.
Teilchenebene	Zwei Moleküle Wasserstoff reagieren mit einem Molekül Sauerstoff zu zwei Molekülen Wasser.
Abgeleitete Aussagen	
– die Stoffmengen, die reagieren und nach der Reaktion vorliegen – die Massen, die reagieren und nach der Reaktion vorliegen	– 2 mol Wasserstoff reagieren mit 1 mol Sauerstoff zu 2 mol Wasser. – 4 g Wasserstoff reagieren mit 32 g Sauerstoff zu 36 g Wasser.

Energiediagramm

Exotherme Reaktion: chemische Reaktion, die unter Energieabgabe verläuft. Die chemische Energie der Ausgangsstoffe ist größer als die chemische Energie der Reaktionsprodukte.

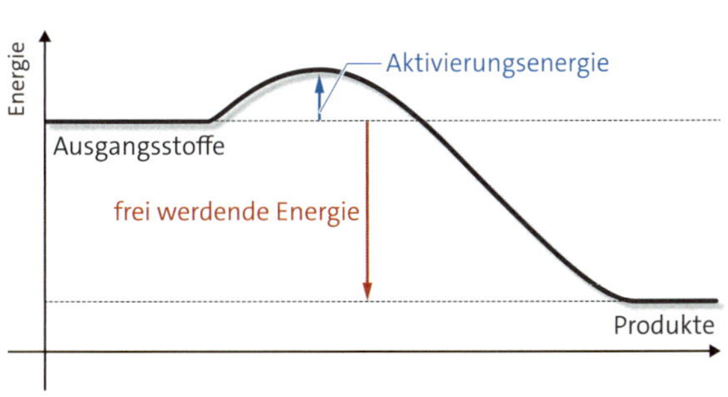

Endotherme Reaktion: chemische Reaktion, die unter Energieaufnahme verläuft. Die chemische Energie der Ausgangsstoffe ist kleiner als die chemische Energie der Reaktionsprodukte.

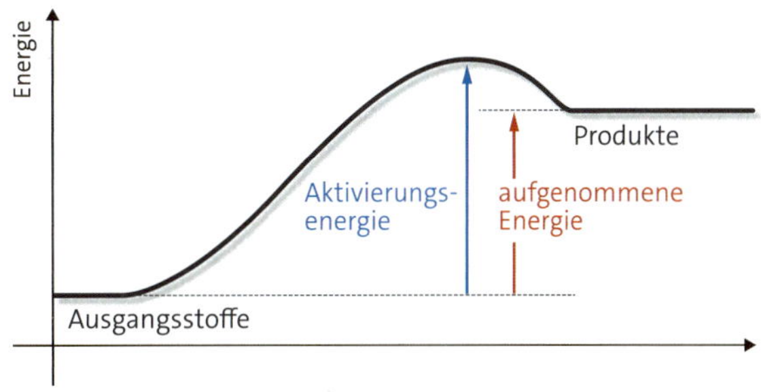

Katalysatoren: Damit eine chemische Reaktion ablaufen kann, muss sie durch Zufuhr von Energie aktiviert werden. Die dafür notwendige Energie ist die Aktivierungsenergie. Katalysatoren setzen die Aktivierungsenergie herab und beschleunigen dadurch die Reaktion. Nach der Reaktion liegen sie wieder unverändert vor.

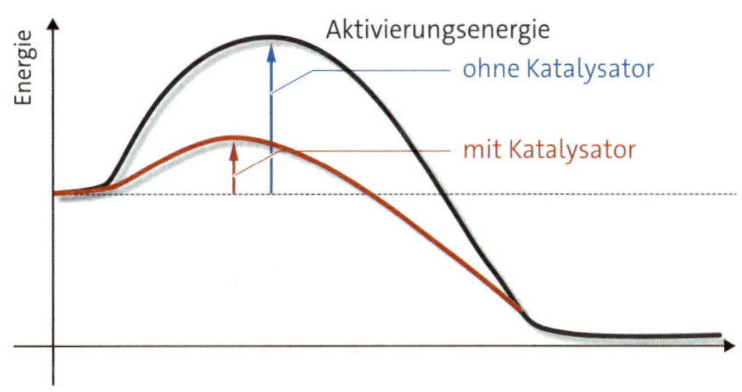

Wichtige Größen in der Chemie

Stoffportion: Unter einer Stoffportion versteht man eine genau abgemessene Masse und/oder bei Gasen und Flüssigkeiten ein genau abgemessenes Volumen eines Stoffs.

Dichte: Die Dichte ϱ ist der Quotient aus der Masse und dem Volumen einer Stoffportion. Die Einheit der Dichte ist $g \cdot cm^{-3}$, $g \cdot ml^{-1}$ und bei Gasen $g \cdot l^{-1}$.

$$\varrho(\text{Stoff}) = \frac{m(\text{Stoffportion})}{V(\text{Stoffportion})} \qquad \text{Einheit: } 1\,g \cdot cm^{-3} = g \cdot ml^{-1}$$

Die Dichte ist eine Stoffkenngröße, die für jeden Stoff charakteristisch ist. Sie hängt von der Temperatur und vom Druck ab.

Stoffmenge: Eine Stoffportion mit einer Stoffmenge von $n = 1\,mol$ besteht aus etwa $6 \cdot 10^{23}$ gleichartigen Teilchen (Atomen, Molekülen oder Formeleinheiten). Die Einheit der Stoffmenge ist mol.

Avogadro-Konstante: Mithilfe der Avogadro-Konstante N_A können Stoffmenge n und Teilchenanzahl N ineinander umgerechnet werden. Ihr Wert $N_A = 6{,}022\,140\,857 \cdot 10^{23}\,mol^{-1}$ gibt die genaue Teilchenanzahl in einer Stoffportion mit $n = 1\,mol$ wieder.

$$N = N_A \cdot n$$

Molare Masse: Die molare Masse M ist der Quotient aus der Masse m und der Stoffmenge n einer Stoffportion. Die Einheit der molaren Masse ist $g \cdot mol^{-1}$.

$$M(\text{Stoff}) = \frac{m(\text{Stoffportion})}{n(\text{Stoffportion})} \qquad \text{Einheit: } 1\,g \cdot mol^{-1}$$

Die molare Masse ist eine Stoffkenngröße, die für jeden Reinstoff charakteristisch ist.

Ermitteln von molaren Massen: Für Atome findet man diese Werte im Periodensystem. Der Zahlenwert der molaren Masse (in $g \cdot mol^{-1}$) ist gleich dem Zahlenwert der Teilchenmasse (in u).
Ist die Zusammensetzung (Formel) eines Stoffs bekannt, kann aus den Atommassen im Periodensystem der Elemente (PSE) die molare Masse des Stoffs berechnet werden.
Beispiele:

Wasser (Formel: H_2O)

$$\begin{aligned} M(H_2O) &= 2 \cdot M(1\,H) + M(1\,O) \\ &= 2 \cdot 1\,g \cdot mol^{-1} + 16\,g \cdot mol^{-1} \\ &= 18\,g \cdot mol^{-1} \end{aligned}$$

Butansäure (Formel: C_3H_7COOH)

$$\begin{aligned} M(C_3H_7COOH) &= 4 \cdot M(1\,C) + 8 \cdot M(1\,H) + 2 \cdot M(1\,O) \\ &= 4 \cdot 12\,g \cdot mol^{-1} + 8 \cdot 1\,g \cdot mol^{-1} + 2 \cdot 16\,g \cdot mol^{-1} \\ &= 88\,g \cdot mol^{-1} \end{aligned}$$

Satz von Avogadro: Nach dem Satz von Avogadro enthalten gleiche Volumina verschiedener Gase bei gleicher Temperatur und gleichem Druck die gleiche Anzahl an Teilchen.
Beispiel: 24,1 Liter Wasserstoff und 24,1 Liter Sauerstoff enthalten bei Raumtemperatur (20 °C) und Normdruck 1 mol Wasserstoffmoleküle bzw. 1 mol Sauerstoffmoleküle.

Molares Volumen: Das molare Volumen V_m ist der Quotient aus dem Volumen V und der Stoffmenge n einer Stoffportion. Die Einheit des molaren Volumens ist $l \cdot mol^{-1}$. Das molare Volumen ist für alle Gase gleich und beträgt unter Normbedingungen: $V_m = 22{,}4\,l \cdot mol^{-1}$

$$V_m = \frac{V(\text{Stoffportion})}{n(\text{Stoffportion})}$$

Temperatur in °C	Druck in hPa	Molares Volumen in $l \cdot mol^{-1}$
0	1013	22,4
20	1013	24,1
25	1013	24,5

Beziehungen zwischen den Größen

Zwischen der Stoffmenge, der Masse und dem Volumen von Stoffportionen bestehen proportionale Zusammenhänge.

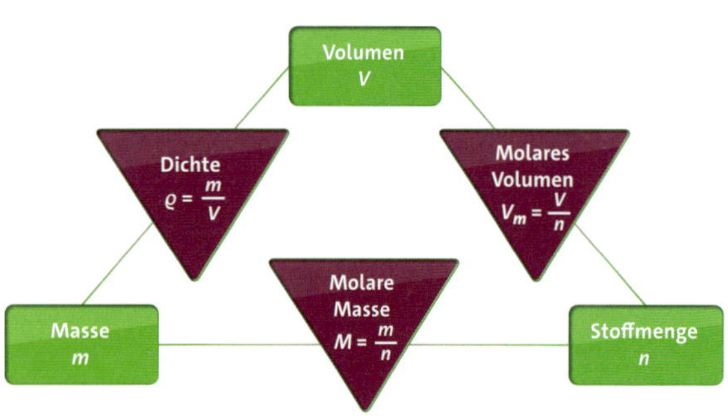

Stöchiometrische Berechnungen

Mithilfe der Beziehungen zwischen den Größen können stöchiometrische Berechnungen durchgeführt werden.

Berechnung einer gesuchten Masse aus einer gegebenen Masse: Berechnen Sie die Masse an Aluminium zur Herstellung von 300 g Aluminiumoxid.

$$4\,Al + 3\,O_2 \longrightarrow 2\,Al_2O_3$$

$$m(Al) = \frac{n(Al)}{n(Al_2O_3)} \cdot \frac{M(Al)}{M(Al_2O_3)} \cdot m(Al_2O_3)$$

$$m(Al) = \frac{4}{2} \cdot \frac{27\,\frac{g}{mol}}{102\,\frac{g}{mol}} \cdot 300\,g = 158{,}8\,g$$

Allgemein gilt:

$$m_{ges} = \frac{n_{ges}}{n_{geg}} \cdot \frac{M_{ges}}{M_{geg}} \cdot m_{geg}$$

Berechnung einer gesuchten Masse aus einem gegebenen Gasvolumen: Berechnen Sie die Masse an Magnesium, die in 85 l Sauerstoff vollständig verbrennt ($V_m = 22{,}4\,\frac{l}{mol}$).

$$2\,Mg + 1\,O_2 \longrightarrow 2\,MgO$$

$$m(Mg) = \frac{n(Mg)}{n(O_2)} \cdot \frac{M(Mg)}{V_m} \cdot V(O_2)$$

$$m(Mg) = \frac{2}{1} \cdot \frac{24\,\frac{g}{mol}}{22{,}4\,\frac{l}{mol}} \cdot 85\,l = 182{,}1\,g$$

Allgemein gilt:

$$m_{ges} = \frac{n_{ges}}{n_{geg}} \cdot \frac{M_{ges}}{V_m} \cdot V_{geg}$$

Berechnung eines gesuchten Gasvolumens aus einer gegebenen Masse: Berechnen Sie das entstehende Sauerstoffvolumen bei der Analyse von 0,5 g Silberoxid ($V_m = 22{,}4\,\frac{l}{mol}$).

$$2\,Ag_2O \longrightarrow 4\,Ag + 1\,O_2$$

$$V(O_2) = \frac{n(O_2)}{n(Ag_2O)} \cdot \frac{V_m}{M(Ag_2O)} \cdot m(Ag_2O)$$

$$V(O_2) = \frac{1}{2} \cdot \frac{22{,}4\,\frac{l}{mol}}{232\,\frac{g}{mol}} \cdot 0{,}5\,g = 0{,}024\,l = 24\,ml$$

Allgemein gilt:

$$V_{ges} = \frac{n_{ges}}{n_{geg}} \cdot \frac{V_m}{M_{geg}} \cdot m_{geg}$$

Berechnung eines gesuchten Gasvolumens aus einem gegebenen Gasvolumen: Berechnen Sie das Volumen an Wasserstoff, um 40 m³ Ammoniak aus den Elementen herzustellen.

$$N_2 + 3\,H_2 \longrightarrow 2\,NH_3$$

$$V(H_2) = \frac{n(H_2)}{n(NH_3)} \cdot V(NH_3)$$

$$V(H_2) = \frac{3}{2} \cdot 40\,m^3 = 60\,m^3$$

Allgemein gilt:

$$V_{ges} = \frac{n_{ges}}{n_{geg}} \cdot V_{geg}$$

Gehaltsangaben bei Stoffgemischen

Der Gehalt eines Stoffs in einem Stoffgemisch, z. B. in einer Lösung, kann durch verschiedene Gehaltsgrößen angegeben werden.

Massenanteil: Der Massenanteil *w* ist der Quotient aus der Masse der enthaltenen Stoffportion und der Masse des Stoffgemischs. Häufig erfolgt die Angabe des Massenanteils in der Einheit %.

$$w(\text{Stoff}) = \frac{m(\text{Stoffportion})}{m(\text{Gemisch})} \cdot 100\,\%$$

Für Lösungen gilt auch:

$$w(\text{Stoff}) = \frac{m(\text{Stoffportion})}{m(\text{Stoffportion}) + m(\text{Lösungsmittelportion})} \cdot 100\,\%$$

Beispiel: In einer Salzsäure mit $w = 3\,\%$ sind 3 g Chlorwasserstoff in 97 g Wasser gelöst.

Massenkonzentration: Die Massenkonzentration β ist der Quotient aus der Masse der enthaltenen Stoffportion und dem Volumen der Lösung (nicht des Lösungsmittels!). Die Einheit ist $g \cdot l^{-1}$.

$$\beta(\text{Stoff}) = \frac{m(\text{Stoffportion})}{V(\text{Lösung})} \qquad \text{Einheit: } 1\,g \cdot l^{-1}$$

Beispiel: In Cola mit $\beta(\text{Zucker}) = 110\,g \cdot l^{-1}$ sind in einem Liter Cola 110 g Zucker gelöst.

Stoffmengenkonzentration: Die Stoffmengenkonzentration *c* ist der Quotient aus der Stoffmenge des gelösten Stoffs und dem Volumen der Lösung. Die Einheit ist $mol \cdot l^{-1}$.

$$c(\text{Stoff}) = \frac{n(\text{Stoffportion})}{V(\text{Lösung})} \qquad \text{Einheit: } 1\,mol \cdot l^{-1}$$

Beispiel: In einer Salzsäure mit $c = 0{,}5\,mol \cdot l^{-1}$ sind 0,5 mol Chlorwasserstoff in 1 l Lösung enthalten.

Kombinierte Berechnungen: Massenanteil *w*, Stoffmengenkonzentration *c* und Dichte ϱ können ineinander umgewandelt werden.

$$c(\text{Stoff}) = \frac{n}{V} = \frac{m(\text{Stoffportion})}{M(\text{Stoff})} \cdot \frac{\varrho(\text{Lösung})}{m(\text{Lösung})}$$

$$= \frac{m(\text{Stoffportion})}{m(\text{Lösung})} \cdot \frac{\varrho(\text{Lösung})}{M(\text{Stoff})} = w \cdot \frac{\varrho(\text{Lösung})}{M(\text{Stoff})}$$

Beispiel: Gesucht ist die Stoffmengenkonzentration von Salzsäure ($w = 37\,\%$, $\varrho = 1185\,g \cdot l^{-1}$, $M(HCl) = 36{,}46\,g \cdot mol^{-1}$).

$$c(HCl) = w \cdot \frac{\varrho(\text{Salzsäure})}{M(HCl)} = 0{,}37 \cdot \frac{1185\,\frac{g}{l}}{36{,}46\,\frac{g}{mol}} = 12{,}0\,\frac{mol}{l}$$

Nachweisreaktionen

Wichtige Nachweise für Stoffe:

Nachweis	Stoff	Beobachtung
Glimmspanprobe	Sauerstoff	Entflammen eines Glimmspans
Knallgasprobe	Wasserstoff	pfeifendes, ploppendes Geräusch
		Reaktion: $2\,H_2 + O_2 \longrightarrow 2\,H_2O$
Wassernachweis	Wasser	Blaufärbung von Kupfersulfat oder Watesmopapier
Kalkwasserprobe	Kohlenstoffdioxid	weiße Trübung von Calciumhydroxidlösung
		Reaktion: $CO_2 + Ca(OH)_2 \longrightarrow CaCO_3 + H_2O$

Wichtige Ionennachweise:

Nachweisreagenz	Ion	Beobachtung
Silbernitratlösung	Chlorid-Ion Cl^-	weißer Niederschlag
		Reaktion: $Ag^+ + Cl^- \longrightarrow AgCl \downarrow$
	Bromid-Ion Br^-	gelblicher Niederschlag
		Reaktion: $Ag^+ + Br^- \longrightarrow AgBr \downarrow$
	Iodid-Ion I^-	gelber Niederschlag
		Reaktion: $Ag^+ + I^- \longrightarrow AgI \downarrow$
Bariumchloridlösung	Sulfat-Ion SO_4^{2-}	weißer Niederschlag, beständig nach Zugabe von Salzsäure
		Reaktion: $Ba^{2+} + SO_4^{2-} \longrightarrow BaSO_4 \downarrow$
Kalkwasser	Carbonat-Ion CO_3^{2-}	Das durch Austreiben mit Salzsäure entstehende Gas bildet in Kalkwasser eine weiße Trübung.
		Reaktionen: $CO_3^{2-} + 2\,HCl \longrightarrow CO_2 + H_2O + 2\,Cl^-$ $CO_2 + Ca(OH)_2 \longrightarrow CaCO_3 + H_2O$

Nachweis-reagenz	Ion	Beobachtung
Nachweis durch Flammenfärbung	Lithium-Ion Li^+	dunkelrot
	Natrium-Ion Na^+	gelb
	Kalium-Ion K^+	rotviolett
	Calcium-Ion Ca^{2+}	orangerot
	Strontium-Ion Sr^{2+}	grün
	Barium-Ion Ba^{2+}	grün

Bau der Atome

Atommodell nach Dalton:

- Jeder Stoff besteht aus kleinsten, chemisch nicht weiter zerlegbaren Teilchen, den **Atomen**.
- Atome sind kugelförmige Teilchen. Sie haben eine Masse und ein Volumen. Atome sind unvorstellbar klein.
- Die Atome eines Elements sind untereinander gleich. Sie haben die gleiche Masse und das gleiche Volumen. Damit gibt es genau so viele Atomarten wie es Elemente gibt.

Atommasse: Die Masse von Atomen ist unvorstellbar klein, deshalb wurde die **atomare Masseneinheit unit** (Einheitenzeichen **u**) eingeführt.

- 1 u entspricht in etwa der Masse eines Wasserstoffatoms.
- $1\ u = 1{,}661 \cdot 10^{-24}\ g$
- Die Atommasse wird im Periodensystem rechts über dem Symbol angegeben.

Daltons Atommodell musste aufgrund der Ergebnisse des Streuversuchs von **Rutherford** verändert werden. Daraus resultierte ein neues, differenziertes Atommodell, das **Kern-Hülle-Modell:** Ein Atom besteht aus einem kleinen *Atomkern* und einer viel größeren Atomhülle aus *Elektronen* in ständiger Bewegung.

Der **Atomkern** ist positiv geladen und enthält fast die gesamte Masse des Atoms. Er besteht aus elektrisch positiv geladenen **Protonen** und ungeladenen, massereichen **Neutronen**.

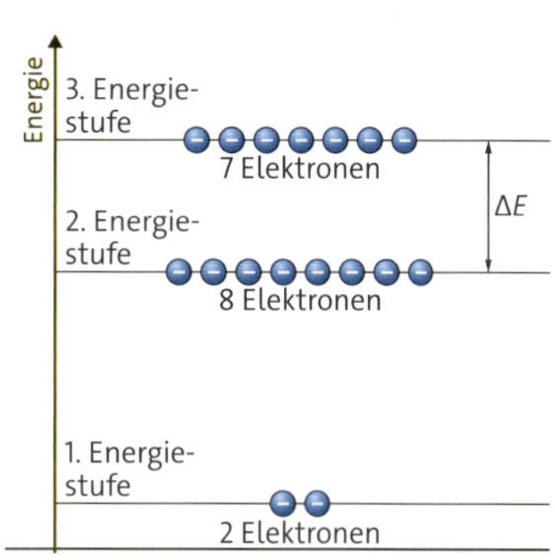

Energiestufenmodell des Chloratoms

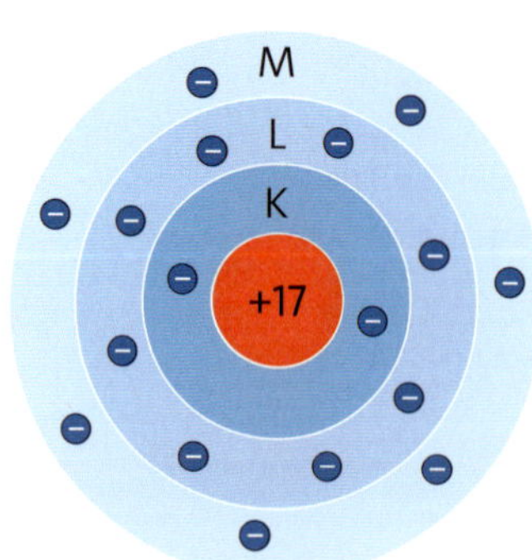

Schalenmodell des Chloratoms

Aus der *Anzahl der Protonen* ergibt sich die **Kernladungszahl**. Sie stimmt mit der **Ordnungszahl** der Elemente überein. Kennt man die Kernladungszahl bzw. Ordnungszahl eines Elements, so weiß man gleichzeitig, aus wie vielen Elektronen die Atomhülle gebildet wird.

Isotope sind Atome eines Elements, die sich in ihrer *Anzahl an Neutronen* unterscheiden; sie haben unterschiedliche Atommassen.

Die **Atomhülle** (Elektronenhülle) wird durch elektrisch negativ geladene **Elektronen** gebildet. Zur Beschreibung der Atomhülle nutzt man meist zwei Modelle (↑ Kasten unten):

- Nach dem **Energiestufenmodell** werden Elektronen mit ähnlichen Energien gemeinsamen Energiestufen zugeordnet.
- Nach dem **Schalenmodell** der Atomhülle werden Elektronen mit ähnlichem Abstand zum Atomkern gemeinsamen Elektronenschalen zugeordnet.

Die Elektronen der äußeren Schale heißen **Außenelektronen** oder **Valenzelektronen**. Sie bestimmen wesentlich die chemischen Eigenschaften der Elemente.

Periodensystem der Elemente (PSE)

Informationen über Atome, die aus den Feldern im PSE zu entnehmen sind:

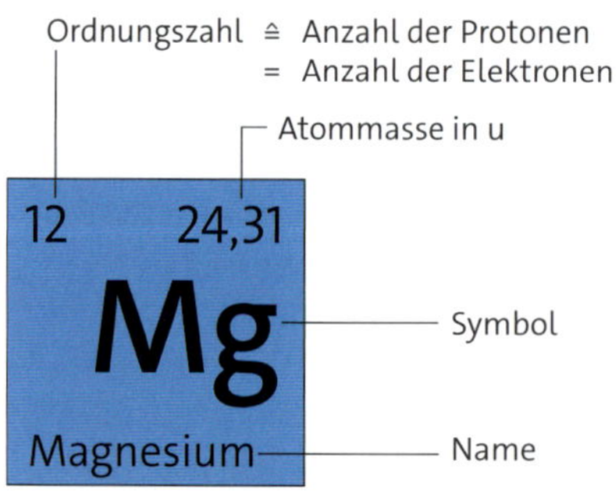

Ordnungsprinzipien im PSE:

- Die Atome im PSE sind nach steigender *Ordnungszahl* (Kernladungszahl) angeordnet.
- Die Atome der ersten 18 Elemente bilden die ersten drei **Perioden**, verteilt auf acht **Hauptgruppen**. Sie werden mit römischen Ziffern von I bis VIII gekennzeichnet.
- Die Nummer der Periode entspricht der Anzahl der Elektronenschalen in der Atomhülle.
  - Die Nummer der Hauptgruppe gibt an, mit wie vielen Elektronen die Außenschale besetzt ist.
  - Die Atome von Elementen einer **Elementfamilie** stehen in der gleichen Hauptgruppe und haben die gleiche Anzahl an Außenelektronen (Ausnahme: Helium). Dies ist die Ursache für chemisch ähnliche Eigenschaften innerhalb einer Elementfamilie, z. B. Alkalimetalle, Halogene.

- Die Atome der Elemente, die links und unten im PSE stehen, sind mit Ausnahme von Wasserstoff **Metalle**.
- Die Atome der Elemente, die rechts und oben im PSE stehen, sind überwiegend **Nichtmetalle**.

Salze und Ionen

Salze kommen in der Natur als Kristalle oder in wässrigen Lösungen vor.
Charakteristische Stoffeigenschaften der Salze:
- Salzkristalle sind hart und spröde, sie zerbrechen unter Krafteinwirkung.
- Salze sind oft in Wasser gut löslich.
- Sie besitzen eine hohe Schmelztemperatur.
- Salze leiten nur als Schmelze und in Wasser gelöst den elektrischen Strom.
- In kristalliner Form sind sie elektrische Nichtleiter.

Beispiele: Natriumchlorid NaCl, Calciumcarbonat $CaCO_3$ (Kalk), Kupfer(II)-oxid CuO

Salze sind aus **Ionen** aufgebaut. Ionen sind positiv oder negativ elektrisch geladene Teilchen in der Größenordnung von Atomen.

Metalle und Wasserstoff bilden *positiv geladene* **Kationen**.
Beispiele: Na^+, Fe^{2+}, Mg^{2+}, H^+
Nichtmetalle bilden *negativ geladene* **Anionen** (Ausnahme: Wasserstoff).
Beispiele: Cl^-, Br^-, F^-, O^{2-}

Salze bilden **Ionenkristalle**. In diesen ist eine unvorstellbar große Anzahl von positiv und negativ geladenen Ionen in einer möglichst dichten Packung angeordnet, wobei die verschieden geladenen Ionen feste Plätze einnehmen. Die regelmäßige Anordnung der Ionen im Kristall wird **Ionengitter** genannt.

Modelle vom Bau des Natriumchlorids:

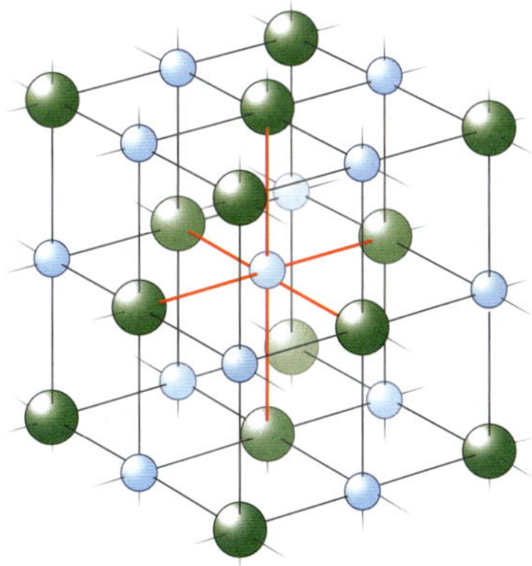
Gittermodell

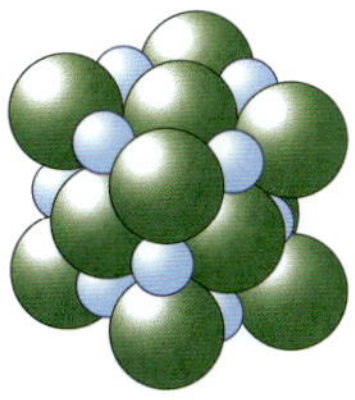
Kugelpackungsmodell

Die Ionen im Kristall werden durch **Ionenbindung** zusammengehalten. Sie ist eine Art der chemischen Bindung, die durch elektrostatische Anziehung zwischen elektrisch verschieden geladenen Ionen bewirkt wird.

Salzartige, aus Ionen aufgebaute Stoffe werden als **Ionenverbindungen** bezeichnet.

Bildung von Ionen aus Atomen

Vergleich	
Atom	**Ion**
– elektrisch neutral – gleiche Anzahl an Protonen und Elektronen	– elektrisch geladen – ungleiche Anzahl an Protonen und Elektronen – Kationen sind kleiner, Anionen sind größer als das entsprechende Atom

Ionen bilden sich aus Atomen durch Aufnahme oder Abgabe von Elektronen. Sie besitzen eine stabile **Edelgaskonfiguration**, also die Elektronenkonfiguration des nächststehenden Edelgases.
Beispiele:
- Ein Chloratom besitzt sieben Elektronen auf seiner Außenschale. Durch *Aufnahme* eines weiteren Elektrons bildet sich ein einfach negativ geladenes Chlorid-*Ion* (Anion). Die Elektronenkonfiguration entspricht der des Edelgases Argon.
$$Cl + e^- \longrightarrow Cl^-$$
- Ein Natrium*atom* besitzt nur ein Elektron auf seiner Außenschale. Durch *Abgabe* dieses Elektrons bildet sich ein einfach positiv geladenes Natrium-*Ion* (Kation). Die Elektronenkonfiguration entspricht der des Edelgases Neon.
$$Na \longrightarrow Na^+ + e^-$$

Art und Anzahl der Ladungen von Ionen lassen sich aus der Stellung im Periodensystem ableiten:
- Durch Abgabe ihrer Außenelektronen erlangen die Atome der Elemente der I. bis III. Hauptgruppe Edelgaskonfiguration. Die Ladungszahl ihrer Kationen stimmt mit der Nummer der Hauptgruppe überein. Metalle der Nebengruppen bilden oft verschieden geladene Kationen.
- Atome der Elemente der V. bis VII. Hauptgruppe nehmen Elektronen auf, bis ihre Außenschale 8 Elektronen besitzt, und erlangen so Edelgaskonfiguration. Die Ladungszahl ihrer Anionen erhält man, indem die Nummer ihrer Hauptgruppe von acht abgezogen wird.

Beispiele:
- Calcium (II. Hauptgruppe) bildet Kationen. Sie besitzen die Ladungszahl 2 $\Rightarrow$ Ca^{2+}-Ionen.
- Sauerstoff (VI. Hauptgruppe) bildet Anionen. Sie besitzen die Ladungszahl 2 $\Rightarrow$ O^{2-}-Ionen (Regel: $8 - 6 = 2$).

Edelgasregel: Atome anderer Elemente streben die gleiche Anzahl an Elektronen an wie die der nächststehenden Edelgasatome.

Molekülverbindungen – Elektronenpaarbindung

Molekülverbindungen sind Stoffe, die aus Molekülen aufgebaut sind.
Beispiele: Wasserstoff besteht aus Wasserstoffmolekülen H_2, Chlor besteht aus Chlormolekülen Cl_2, Wasser besteht Wassermolekülen H_2O.
Die zwei Wasserstoffatome im Wasserstoffmolekül erfüllen die Edelgasregel, indem sie ihre Außenelektronen gemeinsam nutzen. Das *gemeinsame* (*bindende*) *Elektronenpaar* entsteht durch die Durchdringung der Atomhüllen beider Wasserstoffatome. Daraus resultiert eine Elektronenpaarbindung (Atombindung).
⇒ Die **Elektronenpaarbindung** ist eine Art der chemischen Bindung, die durch gemeinsame Elektronenpaare zwischen Atomen bewirkt wird.

Die Bindungsverhältnisse in Molekülen werden durch **Lewis-Formeln** schematisch dargestellt:
- Das *bindende Elektronenpaar* wird als Strich zwischen die Elementsymbole gesetzt.
- Außenelektronen, die nicht an der Bindung teilnehmen, werden paarweise auch als Striche an das Elementsymbol gestellt (*nichtbindende* bzw. *freie Elektronenpaare*).

Beispiele für Lewis-Formeln:

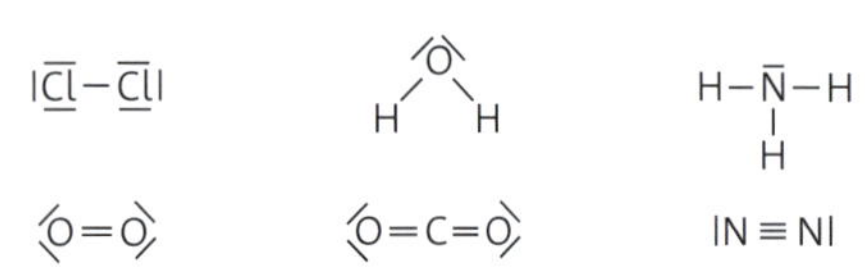

- Einfachbindung: eine durch *ein* bindendes Elektronenpaar bewirkte chemische Bindung
- *Beispiele:* Cl_2, H_2O, NH_3
- Zweifachbindung bzw. Doppelbindung: eine durch *zwei* bindende Elektronenpaare bewirkte chemische Bindung
- *Beispiele:* O_2, CO_2
- Dreifachbindung: eine durch *drei* bindende Elektronenpaare bewirkte chemische Bindung
- *Beispiel:* N_2

Der *räumliche Bau* von Molekülen kann durch das **Elektronenpaarabstoßungsmodell** (EPA-Modell) beschrieben werden. Das Modell beruht auf folgenden Annahmen:
- Alle Außenelektronen der Atome im Molekül werden modellhaft als Elektronenwolke dargestellt.
- Die negativ geladenen Elektronenpaare stoßen sich ab und ordnen sich im Molekül so an, dass sie den größtmöglichen Abstand zueinander einnehmen.
- Die elektrostatische Abstoßung freier Elektronenpaare ist größer als die bindender Elektronenpaare.

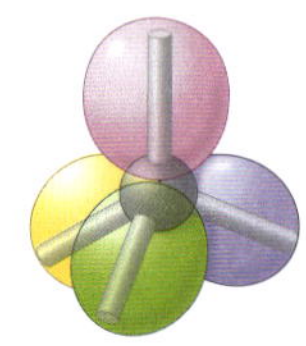

Modellhafte Darstellung der Elektronenwolken im EPA-Modell des Methanmoleküls CH_4

Stoff und Formel	Methan CH_4	Wasser H_2O
Lewis-Formel	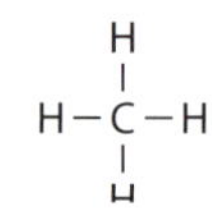	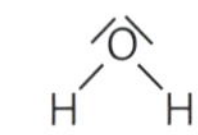
Elektronenpaare am zentralen Atom	4 bindende Elektronenpaare am C-Atom	2 bindende und 2 freie Elektronenpaare am O-Atom
Molekülmodell und räumlicher Bau	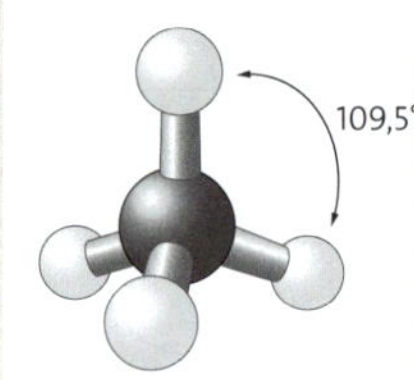	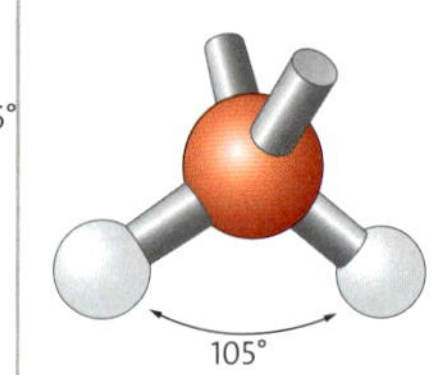

Elektronegativitätswert (EN) eines Elements: gibt an, wie stark ein Atom das bindende Elektronenpaar im Molekül anzieht
Polare Elektronenpaarbindung: beruht auf einer unsymmetrischen Elektronenverteilung zwischen den Atomen des Moleküls; daraus resultieren unterschiedliche elektrische Teilladungen δ+ bzw. δ–
Je größer die Differenz zwischen den Elektronegativitätswerten ist, desto polarer ist die Elektronenpaarbindung.
Bei einer *Elektronegativitätsdifferenz von null* handelt es sich um eine **unpolare Elektronenpaarbindung**.
Dipolmolekül: Molekül, in dem getrennte Ladungsschwerpunkte für die positive und negative elektrische Teilladung existieren. *Beispiele:* H_2O, NH_3

Zwischenmolekulare Wechselwirkungen:

Wasserstoffbrücken	starke zusätzliche Anziehungskräfte zwischen benachbarten Dipolmolekülen. Sie bilden sich zwischen positiv polarisierten Wasserstoffatomen und freien Elektronenpaaren stark elektronegativer Elemente
Ion-Dipol-Kräfte	relativ starke Anziehungskräfte zwischen Ionen und Dipolen
Dipol-Dipol-Kräfte	relativ starke Anziehungskräfte zwischen permanenten Dipolen
London-Kräfte	schwache Anziehungskräfte zwischen spontanen und induzierten Dipolen; treten zwischen Molekülen oder Edelgasatomen auf

Reaktionen mit Elektronenübertragung

Reagieren z. B. Metalle mit Salzlösungen, so findet zwischen den *Metallatomen* und *Metall-Ionen* der reagierenden Stoffe eine **Elektronenübertragung** statt.

Die Teilreaktion der **Elektronenabgabe** wird **Oxidation** genannt.

Beispiel Oxidation: $Zn \longrightarrow Zn^{2+} + 2\,e^-$

Das Zn-Atom ist ein **Elektronendonator**.

Die Teilreaktion der **Elektronenaufnahme** wird **Reduktion** genannt.

Beispiel Reduktion: $Cu^{2+} + 2\,e^- \longrightarrow Cu$

Das Cu^{2+}-Ion ist ein **Elektronenakzeptor**.

Oxidation und *Reduktion* finden immer *gleichzeitig* statt. Solche Reaktionen mit gleichzeitiger Elektronenübertragung werden **Redoxreaktionen** genannt:

Oxidation: $Zn \longrightarrow Zn^{2+} + 2\,e^-$
Reduktion: $Cu^{2+} + 2\,e^- \longrightarrow Cu$

Redoxreaktion: $Zn + Cu^{2+} \rightarrow Zn^{2+} + Cu$

Mithilfe solcher Elektronenübertragungsreaktionen kann die chemische Energie der reagierenden Stoffe in elektrische Energie umgewandelt werden (**galvanisches Element**, **Batterie**). Die Elektronenübertragungsreaktion kann durch Zuführen von elektrischer Energie umgekehrt werden (**Elektrolyse**).

Elektronenübertragungsreaktionen können auch zwischen anderen Reaktionspartnern wie Metallen und Nichtmetallen oder Metallen und Metalloxiden stattfinden.

Säuren – Basen – Neutralisation

Stoffliche Betrachtung:

- **Saure Lösungen** sind wässrige Lösungen, die Oxonium-Ionen H_3O^+ enthalten.
- **Alkalische Lösungen** sind wässrige Lösungen, die Hydroxid-Ionen OH^- enthalten.

⇒ Saure und alkalische Lösungen sind wegen der in ihnen enthaltenen Ionen elektrisch leitfähig.

Teilchenmäßige Betrachtung:

- **Säuren** sind Stoffe, deren Teilchen Protonen H^+ abgeben, es sind **Protonendonatoren**.
- **Basen** sind Stoffe, deren Teilchen Protonen H^+ aufnehmen, es sind **Protonenakzeptoren**.

⇒ **Säure-Base-Reaktionen** sind **Protonenübertragungsreaktionen**.

Beispiel:

Protonenabgabe (HCl → Cl^-)

$$HCl + H_2O \longrightarrow Cl^- + H_3O^+$$

Protonenaufnahme (H_2O → H_3O^+)

Protonenübergang im Teilchenmodell:

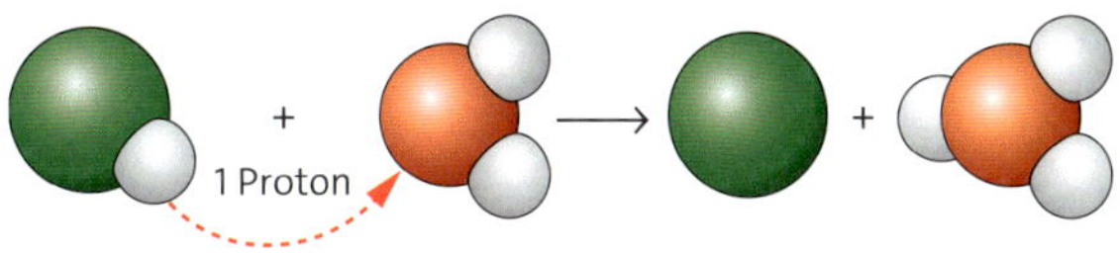

Neutralisation

Die Reaktion zwischen Oxonium-Ionen und Hydroxid-Ionen wird als **Neutralisation** bezeichnet. Es ist eine Protonenübertragungsreaktion. Sie läuft ab, wenn eine saure Lösung zu einer alkalischen Lösung gegeben wird.
Neutralisation:
$H_3O^+(aq) + OH^-(aq) \longrightarrow 2\,H_2O(l)$

Protonenübergang im Teilchenmodell:

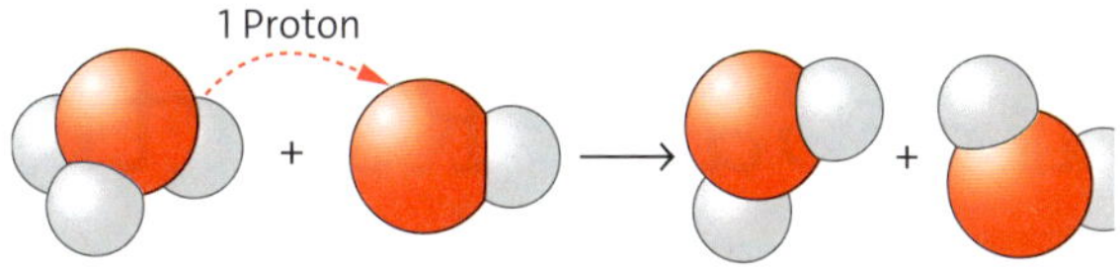

Gleichzeitig wird eine **Salzlösung** gebildet.

Beispiel:
$HCl(aq) + NaOH(aq) \longrightarrow \underbrace{H_2O(l) + Na^+(aq) + Cl^-(aq)}_{\text{Natriumchloridlösung}}$

pH-Wert

Der pH-Wert einer Lösung gibt an, wie stark sauer oder alkalisch diese Lösung ist. Er ist ein Maß für die Konzentration an Oxonium-Ionen.

Bei einer Änderung des pH-Werts um 1 ändert sich die Konzentration um den Faktor 10.

Die **pH-Wert-Skala** reicht in etwa von pH = 0 bis pH = 14:

0	1	2	3	4	5	6	7	8	9	10	11	12	13	14
sauer							neutral							alkalisch

Einteilung von Lösungen nach ihrem pH-Wert

pH < 7: saure Lösung
pH = 7: neutrale Lösung
pH > 7: alkalische Lösung

Abiturwissen und Übungsaufgaben

1 Energetik

2 Kinetik und chemisches Gleichgewicht

3 Säure-Base-Reaktionen

4 Redoxchemie und Elektrochemie

5 Organische Verbindungen

6 Naturstoffe

7 Farbstoffe

8 Kunststoffe

1 Energetik

Einstufungstest

Karteikarten

Ich kann:

- die molaren Reaktionsenthalpien einer Reaktion aus einer kalorimetrischen Messung berechnen
- die molaren Standardbildungsenthalpien aus molaren Standardbildungsenthalpien berechnen
- Brennwert und Heizwert definieren und berechnen
- den Satz von Hess definieren und anwenden
- die molaren Standardreaktionsentropien aus molaren Standardentropien berechnen
- Berechnungen mit der Gibbs-Helmholtz-Gleichung durchführen und Aussagen zum freiwilligen Ablauf chemischer Reaktionen machen

Um einen Formel-1-Sieg einzufahren, müssen nicht nur der Motor, sondern auch Karosserie, Reifen und Benzin höchsten Ansprüchen genügen. Bei der Verbrennung der Kraftstoffe wird die chemische Energie der Kohlenwasserstoffe in Bewegungs- und Wärmeenergie umgewandelt. Auf Basis der energetischen Betrachtung bei einer chemischen Reaktion können auch Vorhersagen dazu getroffen werden, ob eine chemische Reaktion bei bestimmten Bedingungen freiwillig stattfinden kann.

1 Energetik

Innere Energie und Systeme

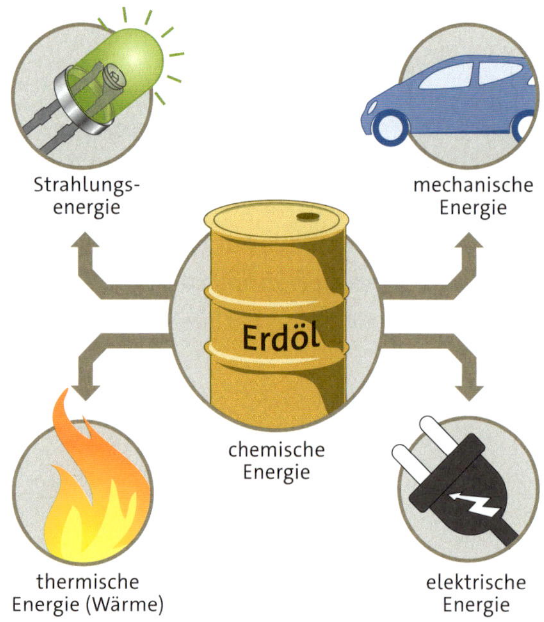

1 Umwandlung von Energieformen

Bei chemischen Reaktionen treten neben Stoffumwandlungen auch immer Energieumwandlungen auf. Nach dem Energieerhaltungssatz kann Energie weder erschaffen noch vernichtet werden. Ihre verschiedenen Formen lassen sich nur ineinander umwandeln (►**1**).

Die Summe aller Energieformen eines Systems wird auch als seine **innere Energie *U*** (Einheit: J) bezeichnet.

Systeme unterscheidet man anhand ihrer Möglichkeiten, Stoffe und Energie mit der Umgebung auszutauschen. Man unterscheidet zwischen:

- **Offenes System** (z. B. Holzofen)
- **Geschlossenes System** (z. B. Glühlampe)
- **Isoliertes/ abgeschlossenes System** (z. B. Thermoskanne)

> 1. Hauptsatz der Thermodynamik:
> Die Energie eines abgeschlossenen Systems ist konstant.

Reaktionswärme

Die Änderung der inneren Energie ΔU bei einer chemischen Reaktion entspricht der Summe aus ausgetauschter Wärme Q und verrichteter Arbeit W.

$$\Delta U = Q + W$$

Wenn bei einer Reaktion Gase entstehen oder das Gasvolumen abnimmt, wird die Volumenarbeit W messbar.

$$W = -p \cdot \Delta V$$

Bei konstantem Druck entspricht die Änderung der inneren Energie der ausgetauschten Reaktionswärme und der dabei verrichteten Volumenarbeit.

$$\Delta U = Q - p \cdot \Delta V$$

Daraus ergibt sich: $Q = \Delta U + p \cdot \Delta V$

Bei einer exothermen Reaktion wird Energie in Form von Reaktionswärme an die Umgebung übertragen. Bei einer endothermen Reaktion nimmt das System Energie aus der Umgebung auf.

Die bei einer chemischen Reaktion mithilfe eines Kalorimeters bestimmte Reaktionswärme Q entspricht definitionsgemäß der Reaktionsenthalpie $\Delta_r H$ (Einheit J).

$$\Delta_r H = \Delta U + p \cdot \Delta V$$

Die Differenz einer Größe ergibt sich aus Endzustand minus Anfangszustand: $\Delta U = U_{Ende} - U_{Anfang}$

Kalorimetrie

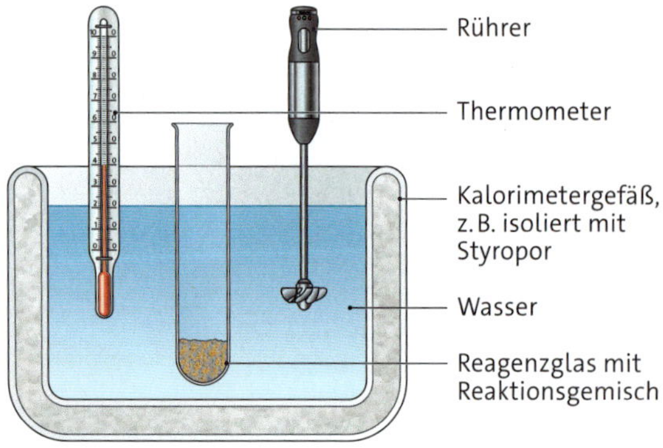

2 Einfaches Kalorimeter

Mithilfe der Kalorimetrie wird die bei einer Reaktion ausgetauschte Wärme Q durch Messung der Temperaturdifferenz in einem Kalorimeter bestimmt (►**2**). Zur Berechnung muss die eingesetzte Wassermenge betrachtet werden.

$$Q = -c_p(H_2O) \cdot m(H_2O) \cdot \Delta T$$

$c_p(H_2O)$: spezifische Wärmekapazität des Wassers bei konstantem Druck (4,18 J · g^{-1} · K^{-1})
$m(H_2O)$: Masse des Wassers in g
ΔT: Temperaturänderung in K (Änderung von 1 °C entspricht Änderung von 1 K)

Reaktionsenthalpien

Die molare Reaktionsenthalpie $\Delta_r H_m$ gibt die Reaktionsenthalpie für eine Reaktion mit dem Formelumsatz 1 mol (Einheit kJ · mol⁻¹) an. Zur Berechnung von molaren Reaktionsenthalpien ist immer die Angabe einer Reaktionsgleichung notwendig.

Die **molare Standardreaktionsenthalpie** $\Delta_r H_m^0$ ist die Reaktionsenthalpie einer konkreten Reaktion mit einem Formelumsatz von 1 mol unter Standardbedingungen (T = 298 K (25 °C), p = 101,3 kPa).
Einige Reaktionsenthalpien haben aufgrund ihrer Bedeutung eigene Namen und Zeichen.

Name und Symbol	Beschreibung	Beispiel
molare Verbrennungsenthalpie $\Delta_c H_m$	1 mol eines Ausgangsstoffs wird im Sauerstoffüberschuss vollständig verbrannt.	CH_4 (g) + 2 O_2 (g) ⟶ CO_2 (g) + 2 H_2O (l) $\Delta_c H_m = -891$ kJ · mol^{-1}
molare Standardbildungsenthalpie $\Delta_f H_m^0$	1 mol einer Verbindung wird unter Standardbedingungen aus den Elementen gebildet.	H_2 (g) + $\frac{1}{2}$ O_2 (g) ⟶ H_2O (l) $\Delta_f H_m^0 = -286$ kJ · mol^{-1}
molare Verdampfungsenthalpie $\Delta_v H_m$	1 mol eines Stoffs wird verdampft.	H_2O (l) ⟶ H_2O (g) $\Delta_v H_m = 44$ kJ · mol^{-1}

Viele chemische Reaktionen dienen zur Bereitstellung von Energie oder Wärme. Bei Brennstoffen und Nährstoffen gibt man oft den **Brennwert** H_s an. Der Brennwert (Einheit kJ · g⁻¹) wird ermittelt wie die Verbrennungsenthalpie. Er bezieht sich aber nicht auf 1 mol, sondern auf eine bestimmte Masse oder Volumen. Das negative Vorzeichen entfällt.

Der **Heizwert** H_i berücksichtigt die Energie, die durch die Entstehung von Wasserdampf bei einer Reaktion frei wird.

Beim Heizwert wird von der Verbrennungsenthalpie die Verdampfungsenthalpie des Wassers abgezogen. Auch der Heizwert bezieht sich auf die Masse oder das Volumen des Brennstoffs und das negative Vorzeichen entfällt.

Satz von Hess

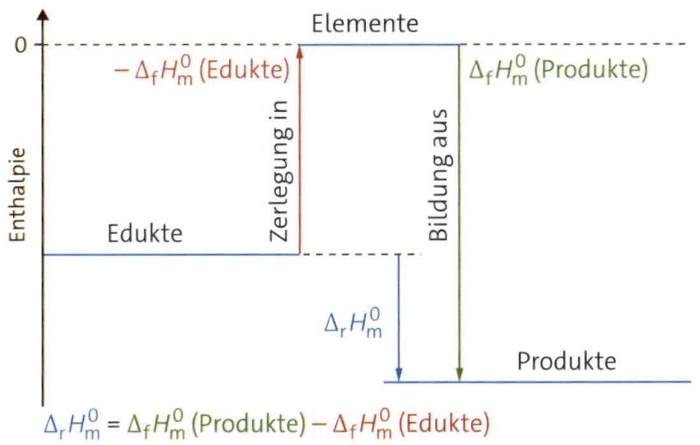

3 Satz von Hess: Prinzipielle Bestimmung der Reaktionsenthalpie mithilfe von Bildungsenthalpien

Die molare Standardbildungsenthalpie $\Delta_f H_m^0$ entspricht der molaren Reaktionsenthalpie der Bildung von 1 mol einer Verbindung aus den Elementen unter Standardbedingungen.

Die Reaktionsenthalpie einer chemischen Reaktion hängt nur von den Edukten und Produkten ab. Sie ist unabhängig von möglichen Zwischenprodukten und dem Reaktionsweg.

Die molare Standardreaktionsenthalpie ($\Delta_r H_m^0$) kann mit dem Satz von Hess berechnet werden. Sie ergibt sich aus der Summe (Σ) der molaren Standardbildungsenthalpien ($\Delta_f H_m^0$) aller Produkte abzüglich der molaren Standardbildungsenthalpien ($\Delta_f H_m^0$) aller Edukte anhand einer konkreten Reaktionsgleichung.

$$\Delta_r H_m^0 = \Sigma\, \nu \cdot \Delta_f H_m^0 \text{ (Produkte)} - \Sigma\, \nu \cdot \Delta_f H_m^0 \text{ (Edukte)}$$

$\Delta_r H_m^0$: molare Standardreaktionsenthalpie
$\Delta_f H_m^0$: molare Standardbildungsenthalpie
Σ: Summe
ν: Stöchiometriezahlen der einzelnen Produkte und Edukte

Achte auf die Stöchiometriezahlen (ν) in der Gleichung, die Aggregatzustände der Stoffe (g, l, aq, s) und die Vorzeichen der Bildungsenthalpien (+/–).

Die Standardbildungsenthalpien der Elemente (z. B. O_2) sind per Definition null und müssen nicht berücksichtigt werden.

Reaktionsentropie

Die Entropie S (Einheit: $J \cdot K^{-1}$) ist das Maß für die Unordnung eines Systems. Bei freiwillig ablaufenden Prozessen nimmt die Entropie im System und seiner Umgebung insgesamt zu. Aus den molaren Standardentropien (S_m^0) (Einheit: $J \cdot K^{-1} \cdot mol^{-1}$) lässt sich die molare Standardreaktionsentropie ($\Delta_r S_m^0$) berechnen.

$$\Delta_r S_m^0 = \Sigma\, \nu \cdot S_m^0\,(\text{Produkte}) - \Sigma\, \nu\, S_m^0\,(\text{Edukte})$$

> 2. Hauptsatz der Thermodynamik:
> Beim Ablauf eines freiwilligen Prozesses in einem isolierten System nimmt die Entropie stets zu.

Freiwillige Prozesse laufen stets in der Richtung ab, in der die Entropie des Systems und seiner Umgebung insgesamt zunimmt.

Im Gegensatz zur Standardbildungsenthalpie ist die Entropie von Elementen nicht gleich null.

Mithilfe der molaren Standardentropien der Stoffe kann die Entropieänderung im Verlauf einer Reaktion für eine konkrete Reaktionsgleichung berechnet werden. Sie wird molare Standardreaktionsentropie $\Delta_r S_m^0$ genannt.

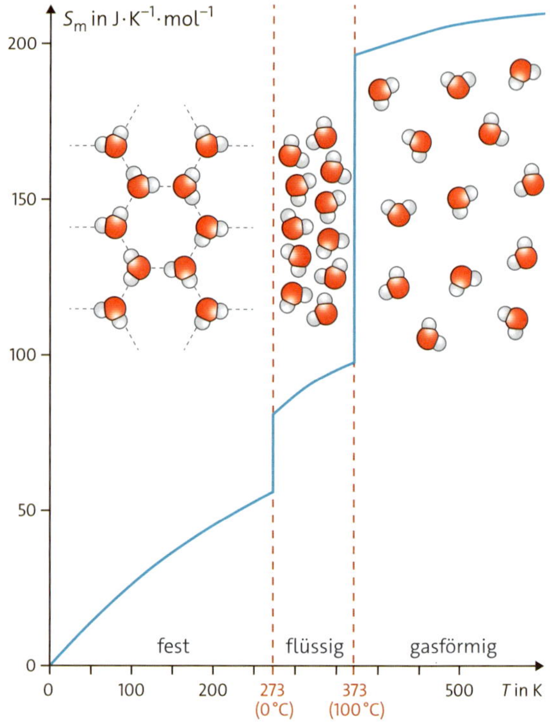

4 Entropieverlauf beim Erhitzen von Wasser

Freiwilligkeit chemischer Reaktionen

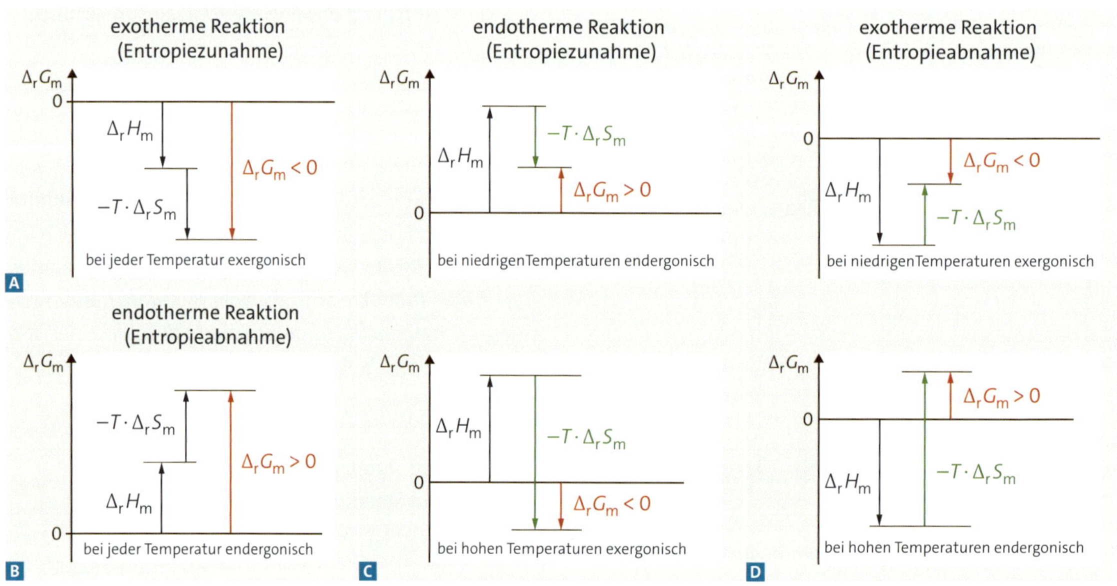

5 Abhängigkeit der freien Reaktionsenthalpie von der Reaktionsenthalpie, -entropie und -temperatur

Eine Reaktion ist **exergonisch** (freiwillig), wenn ihre molare freie Reaktionsenthalpie (Einheit: J) negativ ist ($\Delta_r G_m < 0$). Eine **endergonische** Reaktion ($\Delta_r G_m > 0$) findet nicht freiwillig statt und muss erzwungen werden. Mithilfe der Gibbs-Helmholtz-Gleichung kann die molare freie Reaktionsenthalpie $\Delta_r G_m$ aus der Reaktionsenthalpie $\Delta_r H_m$ und Reaktionsentropie $\Delta_r S_m$ bei gegebener Temperatur T berechnet werden.

$$\Delta_r G_m = \Delta_r H_m - T \cdot \Delta_r S_m$$

Unter Standardbedingungen lässt sich die molare freie Standardreaktionsenthalpie alternativ aus tabellierten Werten für molare freie Standardbildungsenthalpien der Produkte und Edukte einer Reaktion berechnen.

$$\Delta_r G_m^0 = \Sigma\, \nu \cdot \Delta_f G_m^0(\text{Produkte}) - \Sigma\, \nu \cdot \Delta_f G_m^0\,(\text{Edukte})$$

Umrechnung der Temperatur von Celsius (x °C) in Kelvin (K):
T = (x + 273) K

Energetik

1 Bei der Verbrennung von 1,5 g Marshmallows in einem Kalorimeter mit der Wassermenge $m(H_2O)$ = 410 g wurde eine Temperaturerhöhung von 11,9 K gemessen. Berechnen Sie aus den Werten die Reaktionswärme für die Verbrennung der Marshmallows. $c_p(H_2O) = 4{,}18\ J \cdot g^{-1} \cdot K^{-1}$

2 Bei der Zersetzung von 75 ml einer Wasserstoffperoxidlösung der Konzentration $c(H_2O_2) = 1\ mol \cdot l^{-1}$ in einem Kalorimeter ($m(H_2O)$ = 250 g) wurde ein Temperaturanstieg von 5,2 K gemessen. Berechnen Sie die molare Reaktionsenthalpie für die angegebene Reaktionsgleichung.
Hinweis: c_p (Lösung) = $c_p(H_2O) = 4{,}18\ J \cdot g^{-1} \cdot K^{-1}$

$$2\ H_2O_2(l) \longrightarrow 2\ H_2O(l) + O_2(g)$$

3 Berechnen Sie aus der molaren Verbrennungsenthalpie $\Delta_c H_m = -3268\ kJ \cdot mol^{-1}$ von Benzol (C6H6) den Brennwert H_s und den Heizwert

H_i. $\Delta_v H_m(H_2O) = 44\ kJ \cdot mol^{-1}$; $M(C_6H_6) = 78\ g \cdot mol^{-1}$

4 Berechnen Sie die molare Standardverbrennungsenthalpie von Glucose aus den tabellierten molaren Standardbildungsenthalpien.

Formel	$\Delta_f H_m^0$ in $kJ \cdot mol^{-1}$	Formel	$\Delta_f H_m^0$ in $kJ \cdot mol^{-1}$
C(Graphit, s)	0	NaCl(s)	− 411
C(Diamant, s)	2	$Na^+(aq)$	− 240
$H_2O(l)$	− 286	$Cl^-(aq)$	− 167
$H_2O(g)$	− 242	$Al_2O_3(s)$	− 1676
$CO_2(g)$	− 394	$C_2H_5OH(l)$	− 277
CO(g)	− 111	$C_6H_{12}O_6(s)$	− 1274

1 Ausgewählte molare Standardbildungsenthalpien

5 Für die Verbrennung von flüssigem Benzol wurde eine molare Verbrennungsenthalpie $\Delta_c Hm^0 = -3268\ kJ \cdot mol^{-1}$ ermittelt. Berechnen Sie daraus die molare Standardbildungsenthalpie von Benzol.

6 Chemische Reaktionen verlaufen nur freiwillig, wenn die Entropie in einem isolierten System zunimmt. Trotzdem kann die Reaktionsentropie negativ sein. Diskutieren Sie diesen scheinbaren Widerspruch.

7 Bei der Bildung von Natronlauge aus 1 mol elementarem Natrium mit Wasser wurde eine Reaktionswärme von −184 kJ unter Standardbedingungen gemessen.

a Formulieren Sie die Reaktionsgleichung mit ganzen Stöchiometriezahlen. Geben Sie die molare Reaktionsenthalpie dieser Reaktion an.

b Berechnen Sie die Volumenarbeit dieser Reaktion unter Standardbedingungen ($V_m = 24{,}5\ l \cdot mol^{-1}$).

8 Berechnen Sie die notwendige Wärmemenge, um 500 g Wasser von 25 °C vollständig zu verdampfen ($c_p(H_2O) = 4{,}18\ J \cdot g^{-1} \cdot K^{-1}$). Bedenken Sie die vorliegende Aggregatzustandsänderung.

9 In einem Kalorimeter mit einer Wasserfüllung von 240 ml wird 1 g Alanin ($C_3H_7O_2N$) vollständig zu $CO_2(g)$, $H_2O(g)$ und $N_2(g)$ verbrannt. Es ist eine Temperaturerhöhung um 3,5 K messbar ($c_p(H_2O) = 4{,}18\ J \cdot g^{-1} \cdot K^{-1}$).

a Zeichnen und beschriften Sie einen möglichen Versuchsaufbau.

b Berechnen Sie aus den Messwerten die molare Verbrennungsenthalpie von Alanin.

c Bestimmen Sie den Heizwert sowie den Brennwert von Alanin.

10 Ethen kann mit gasförmigem Wasserstoff zu Ethan hydriert werden. Die Reaktionsenthalpie kann aus den Verbrennungsenthalpien von Ethan, Ethen und Wasserstoff berechnet werden.

$\Delta_c H_m(C_2H_6) = -1557\ kJ \cdot mol^{-1}$

$\Delta_c H_m(C_2H_4) = -1409\ kJ \cdot mol^{-1}$

$\Delta_c H_m(H_2) = -286\ kJ \cdot mol^{-1}$

a Stellen Sie jeweils die Reaktionsgleichung der vier genannten Reaktionen auf.

b Berechnen Sie die unbekannte Reaktionsenthalpie mit dem Satz von Hess.

11 Beim Auflösen eines Salzes in Wasser kann eine Erwärmung oder Abkühlung der Lösung erfolgen. 0,1 mol Natriumchlorid (NaCl) und 0,1 mol Calciumchlorid ($CaCl_2$) werden in jeweils 100 g Wasser aufgelöst.

a Berechnen Sie die molaren Lösungsenthalpien der Salze aus den molaren Standardbildungsenthalpien (► S. 20).

b Berechnen Sie die jeweils resultierende Temperaturänderung ($c_p(H_2O) = 4{,}18\ J \cdot g^{-1} \cdot K^{-1}$).

12 Ethanal wird mithilfe der Tollens-Probe nach folgender Gleichung nachgewiesen:

$$CH_3CHO(l) + 2\ Ag^+(aq) + 2\ OH^-(aq) \longrightarrow CH_3COOH(l) + 2\ Ag(s) + H_2O(l)$$

Berechnen Sie die molare Standardreaktionsenthalpie aus den molaren Standardbildungsenthalpien (► S. 20).

13 Gasförmiges Ammoniak zeigt bei Einleitung in Wasser (bei 25 °C) eine alkalische Reaktion.

a Formulieren Sie die Reaktionsgleichung für die beschriebene Reaktion.

b Berechnen Sie die molare Reaktionsenthalpie aus den molaren Standardbildungsenthalpien (► S. 20).

c Berechnen Sie die molare Reaktionsentropie und geben Sie an, ob die Reaktion freiwillig verläuft.

14 Elementares Natrium wird mit gasförmigem Chlor nach folgender Gleichung umgesetzt:

$$2\ Na(s) + Cl_2(g) \longrightarrow 2\ NaCl(s)$$

a Berechnen Sie die molare Standardreaktionsenthalpie und die molare Reaktionsentropie der Reaktion mithilfe tabellierter Werte (► S. 20).

b Geben Sie an, ob die Reaktion bei −30 °C exergonisch oder endergonisch verläuft.

Süßstoff Aspartam

Im Handel sind von vielen Lebensmitteln kalorienarme Varianten als Light-Produkte erhältlich. Statt mit gewöhnlichem Haushaltszucker (Saccharose, $C_{12}H_{22}O_{11}$) sind sie häufig mit synthetischen Süßstoffen wie Aspartam ($C_{14}H_{18}N_2O_5$) gesüßt.
Die gleiche Menge Aspartam schmeckt im Gegensatz zu Saccharose ungefähr 200-mal so süß. Mit $H_{bio} = 17\ kJ \cdot g^{-1}$ ist sein physiologischer Brennwert ähnlich groß wie sein physikalischer Brennwert H_s. Es ist aber kein Kohlenhydrat, sondern ein synthetisches Dipetid, das aus den Aminosäuren Asparginsäure und Phenylalanin besteht.
Viele Ernährungsexperten warnen dennoch vor dem übermäßigen Konsum von Light-Produkten, da sie nicht beim Abnehmen helfen, sondern in Verdacht stehen, aufgrund ihrer Süße ein Hungergefühl auszulösen, das sogar zu Übergewicht führen kann.

Formel	$\Delta_f H_m^0$ in $kJ \cdot mol^{-1}$	Formel	$\Delta_f H_m^0$ in $kJ \cdot mol^{-1}$
$CO_2(g)$	– 394	$H_2O(g)$	– 242
$CO(g)$	– 111	$H_2O(l)$	– 286

2 Molare Bildungsenthalpien einiger Verbindungen

1 Schätzen Sie mithilfe des Satzes von Hess aus dem physiologischen Brennwert von Aspartam die molare Bildungsenthalpie ab (▶ **2**). *Hinweis:* Es bildet sich u. a. Stickstoff (N_2) und es gilt die Annahme: $H_s = H_{bio}$.

2 1,9 g Saccharose werden in einem Kalorimeter mit einer Wasserfüllung von 650 ml vollständig verbrannt. Dabei steigt die Temperatur um 11,3 K.

a Entwickeln Sie die Reaktionsgleichung für die vollständige Verbrennung von Saccharose.

b Berechnen Sie den Brennwert und die molare Verbrennungsenthalpie von Saccharose.

c Bestimmen Sie mithilfe des Satzes von Hess die Bildungsenthalpie von Saccharose.

3 **a** Vergleichen Sie Saccharose und Aspartam hinsichtlich physikalisch relevanter Größen, indem Sie Brennwerte, molare Verbrennungsenthalpien, molare Bildungsenthalpien usw. tabellarisch gegenüberstellen.

b Beurteilen Sie die Verwendung von Aspartam statt Saccharose in Light-Produkten.

Power-to-Gas-Technologie

Im Rahmen der Energiewende wird die Power-to-Gas-Technologie als eine Möglichkeit gesehen, langfristig einen Beitrag zur Unabhängigkeit von fossilen Brennstoffen zu leisten. Die Unabhängigkeit von solchen Brennstoffen ist sowohl wegen der Begrenztheit ihrer Ressourcen als auch des Willens zur Verringerung des Kohlenstoffdioxidausstoßes notwendig.

Bei der Power-to-Gas-Technologie soll überschüssiger elektrischer Strom (engl. *power*) zur Elektrolyse von flüssigem Wasser genutzt werden, um Wasserstoff herzustellen. Aus dem so gewonnenen Wasserstoff soll wiederum Kohlenstoffdioxid zu Methangas (engl. *gas*) umgesetzt werden:

1) $4\,H_2(g) + CO_2(g) \longrightarrow CH_4(g) + 2\,H_2O(g) \qquad \Delta_rH_m = -165\ kJ\cdot mol^{-1}$

Verbindung	$\Delta_fH^0_m$ in $kJ\cdot mol^{-1}$	Verbindung	$\Delta_fH^0_m$ in $kJ\cdot mol^{-1}$
$CH_4(g)$	−75	$CO(g)$	−111
$CO_2(aq)$	−699,6	$H_2O(g)$	−242
$CO_2(g)$	−394	$H_2O(l)$	−286

1 Molare Standardbildungsenthalpien

Die Gesamtreaktion erfolgt in zwei aufeinanderfolgenden Schritten:

2) $H_2(g) + CO_2(g) \longrightarrow CO(g) + H_2O(g) \qquad \Delta rHm = 41\ kJ\cdot mol^{-1}$

3) $3\,H_2(g) + CO(g) \longrightarrow CH_4(g) + H_2O(g) \qquad \Delta rHm = ?$

1 Formulieren Sie die Reaktionsgleichung für die Elektrolyse von Wasser. Erläutern Sie, warum sich aus der leicht zu bestimmenden Reaktionsenthalpie der Elektrolyse die Bildungsenthalpie von Wasser ermitteln lässt.

2 **a** Berechnen Sie die molare Reaktionsenthalpie der Reaktion 3) mithilfe der Angaben in Tabelle ►**1**.
b Berechnen Sie die molare Reaktionsenthalpie der Reaktion 3) nur mithilfe der Reaktionen 1) und 2).
c Vergleichen Sie die Ergebnisse aus den Teilaufgaben a und b und erläutern Sie das Resultat.

3 Diskutieren Sie, welcher Herkunft der elektrische Strom zur Gewinnung von Wasserstoff sein könnte, damit die Power-to-Gas-Technologie als umweltfreundlich bezeichnet werden kann.

Brenngasbetriebene Autos

Schon heute werden Autos mit brennbaren Gasen betrieben. Dabei wird Methan in Form von Erdgas (CNG, engl. *compressed natural gas*) und Autogas (LPG, engl. *liquefied petroleum gas*) genutzt. Autogas ist ein Gasgemisch von Propan und Butan in veränderlicher Zusammensetzung. Das Autogas wird im Tank unter Druck in verflüssigter Form gelagert. Zum Fahren wird das Autogas verdampft, bevor es mit Luft vermischt in den Kolben des Motors gelangt und dort gezündet wird.

Der Energiegehalt der Kraftstoffe lässt sich anhand ihrer Brennwerte H_s vergleichen. Mit dem Heizwert H_i lässt sich eine genauere Aussage darüber treffen, wie groß die für den Antrieb nutzbare Energie eines Kraftstoffs ist. Je größer dabei sein Heizwert ist, desto länger ist die Strecke, die ein Fahrzeug unter vergleichbaren Bedingungen damit zurücklegen kann.

Kraftstoff	$\Delta_fH^0_m$ in $kJ\cdot mol^{-1}$	H_s in $MJ\cdot m^3$	H_i in $MJ\cdot m^{-3}$
Erdgas (Methan)	ca. −890	ca. 42	ca. 38
Propan	−2220	ca. 101	ca. 93
Butan	−2878	ca. 134	ca. 123
Autogas	ca. −2549	ca. 118	ca. 108

2 Molare Standardverbrennungsenthalpien $\Delta_cH^0_m$, Brennwerte H_s und Heizwerte H_i

1 Beschreiben Sie die Energieumwandlungen, die beim Betrieb eines Autos mit Erdgas ablaufen.

2 **a** Definieren Sie Brennwert und Heizwert.
b Berechnen Sie die Verbrennungsenthalpie von 1 mol Autogas mit einer Zusammensetzung von 0,4 mol Propan und 0,6 mol Butan.
c Berechnen Sie den Brennwert dieses Autogases in $kJ\cdot kg^{-1}$ (***Hinweis:*** $\Delta_cH_m = -2615\ kJ\cdot mol^{-1}$).
d Vergleichen Sie die Heiz- und Brennwerte in Tabelle ►**2** und erklären Sie die Unterschiede. Erläutern Sie, warum der Heizwert eine genauere Aussage über die für den Antrieb nutzbare Energie eines Kraftstoffs liefert als der Brennwert.

3 **a** Bestimmen Sie die Volumenarbeit, die sich aus der vollständigen Verbrennung von 1 m^3 Butan nur aufgrund der Teilchenzahlveränderung ergibt. ***Hinweis:*** 1 Mol entsprechen 24,5 Liter einer Gasportion; Druck: p = 101 325 $N\cdot m^{-2}$.
b Erläutern Sie, warum diese Volumenarbeit bei der Verbrennung im Kolben nur eine kleine Rolle spielt.

4 Diskutieren Sie neben dem Heizwert von Kraftstoffen weitere Faktoren, die die Reichweite eines Fahrzeugs bei Verbrauch gleicher Kraftstoffmengen beeinflussen.

Stickstoffoxide aus dem Diesel

1 Fahrverbotszone für Autos mit Dieselmotor

Stickstoffdioxid NO_2 gilt als Atemgift, weshalb für die Verbindung gesetzliche Grenzkonzentrationen am Arbeitsplatz und für die Langzeitbelastung festgelegt wurden. Stickstoffdioxid entsteht z. B. aus dem Sauerstoff der Luft und Stickstoffmonooxid NO. Letzteres wird u. a. in Dieselmotoren aus Stickstoff und Sauerstoff gebildet. Um die Konzentration von Stickstoffmonooxid im Abgas zu senken, leitet man Ammoniak NH_3 (in chemisch gebundener Form) in das Abgas des Dieselmotors ein. Es läuft eine chemische Reaktion mit dem Stickstoffmonooxid ab, bei der Stickstoff und Wasser entstehen.

Formel	$\Delta_f H_m^0$ in $kJ \cdot mol^{-1}$	S^0 in $J \cdot mol^{-1} \cdot K^{-1}$	$\Delta_f G^0$ in $kJ \cdot mol^{-1}$
NO(g)	90,3	210,7	86,6
NO_2(g)	33,1	239,9	51,2
NH_3(g)	−45,9	192,6	−16,4
H_2O(g)	−241,8	188,7	−228,6

2 Molare Standardverbrennungsenthalpien $\Delta_c H_m^0$, Brennwerte H_s und Heizwerte H_i

1 a Stellen Sie die Reaktionsgleichungen für die im Text beschriebenen Bildungswege von Stickstoffmonooxid und Stickstoffdioxid auf.
b Begründen Sie, welche der beiden Reaktionen bei Standardbedingungen freiwillig verläuft (▸**2**).
c Berechnen Sie die Grenztemperatur, oberhalb derer sich Stickstoffmonooxid freiwillig bildet.

2 a Begründen Sie anhand der Daten in ▸**2**, dass Stickstoffdioxid nicht stabil gegenüber dem Zerfall in die Elemente ist.
b Erklären Sie anhand eines Energiediagramms, warum Stickstoffdioxid nicht sofort in die Elemente zerfällt.

3 a Erstellen Sie für die Reaktion von Ammoniak mit Stickstoffmonooxid eine Reaktionsgleichung.
b Zeigen Sie, dass diese Reaktion freiwillig abläuft.
c Begründen Sie die Notwendigkeit der Abgasreinigung für Dieselmotoren (▸**1**).

Freiwillig muss es sein

Die Kunststoffe Polyethen (PE), Polypropen (PP) und Polystyrol (PS) sind wichtige Kunststoffe vor allem für die Herstellung von verschiedenen Verpackungmaterialien. Sie werden im großtechnischen Maßstab hergestellt und großen Anlagen aus den jeweiligen Monomeren synthetisiert (▸**3**). Um die Monomere möglichst vollständig zu den Polymeren umzusetzen, sind die Reaktionsbedingungen entscheidend. So muss unter anderem die Temperatur der Anlage genau überwacht und geregelt werden.

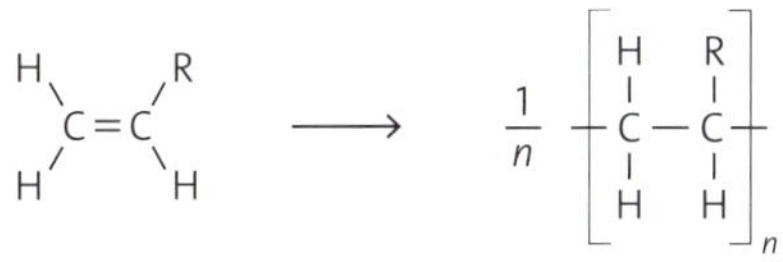

3 Allgemeine Reaktionsgleichung für die Synthese von Polymeren aus Monomeren: Ethen: R = H; Propen: R = CH_3; Styrol: R = C_6H_5

	$\Delta_r H_m^0$ in $kJ \cdot mol^{-1}$	$\Delta_r S^0$ in $J \cdot mol^{-1} \cdot K^{-1}$	$\Delta_r G^0$ in $kJ \cdot mol^{-1}$
PE		−143	−49
PP	−84		−50
PS	−71	−105	

4 Energetische Daten der Polymersynthese bezogen auf die Reaktionsgleichung ▸**3** für T = 298 K

1 a Begründen Sie aus der Reaktionsgleichung ▸**3** das zu erwartende Vorzeichen für die Reaktionsentropie $\Delta_r S^0$ und vergleichen Sie Ihre Erwartung mit den gegebenen Werten ▸**4**.
b Erläutern Sie die Bedeutung des Vorzeichens der freien Standardbildungsenthalpien $\Delta_r G^0$ in Tabelle ▸**4** für die in ▸**3** dargestellten Reaktionen.
c Berechnen Sie die fehlenden Daten in ▸**4**

2 a Begründen Sie, wie sich jeweils die freie Reaktionsenthalpie $\Delta_r G$ bei den drei Polymerisationen ändert, wenn die Temperatur steigt, und geben Sie an, welche Größe für diese Veränderung verantwortlich ist.
b Als „Ceiling-Temperatur" (engl. *ceiling*: Decke) wird in der Polymerchemie die Temperatur bezeichnet, bei der die freie Reaktionsenthalpie $\Delta_r G$ den Wert null erreicht. Berechnen Sie die Ceiling-Temperatur für die drei in ▸**4** gegebenen Polymere.
c Erläutern Sie die Bedeutung der Ceiling-Temperatur für die Herstellung der Polymere.
d Begründen Sie die Notwendigkeit einer Kühlung der Anlage zur Synthese der Polymere.

2

Kinetik und chemisches Gleichgewicht

Einstufungstest

Karteikarten

Ich kann:

- aus Konzentrations-Zeit-Daten die mittlere Geschwindigkeit einer chemischen Reaktion berechnen
- den Einfluss eines Katalysators auf die Aktivierungsenergie beschreiben
- den Einfluss der Temperatur auf die Reaktionsgeschwindigkeit berechnen
- Kennzeichen eines dynamischen Gleichgewichts erläutern und verschiedene Vorgänge damit erklären
- das Massenwirkungsgesetz einer Reaktion aufstellen und damit Gleichgewichtskonstanten und Konzentrationen berechnen
- mit dem Prinzip von Le Chatelier den Einfluss von Temperatur, Druck und Konzentration auf die Lage eines Gleichgewichts vorhersagen

Das Calciumcarbonat der Korallenriffe steht im dynamischen Gleichgewicht mit den Ionen im Meerwasser. Ob ein Korallenriff wächst, stabil bleibt oder sich im Wasser löst, hängt von den Konzentrationen verschiedener Ionen, der Temperatur und dem Gehalt an Kohlenstoffdioxid in der Atmosphäre ab. Eine chemische Reaktion so beeinflussen zu können, dass die Ausbeute des gewünschten Produkts möglichst groß wird, fordert Chemiker und Chemikerinnen immer wieder heraus.

2 Kinetik und chemisches Gleichgewicht

RGT-Regel: Reaktionsgeschwindigkeits-Temperatur-Regel

Reaktionsgeschwindigkeit

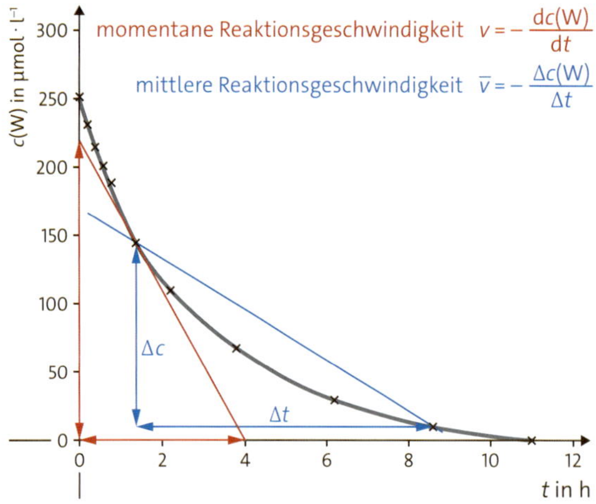

1 Beispielhaftes Konzentrations-Zeit-Diagramm

Die Reaktionsgeschwindigkeit v kann über die Änderung der Konzentration der Reaktionsteilnehmer über ein bestimmtes Zeitintervall gemessen werden.

Für eine Reaktion $2\,A + B \longrightarrow 2\,C$ gilt:

$$v = -\frac{1}{2}\frac{\Delta c(A)}{\Delta t} = -\frac{\Delta c(B)}{\Delta t} = \frac{1}{2}\frac{\Delta c(C)}{\Delta t}$$

Beispiel Knallgasreaktion:

$$2\,H_2(g) + O_2(g) \longrightarrow 2\,H_2O(g)$$

Hier beträgt die Reaktionsgeschwindigkeit v:

$$v = -\frac{1}{2}\frac{\Delta c(H_2)}{\Delta t} = -\frac{\Delta c(O_2)}{\Delta t} = \frac{1}{2}\frac{\Delta c(H_2O)}{\Delta t}$$

RGT-Regel: Bei einer Temperaturerhöhung von 10 K verdoppelt bis vervierfacht sich die Geschwindigkeit vieler Reaktionen.

Energiediagramm

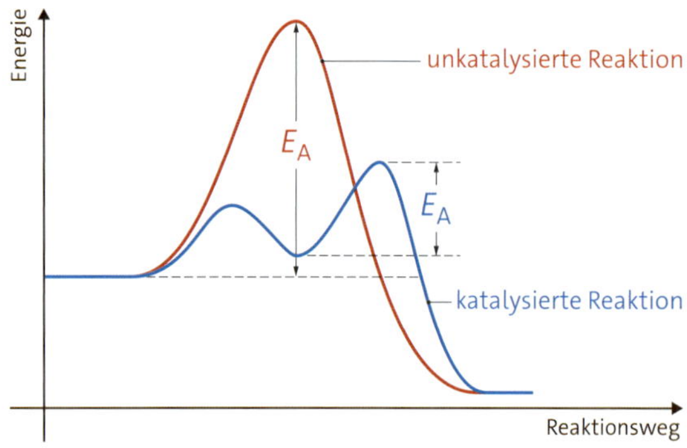

2 Energiediagramm einer nicht katalysierten (rot) und katalysierten (blau) Reaktion

Ein **Energiediagramm** gibt die Energie zwischen den reaktiven Teilchen im Verlauf der Reaktion wieder. Die Maxima heißen Übergangszustände. Mit ihrer Energie steigt die Aktivierungsenergie der Reaktion.

Katalysatoren eröffnen einer Reaktion neue Wege mit geringerer Aktivierungsenergie. Es kommt zu einer Wechselwirkung der katalytisch aktiven Teilchen mit den Eduktmolekülen. Da die katalytisch aktiven Teilchen wieder zurückgebildet werden, tauchen sie in der Reaktionsgleichung nicht auf.

Wenn ein Katalysator erst durch die Reaktion selbst erzeugt wird, spricht man von **Autokatalyse**.

Dynamisches Gleichgewicht

Der Zusammenhang $v = v_{Hin} - v_{Rück} = 0$ gilt insbesondere auch für Gleichgewichtsreaktionen.

Chemische Reaktionen in nicht isolierten Systemen sind prinzipiell umkehrbar.

Der Zustand eines Systems verändert sich nicht, wenn Vorgang und Umkehrvorgang mit gleicher Geschwindigkeit verlaufen: Die Vorgänge verlaufen unvollständig und bei gegebener Temperatur wird der gleiche Zustand von beiden Seiten aus erreicht.

Im dynamischen Gleichgewicht laufen Hin- und Rückvorgang mit gleicher Geschwindigkeit ab.

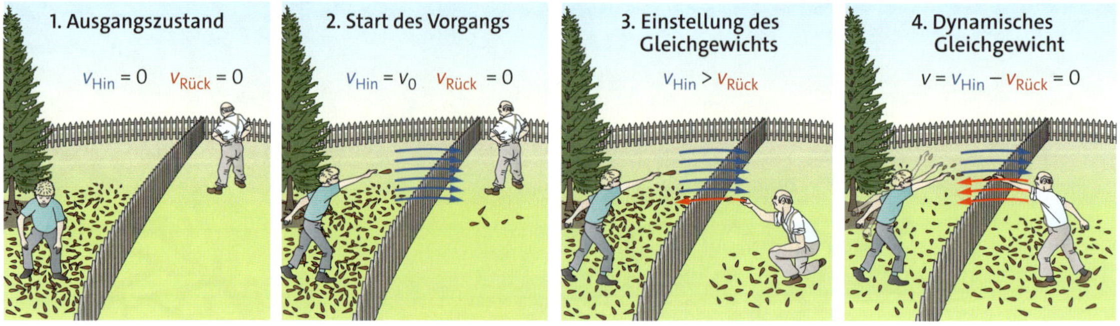

3 Der „Tannenzapfenkonflikt“

Chemisches Gleichgewicht

Ein chemisches Gleichgewicht liegt vor, wenn Hin- und Rückreaktion mit gleicher Geschwindigkeit verlaufen: $v_{Hin} = v_{Rück}$. Es wird durch einen Gleichgewichtspfeil $\rightleftarrows$ gekennzeichnet.

Beispiel: $A + 2\,B \rightleftarrows 2\,C$

Das **Massenwirkungsgesetz** besagt, dass der Konzentrationsquotient im Gleichgewicht konstant ist.

$$K_C = \frac{c^2(C)}{c(A) \cdot c^2(B)}$$

Die Gleichgewichtskonstante K_C hängt von der Temperatur ab. Die Gleichgewichtskonstanten von Reaktion und Umkehrreaktion sind Kehrwerte voneinander.

Katalysatoren haben keinen Einfluss auf die Gleichgewichtskonstante und die Lage des chemischen Gleichgewichts. Sie verringern jedoch die Zeit, bis sich das chemische Gleichgewicht einstellt (▶ 5).

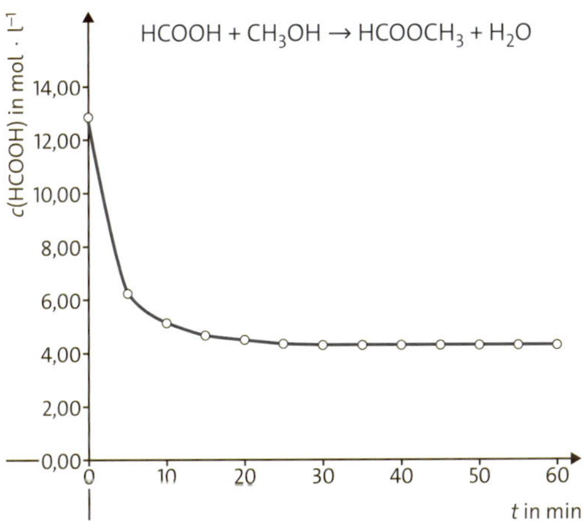

4 Zeitliche Veränderung von c(HCOOH) bei der Reaktion von Methansäure mit Methanol

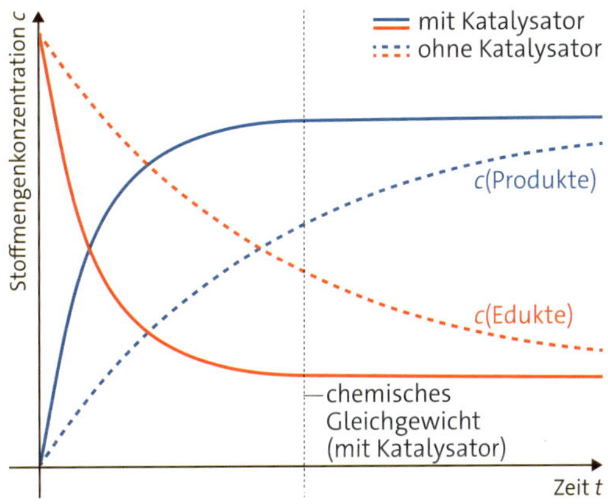

5 Konzentrations-Zeit-Diagramme für eine Reaktion mit und ohne Katalysator

Rechnen mit dem Massenwirkungsgesetz

Mit dem Massenwirkungsgesetz (MWG) einer Reaktion können die Gleichgewichtskonstante KC und die Gleichgewichtskonzentration c der Reaktionspartner berechnet oder die Gleichgewichtslage des Systems überprüft werden.

Schritte beim Rechnen mit dem MWG:

1. Reaktionsgleichung aufstellen
2. MWG aufstellen
3. Beziehungen zwischen (unbekannten) Gleichgewichtskonzentrationen und den Ausgangskonzentrationen unter Berücksichtigung der Reaktionsgleichung aufstellen.
4. Gesuchte Größen Berechnen

Beispiel

Aufgabe: Stellen Sie fest, ob sich die Reaktion für die gegebenen Werte im Gleichgewicht befindet.
Gegeben: $c(H_2) = 5{,}0\,mmol \cdot l^{-1}$, $c(I_2) = 10{,}0\,mmol \cdot l^{-1}$, $c(HI) = 40{,}0\,mmol \cdot l^{-1}$, $K_C = 45{,}5$, $\vartheta = 490\,°C$

Lösung:
1. $H_2(g) + I_2(g) \rightleftarrows 2\,HI(g)$
2. $K_C = \frac{c^2(HI)}{c(H_2) \cdot c(I_2)}$
3. Überprüfen, ob K_C gleich dem Konzentrationsquotienten ist.
4. $\frac{(40{,}0\,mmol \cdot l^{-1})^2}{(5{,}0\,mmol \cdot l^{-1}) \cdot (10{,}0\,mmol \cdot l^{-1})} = 32 \neq 45{,}5$

Antwort: Das System befindet sich nicht im Gleichgewicht.

Prinzip von Le Chatelier (Prinzip des kleinsten Zwangs) I

Übt man auf ein im dynamischen Gleichgewicht befindliches System durch Änderung von Druck, Temperatur oder Konzentrationen einen Zwang aus, dann verschiebt sich das Gleichgewicht so, dass dieser Zwang verkleinert wird.

Ein Gleichgewicht hängt also von den Reaktionsbedingungen ab und kann dadurch auch gezielt durch Änderung der Temperatur, Stoffmengenkonzentration und des Drucks beeinflusst werden.

Bei einer exothermen Reaktion ist die Rückreaktion endotherm – und umgekehrt.

Prinzip von Le Chatelier (Prinzip des kleinsten Zwangs) II

Reaktionsbedingung		Auswirkung
Temperatur	Anstieg	Begünstigt endotherme Reaktionen
	Abfall	Begünstigt exotherme Reaktionen
Konzentration c(A)	Zunahme	Begünstigt Verbrauch von A
	Abnahme	Begünstigt Bildung von A
Druck	Zunahme	Begünstigt Abnahme der Teilchenanzahl in der Gasphase
	Abnahme	Begünstigt Zunahme der Teilchenanzahl in der Gasphase

6 Einfluss von Reaktionsbedingungen auf die Lage des chemischen Gleichgewichts

Löslichkeitsprodukt

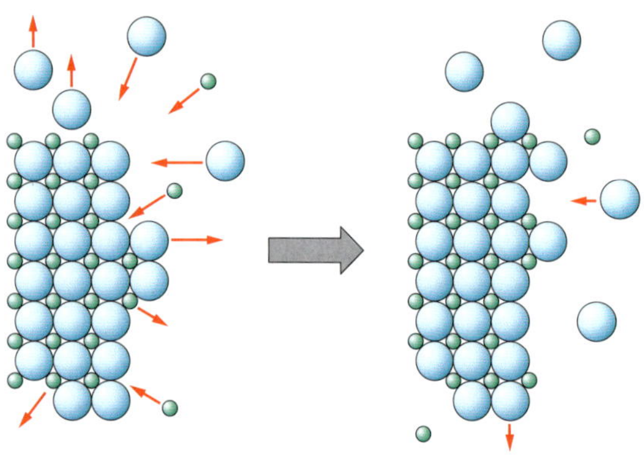

7 Löslichkeitsgleichgewicht – ein dynamisches Gleichgewicht

Das Löslichkeitsprodukt K_L eines Salzes A_nX_m ist ein Maß für seine Löslichkeit.

$$K_L(AX) = c(A^+) \cdot c(X^-)$$

Beispiel: $K_L(AgCl) = c(Ag^+) \cdot c(Cl^-)$

$$K_L(AX_2) = c(A^{2+}) \cdot c^2(X^-)$$

Beispiel: $K_L(CaF_2) = c(Ca^{2+}) \cdot c^2(F^-)$

Endothermer Lösevorgang • Zum Lösen muss Energie aus dem Lösungsmittel entnommen werden, die Lösung kühlt ab.

Exothermer Lösevorgang • Beim Lösen wird Energie frei, die Lösung erwärmt sich.

Haber-Bosch-Verfahren

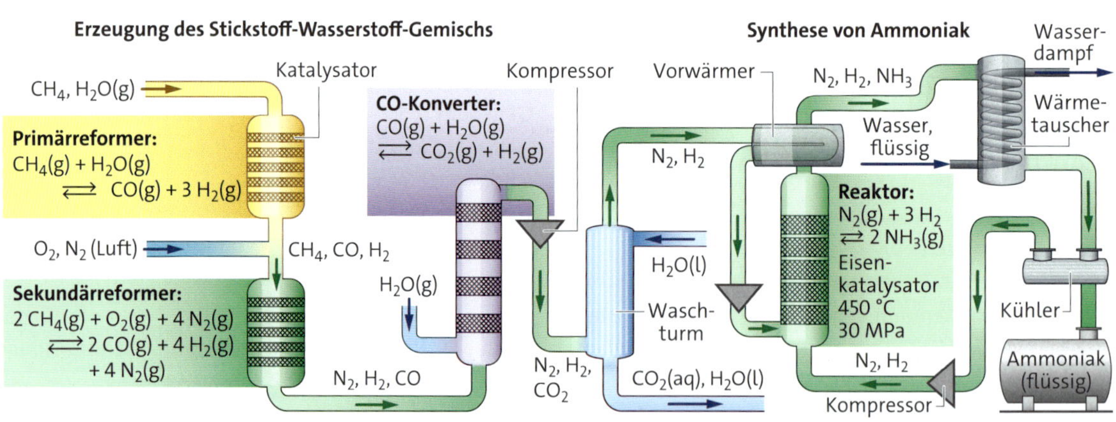

8 Technische Herstellung von Ammoniak nach dem Haber-Borsch-Verfahren (Schema)

Verbindungen, die Nitrat-Ionen enthalten, sind wichtig für die Produktion von Düngemitteln und Sprengstoffen. Zu ihrer industriellen Herstellung ist Ammoniak notwendig, der großtechnisch im Haber-Borsch-Verfahren aus den Elementen hergestellt wird:

$$N_2\,(g) + 3\,H_2\,(g) \rightleftarrows 2\,NH_3\,(g)$$

$\Delta_r H^0 = -92\ kJ \cdot mol^{-1}$

Das Stickstoffmolekül ist wegen der starken Dreifachbindung, die bei der Ammoniakbildung gespalten werden muss, reaktionsträge.

Durch einen geeigneten Katalysator gelingt es, Ammoniak in guter Ausbeute bei einer Temperatur von 500 °C und einem Druck von 20 MPa (200 bar) zu synthetisieren.

Kinetik und chemisches Gleichgewicht

1 Ethanol (C_2H_5OH) wird im menschlichen Körper in Folgeprodukte umgewandelt. Eine Faustregel sagt, dass der Massenanteil an Ethanol im Blut dabei um 0,14 ‰ pro Stunde abnimmt.

a Berechnen Sie die Stoffmengenkonzentration von Ethanol im Blut, wenn sein Massenanteil w(Ethanol) 1,0 ‰ beträgt. *Hinweis:* Dichte(Blut) = 1,06 kg · l^{-1}

b Berechnen Sie die Abbaugeschwindigkeit von Ethanol im Blut in der Einheit mol · l^{-1} · h^{-1}.

c Berechnen Sie mit dem Ergebnis aus Teilaufgabe **b** näherungsweise die Zeit, in der im menschlichen Körper mit *V*(Blut) = 5 l so viele Ethanolmoleküle umgewandelt werden, wie es Menschen gibt (7 Mrd.).

2 Die Zersetzung von Wasserstoffperoxid in Lösung verläuft nach folgender Reaktionsgleichung:

$2\ H_2O_2(aq) \longrightarrow 2\ H_2O(l) + O_2(g)$

a Nennen Sie zwei Möglichkeiten, eine chemische Reaktion in Lösung zu beschleunigen.

b Die Konzentration $c(H_2O_2)$ sinkt in 10 min von 0,1 mol · l^{-1} auf 0,01 mol · l^{-1}. Berechnen Sie die mittlere Reaktionsgeschwindigkeit mit der Einheit mol · l^{-1} · s^{-1}.

c Ermitteln Sie die Reaktionsgeschwindigkeit, wenn die Temperatur um 30 K erhöht wird.

3 a Nennen Sie Beispiele für Vorgänge, bei denen sich ein dynamisches Gleichgewicht einstellt.

b Zählen Sie Gemeinsamkeiten und Unterschiede zwischen den verschiedenen Vorgängen auf.

c Erklären Sie den Unterschied zwischen dynamischem und statischem Gleichgewicht.

4 a Formulieren Sie die Bildung von Schwefeltrioxid (SO_3) aus Schwefeldioxid (SO_2) und Sauerstoff (O_2) als Gleichgewichtsreaktion und stellen Sie das zugehörige Massenwirkungsgesetz (MWG) auf.

b Im Gleichgewicht betragen $c(SO_3)$ = 0,9 mol · l–1, $c(SO_2)$ = 0,1 mol · l^{-1} und $c(O_2)$ = 0,05 mol · l^{-1}.

Berechnen Sie K_C für die Bildung sowie für die Zersetzung von Schwefeltrioxid.

c Begründen Sie, warum es die Ausbeute an Schwefeltrioxid begünstigt, wenn $c(O_2)$ erhöht wird. Berechnen Sie das Verhältnis

$\frac{c(SO_3)}{c(SO_2)}$ für $c(O_2)$ = 0,80 mol · l^{-1}.

5 Die Funktion eines Taschenwärmers basiert auf folgendem Gleichgewicht:

Salz(fest) $\rightleftarrows$ Salz(gelöst)

Die Kristallisation des Salzes aus der Lösung muss dabei ein exothermer Vorgang sein.

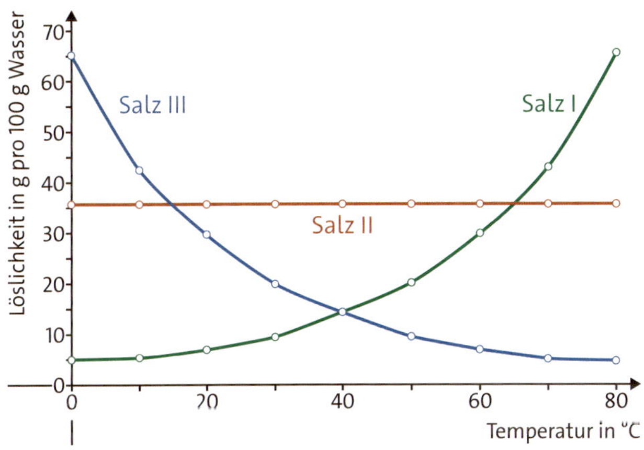

a Begründen Sie anhand der Löslichkeits-Temperatur-Kurven, welches Salz sich exotherm, endotherm bzw. ohne Wärmetönung löst.

b Erläutern Sie, welches der Salze sich für einen Taschenwärmer eignen könnte.

6 Erläutern Sie, wie sich Temperatur- bzw. Druckänderung auf die folgenden Gleichgewichtsreaktionen des Stickstoffs auswirken:

a $N_2(g) + O_2(g) \rightleftarrows 2\ NO(g)$ $\Delta H > 0$ (endotherm)

b $N_2(g) + 3\ H_2(g) \rightleftarrows 2\ NH_3(g)$ $\Delta H < 0$ (exotherm)

Zwischenfall im Labor

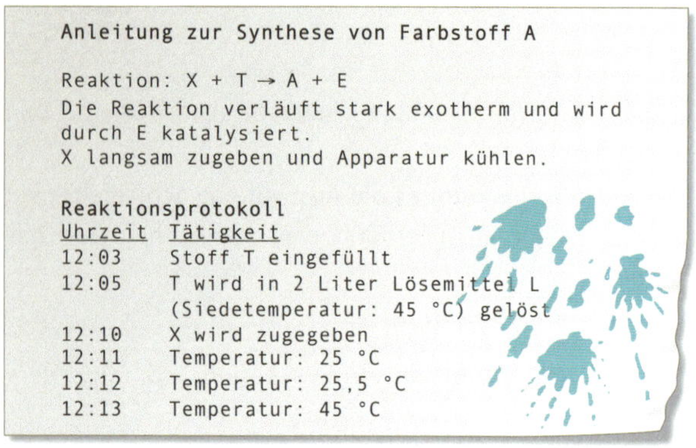

Anleitung zur Synthese von Farbstoff A

Reaktion: X + T → A + E
Die Reaktion verläuft stark exotherm und wird durch E katalysiert.
X langsam zugeben und Apparatur kühlen.

Reaktionsprotokoll

Uhrzeit	Tätigkeit
12:03	Stoff T eingefüllt
12:05	T wird in 2 Liter Lösemittel L (Siedetemperatur: 45 °C) gelöst
12:10	X wird zugegeben
12:11	Temperatur: 25 °C
12:12	Temperatur: 25,5 °C
12:13	Temperatur: 45 °C

1 Aufzeichnungen des Mitarbeiters

Unfallbericht: „Im Forschungslabor der Firma *Fast Reactions* kam es gestern kurz vor 12:15 Uhr zu einem Zwischenfall. Ein Mitarbeiter sollte den neuen Farbstoff A der Firma synthetisieren. Dabei kam es zu einer plötzlichen Verdampfung fast des gesamten Lösungsmittels L. Dadurch wurde der Inhalt der Apparatur im kompletten Labor verteilt. Das Labor wurde sofort evakuiert und muss nun vom gut haftenden Farbstoff A befreit werden. Die Aufzeichnung des Mitarbeiters wurde von der Firmenleitung sichergestellt."

1 **a** Erläutern Sie Möglichkeiten, wie eine Reaktion, die in einer Lösung abläuft, beschleunigt werden kann.
b Geben Sie die RGT-Regel wieder und erläutern Sie, warum sie im geschilderten Vorfall eine Rolle gespielt hat.
c Erklären Sie die Notwendigkeit der Kühlung der Reaktionslösung.

2 **a** Definieren Sie „Katalysator" und „Autokatalyse".
b Erklären Sie, warum die Autokatalyse eine Reaktion unter Umständen schwer kontrollierbar macht.
c Erläutern Sie, wie es bei dieser Reaktion zu einem plötzlichen Temperaturanstieg und dem schlagartigen Verdampfen des Lösungsmittels kam und welche Effekte sich dabei gegenseitig verstärkten.

3 **a** Nennen und erklären Sie die Fehler, die der Mitarbeiter gemacht hat.
b Beschreiben Sie, wie Sie vorgehen würden, um diese Reaktion durchzuführen.
c Die Temperatur kann nicht höher liegen als die Siedetemperatur des Lösungsmittels. Begründen Sie, welche Vor- und Nachteile die Verwendung eines Lösungsmittels mit einer Siedetemperatur von 95 °C gehabt hätte.

Deacon-Verfahren

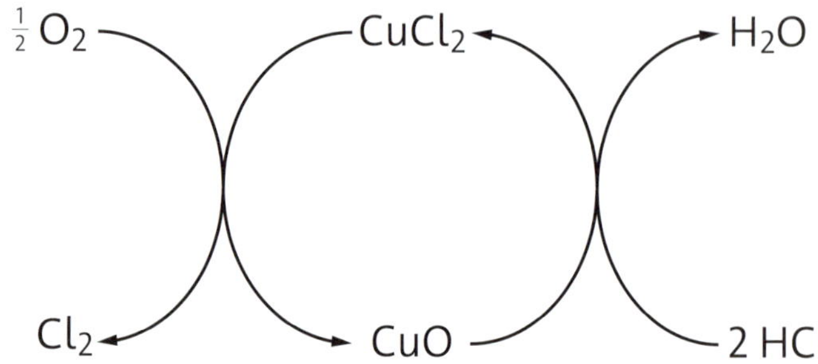

2 Schematische Darstellung des Deacon-Verfahrens

Chlor ist ein wichtiger Ausgangsstoff für viele Synthesen, es kommt auf der Erde aber nicht elementar vor. Der englische Chemiker Henry Deacon entwickelte 1868 ein Verfahren zur Chlorherstellung. Dabei findet bei 430 °C zwischen den gasförmigen Stoffen eine exotherme Gleichgewichtsreaktion nach folgendem Schema statt:

Sauerstoff + Chlorwasserstoff $\rightleftharpoons$ Wasser + Chlor

Um die Ausbeute an Chlor zu erhöhen, wird doppelt so viel Sauerstoff eingesetzt, wie nach der Reaktionsgleichung notwendig wäre.

1 **a** Erklären Sie die Funktion des Gemischs aus $CuCl_2$ und CuO, das unverändert aus der Reaktion hervorgeht.
b Erstellen Sie die Reaktionsgleichung der Gleichgewichtsreaktion, auf der das Deacon-Verfahren beruht. Verwenden Sie nur ganzzahlige Stöchiometriezahlen.
c Erstellen Sie das Massenwirkungsgesetz der Reaktion und geben Sie eine mögliche Einheit für K_c an.

2 Zu Beginn der Reaktion war $c_0(\mathrm{HCl}) = \frac{4}{100}\ \mathrm{mol \cdot l^{-1}}$ und $c_0(\mathrm{O_2}) = \frac{2}{100}\ \mathrm{mol \cdot l^{-1}}$.
a Erklären Sie, warum hierbei doppelt so viel Sauerstoff verwendet wird wie notwendig, obwohl die Konzentration $c_0(\mathrm{O_2})$ nur halb so groß ist wie $c_0(\mathrm{HCl})$.
b Im Gleichgewicht ist $c(\mathrm{HCl}) = \frac{4}{100}\ \mathrm{mol \cdot l^{-1}}$. Berechnen Sie die übrigen Gleichgewichtskonzentrationen und die Gleichgewichtskonstante.
c Erläutern Sie, ob sich die Ausbeute an Chlor durch Druck- und Temperaturänderung steigern lässt. Begründen Sie, warum die Reaktionstemperatur deutlich über der Raumtemperatur liegt.
d Nennen Sie weitere Möglichkeiten, die Ausbeute an Chlor zu erhöhen, ohne dass die Ausgangskonzentrationen verändert werden.

Chemisches Gleichgewicht

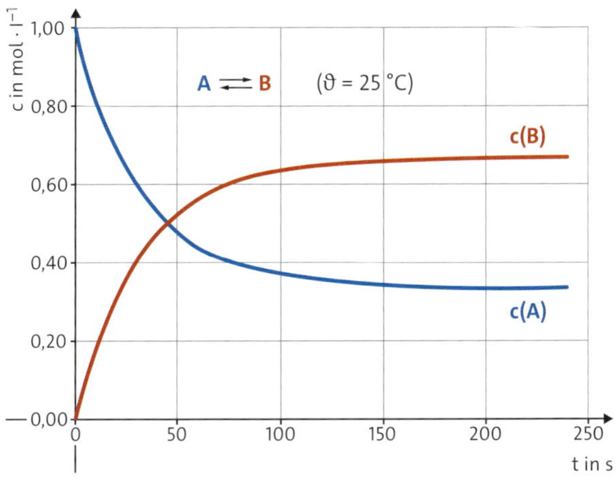

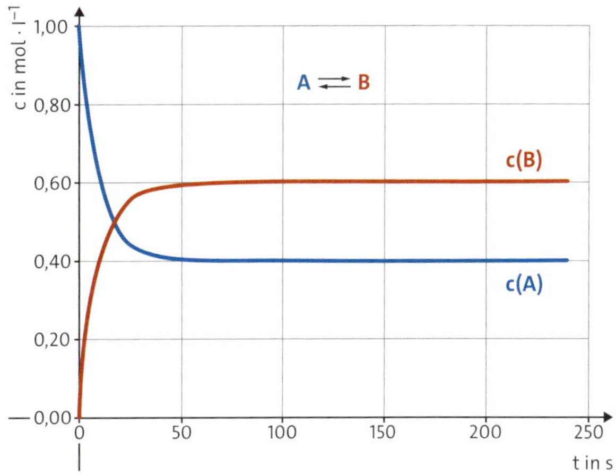

1 Die Einstellung des chemischen Gleichgewichts A ⇆ B wurde zeitlich verfolgt und aus den Daten Konzentrations-Zeit-Diagramme erstellt. Bei der ersten Messung (linkes Diagramm) lag die Temperatur konstant bei 25 °C.

a Erstellen Sie das Massenwirkungsgesetz und berechnen Sie aus geeigneten Daten der Konzentrations-Zeit-Diagramme die Gleichgewichtskonstanten für die erste und die zweite Messung.

b Begründen Sie für die erste Messung, ob das Gleichgewicht auf der Seite des Edukts oder auf der Seite des Produkts liegt.

c Begründen Sie anhand des Konzentrations-Zeit-Diagramms der zweiten Messung, ob hier
(i) die Temperatur höher als 25 °C war.
(ii) die Temperatur niedriger als 25 °C war.
(iii) die Temperatur ebenfalls 25 °C betrug, aber ein Katalysator zugesetzt wurde.
Leiten Sie aus dem Vergleich der beiden Messungen ab, ob es sich bei der Umwandlung von A in B um eine exotherme oder eine endotherme Reaktion handelt.

2 Nach der Einstellung des Gleichgewichts wurde die Konzentration von A momentan auf 1,33 mol · l^{-1} erhöht. Danach stellt sich das Gleichgewicht bis zum Zeitpunkt t = 480 s erneut ein.

a Bestimmen Sie die neuen Gleichgewichtskonzentrationen und stellen Sie die Neueinstellung des chemischen Gleichgewichts im Konzentrations-Zeit-Diagramm (rechts) dar.

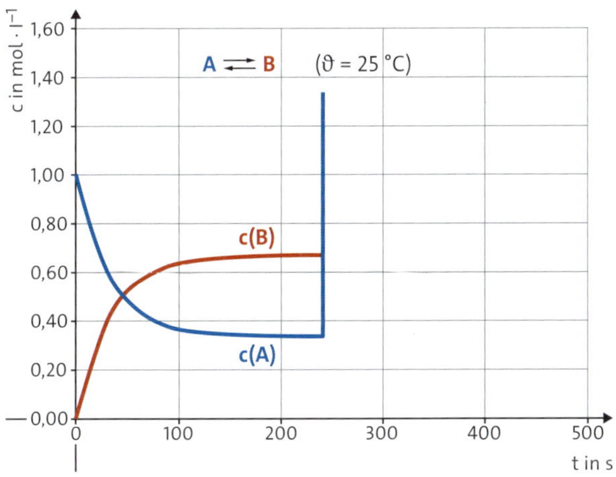

Chemisches Gleichgewicht in Natur und Technik

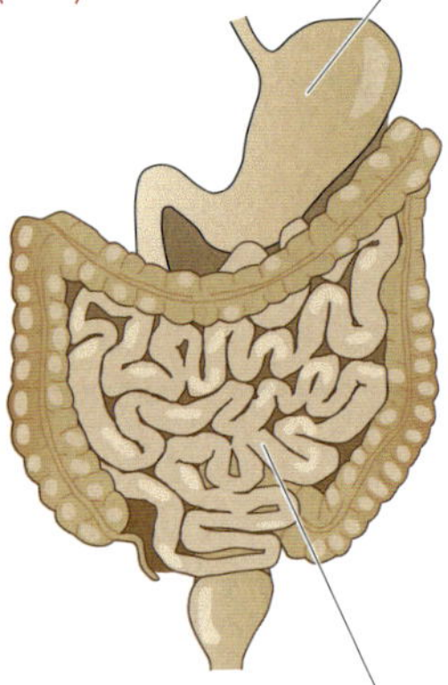

Für die Ernährung ist die Aufnahme von Eisenverbindungen essenziell. Dabei sind Fe^{2+}-Ionen und Fe^{3+}-Ionen Bestandteile zahlreicher Proteine und Enzyme, z. B. der Sauerstoffbindenden und Sauerstofftransportierenden Proteine Myoglobin und Hämoglobin – aber auch des Cytochroms, das den Elektronentransport durch Zellmembranen ermöglicht, oder des Ferritins, das Eisen-Ionen speichert. Fe^{2+}-Ionen werden fast ausschließlich mit Fleisch und Fisch aufgenommen, pflanzliche Nahrung liefert hingegen Fe^{3+}-Ionen.

Für die Aufnahme der Eisen-Ionen aus der Nahrung ist es wichtig, dass sie im Magen und Darm in der wässrigen Phase gelöst sind und schließlich im Darm resorbiert werden können. Nun sind Eisen(II)-hydroxid, $Fe(OH)_2$, bzw. Eisen(III)-hydroxid, $Fe(OH)_3$, relativ schwer lösliche Salze, bestehend aus Fe^{2+}- bzw. Fe^{3+}-Ionen und OH^--Ionen. Ihre Löslichkeit hängt von der Konzentration der Hydroxid-Ionen, $c(OH^-)$, ab.

Diese beträgt:
$c(OH^-, Magen) = 10^{-13}\ mol \cdot l^{-1}$ bzw.
$c(OH^-, Darm) = 10^{-6}\ mol \cdot l^{-1}$

Die Löslichkeitsprodukte der Eisenhydroxide haben folgende Werte:
$K_L(Fe(OH)_2) = 1{,}6 \cdot 10^{-15}\ mol^3 \cdot l^{-3}$
$K_L(Fe(OH)_3) = 5{,}0 \cdot 10^{-38}\ mol^4 \cdot l^{-4}$

1 **a** Formulieren Sie die Löslichkeitsgleichgewichte für Eisen(II)-hydroxid und Eisen(III)-hydroxid.
b Erstellen Sie die Gleichungen für die Löslichkeitsprodukte von Eisen(II)-hydroxid und Eisen(III)-hydroxid und geben Sie jeweils deren Einheit an.

2 **a** Berechnen Sie für Magen und Darm die jeweils maximal möglichen Konzentrationen an Fe^{2+}- und Fe^{3+}-Ionen. Geben Sie an, welches der beiden Organe für eine Limitierung von $c(Fe^{2+})$ und $c(Fe^{3+})$ verantwortlich ist.
b Menschen, die sich vegetarisch ernähren, wird empfohlen, mit der Nahrung ausreichend Vitamin C (Ascorbinsäure) zu sich zu nehmen. Ascorbinsäuremoleküle sind in der Lage, Fe^{3+}-Ionen zu Fe^{2+}-Ionen zu reduzieren. Erläutern Sie auf der Basis des Ergebnisses von Teilaufgabe **2a** diese Empfehlung.

Grüner Wasserstoff – eine Hilfe für kalkbildende Muscheln?

M1 Informationen zu grünem Wasserstoff

Um die globale Erwärmung auf maximal 1,5 °C zu begrenzen, will Deutschland bis zum Jahr 2050 weitestgehend klimaneutral werden. Gelingen kann das nur mithilfe erneuerbarer Energien. Das heißt: Sonnenenergie, Wind- und Wasserkraft müssen fossile Rohstoffe ablösen. Dazu wird aus diesen Quellen erneuerbarer Strom gewonnen. Strom allein kann allerdings Erdgas, Öl und Benzin nicht vollständig ersetzen. Vor allem in der Industrie und im Verkehr braucht es Alternativen. Eine davon ist Wasserstoff. Wasserstoff kann mit Elektrolyse aus Wasser hergestellt werden. Wenn bei der Elektrolyse ausschließlich Strom aus erneuerbaren Quellen zum Einsatz kommt, wird das eigentlich farblose Gas als „grüner Wasserstoff" bezeichnet, denn die Produktion erfolgt CO_2-frei (▶ 1).

M2 Die Rolle von Muschelschalen als CO_2-Senke

Muscheln und ihre Schalen aus Kalk spielen eine bedeutende Rolle bei der Funktion von Ozeanen als Kohlenstoffsenke. Muschelschalen bestehen aus Calciumcarbonat ($CaCO_3$). Sie werden vom Mantel, einer Hautfalte der Muschel, gebildet. Für die Bildung der Muschelschalen nehmen Muscheln Calcium-Ionen (Ca^{2+}) direkt aus dem Meerwasser auf und transportieren sie über spezielle Proteine zur Schale. Dort reagieren sie mit Carbonat-Ionen (CO_3^{2-}) aus dem Meerwasser zu Calciumcarbonat – die Muschelschale wächst.

Kalksteine und Kreidefelsen sind z. B. aus den fossilen Überresten von Kalkschalen abgestorbener Muscheln gebildet worden. Da sich Calciumcarbonat im leicht alkalischen Meerwasser nicht löst, bieten Kalkschalen den Muscheln einen guten Schutz. Die Bildung der Muschelschalen ist im Oberflächenwasser, in dem die Muscheln leben, unproblematisch, da das Wasser genügend Calcium-Ionen und Carbonat-Ionen enthält. Die Carbonat-Ionen bilden sich hier durch den schrittweisen Zerfall von Kohlensäure (H_2CO_3).

M3 Abbau von Muschelschalen am Ozeanboden

Am Ozeanboden herrschen im Tiefenwasser völlig andere Bedingungen als im Oberflächenwasser. Die Schalen von abgestorbenen Muscheln sinken zu Boden. Muschelschalen findet man jedoch nur in Küstennähe und niemals auf dem Boden der tiefen Ozeane, wo sich die Kalkschalen gelöst haben. Dort weist das Wasser infolge von biologischen Abbauprozessen eine besonders hohe Konzentration an gelöstem Kohlenstoffdioxid $CO_2(aq)$ auf (▶ 2). Kalksteine und Kreidefelsen können sich daher nicht im tiefen Ozean gebildet haben. Sie müssen entstanden sein, als sich die heutigen Landmassen vor Urzeiten unter flachem Meereswasser befunden haben.

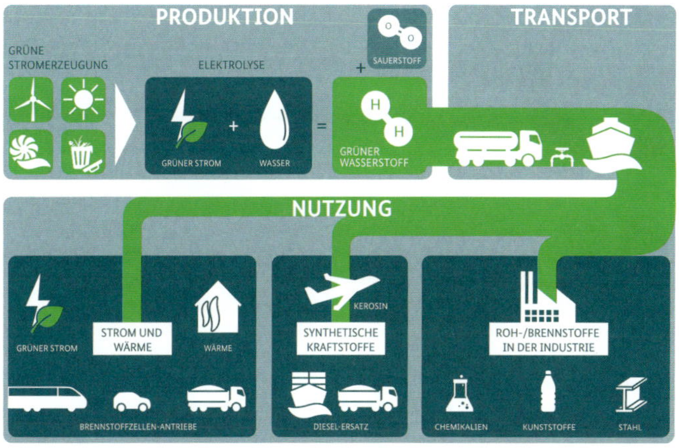

1 Chemische Reaktionen im Meerwasser am Beispiel von Muschelschalen

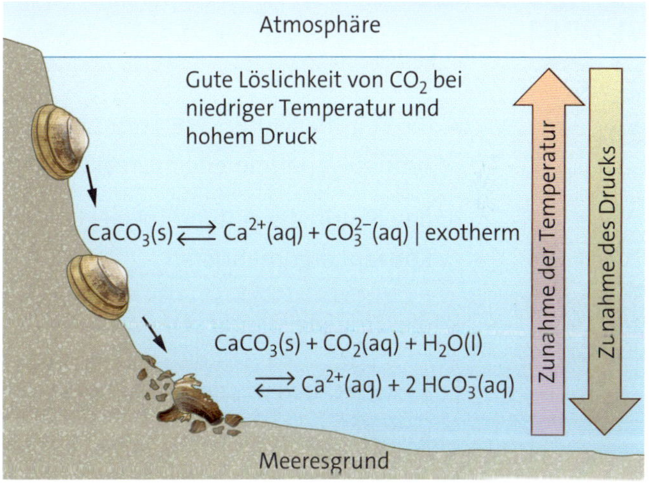

2 Produktion, Transport und Nutzung von grünem Wasserstoff

1 Beschreiben Sie die Produktion, den Transport und die Nutzung von grünem Wasserstoff (▶ **M1**).

2 **a** Erläutern Sie unter Bezug auf die Löslichkeitsgleichgewichte von Kohlensäure in Wasser, warum sich Muschelschalen in dem leicht alkalischen, oberflächennahen Meerwasser nicht lösen (▶ **M2**).
b Begründen Sie, warum die Versauerung der Meere die Schalenbildung bei Muscheln erschwert.

3 Begründen Sie mithilfe des Prinzips von Le Chatelier, weshalb am Boden des Ozeans keine Muschelschalen zu finden sind (▶ **M3**).

4 Beurteilen Sie, ob die Nutzung von grünem Wasserstoff sich langfristig positiv auf kalkbildende Muscheln auswirkt (▶ **M1**).

3 Säure-Base-Reaktionen

Einstufungstest

Karteikarten

Ich kann:

- die Begriffe Säure, Base, korrespondierendes Säure-Base-Paar und Ampholyt definieren und Reaktionen damit beschreiben ○
- den Begriff des Autoprotolysegleichgewichts erklären und mit dem Konzept argumentieren ○
- die Größen pH- und pOH-Wert definieren und mit ihnen rechnen ○
- K_S, K_B, pK_S und pK_B definieren und mit ihrer Hilfe Säuren und Basen gemäß ihrer Stärke ordnen ○
- mithilfe von pK_S- bzw. K_S-Werten die Gleichgewichtslage von Säure-Base-Reaktionen in wässriger Lösung vorhersagen ○
- pH-Werte von Lösungen sehr starker und schwacher Säuren und Basen berechnen ○
- gekoppelte Gleichgewichte erkennen und damit argumentieren ○
- die Pufferwirkung von Lösungen schwacher Säuren und Basen erklären ○
- mithilfe der Henderson-Hasselbalch-Gleichung pH-Wert bzw. Konzentrationen von Pufferlösungen berechnen ○
- die Titrationskurven sehr starker und schwachser Säuren voneinander unterscheiden und sie erstellen ○
- den Umschlagbereich von Indikatoren anhand von pK_S-Werten erklären und geeignete Indikatoren für Säure-Base-Titrationen auswählen ○

Saure , neutrale und alkalische Lösungen zeigen mithilfe eines Universalindikators verschiedene Farben.

3 Säure-Base-Reaktionen

Säure-Base-Konzept

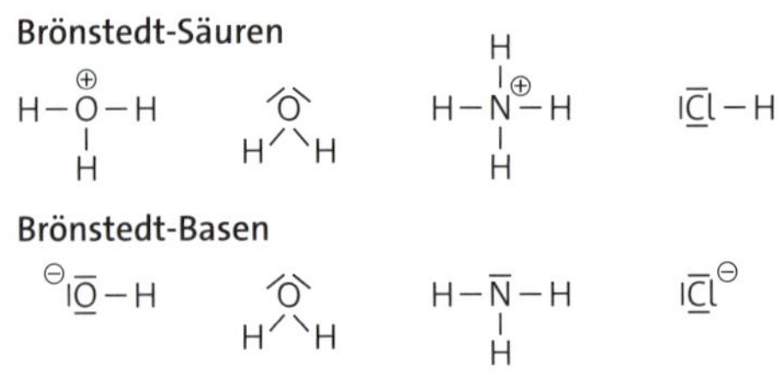

1 Beispiele für Brönsted-Säuren und -Basen

Donator-Akzeptor-Modell nach Brönsted:
Eine Säure HA (Protonendonator) ist ein Teilchen, das ein Proton (H^+) abgibt (Brönsted-Säure).

Eine Base B (Protonenakzeptor) ist ein Teilchen, das ein Proton (H^+) aufnimmt (Brönsted-Base).

> In einer Säure-Base-Reaktion geht ein Proton von einer Säure auf eine Base über.

Gibt man passende Mengen saurer und alkalischer Lösungen zusammen, dann neutralisieren sie sich und es entsteht eine neutrale Lösung.

Basisch und **alkalisch** wird je nach Bundesland synonym verwendet.

Protolyse und Autoprotolyse

Die **Protolyse** ist eine Reaktion zwischen einer Säure HA und einer Base B, bei der ein Protonenübergang stattfindet. HA und A^- bzw. B und HB^+ bilden jeweils ein korrespondierendes Säure-Base-Paar, weil sie in einer Säure-Base-Reaktion ineinander überführt werden. In einem Säure-Base-Gleichgewicht wird die Säure HA zur Base A^-, die Base B wird zur Säure HB^+.

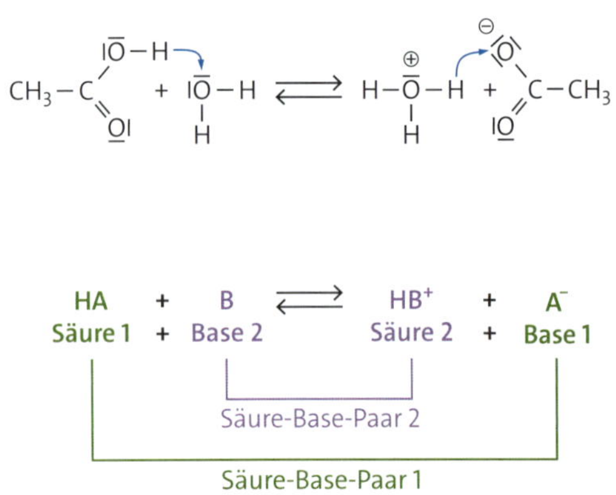

2 Korrespondierende Säure-Base-Paare: **A** konkretes Beispiel, **B** allgemeines Schema

Ampholyte sind Teilchen, die je nach Reaktionspartner als Säure oder Base reagieren können. Ein Beispiel ist das Wassermolekül H_2O:
Reagiert mit Säure als Base: $H_2O + HCl \rightleftarrows H_3O^+ + Cl^-$
Reagiert mit Base als Säure: $H_2O + NH_3 \rightleftarrows OH^- + NH_4^+$

Autoprotolyse • Protonenübergang zwischen gleichartigen Teilchen. Sie ist nur zwischen Ampholyten möglich. Die Autoprotolyse des Wassers ist die Reaktion von Wassermolekülen unter Bildung von Oxoniumionen und Hydroxidionen:

$$2\,H_2O \rightleftarrows H_3O^+ + OH^-$$

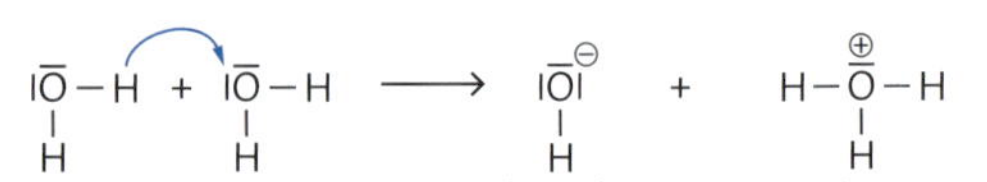

Das Produkt der Konzentration der Oxonium-Ionen und der Hydroxid-Ionen heißt Ionenprodukt des Wassers K_W.

$$K_W = c(H_3O^+) \cdot c(OH^-) = 10^{-14}\,mol^2 \cdot l^{-2} \text{ (bei 25 °C)}$$

pH-Wert und pOH-Wert

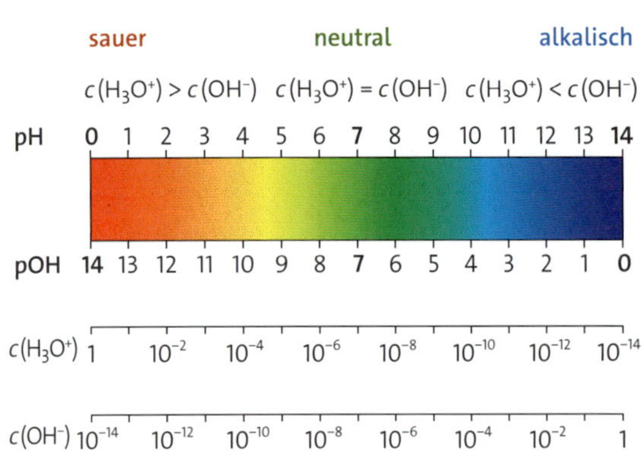

3 pH-Wert Skala

Die Werte kennzeichnen die sauren oder alkalischen Eigenschaften von Lösungen. Der pH-Wert einer Lösung ist der negativ dekadische Logarithmus (negativer Zehnerlogarithmus) des Zahlenwerts der Oxonium-Ionenkonzentration.

$$pH = -\lg c(H_3O^+)$$
$$pOH = -\lg c(OH^-)$$
$$pH + pOH = 14 \text{ (bei 25 °C)}$$

Es gilt:

Für saure Lösungen:	$c(H_3O^+) > c(OH^-)$; pH < 7
Für neutrale Lösungen:	$c(H_3O^+) = c(OH^-)$; pH = 7
Für alkalische Lösungen:	$c(H_3O^+) < c(OH^-)$; pH > 7

Stärke von Säuren und Basen

Der pH-Wert einer Lösung hängt vom gelösten Stoff und von seiner Konzentration ab. Je höher konzentriert z. B. eine Säure ist, desto kleiner ist der pH-Wert. Aber eine Lösung von Salzsäure (HCl) in Wasser hat einen kleineren pH-Wert als eine Essigsäurelösung (CH_3COOH), auch wenn beide Lösungen die gleiche Konzentration aufweisen. Das liegt daran, dass Salzsäure eine stärke und Essigsäure eine schwächere Säure ist.

Die Stärke einer Säure kann anhand der Säurekonstante (K_S) angegeben werden. Genauso kann die Stärke einer Base anhand der Basenkonstante (K_B) angegeben werden:

- Je größer K_S(HA), umso kleiner ist pK_S(HA) und umso stärker ist die Säure HA.
- Je größer K_B(B), umso kleiner ist pK_B(B) und umso stärker ist die Base B.

Der pK_S-Wert einer Säure HA bzw. der pK_B-Wert einer Base B ist der negativ dekadische Logarithmus der Säurestärke K_S(HA) bzw. der Basenstärke K_B(B).
Je stärker die Säure HA, umso schwächer ist die korrespondierende Base A^- (und umgekehrt):

$$pK_S(HA) + pK_B(A^-) = 14$$

Reaktion einer **Säure** HA mit Wassermolekülen: $HA + H_2O \rightleftarrows H_3O^+ + A^-$	Reaktion einer **Base** B mit Wassermolekülen: $B + H_2O \rightleftarrows OH^- + HB^+$
Säurekonstante K_S: $K_S = \frac{c(H_3O^+) \cdot c(A^-)}{c(HA)}$	Basenkonstante K_B: $K_B = \frac{c(OH^-) \cdot c(HB^+)}{c(B)}$
$pK_S(HA) = -\lg K_S(HA)$	$pK_B(B) = -\lg K_B(B)$

Berechnung des pH-Werts

Sehr starke Säuren und Basen reagieren vollständig mit Wassermolekülen. Der pH-Wert der Lösung lässt sich einfach aus der Ausgangskonzentration c_0 berechnen:
Sehr starke Säuren HA:

$$pH = -\lg c_0(HA)$$

Sehr starke Basen B:

$$pOH = -\lg c_0(B);$$

$$pH = 14 - pOH$$

Mittelstarke und schwache Säuren und Basen protolysieren in Wasser nur wenig. Für die Lösungen gilt:
mittelstarke und schwache Säuren HA:

$$pH = \frac{1}{2} \cdot [pK_S(HA) - \lg c_0(HA)]$$

mittelstarke und schwache Basen B:

$$pOH = \frac{1}{2} \cdot [pK_B(B) - \lg c_0(B)];\ pH = 14 - pOH$$

Liegen eine sehr starke und eine schwächere Säure nebeneinander in Lösung vor, so kann der pH-Wert alleine über die Protolyse der sehr starken Säure berechnet werden. Die von ihr stammenden Oxonium-Ionen drängen die Protolyse der schwächeren Säure nach dem Prinzip von Le Chatelier zurück.

Beispiel

Aufgabe: Die beim Backen von Laugengebäck verwendete Natronlauge enthält 31 g Natriumhydroxid in einem Liter. In der wässrigen Lösung liegt NaOH vollständig in $Na^+(aq)$ und $OH^-(aq)$ dissoziiert vor.
Berechnen Sie den pH-Wert der Natronlauge.

Gegeben: m(Natriumhydroxid) = 31,0 g; V(Natronlauge) = 1 l; M(NaOH) = 40,0 g · mol⁻¹

Lösung:

1. Berechnung von c_0(NaOH):

$$c_0(\text{NaOH}) = \frac{n(\text{NaOH})}{V(\text{Natronlauge})} = \frac{m(\text{Natriumhydroxid})}{M(\text{NaOH}) \cdot V(\text{Natronlauge})} = \frac{31{,}0\ \text{g}}{40{,}0\ \text{g} \cdot \text{mol}^{-1} \cdot 1\ \text{l}} = 0{,}775\ \text{mol} \cdot \text{l}^{-1}$$

$c = \frac{n}{V}$

$n = \frac{m}{M}$

2. Berechnung von $c(OH^-)$:

$$NaOH \longrightarrow Na^+(aq) + OH^-(aq)$$

$$c(OH^-) = c_0(\text{NaOH}) = 0{,}775\ \text{mol} \cdot \text{l}^{-1}$$

3. Berechnung des pH-Werts:

$$pOH = -\lg c0(OH^-) = -\lg 0{,}775 = 0{,}11$$

$$pH = 14 - pOH = 13{,}89$$

Antwort: Der pH-Wert der Natronlauge betragt 13,89.

Wichtige Säuren

Name des Säuremoleküls	Formel	Name des Säurerest-Ions	Formel
Kohlensäure	H_2CO_3	Hydrogencarbonat-Ion	HCO_3^-
		Carbonat-Ion	CO_3^{2-}
Salpetersäure	HNO_3	Nitrat-Ion	NO_3^-
Phosphorsäure	H_3PO_4	Dihydrogenphosphat-Ion	$H_2PO_4^-$
		Hydrogenphosphat-Ion	HPO_4^{2-}
		Phosphat-Ion	PO_4^{3-}
Schwefelsäure	H_2SO_4	Hydrogensulfat-Ion	HSO_4^-
		Sulfat-Ion	SO_4^{2-}
Chlorwasserstoff	HCl	Chlorid-Ion	Cl^-

4 Namen und Molekülformeln wichtiger Säuren und Säurerest-Ionen

In Wasser gelöster Chlorwasserstoff (HCl) wird Salzsäure genannt.

pH-Puffer

Pufferlösungen ändern bei Zusatz (nicht zu großer) Portionen beliebiger Säuren oder Basen ihren pH-Wert fast nicht. Sie bestehen aus einer schwachen Säure HA und der korrespondierenden Base A^- und fangen Hydroxid- und Oxonium-Ionen ab. Dadurch stabilisieren sie den pH-Wert:

Zufuhr von H_3O^+: $H_3O^+ + A^- \longrightarrow HA + H_2O$
Zufuhr von OH^-: $OH^- + HA \longrightarrow A^- + H_2O$

Puffer Beispiele:
Essigsäure-Acetat-Puffer: CH_3COOH/CH_3COO^-
Ammonium-Ammoniak-Puffer: NH_4^+/NH_3

Sehr starke Säuren und Basen sind in Lösung vollständig protolysiert und wirken deshalb nicht als Puffer.
Mithilfe der **Puffergleichung** (Hernderson-Hasselbalch-Gleichung) kann der pH-Wert einer Pufferlösung berechnet werden:

$$pH = pK_s(HA) + \lg \frac{c(A^-)}{c(HA)}$$

Beispiel

Aufgabe: In einem Essigsäure-Acetat-Puffer ($pK_S = 4{,}75$) ist $c(CH_3COOH) = 0{,}75\ mol \cdot l^{-1}$ und $c(CH_3COO^-) = 0{,}25\ mol \cdot l^{-1}$. Wie groß ist der pH-Wert?

Gegeben: $c(CH_3COOH) = 0{,}75\ mol \cdot l^{-1}$; $c(CH_3COO^-) = 0{,}25\ mol \cdot l^{-1}$; $pK_S = 4{,}75$

Lösung:

$$pH = pK_s + \lg \frac{c(CH_3COO^-)}{c(CH_3COOH)}$$

$$pH = 4{,}75 + \lg \frac{0{,}25}{0{,}75} = 4{,}27$$

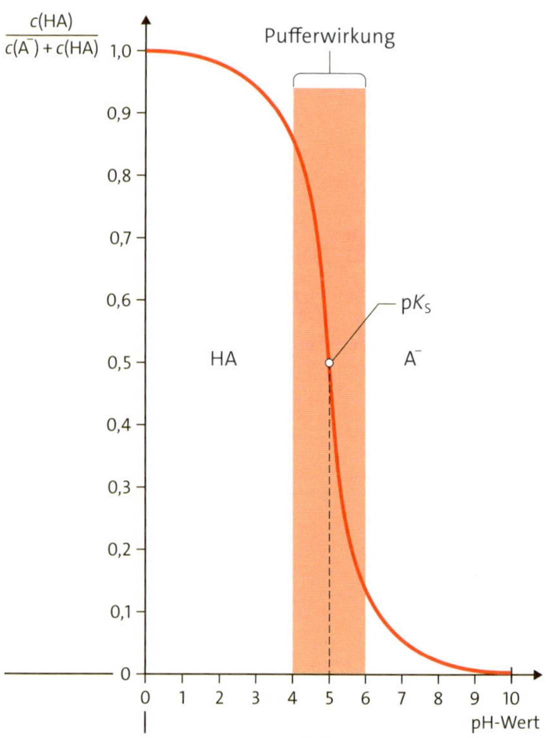

5 pH-Wert als Funktion von $\frac{c(HA)}{c(A^-) + c(HA)}$

Die **Pufferkapazität** eines gegebenen Puffers ist die Stoffmenge an Oxonium-Ionen, die zu einer Pufferlösung gegeben werden muss, um den pH-Wert um eins zu verringern. Die Fähigkeit einer Pufferlösung, den pH-Wert zu stabilisieren, steigt also mit ihrem Volumen und mit den Konzentrationen $c(HA)$ bzw. $c(A^-)$. Bei $pH = pK_S$ ist die Pufferkapazität am größten.

Säure-Base-Titration

Mit einer Titration kann eine unbekannte Stoffmenge, Stoffmengenkonzentration oder Masse eines Stoffs in einer Probe ermittelt werden. Dabei wird das Volumen einer Lösung mit bekannter Stoffmengenkonzentration (Maßlösung) gemessen, die zu der zu bestimmenden Probelösung mit bekanntem Volumen getropft wird. Die in der Maß- und Probelösung enthaltenen Stoffe müssen vollständig miteinander reagieren und die entsprechende Reaktionsgleichung muss bekannt sein. Bei der Säure-Base-Titration wird die Stoffmenge einer Säure HA mit der Maßlösung einer sehr starken Base, in der Regel Natronlauge, bestimmt.

Bei der Titration wird die Konzentration einer Säure oder Base durch die Neutralisation der Probelösung mit einer Maßlösung (hier: Natronlauge) ermittelt.

Am **Äquivalenzpunkt** sind die Stoffmengen gleich, d.h. die Säure HA hat vollständig mit den OH^--Ionen reagiert:

$$n(\text{HA}) = n(\text{OH}^-)$$

Den Äquivalenzpunkt erkennt man am Farbumschlag des zugesetzten passenden Indikators.
Am **Halbäquivalenzpunkt** gilt pH = pK_s(HA).

Phosphorsäure (H_3PO_4) ist eine mehrprotonige Säure und hat drei Protolysestufen. Hier liegen mehrere Äquivalenzpunkte vor (▶ 7).

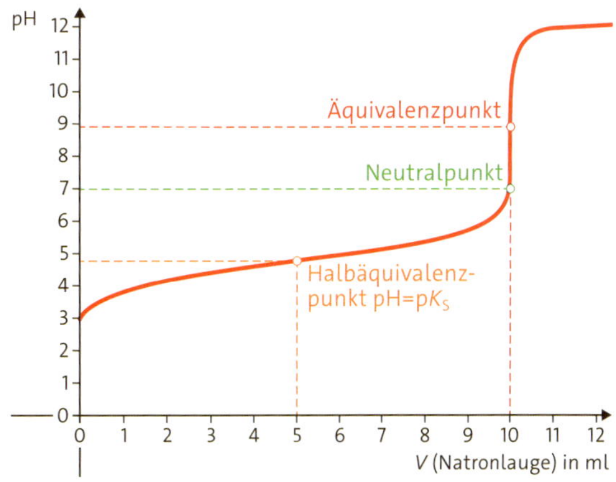

6 Titrationskurve einer Essigsäurelösung mit Natronlauge

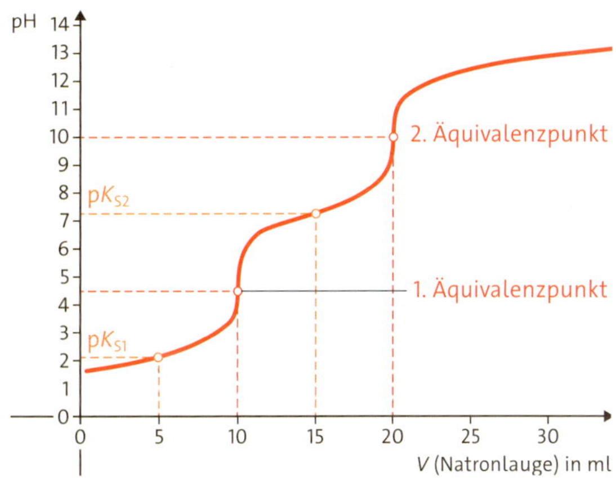

7 Titrationskurve einer Phosphorsäurelösung

Säure-Base-Indikatoren

Indikatormoleküle sind schwache Säuren oder Basen. Durch Protolysereaktionen – und dadurch Abgabe oder Aufnahme eines Protons – verändert sich ihre Molekülstruktur (▶ 8) und damit die Farbe der Lösung.

Der pH-Umschlagbereich liegt etwa zwei Einheiten um den pK_s-Wert der Indikatorsäure.
Das pH-abhängige Verhältnis von $c(\text{Ind}^-) : c(\text{HInd})$ bestimmt die jeweilige Farbe einer Indikatorlösung.

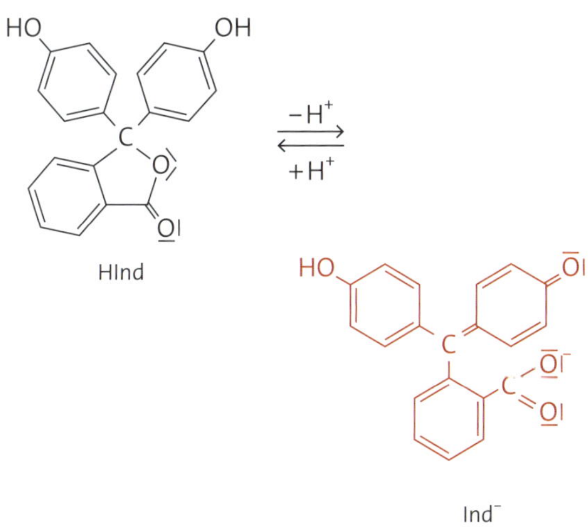

8 Molekülstrukturen von Phenolphthalein

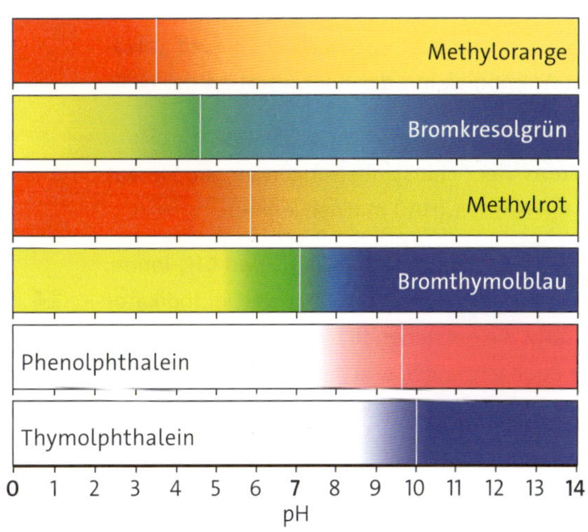

9 Beispiele für Indikatoren und Umschlagbereiche. Die Linien zeigen bei $c(\text{Ind}^-) = c(\text{HInd})$ die jeweiligen pK_s-Werte an.

Säure-Base-Reaktionen

1 In Wasser wird Chlorwasserstoff eingeleitet, bis die Konzentration der Oxonium-Ionen exakt $10^{-3}\,mol \cdot l^{-1}$ beträgt ($\vartheta = 25\,°C$).
a Erstellen Sie die Reaktionsgleichung der Reaktion von Chlorwasserstoff mit Wasser. Ordnen Sie den Reaktionspartnern die Funktion „Säure" und „Base" zu.
b Erklären Sie den Einfluss der Reaktion aus Aufgabe 1a auf das Autoprotolysegleichgewicht des Wassers und berechnen Sie die Konzentration der Hydroxid-Ionen.
c Berechnen Sie die Konzentration der Oxonium-Ionen in dieser Lösung, die auf die Autoprotolyse des Wassers zurückzuführen sind.

2 **a** Definieren Sie den pH-Wert.
b Berechnen Sie die fehlenden Größen ($\vartheta = 25\,°C$):

$c(H_3O^+)$	$c(OH^-)$	pH	pOH
			8
	$10^{-5}\,mol \cdot l^{-1}$		
		2,3	
$5 \cdot 10^{-9}\,mol \cdot l^{-1}$			

3 **a** Berechnen Sie den pH-Wert von Wasser bei 70 °C.
b Erläutern Sie, ob Wasser bei 70 °C sauer, neutral oder alkalisch ist.

4 Auch in wasserfreiem flüssigem Ammoniak findet eine Autoprotolyse statt. Dabei entstehen u. a. NH_4^+-Ionen. Der negative Zehnerlogarithmus ihrer Konzentration wird als $pH(NH_3)$ bezeichnet.
a Erstellen Sie die Reaktionsgleichung zur Autoprotolyse in flüssigem Ammoniak.
b Bei −33 °C hat das Ionenprodukt in wasserfreiem flüssigem Ammoniak der Wert $10^{-32}\,mol^2 \cdot l^{-2}$. Berechnen Sie $pH(NH_3)$ einer neutralen Lösung in flüssigem Ammoniak bei dieser Temperatur.
c Verknüpfen Sie die Zustände „sauer", „neutral" und „alkalisch" in flüssigem Ammoniak mit der Konzentration der NH_4^+-Ionen.

5 Geben Sie mindestens vier Schlussfolgerungen an, die Sie auf Basis der Aussage $K_S(HA^1) > K_S(HA^2)$ machen können.

6 Die Verbindung Methyllithium besteht aus Li^+ und CH_3^--Ionen. Gibt man sie in Wasser, so entsteht u. a. ein Gas. Der Indikator Thymolphthalein färbt die entstehende Lösung blau.
a Erklären Sie die Beobachtungen und erstellen Sie die Reaktionsgleichung.
b Kennzeichnen Sie die korrespondierenden Säure-Base-Paare.

7 Ein Mitschüler sagt: „HCO_3^- ist ein Ampholyt, d. h., es gilt: $pK_S(HCO_3^-) + pK_B(HCO_3^-) = 14$."
a Erläutern Sie den Fehler in der Argumentation und korrigieren Sie ihn.
b Begründen Sie mithilfe von $pK_S(HCO_3^-)$ und $pK_B(HCO_3^-)$, ob eine Lösung von Natriumhydrogencarbonat ($NaHCO_3$) in Wasser sauer, neutral oder alkalisch reagiert.

8 Leiten Sie aus den Definitionsgleichungen für die Säurekonstante $K_S(HA)$ und den Protolysegrad α die folgende Gleichung ab:

$$\frac{K_S(HA)}{c_0(HA)} = \frac{\alpha^2}{1-\alpha}$$

9 Entscheiden Sie anhand der pK_S-Werte der beteiligten Säuren, ob die folgenden Säure-Base-Gleichgewichte auf der rechten oder linken Seite liegen:
a $HCO_3^- + CH_3COOH \rightleftarrows H_2CO_3 + CH_3COO^-$
b $NH_4^+ + H_2O \rightleftarrows H_3O^+ + NH_3$
c $NH_4^+ + OH^- \rightleftarrows H_2O + NH_3$

10 Berechnen Sie die pH-Werte folgender Lösungen:
a Essigsäurelösung, $c_0(HA) = 0{,}5\,mol \cdot l^{-1}$
b Ammoniaklösung, $c_0(NH_3) = 0{,}05\,mol \cdot l^{-1}$
c Ammoniumchloridlösung, $c_0(NH_4Cl) = 1{,}0\,mol \cdot l^{-1}$
d Salpetersäurelösung, $c_0(HA) = 0{,}2\,mol \cdot l^{-1}$

11 Ein Mitschüler berechnet für Salzsäure mit $c_0(HA) = 10^{-9}\,mol \cdot l^{-1}$ einen pH-Wert von 9.
a Schildern Sie das Problem.
b Erläutern Sie, welches Gleichgewicht der Mitschüler vernachlässigt hat.

12 „Hartes" Wasser enthält gelöstes Calciumhydrogencarbonat ($Ca(HCO_3)_2$). Es hat eine deutlich höhere Löslichkeit als Calciumcarbonat ($CaCO_3$). Um die Calcium-Ionenkonzentration im Trinkwasser zu senken, setzen Wasserwerke ihm definierte Mengen einer Lösung von Calciumhydroxid ($Ca(OH)_2$) zu. Erklären Sie diesen scheinbaren Widerspruch über gekoppelte Gleichgewichte.

13 Zu 1 l Natronlauge bzw. 1 l Ammoniaklösung mit $pK_B(NH_3) = 4{,}75$, die beide einen pH-Wert von 11 haben, wird jeweils 1 l Salzsäure gegeben, die einen pH-Wert von 3 hat.
a Berechnen Sie die Konzentration der OH^--Ionen bei pH 11 und erstellen Sie die Reaktionsgleichung, die nach Zugabe der Salzsäure abläuft.
b Erläutern Sie, warum aus Natronlauge und Salzsäure eine neutrale Lösung entsteht, die Ammoniaklösung nach Zugabe der Salzsäure aber dennoch alkalisch bleibt.

14 Sie sollen eine Pufferlösung herstellen, die den pH-Wert 5,0 möglichst stabil hält.
a Begründen Sie mithilfe der protochemischen Reihe Ihre Wahl für eine entsprechende Säure HA und deren korrespondierende Base A^-.
b Berechnen Sie das für den pH-Wert notwendige Konzentrationsverhältnis $c(A^-):c(HA)$.

15 0,5 l eines Essigsäure-Acetat-Puffers mit $c(CH_3COOH) = c(CH_3COO^-) = 0{,}5\,mol \cdot l^{-1}$ werden mit 100 ml Salzsäure mit $c(HCl) = 1{,}0\,mol \cdot l^{-1}$ versetzt.

a Erstellen Sie die Reaktionsgleichung, die bei Zugabe der Salzsäure abläuft.

b Berechnen Sie die Pufferkapazität des Puffers.

c Berechnen Sie den pH-Wert der Lösung vor und nach der Zugabe der Salzsäure.

d Berechnen Sie das Volumen an Salzsäure, das zugegeben werden muss, um pH = 4 zu erreichen.

16 Eine Phosphorsäurelösung wird mit Natronlauge mit $c(OH^-) = 0{,}1\,mol \cdot l^{-1}$ titriert.

a Erstellen Sie die Reaktionsgleichungen aller möglicher Reaktionen in der Lösung.

b Phenolphthalein schlägt bei einer Zugabe von 10,0 ml Natronlauge um. Bestimmen Sie mithilfe der Titrationskurve der Phosphorsäure auf S. 67 die Stoffmenge und die Masse der Phosphorsäure in der Lösung.

17 10 ml einer Lösung von Ammoniak mit $c(NH_3) = 0{,}1\,mol \cdot l^{-1}$ und $pK_B(NH_3) = 4{,}75$ werden mit Salzsäure mit $c(H_3O^+) = 0{,}1\,mol \cdot l^{-1}$ titriert.

a Berechnen Sie die pH-Werte nach Zugabe von 0 ml, 1 ml, 5 ml, 9 ml, 10 ml und 11 ml Salzsäure. Vernachlässigen Sie bei den Berechnungen die Volumenänderung durch Zugabe der Salzsäure.

b Skizzieren Sie die Titrationskurve.

c Begründen Sie, welcher Indikator für die Anzeige des Äquivalenzpunkts geeignet ist.

pH-Wert der Lösung einer schwachen Säure

1 Methanthiol , CH_3SH, ist das Schwefelanalogon des Methanols, CH_3OH.
Methanthiol ist im Gegensatz zu Methanol bei Raumtemperatur und Normaldruck gasförmig. Die Verbindung wird aufgrund ihres sehr intensiven und als unangenehm empfundenen Geruchs u. a. in Spuren dem Erdgas zugesetzt, um Lecks in Erdgasleitungen aufspüren zu können.

Zusätzliche Informationen:

– Der pK_S-Wert von CH_3SH ist mit 10,4 deutlich kleiner als der von CH_3OH (15,5).
– Die Protolysereaktion

$$CH_3SH + H_2O \longrightarrow H_3O^+ + CH_3S^-$$

ist endotherm.
– Mit Zink-Ionen, Zn^{2+}, bildet das Methanthiolat-Ion, CH_3S^-, folgendes chemisches Gleichgewicht:

$$Zn^{2+}(aq) + CH_3S^-(aq) \rightleftarrows Zn(CH_3S)^+(aq)$$

a Zeichnen Sie die Lewis-Formeln des Methanthiol-Moleküls und des Methanthiolat-Ions mit allen bindenden und freien Elektronenpaaren.
b Erklären Sie über die Eigenschaften der Moleküle und ihrer Wechselwirkungen untereinander die relative Lage der Siedetemperaturen von Methanol und Methanthiol.

2 In drei Experimenten soll untersucht werden, ob der pH-Wert einer wässrigen Lösung von Methanthiol größer oder kleiner wird, wenn
(i) die Temperatur der Lösung gesenkt wird.
(ii) eine Lösung, die Thiolat-Ionen enthält, zugesetzt wird.
(iii) eine Lösung, die Zink-Ionen enthält, zugesetzt wird.

Erstellen Sie jeweils eine Hypothese über die Richtung, in der sich der pH-Wert bei (i) bis (iii) verändert.

Gefahr beim Verzehr von Lakritzwaren?

1 Lakritzverpackung mit Hinweis

Ammoniumchlorid (NH_4Cl, $pK_S(NH_4^+) = 9{,}25$, $pK_B(Cl^-) = 21$) wird in Lakritzwaren als Säurungsmittel verwendet. Aufgrund der gesundheitlichen Gefährdungen durch Ammoniumchlorid wie metabolischer Azidose (stoffwechselbedinge Übersäuerung des Blutes und des Körpers) und Beeinträchtigung des normalen Ionenhaushalts mit Übelkeit, Erbrechen und neurologischen Störungen, müssen Lakritzprodukte, die Ammoniumchlorid als Säurungsmittel enthalten, besonders gekennzeichnet werden.

Ammoniumchloridgehalt	Hinweis
0%-1,99%	entfällt
2%-4,49%	Erwachsenenlakritz – kein Kinderlakritz
4,5%-7,99%	Extra stark Erwachsenenlakritz – kein Kinderlakritz

2 Hinweise auf Lakritzwaren-Verpackungen

1 Erklären Sie mithilfe der pK_S- bzw. pK_B--Werte den Einsatz von Ammoniumchlorid als Säurungsmittel.

2 Stellen Sie das Protolysegleichgewicht der Ammonium-Ionen in Wasser auf und diskutieren Sie die Lage des Gleichgewichts. Markieren Sie die korrespondierenden Säure-Base-Paare.

3 In einer Lakritz-Portion sind 1 g Ammoniumchlorid enthalten. Berechnen Sie den pH-Wert, wenn diese Portion mit 0,4 l Wasser verzehrt wird und beurteilen Sie diesen pH-Wert hinsichtlich der Empfehlung der Ernährungswissenschaftler.

4 Berechnen Sie die Stoffmengenkonzentration eines Lakritz-Sirups (Dichte = 1,4kg/l) mit einem pH-Wert von pH=4,56, wenn dieser vereinfacht durch die Konzentration der Ammonium-Ionen bestimmt wird und beurteilen Sie die Bedenklichkeit unter Bezug auf ► 2.

Ascorbinsäure in Lebensmitteln

Vitamin C (Ascorbinsäure) ist ein wichtiges Vitamin unter anderem zur Stärkung des Immunsystems, als Antioxidans und zur Kräftigung des Bindegewebes. Der Chemiker Linus Pauling war der Überzeugung, dass Vitamin C sogar vor Krebs schützen könne, was jedoch nicht belegt werden konnte.

Alter	Empfohlene Zufuhr (in mg/Tag)	
	männlich	weiblich
bis 10 Jahre	30-40	
11-15 Jahre	45–85	
15-65 Jahre	85–110	85–95
Schwangere		105
Stillende		125

3 Empfohlene Verzehrmengen an Ascorbinsäure für verschiedene Personengruppen

Als Vitamin C-Lieferanten dienen in erster Linie verschiedene Obst- und Gemüsesorten und deren Säfte. Die Lebensmittelindustrie wirbt seit einiger Zeit mit Säften, die mit zusätzlicher Ascorbinsäure angereichert werden. Ascorbinsäure ist eine zweiprotonige Säure.

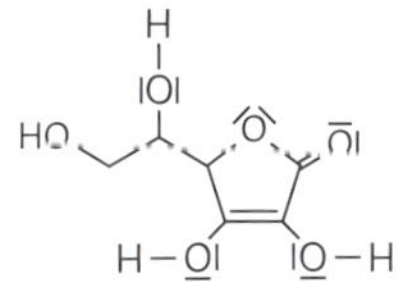

4 Ascorbinsäuremolekül ($pK_{S1} = 4{,}2$, $pK_{S2} = 11{,}8$, vereinfachte Schreibweise H_2Asc)

1 a Geben Sie die Reaktionsgleichungen beim Lösen von Ascorbinsäure in Wasser mithilfe der vereinfachten Schreibweise an.
b Erläutern Sie anhand der Reaktionsgleichung für die erste Protolysestufe das Säure-Base-Konzept nach Brönsted.
c Erklären Sie mithilfe der Protolysegleichgewichte, warum die Bildung der Teilchen in der Ascorbinsäurelösung vom pH-Wert abhängig ist.

2 Berechnen Sie die Anfangskonzentration an Ascorbinsäure in einer handelsüblichen Orangensaft-Probe, wenn der pH-Wert des Orangensaftes pH = 3,1 beträgt. Gehen Sie davon aus, dass H2Asc als einzige Säure in der Lösung vorhanden ist.

3 Mithilfe eines Titrationsverfahrens werden 0,00086 mol Ascorbinsäure in 100 ml Maracujasaft festgestellt. Berechnen Sie die Menge an Saft, die eine Schwangere zu sich nehmen müsste, um ihren Tagesbedarf an Vitamin C zu decken.

Vanillin – die geschmacksbildende Säure im Vanillin-Zucker

M1 Informationen zu Vanillin

Vanillin (▶ 1, ▶ 2) ist der Hauptbestandteil des natürlichen Vanilleextrakts, einer Mischung aus mehreren hundert verschiedenen Verbindungen. Vanillin findet sich am häufigsten in den meist falsch als Schoten bezeichneten Kapselfrüchten der Gewürzvanille. Vanillin ist mengenmäßig der wichtigste Aromastoff weltweit; er kann heutzutage sehr preisgünstig hergestellt werden. Er wird in Lebensmitteln, Getränken, Speiseeis, Backwaren und Schokolade, sowie in der Parfüm- und Pharmaindustrie verwendet. Auch der typische Geruch von altem Papier ist unter anderem auf das Vanillin im Lignin zurückzuführen.

Vanillin hat eine molare Masse von 52,15 g · mol^{-1}. Der pK_S-Wert von Vanillin beträgt 7,4. Es lässt sich eine ethanolische Lösung von 1,52 g Vanillin in 100 ml Lösungsmittel herstellen.

Angaben eines Vanillinzucker-Herstellers: *Der Vanillin Zucker bietet seit jeher gleich bleibende Qualität. Seit über 100 Jahren lassen sich Gebäcke, Süßspeisen, Desserts und Getränke durch Vanillin Zucker aromatisch verfeinern. Die Mischung aus Vanillin und Zucker ist ausreichend für einen Kuchen aus 500 g Mehl oder eine Süßspeise von 0,5 l.*

M2 Gehaltsbestimmung in Vanillinzucker

Der Vanillin-Zucker wird in Papiertütchen mit 10g Inhalt vertrieben. Auf der Packung werden die Inhaltsstoffe ausgewiesen als: „Zutaten: Vanillin, Zucker."

Der Inhalt eines Päckchens Vanillin-Zucker wird in ein Becherglas gegeben. Es werden insgesamt 75 ml Ethanol hinzugefügt und nach mehrfachem Schütteln wird die entstandene Lösung in einen Erlenmeyerkolben dekantiert. Der Inhalt dieses Erlenmeyerkolbens wird mit Wasser verdünnt und anschließend mit Natronlauge, $c(NaOH(aq))$ = 0,1 mol · l^{-1}, titriert.

Der pH-Wert wird nach Zugabe von 0,5 ml Maßlösung abgelesen. *Hinweis: Zucker ist in Ethanol sehr schlecht löslich.*

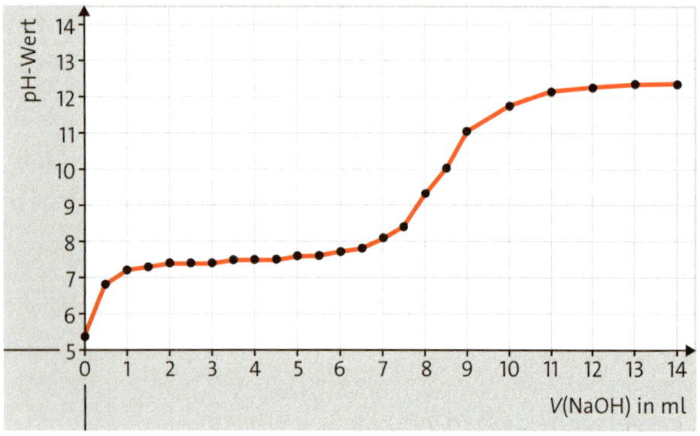

1 Ergebnis der Titration

2 Vanillinzucker

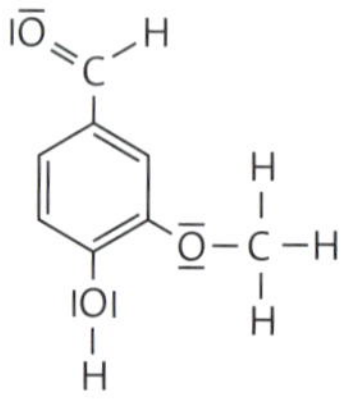

3 Strukturformel des Vanillin-Moleküls

Indikator	Farbe der Säure	pH-Bereich des Farbumschlags	Farbe der Base	pK_S(Hin)
Thymolblau	rot	1,2–2,8	gelb	1,7
Methylorange	rot	3,0–4,4	orange	3,4
Lackmus	rot	5,0–8,0	blau	6,5
Bromthymol-blau	gelb	6,0–7,6	blau	7,1
Thymolblau	gelb	8,0–9,6	blau	8,9
Phenol-phthalein	farblos	8,2–10,0	purpur	9,4
Thymol-phthalein	farblos	9,3–10,5	blau	10,0
Alizaringelb	gelb	10,1–12,1	rot	11,2

4 Farbumschläge einiger Säure-Base-Indikatoren

1 Interpretieren Sie die Reaktion von Vanillin mit Wasser im Sinne der Säure-Base-Theorie nach Brönsted.

2 Ermitteln Sie den pH-Wert der in **M1** angegebenen ethanolischen Lösung.

3 Beschreiben Sie, wie in einer wässrigen Lösung unbekannter Konzentration der pK_S-Wert einer unbekannten schwachen Säure bestimmt werden kann.

4 Berechnen Sie die Konzentration aller Teilchen in einer Lösung von Vanillin in Wasser mit der Anfangskonzentration c_0(Vanillin) = 0,25 mol · l^{-1}.

5 Erläutern Sie anhand von **M2** und ▶ 1 den Verlauf der Titrationskurve im Volumen-pH-Diagramm. Berechnen Sie die Stoffmenge an Vanillin in der Ausgangslösung. Diskutieren Sie mögliche Fehlerquellen bei der experimentellen Gehaltsermittlung.

6 Wählen Sie begründet einen geeigneten Indikator (▶ 4) für die beschriebene Titration (▶ 1) aus.

7 Zeichnen Sie näherungsweise die Titrationskurve einer Vanillinlösung mit der Konzentration c = 0,1 mol · l^{-1}.
Als Maßlösung wird Kalilauge mit einer Konzentration von $c(KOH)$ = 0,2 mol · l^{-1} verwendet. Hinweis: Berechnen Sie zuerst die Anfangskonzentration c_0 der Lösung.

Die clevere Assistentin

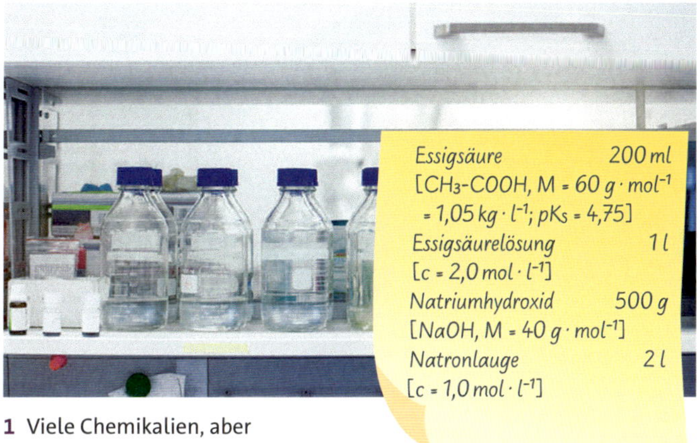

1 Viele Chemikalien, aber keine Pufferlösung

Im Labor wird ein Liter eines Essigsäure-Acetat-Puffers benötigt, der 0,5 mol Essigsäuremoleküle und 0,5 mol Acetat-Ionen enthält. Eine Recherche im Chemikalienbestand zeigt der chemisch-technischen Assistentin, dass eine fertige Pufferlösung und Acetatsalze wie Natriumacetat fehlen. Sie notiert daraufhin vorhandene Chemikalien, die sie für nützlich hält, um das Problem zu lösen (▶ 1). Neben diesen Chemikalien stehen der Assistentin destilliertes Wasser und übliche Laborgeräte, vor allem solche zum Messen von Masse und Volumen, zur Verfügung.

1 **a** Geben Sie die zum Puffer passende Henderson-Hasselbalch-Gleichung an und berechnen Sie den pH-Wert der benötigten Pufferlösung.
b Erläutern Sie, wie sich der pH-Wert und die Pufferkapazität der Pufferlösung verändern, wenn statt 0,5 mol nur 0,05 mol Essigsäuremoleküle und Acetat-Ionen in einem Liter enthalten sind.

2 **a** Erläutern Sie anhand einer Reaktionsgleichung, wie es der Assistentin gelingt, mithilfe der vorhandenen Chemikalien Acetat-Ionen zu erzeugen.
b Schildern Sie eine Vorgehensweise, um die Pufferlösung herzustellen. Geben Sie dabei auch die Massen bzw. Volumina der Stoffe an, die Sie einsetzen.
c Schildern Sie eine zu Aufgabenteil b alternative Vorgehensweise, bei der Sie mindestens eine Chemikalie durch eine andere auf der Liste ersetzen.

3 Der Pufferlösung werden 0,1 mol Oxonium-Ionen zugesetzt.
a Erstellen Sie die Reaktionsgleichung der daraufhin ablaufenden chemischen Reaktion.
b Berechnen Sie den neuen pH-Wert der Lösung.

Puffer in der Analytik

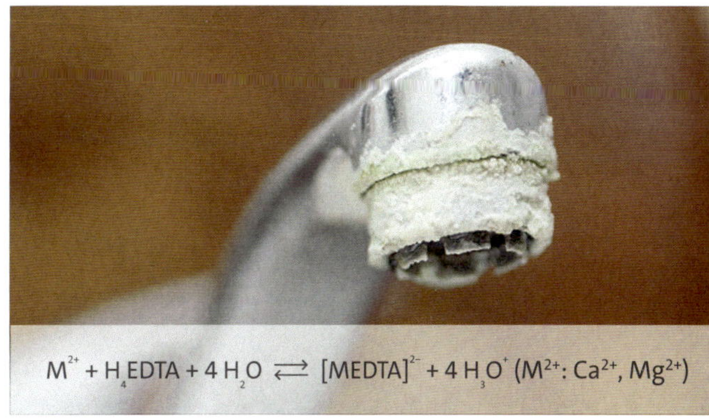

2 Bestimmung der Wasserhärte mit H_4EDTA

Sehr hartes Wasser stellt in vielen Anwendungen ein Problem dar. Zur Bestimmung der „Wasserhärte" muss gemessen werden, wie groß die Konzentration von Mg^{2+}- und Ca^{2+}-Ionen ist. Ein Verfahren basiert darauf, diese Ionen an die Moleküle von H_4EDTA (Ethylendiamintetraessigsäure; ▶ 2) zu binden.

Um die entstehenden Oxonium-Ionen zu neutralisieren, darf keinesfalls Natronlauge zugesetzt werden. Eine hohe Konzentration von Hydroxid-Ionen begünstigt nämlich die Bildung schwerlöslicher Metallhydroxide mit der allgemeinen chemischen Formel $M(OH)_2$.

$$M^{2+}(aq) + 2\,OH^-(aq) \rightleftarrows M(OH)_2(s)$$

1 **a** Erläutern Sie die Notwendigkeit, die Oxonium-Ionen, die bei der Reaktion von M^{2+} mit H_4EDTA entstehen, zu neutralisieren und den pH-Wert konstant zu halten.
b Erklären Sie, warum ein zu großer pH-Wert zu falschen Werten für die Konzentrationen der Magnesium- und Calcium-Ionen führt.

2 Zur Stabilisierung des pH-Werts eignet sich ein Ammoniak-Ammonium-Puffer, der die Base NH_3 und die korrespondierende Säure NH_4^+ (pK_S = 9,25) enthält.
a Formulieren Sie die Reaktionsgleichungen der Abfangreaktionen für Oxonium-Ionen und Hydroxid-Ionen in dieser Pufferlösung.
b Geben Sie die zum Puffer passende Henderson-Hasselbalch-Gleichung an.
c Die Pufferlösung enthält gleiche Mengen an NH_3-Molekülen und NH_4^+-Ionen. Berechnen Sie die Änderung des pH-Werts, wenn 10 % der NH_3-Moleküle mit Oxonium-Ionen reagieren.
d Berechnen Sie, um das Wievielfache die Konzentration von NH_3 die Konzentration von M^{2+} übersteigen muss, damit der pH-Wert durch das Abfangen der Oxonium-Ionen höchstens um 0,1 sinkt.

4 Redoxchemie und Elektrochemie

4.1 Redoxchemie

4.2 Elektrochemie

Einstufungstest

Karteikarten

Ich kann:

- Redoxreaktionen als Reaktionen mit Elektronenübergang deuten und formulieren
- Oxidationszahlen der Atome in einer Verbindung bestimmen
- Metallgewinnung mit redoxchemischen Verfahren beschreiben und deuten
- Redoxreaktionen in Natur und Technik erkennen
- elektrochemische Reaktionen in einer galvanischen Zelle auf der Basis des Donator-Akzeptor-Konzepts erklären
- das Batterieprinzip als Nutzung der Umwandlung von chemischer in elektrische Energie in einer galvanischen Zelle deuten
- die elektrochemische Spannungsreihe zur Vorhersage von Redoxreaktionen und zur Berechnung von Zellspannungen anwenden
- die Konzentrationsabhängigkeit des Redoxpotenzials erklären und mithilfe der Nernst-Gleichung berechnen
- die Vorgänge der Elektrolyse erläutern und als Umkehrung der Vorgänge in der galvanischen Zelle deuten
- ökonomische und ökologische Aspekte des Einsatzes von elektrochemischen Spannungsquellen ableiten
- die Vorgänge bei der elektrochemischen Korrosion und wirksame Maßnahmen um Korrosionsschutz erläutern

Die Herstellung von Roheisen aus Erzen, die Verbrennung von Koks zur Energiegewinnung, die quantitative Bestimmung des Sulfitgehalts in einer Weinprobe oder der Vorgang der alkoholischen Gärung haben auf dem ersten Blick nichts miteinander zu tun. Alle diese Vorgänge haben aber gemeinsam, dass während der dabei ablaufenden chemischen Reaktionen ein Elektronenübergang zwischen den beteiligten Teilchen stattfindet.

4.1 Redoxchemie

Redoxreaktionen

An Redoxreaktionen sind Donator-Akzeptor-Reaktionen mit Elektronenübergang, bei denen Oxidaton und Reduktion immer gekoppelt ablaufen. Bei der Oxidation erfolgt eine Elektronenabgabe, bei der Reduktion eine Elektronenaufnahme.

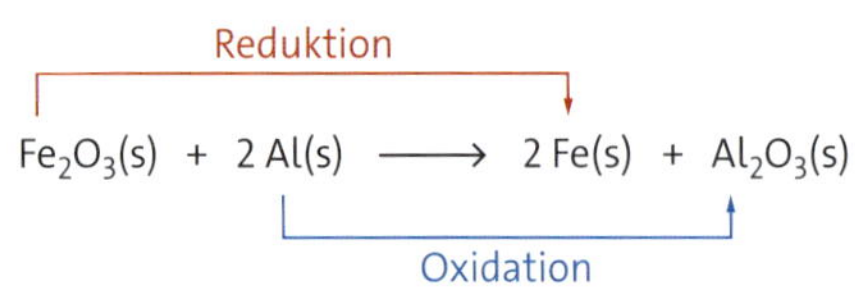

1 Reaktion zwischen Eisenoxid und Aluminium

Oxidationsmittel = Elektronenakzeptor • Teilchen, die während einer Redoxreaktion Elektronen aufnehmen. Sie wirken oxidierend und werden im Verlauf der Redoxreaktion selbst reduziert.

Reduktionsmittel = Elektronendonator • Teilchen, die während einer Redoxreaktion Elektronen abgeben. Sie wirken reduzierend und werden im Verlauf der Redoxreaktion selbst oxidiert.

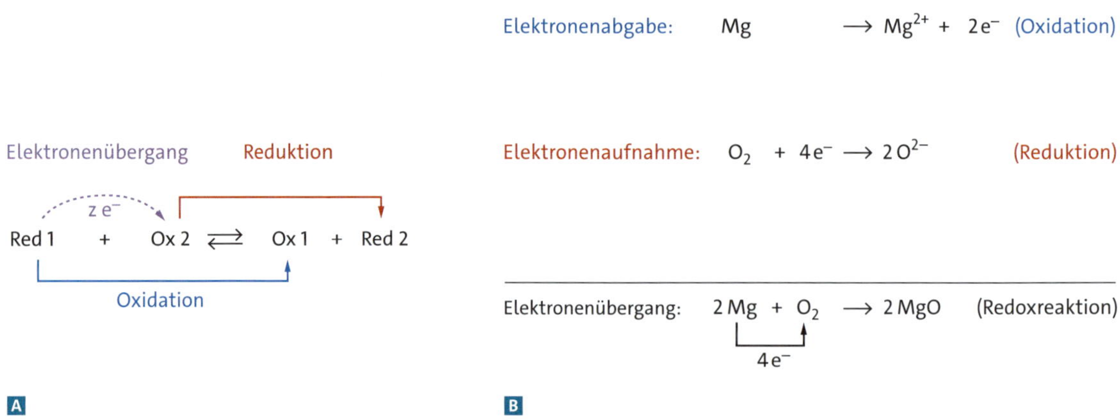

2 Reaktion mit Elektronenübergang: **A** Allgemeines Schema, **B** Oxidation von Magnesium

Korrespondierende Redoxpaare

Elektronenabgabe und -aufnahme sind umkehrbare Vorgänge. Ein Reduktionsmittel (Red) wird durch die Elektronenabgabe zum korrespondierenden Oxidationsmittel (Ox) reduziert. Umgekehrt wird ein Oxidationsmittel durch Elektronenaufnahme zum korrespondierenden Reduktionsmittel. An einer Redoxreaktion sind immer zwei korrespondierende Redoxpaare beteiligt.

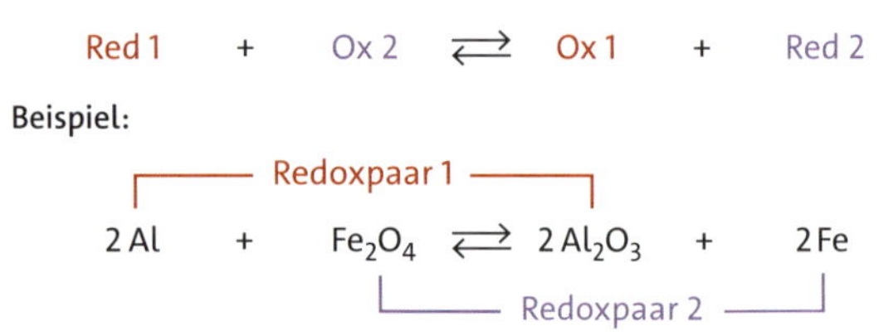

3 Korrespondierende Redoxpaare

Oxidationszahlen

Die Oxidationszahl entspricht der formalen Ladung eines Atoms in einer Verbindung, wenn man sich vorstellt, dass alle Bindungselektronen im Molekül dem jeweils elektronegativeren Atom zugeordnet wären. Bei einfachen Ionen entspricht die Oxidationszahl der Ladung des Ions.

Eine Redoxreaktion liegt vor, wenn sich die Oxidationszahlen der beteiligten Teilchen verändern. Die Veränderung der Oxidationszahl entspricht der Anzahl übertragener Elektronen.

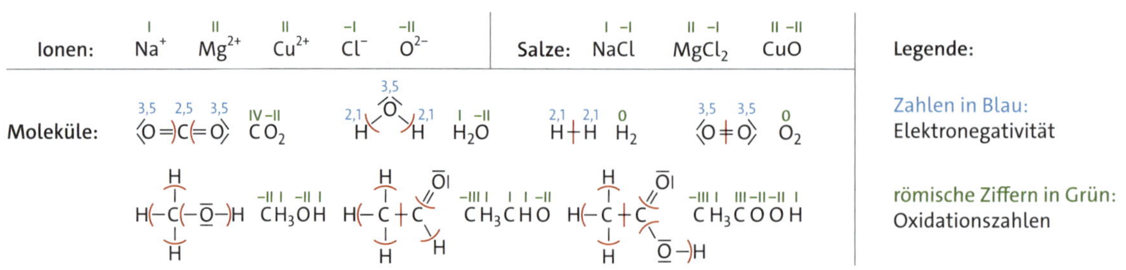

4 Oxidationszahlen einiger Verbindungen

Vergleich Redoxreaktion und Säure-Base-Reaktion

Das Donator-Akzeptor-Konzept ist Grundlage zum Verstehen vieler chemischer Reaktionen. Es beschreibt das gegenseitige Aufnehmen und Abgeben von Elektronen bei Redoxreaktionen bzw. Protonen bei Säure-Base-Reaktionen durch die beteiligten Reaktionspartner während der Reaktion.

	Redoxreaktion	Säure-Base-Reaktion
Übergang von:	Elektronen	Protonen
Beteiligte Teilchen:	Elektronendonator: Reduktionsmittel (Red) Red $\rightleftarrows$ Ox + z e^-	Protonendonator: Säure (HA) HA $\rightleftarrows$ H^+ + A^-
	Elektronenakzeptor: Oxidationsmittel (Ox) Ox + z e^- $\rightleftarrows$ Red	Protonenakzeptor: Base (B) H^+ + B $\rightleftarrows$ HB^+
Reaktionsgleichung:	Red 1 + Ox 2 $\rightleftarrows$ Ox 1 + Red 2 Beispiel: ┌ Redoxpaar 1 ┐ 2 Al + Fe_2O_3 $\rightleftarrows$ Al_2O_3 + 2 Fe └ Redoxpaar 2 ┘	HA + B $\rightleftarrows$ A^- + HB^+ Beispiel: ┌ Säure-Base-Paar 1 ┐ HCl + H_2O $\rightleftarrows$ Cl^- + H_3O^+ └ Säure-Base-Paar 2 ┘

Redoxtitration

Die Redoxtitration ist ein Verfahren zur Bestimmung der Stoffmengenkonzentration eines oxidierbaren oder reduzierbaren Stoffs in Lösung. Wichtige Verfahren sind die Manganometrie und die Iodometrie.

	Manganometrie	Iodometrie
Nachweis von	Reduktionsmitteln	Oxidationsmitteln/ Reduktionsmitteln
Redoxpaar	MnO_4^-/Mn^{2+}	$2\,I^-/I_2$
Ablauf	Titration mit violetter Permanganatlösung bis zur ersten bleibenden Färbung der Probelösung	Red: Titration mit Iod-Kaliumiodid-Lösung bis zur ersten bleibenden Blaufärbung der Probelösung durch den Iod-Stärke-Komplex Ox: Zugabe von Iodid-Ionen im Überschuss; Rücktitration mit Kaliumthiosulfat bis zur Entfärbung des blauen Iod-Stärke-Komplexes

Hochofenprozess

Technisches Verfahren zur Herstellung von Roheisen aus Eisenoxiden, z.B. Magnetit (Fe_3O_4) und Hämatit (Fe_2O_3) durch Redoxreaktion mit Kohlenstoff und Kohlenstoffmonoxid:

$$Fe_2O_3 + 3\,CO \longrightarrow 2\,Fe + 3\,CO_2$$

Erze (z.B. FeS oder $FeCO_3$) werden zuvor durch Rösten in Oxide umgewandelt. Das entstehende Roheisen enthält bis zu 4 % Kohlenstoff und ist daher hart und spröde (Gusseisen).

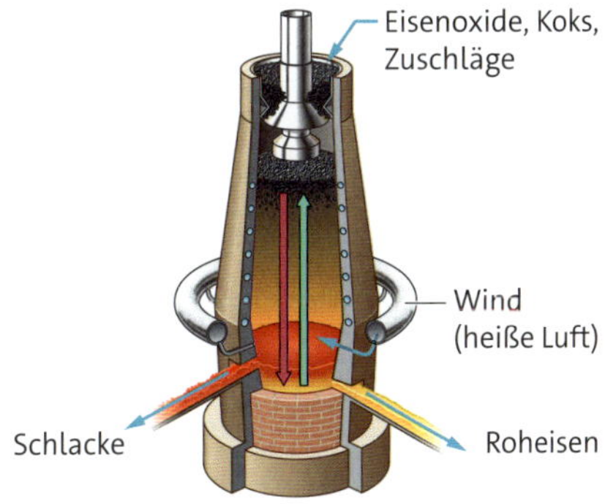

4.2 Elektrochemie

Elektrochemische Doppelschicht

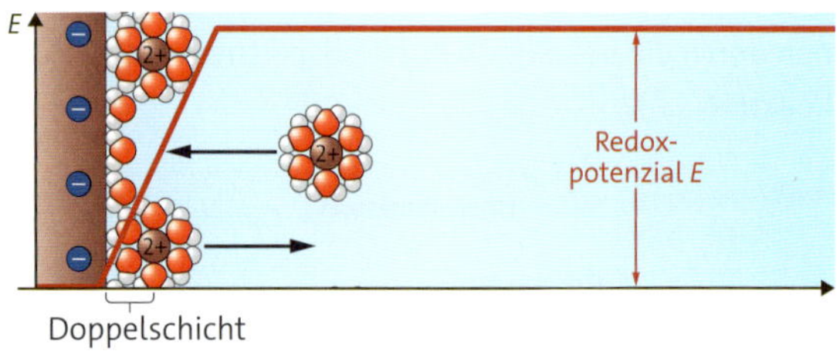

1 Elektrochemische Doppelschicht

An der Phasengrenze zwischen einer Metalloberfläche und einer Lösung stellt sich ein chemisches Gleichgewicht ein, das zur Bildung einer elektrochemischen Doppelschicht führt.

$$Me \rightleftharpoons Me^{+} + e^{-}$$

An der Doppelschicht entsteht ein elektrisches Potenzial (Redoxpotenzial) *E*.

Galvanische Zelle / Galvanisches Element

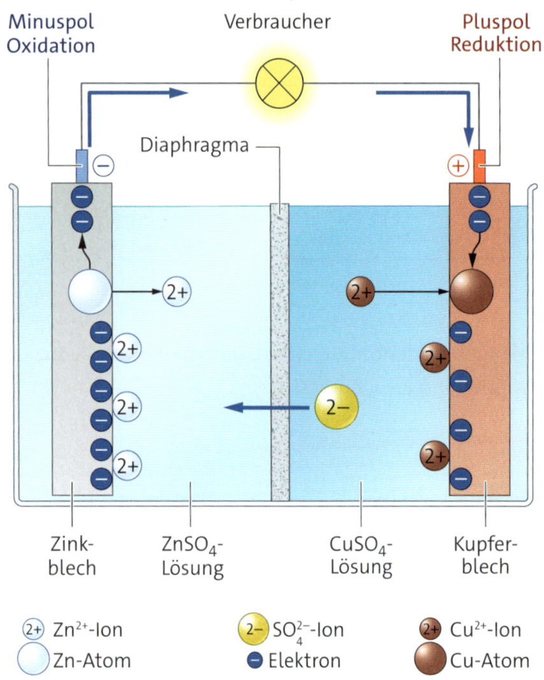

2 Vorgänge im Daniell-Element

Oxidation: $Zn(s) \longrightarrow Zn^{2+}(aq) + 2\,e^{-}$ (Minuspol)
Reduktion: $Cu^{2+}(aq) + 2\,e^{-} \longrightarrow Cu(s)$ (Pluspol)

Redoxreaktion: $Zn(s) + Cu^{2+}(aq) \longrightarrow Zn^{2+}(aq) + Cu(s)$

Eine Galvanische Zelle ist die Kombination zweier Halbzellen (Metall/ Metallsalzlösung). Beide Halbzellen müssen durch ein Diaphragma oder Stromschlüssel leitend verbunden sein. Galvanische Zellen sind elektrochemische Spannungsquellen, bei denen Oxidation und Reduktion freiwillig und räumlich voneinander getrennt ablaufen. Galvanische Zellen können durch eine Kurzschreibweise dargestellt werden.

Das Daniell-Element ist eine Batterie, in der chemische Energie in einer freiwilligen Redoxreaktion in elektrische Energie umgewandelt wird. Für einen elektrischen Stromfluss müssen Oxidation und Reduktion räumlich getrennt ablaufen.
Kurzschreibweise für das Daniell-Element:

$$Zn\,/Zn^{2+}\,//\,Cu^{2+}\,/Cu$$

Zellspannung einer galvanischen Zelle

Aus der Differenz der Redoxpotenziale *E* der beiden Halbzellen einer galvanischen Zelle ergibt sich die Zellspannung *U*:

$$U = E(\text{Akzeptorhalbzelle}) - E(\text{Donatorhalbzelle})$$

oder

$$U = E(\text{Reduktion}) - E(\text{Oxidation})$$

Das **Redoxpotenzial *E*** ist dabei eine stoffspezifische Größe, die von der Art des Stoffs, von der Stoffmengenkonzentration der Ionen im Elektrolyten, von der Temperatur und bei Gasen vom Druck abhängt. Das Redoxpotenzial selbst ist nicht messbar.

Mithilfe der **Standardredoxpotenziale E^0** lässt sich die Spannung einer galvanischen Zelle berechnen sowie die Richtung möglicher Redoxpotenziale hervorsagen.

Das Standardredoxpotenzial ist das Redoxpotenzial einer Halbzelle, das unter Standardbedingungen ($T = 298$ K, $p = 101{,}3$ kPa, $c = 1\,mol \cdot l^{1}$) durch Kombination mit der Standardwasserstoffhalbzelle ermittelt wurde. Der Betrag des Standardpotenzials E^0 entspricht dabei der gemessenen Zellspannung.

Standardwasserstoffhalbzelle

Die Standardwasserstoffhalbzelle dient als Bezugshalbzelle zur Bestimmung von Redoxpotenzialen unter Standardbedingungen. Dabei ist eine spezielle Platinelektrode in eine saure Lösung getaucht und wird von Wasserstoffgas umspült. Ihr Standardredoxpotenzial ist dabei willkürlich auf $E^0(H_2/2\ H^+) = 0\ V$ festgelegt. Das Redoxpotenzial einer beliebigen Halbzelle entspricht dadurch der gemessenen Spannung der galvanischen Zelle aus der Standardwasserstoffhalbzelle und der betrachteten Halbzelle.

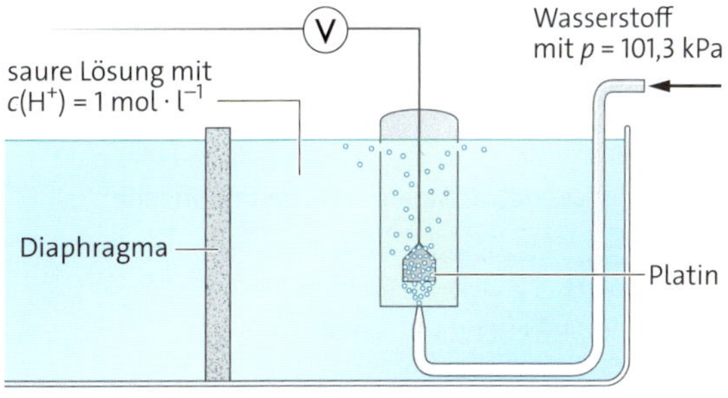

3 Modell der Standardwasserstoffhalbzelle

Nernst-Gleichung

Mithilfe der Nernst-Gleichung kann das Redoxpotenzial einer Halbzelle in Abhängigkeit von der Stoffmengenkonzentration der Ionen berechnet werden.
Das Redoxpotenzial hängt von der Art der Elektrode, der Anzahl z der übertragenen Elektronen und der Konzentration des Elektrolyten in der Halbzelle ab.

Für Metalle gilt: $Me \rightleftarrows Me^{z+} + z\ e^-$

$$E(Me/Me^{z+}) = E^0(Me/Me^{z+}) + \frac{0{,}059\ V}{z} \cdot \lg\frac{c(Me^{z+})}{1\ mol \cdot l^{-1}}$$

Allgemein gilt für ein Redoxpaar der Form:

$$Red \rightleftarrows Ox + z\ e^-$$

$$E(Red/Ox) = E^0(Red/Ox) + \frac{0{,}059\ V}{z} \cdot \lg\frac{c(Ox)}{c(Red)}$$

Elektrochemische Spannungsreihe

Die elektrochemische Spannungsreihe ist eine nach ihrem Standardpotenzial sortierte Reihenfolge der Redoxpaare. Mit ihrer Hilfe kann eine Vorhersage über die Richtung einer freiwillig ablaufenden Redoxreaktion getroffen werden. Der Elektronendonator (Reduktionsmittel) in einer Redoxreaktion muss ein kleineres Standardpotenzial haben als der Elektronenakzeptor (Oxidationsmittel).

edle Metalle (z. B. Pt): $E^0 > 0{,}0\ V$
unedle Metalle (z. B. Zn): $E^0 < 0{,}0\ V$

Batterie und Akkumulator

Batterien und Akkumulatoren sind (mobile) galvanische Zellen, bei denen in einer freiwillig verlaufenden Redoxreaktion chemische Energie in elektrische Energie umgewandelt wird.

Akkumulatoren unterscheiden sich von Batterien dadurch, dass sie wieder aufgeladen werden können. Mithilfe einer elektrischen Spannung werden die beim Entladen ablaufenden Reaktionen umgekehrt. Elektrische Energie wird in chemische Energie umgewandelt.

Beispiel Batterien	Beispiel Akkumulatoren
– Zink-Kohle-Batterie – Alkali-Mangan-Batterie – Lithium-Batterie – Silberoxid-Zink-Batterie	– Bleiakku – Nickelmetallhybrid-Akku (NiMH) – Lithium-Ionen-Akku

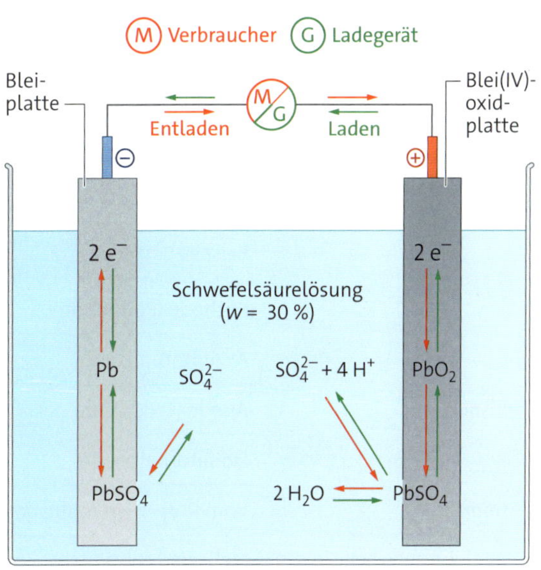

4 Entladen und Laden im Bleiakku

Brennstoffzelle

Brennstoffzellen sind galvanische Zellen, bei denen die Reduktions- und Oxidationsmittel beständig zugeführt werden müssen. Chemische Energie wird direkt in elektrische Energie umgewandelt. Brennstoffzellen können im Gegensatz zu Batterien und Akkumulatoren dauerhaft betrieben werden.
Beispiel: Wasserstoff-Sauerstoff-Brennstoffzelle

Minuspol: $H_2 + 2\,OH^- \longrightarrow 2\,H_2O + 2\,e^-$
Pluspol: $O_2 + 2\,H_2O + 4\,e^- \longrightarrow 4\,OH^-$

Gesamtreaktion: $2\,H_2 + O_2 \longrightarrow 2\,H_2O$

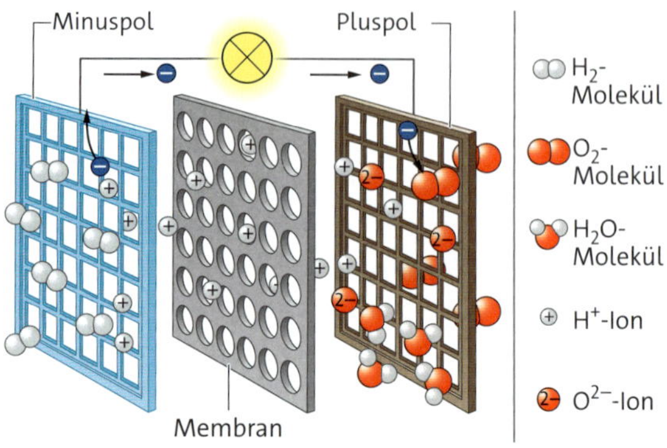

5 Vorgänge in der Brennstoffzelle

Elektrolyse und Zersetzungsspannung

Bei der Elektrolyse wird durch eine elektrische Spannung die freiwillig ablaufende Redoxreaktion einer galvanischen Zelle umgekehrt. Die Zersetzungsspannung U_Z ist die Mindestspannung, unter der die Elektrolyse merklich abläuft. Sie kann aus den Standardpotenzialen der beteiligten Redoxpaare und möglichen Überspannungen ermittelt werden.

$$U_Z = E(\text{Pluspol/Anode}) - E(\text{Minuspol/Kathode})$$

Elektrolysen sind durch elektrische Energie erzwungene Redoxreaktionen. Die Elektrolyse ist die Umkehrung der Vorgänge in einer galvanischen Zelle.

Bei einer Elektrolyse läuft zuerst die Redoxreaktion ab, die die geringste Zersetzungsspannung erfordert. Die Zersetzungsspannung ergibt sich aus den Redoxpotenzialen und möglichen Überspannungen.

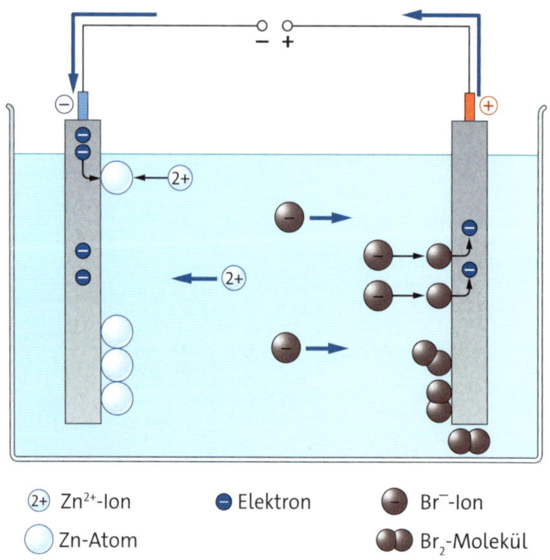

6 Vorgänge bei der Elektrolyse von Zinkbromidlösung

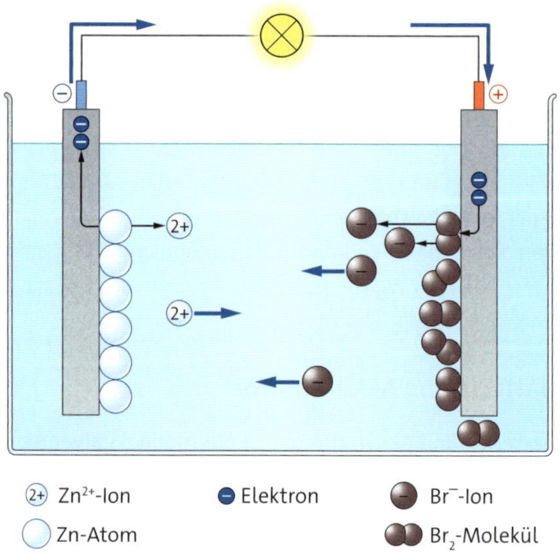

7 Vorgänge in der galvanischen Zelle mit den Halbzellen Zn/Zn^{2+} // $2\,Br^-/Br_2$

	Beispiel Batterien	Beispiel Akkumulatoren
Minuspol (-)	Kathode (Reduktion)	Anode (Oxidation)
	Akzeptorhalbzelle	Donatorhalbzelle
Pluspol (+)	Anode (Oxidation)	Kathode (Reduktion)
	Donatorhalbzelle	Akzeptorhalbzelle
Stromfluss	Vom Plus- zum Minuspol	Vom Minus- zum Pluspol

8 Vergleich zwischen Elektrolysezelle und galvanischer Zelle

Faradaysche Gesetze

1. Faraday Gesetz: Während einer Elektrolyse ist die abgeschiedene Masse m eines Stoffes an einer Elektrode proportional zur geflossenen Ladungsmenge Q.

2. Faraday Gesetz: Die Ladungsmenge ist abhängig von der Ladungszahl des Metall-Ions.

Die Faraday-Konstante F ist genau die Ladungsmenge, die notwendig ist, um 1 mol Silber abzuscheiden.

$$Q = I \cdot t$$

$$m(\text{Stoff}) = \frac{I \cdot t}{z \cdot F} \cdot M(\text{Stoff})$$

Q = Ladungsmenge
I = Stromstärke
t = Zeitdauer der Elektrolyse
z = Anzahl der übertragenen Elektronen
F = 96 485 A · s · mol^{-1} (Faraday-Konstante)

Technische Elektrolysen

Chloralkali-Elektrolyse • großtechnische Verfahren zur Gewinnung von Chlor, Natronlauge und Wasserstoff durch Elektrolyse einer Natriumchloridlösung. Wichtige Verfahren sind das Membranverfahren (▶ 9), Diaphragmaverfahren und Almalgamverfahren.

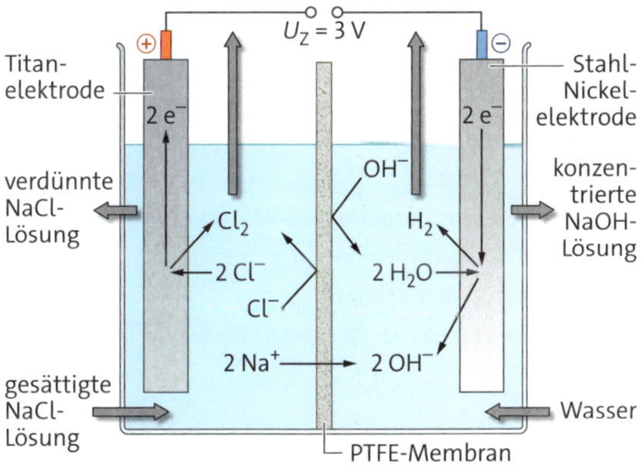

9 Schema des Membranverfahrens

Schmelzflusselektrolyse • großtechnische Verfahren zur Gewinnung von unedlen Metallen aus einer Salzschmelze. Beispiel: Alluminiumgewinnung (▶ 10) durch Elektrolyse einer Schmelze aus Aluminiumoxid und Kryolith. Die eingesetzten Graphitelektroden werden dabei verbrannt.

$2\,Al^{3+} + 3\,O^{2-} + 3\,C \longrightarrow 2\,Al + 3\,CO$

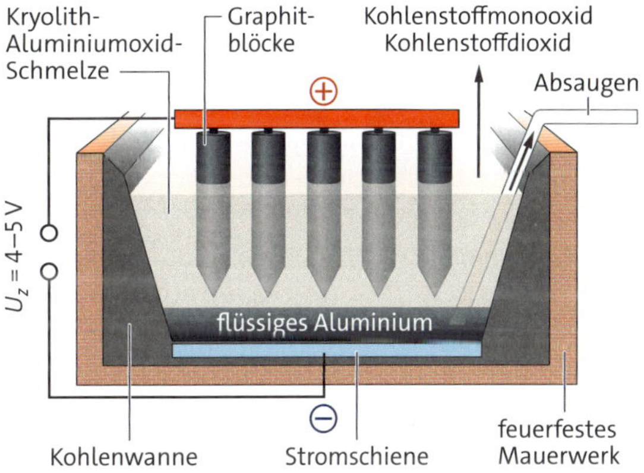

10 Schema Schmelzflusselektrolyse von Aluminium

Korrosion und Korrosionsschutz

Korrosion • elektrochemische Reaktionen, die an metallischen Oberflächen stattfinden. Sie können zur Zerstörung des Gegenstands führen. Die Bildung von Lokalelementen (kurzgeschlossene galvanische Zellen) beschleunigt Korrosionsvorgänge.

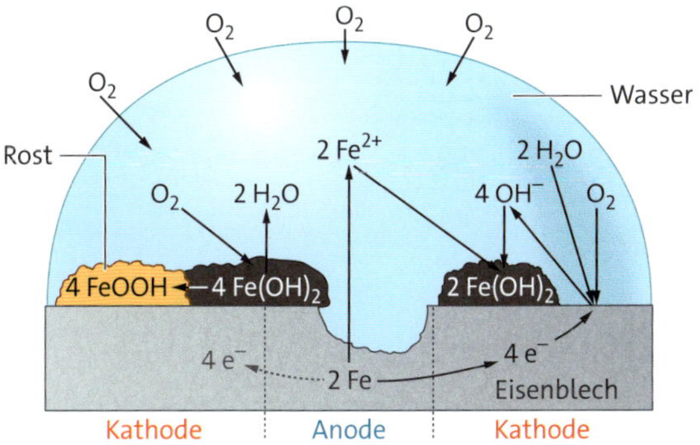

11 Schema der Sauerstoffkorrosion von Eisen

Korrosionsschutz • Maßnahmen zum Schutz von Metallen vor Korrosion, z. B. durch Versiegeln der Oberfläche mit Metallüberzügen, Lacken, Kunststoffen und Ölen sowie durch Verwenden von Opferanoden aus unedlen Metallen.

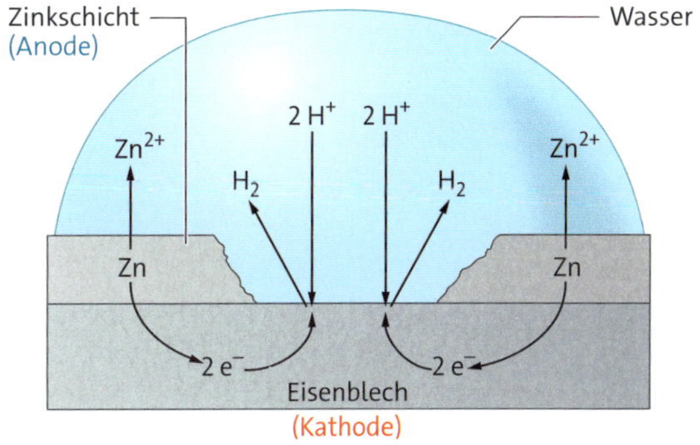

12 Kontaktkorrosion bei verzinktem Eisen

Redoxchemie und Elektrochemie

1 Magnesium verbrennt in einer Kohlenstoffdioxidatmosphäre. Bei der dabei stattfindenden Redoxreaktion entsteht u.a. Ruß (C).

a Formulieren Sie die Reaktionsgleichung, kennzeichnen Sie darin Oxidation und Reduktion sowie die korrespondierenden Redoxpaare.

b Auch Magnesiumoxid reagiert mit Kohlenstoffdioxid, dabei bildet sich Magnesiumcarbonat ($MgCO_3$). Formulieren Sie die Reaktionsgleichung und begründen Sie, ob es sich auch hierbei um eine Redoxreaktion handelt.

2 In den ersten Airbags wurde der Stoff Natriumazid eingesetzt. Bei einem Unfall wurde durch eine Initialzündung sein explosionsartiger Zerfall in Natrium und Stickstoff ausgelöst. Es schlossen sich Folgereaktionen des Natriums an:

$\_\_ \; NaN_3 \longrightarrow \_\_ \; Na + \_\_ \; N_2$

$\_\_ \; Na + \_\_ \; KNO_3 \longrightarrow \_\_ \; K_2O + \_\_ \; Na_2O + \_\_ \; N_2$

$\_\_ \; K_2O + \_\_ \; Na_2O + \_\_ \; SiO_2 \longrightarrow \_\_ \; K_2SiO_3 + \_\_ \; Na_2SiO_3$

a Gleichen Sie die obigen Reaktionsgleichungen aus und geben Sie alle Oxidationszahlen an. Entscheiden Sie jeweils, ob es sich um eine Redoxreaktion handelt.

b Heute wird in Airbags häufiger der Stoff Nitroguanidin ($CH_4N_4O_2$) eingesetzt, der mit Kaliumchlorat ($KClO_3$) explosionsartig zu Stickstoff, Wasser, Kohlenstoffdioxid und Kaliumchlorid reagiert. Entwickeln Sie die Reaktionsgleichung für die Redoxreaktion.

c Vergleichen Sie die Gasvolumina (V_m = 24,5 l·mol^{-1}), die aus je 10 g Natriumazid (M = 65 g·mol^{-1}) und Nitroguanidin (M = 104 g·mol^{-1}) gebildet werden können.

3 50 ml einer mit Schwefelsäure versetzten Lösung von Eisen(II)-sulfat werden mit 8 ml einer Kaliumpermanganatlösung der Konzentration $c(KMnO_4)$ = 0,01 mol·l^{-1} titriert, wobei Mangan(II)-Ionen und Fe(III)-Ionen gebildet werden.

a Stellen Sie die Reaktionsgleichung auf.

b Berechnen Sie die Stoffmengenkonzentration an Eisen(II)-sulfat.

4 Ammoniumnitrat (NH_4NO_3), ein Bestandteil von Dünger, kann beim Erhitzen auf über 170 °C explodieren. Dabei bilden sich Stickstoff, Sauerstoff und Wasser.

a Stellen Sie die Reaktionsgleichung für die Explosion von Ammoniumnitrat auf.

b Erläutern Sie, warum ein Zusatz von Benzin (Octan) die Sprengwirkung deutlich erhöhen kann.

5 **a** Begründen Sie, dass Eisen auf der Erde nur in Erzen gebunden, Gold dagegen auch elementar vorkommt.

b Nennen Sie zwei Beispiele von Eisenerzen und entwickeln Sie einen Vorschlag, wie sich daraus metallisches Eisen gewinnen lässt.

6 Metalle wie Eisen und Zink werden durch verdünnte Salzsäure angegriffen, Kupfer hingegen nicht.

a Erläutern Sie mithilfe von Oxidationszahlen, ob dabei eine Redoxreaktion stattfindet.

b Leiten Sie eine Schlussfolgerung zur oxiderenden Wirkung von Oxonium-Ionen (H_3O^+) ab. Entwickeln Sie hierzu eine mögliche Definition der Begriffe edle und unedle Metalle.

7 Das Abwasser einer Textilreinigung wird durch Manganometrie auf den Gehalt an Wasserstoffperoxid untersucht. 200 ml Abwasser verbrauchen dabei 37,5 ml Kaliumpermanganatlösung mit $c(KMnO_4)$ = 0,1 mol·l^{-1}.

a Beschreiben Sie das Vorgehen der Manganometrie.

b Stellen Sie die Reaktionsgleichung aus den Teilgleichungen für Oxidation und Reduktion auf.

c Berechnen Sie die Masse Wasserstoffperoxid in einem Liter Abwasser.

8 Viele Entfärber enthalten Natriumdithionit ($Na_2S_2O_4$). In wässriger Lösung entsteht beim Entfärben Schwefeldioxid (SO_2) mit einem unangenehmen Geruch.

a Entscheiden und begründen Sie, ob Natriumdithionit beim Entfärbevorgang oxidiert wird.

b Beurteilen Sie, ob der Gehalt eines Entfärbers an Natriumdithionit mithilfe einer Redoxtitration quantitativ bestimmt werden kann.

9 Ein Silberblech taucht in eine Silbernitratlösung, ein Kupferblech in eine Kupfer(II)-nitratlösung. Beide Lösungen sind durch ein Diaphragma getrennt, um eine Vermischung zu vermeiden. Mit einem Spannungsmessgerät wird an den Blechen eine Spannung von etwa 0,4 V gemessen.

a Erläutern Sie die Vorgänge an den Metallblechen, die zur Entstehung der elektrischen Spannung führen.

b Skizzieren Sie den Aufbau der galvanischen Zelle. Ordnen Sie jeweils die Begriffe Donator- und Akzeptorhalbzelle sowie Minus- und Pluspol zu.

c Die Zelle wird mit einer LED-Diode verbunden. Entwickeln Sie die Reaktionsgleichungen für die Vorgänge in den jeweiligen Halbzellen.

10 Vier Metallstäbe werden jeweils in eine wässrige Lösung von Salzen ($c = 0{,}1\,\text{mol} \cdot \text{l}^{-1}$) getaucht. Der unten stehenden Tabelle können Sie entnehmen, ob sich dabei an den Metallstäben ein anderes Metall abgeschieden hat (+) oder nicht (–).

a Ordnen Sie die Metalle begründet nach steigender Reduktionswirkung.

b Skizzieren Sie eine galvanische Zelle, die mit den gegebenen Redoxpaaren eine möglichst hohe Zellspannung liefert.

c Berechnen Sie die zu erwartende Zellspannung aus den tabellierten Standardpotenzialen der Redoxpaare.

Lösung \ Metall	Fe(s)	Au(s)	Cu(s)	Al(s)
$FeSO_4$(aq)	(–)	(–)	(–)	(+)
$AuCl_3$(aq)	(+)	(–)	(+)	(+)
$CuSO_4$(aq)	(+)	(–)	(–)	(+)
$AlCl_3$(aq)	(–)	(–)	(–)	(–)

11 Batterien sind galvanische Zellen zur mobilen Stromerzeugung.

a Schlagen Sie mindestens drei galvanische Zellen vor, deren Zellspannung größer als 1,5 V ist.

b Beschreiben Sie den prinzipiellen Aufbau und die Funktionsweise einer Batterie.

12 In einer Coincell, einer besonders flachen Knopfzelle, sind Lithium, Mangandioxid und ein geeigneter Elektrolyt verarbeitet. Beim Entladen werden Lithium-Ionen in das Gitter von Mangandioxid eingelagert, Mn^{4+}-Ionen dabei zu Mn^{3+}-Ionen reduziert.

a Erläutern Sie die Vorgänge in der Coincell.

b Begründen Sie die Verwendung von Lithium.

c Geben Sie an, welche besondere Anforderung der Elektrolyt erfüllen muss und welche Schlussfolgerungen sich daraus für den Preis der Coincell ergeben.

13 Lasagne ist eine schmackhafte Speise, die sich auch für interessante chemische Entdeckungen eignet. Lasagne mit Tomatensoße wird einige Tage in einer Stahlpfanne mit Alufolie abgedeckt im Kühlschrank gelagert. Bei der Entnahme befinden sich kleine Löcher in der Alufolie.

a Erklären Sie, wie die Löcher in der Alufolie entstanden sind.

b Erläutern Sie, ob bei der Benutzung einer Keramikform oder einer Kunstofffolie eine ähnliche Beobachtung gemacht werden kann.

c Diskutieren Sie, ob die Lasagne noch gegessen werden sollte.

14 Die Begriffspaare Halbzelle und Elektrode, Redoxpotenzial und Elektrodenpotenzial sowie Kathode und Pluspol werden in der Chemie häufig als Synonyme verwendet. Erarbeiten Sie eine tabellarische Übersicht über diese und zwei weitere Synonyme, die in der Elektrochemie verwendet werden. Bewerten Sie die Nutzung der einzelnen synonymen Begriffe kritisch.

15 Zink-Kohle- und Alkali-Mangan-Batterien unterscheiden sich im Wesentlichen durch die Art des verwendeten Elektrolyten. In der Zink-Kohle-Batterie wird mit Ammoniumchlorid ein saurer Elektrolyt verwendet, während in der Alkali-Mangan-Batterie ein zinkhaltiges Kaliumhydroxidgel eingesetzt wird. Zudem besteht der Mantel der Zink-Kohle-Batterie häufig aus Zink.

a Skizzieren Sie den prinzipiellen Aufbau einer Zink-Kohle-Batterie und formulieren Sie die Elektrodenreaktionen.

b Erklären Sie, warum im Betrieb die Stoffmengenkonzentration der Zink-Ionen Zn^{2+} im Elektrolyten ansteigt, und erläutern Sie, welche Folgen dies für die Zellspannung hat.

c Begründen Sie, warum die Zink-Kohle-Batterie nicht auslaufsicher ist.

d Diskutieren Sie, welche der beiden Batterien Sie für umweltverträglicher halten.

16 Berechnen Sie die Zellspannungen in folgenden galvanischen Zellen bei Standardbedingungen:

a Zn/Zn^{2+} // Ni^{2+}/Ni

b Cu/Cu^{2+} // Ag^{+}/Ag

c Erklären Sie, wie sich das elektrische Potenzial ändert, wenn die Stoffmengenkonzentration der Metall-Ionen in den wässrigen Lösungen jeweils nur $0{,}1\,mol \cdot l^{-1}$ beträgt.

17 Das elektrische Potenzial der Bildung von Sauerstoffmolekülen aus Wassermolekülen hängt vom pH-Wert der wässrigen Lösung ab.

a Entwickeln Sie die Nernst-Gleichung für das Redoxpaar und erläutern Sie daran die pH-Abhängigkeit des Potenzials.

b Diskutieren Sie, warum in Tabellen zwei verschiedene Standardpotenziale für das Redoxpaar O_2/H_2O angegeben sind.

18 Die großtechnische Herstellung von Kalilauge (KOH-Lösung) erfolgt aus wässrigen Lösungen von Kaliumchlorid mithilfe der Chloralkali-Elektrolyse.

a Geben Sie alle Produkte an, die bei der Chloralkali-Elektrolyse von Kaliumchlorid gewonnen werden können.

b Erläutern Sie das Membranverfahren anhand der Herstellung von Kalilauge. Entwickeln Sie die Reaktionsgleichungen für die Vorgänge an den Elektroden.

c Berechnen Sie die Tagesproduktion an reinem Kaliumhydroxid einer Elektrolysezelle, die mit einer Stromstärke von $I = 250\,kA$ betrieben wird.

19 In Autos werden Bleiakkumulatoren als Starterbatterien verwendet. Die galvanische Zelle des Bleiakkus hat eine Spannung von 2 V. Eine Starterbatterie liefert 12 V. Dazu sind sechs solcher Zellen in Reihe geschaltet.

a Skizzieren Sie schematisch die galvanische Zelle des Bleiakkumulators.

b Geben Sie die Elektrodenreaktionen an, die beim Entladen bzw. Laden des Bleiakkus stattfinden.

c Eine Starterbatterie kann eine Ladungsmenge (Kapazität) von $Q = 52\,A \cdot h$ bereitstellen. Berechnen Sie die Masse an Blei, die mindestens zum Bau dieses Akkus verwendet werden musste. Berechnen Sie auch den Verbrauch an Schwefelsäure zum vollständigen Entladen.

20 Eine Lithiumbromidlösung wird elektrolysiert.

a Berechnen Sie aus den Redoxpotenzialen die theoretische Zersetzungsspannung.

b Erklären Sie, warum es nicht gelingt, auf diese Weise Lithium herzustellen.

21 Wasserstoff-Sauerstoff-Brennstoffzellen sind wie Batterien galvanische Zellen.

a Skizzieren Sie schematisch den Aufbau einer Wasserstoff-Sauerstoff-Brennstoffzelle und geben Sie die Reaktionen an den jeweiligen Elektroden an.

b Vergleichen Sie die Brennstoffzelle mit einer Zink-Braunstein-Batterie (Alkali-Mangan-Batterie).

c Begründen Sie, warum die Brennstoffzellentechnologie der regenerativen Energie zum Durchbruch verhelfen könnte.

22 Im Handel sind Bleistiftanspitzer aus Metall erhältlich. Sie bestehen aus einem Magnesiumgehäuse, in das eine Stahlklinge eingesetzt ist.

a Erläutern Sie, warum die Stahlklinge durch das Magnesiumgehäuse gegen Korrosion geschützt ist.

b Entwickeln Sie die Reaktionsgleichungen für die ablaufenden chemischen Vorgänge, wenn der Bleistiftanspitzer nass wird. Hinweis: Es bildet sich u. a. schwerlösliches Magnesiumhydroxid $Mg(OH)_2$.

23 Nachbar Schulz weiß, dass Kupfer ein korrosionsbeständiges Metall ist. Er hat deshalb seine neue Regenrinne aus verzinktem Stahlblech mit verkupferten Schrauben befestigt.

a Erläutern Sie, warum Kupfer korrosionsbeständig ist.

b Klären Sie Nachbar Schulz über seinen Irrtum auf. Erläutern Sie dazu die chemischen Vorgänge, die ablaufen, wenn es regnet und die Rinne mit der Befestigung nass wird.

Analoge Fotografie

Auch wenn heutzutage fast überall nur noch digital fotografiert wird, ist die analoge Schwarz-Weiß-Fotografie unter professionellen Fotografen weiterhin beliebt.

Bei einer analogen Kamera wird das Bild auf einem Film erzeugt. Dieser besteht aus einem Kunststoff, auf dem sich eine Gelatineschicht befindet. In der Gelatine sind viele sehr kleine Silberbromid-Kristalle eingelagert. Beim Belichten des Films bilden sich in den Silberbromid-Kristallen durch die Energie des Lichts submikroskopische Silberkeime. So entsteht auf dem belichteten Teil des Films ein nicht sichtbares Abbild des fotografierten Objekts.

Zum Entwickeln des Bilds wird der Film in der Dunkelkammer in eine wässrige Lösung gelegt, die u. a. Hydrochinon-Anionen enthält. Dabei werden die Silberbromid-Kristalle mit einem Silberkeim vollständig zu Silber umgesetzt. Ein sichtbares Negativbild entsteht. Im Anschluss wird dieses in einem sogenannten Fixierbad behandelt, um die verbliebenen unbelichteten Silberbromid-Kristalle aus dem Film herauszuspülen. Um daraus das eigentliche Foto (das Positiv) zu erzeugen, wird mit dem Negativ ein Fotopapier, das genauso aufgebaut ist wie der Film, belichtet und entwickelt.

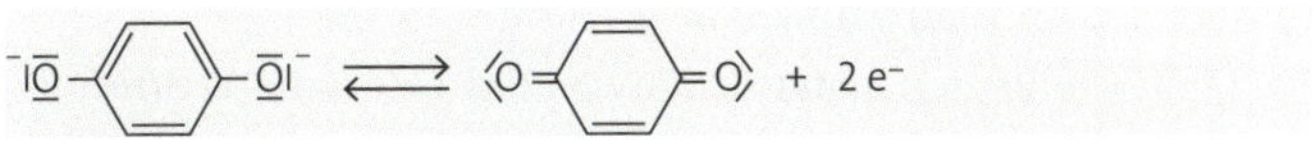

1 Hydrochinon-Anion und 1,4-Benzochinon als korrespondierendes Redoxpaar

2 Negativ- und Positivbild

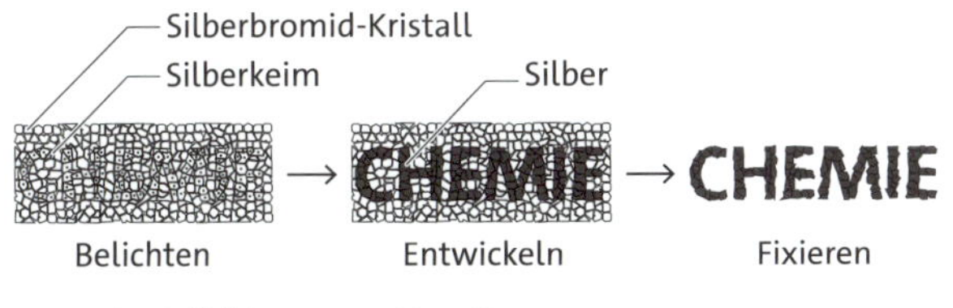

3 Von der Belichtung zum Negativ

1 a Begründen Sie die Notwendigkeit des Entwickelns beim fotografischen Prozess.
b Stellen Sie die dazugehörige Redoxreaktion auf.

2 Begründen Sie, warum Silbernitratlösung in braunen Glasflaschen aufbewahrt werden muss.

3 Schlecht gewässerte ältere Fotos werden oft gelblich. Formulieren Sie eine Hypothese für diese Erscheinung.

Nitrate in Lebensmitteln

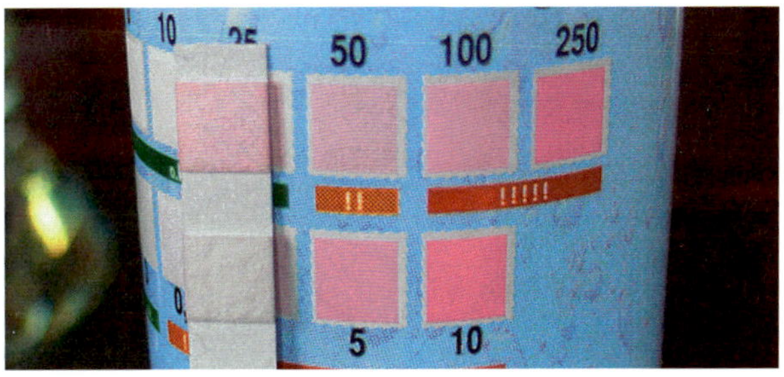

1 Nitratteststreifen mit zwei Testfeldern

Nitrate entstehen durch enzymatische Umwandlung von Ammoniumverbindungen im Boden. Bestimmte Bakterien oxidieren Ammonium-Ionen (NH_4^+) mit Sauerstoff zunächst zu Nitrit-Ionen (NO_2^-), die dann von anderen Bakterien zu Nitrat-Ionen (NO_3^-) umgewandelt werden. Nitrate sind aber auch in Düngemitteln enthalten, die ins Trinkwasser und in Nahrungsmittel gelangen können. Im Organismus werden Nitrate bei der Verdauung zu Nitriten umgewandelt, die zur Bildung von krebserregenden Nitrosaminen beitragen können. Zudem stören sie die Sauerstoffaufnahme im Blut.

Mit Nitratteststreifen lässt sich der Nitratgehalt von Lebensmitteln und Trinkwasser quantitativ bestimmen. Nitrat-Ionen werden mithilfe eines Reduktionsmittels zu Nitrit-Ionen reduziert, die dann in saurer Lösung Salpetrige Säure bilden. Durch Reaktion mit Sulfanilsäure bilden sie einen rotvioletten Farbstoff. Je höher die Konzentration der Nitrat-Ionen ist, desto intensiver wird das Testfeld gefärbt. Die Teststreifen haben noch ein zweites Testfeld, das identisch aufgebaut ist, aber kein Reduktionsmittel enthält (▶ 1).

1 a Zeichnen Sie die Lewis-Formeln des NH_4^+-, NO_2^-- und NO_3^--Ions. Bestimmen Sie die Oxidationszahlen.
b Entwickeln Sie die Redoxgleichungen für die Bildung von NO_2^-- und NO_3^--Ionen aus NH_4^+-Ionen.

2 a Benennen Sie die Verbindung, die mit dem unteren Testfeld nachgewiesen wird.
b Begründen Sie die Notwendigkeit des unteren Testfelds, um den Nitratgehalt einer Lebensmittelprobe sicher zu bestimmen.

Knopfzellen für Hörgeräte

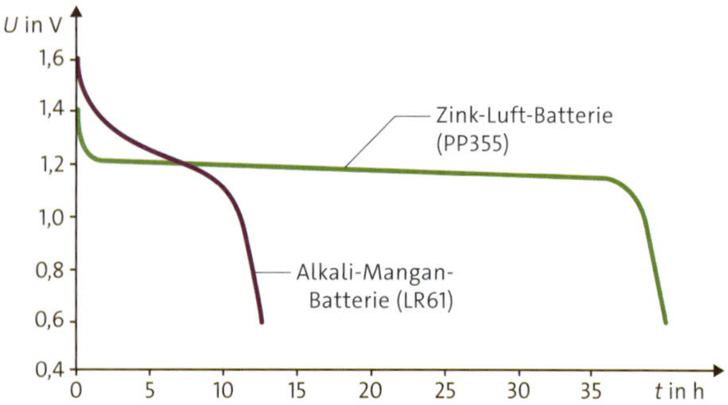

1 Entladekurven verschiedener Batterien

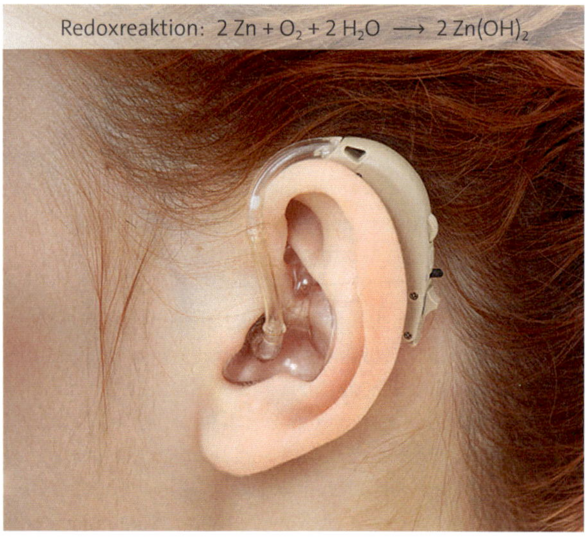

2 Redoxreaktion von Zink-Luft-Batterien in Hörgeräten

Donator ⇄ Akzeptor + z e⁻	E^0 in V	pH
$Zn(s) \rightleftarrows Zn^{2+}(aq) + 2\,e^-$	−0,76	0
$Zn(s) + 4\,OH^-(aq) \rightleftarrows [Zn(OH)_4]^{2-}(aq) + 2\,e^-$	−1,23	14
$2\,H_2O(l) \rightleftarrows O_2(g) + 4\,H^+(aq) + 4\,e^-$	1,23	0
$4\,OH^-(aq) \rightleftarrows O_2(g) + 2\,H_2O(l) + 4\,e^-$	0,40	14

3 Standardpotenziale verschiedener Redoxpaare

Batterie-typ	U in V	Elektronen-übergang (Anzahl)	M in $g \cdot mol^{-1}$		Energie-dichte in $Wh \cdot kg^{-1}$
			Donator	Akzeptor	
Zn/MnO_2	1,5	2 e⁻	65,4	86,9	200–450
Zn/O_2	1,6	4 e⁻	65,4	32,0	650–800
Li/MnO_2	3,2	1 e⁻	6,9	86,9	650–800
Pb/PbO_2	2,0	2 e⁻	207,2	239,2	30–80

4 Batterietypen im Vergleich

Moderne Hörgeräte werden immer kleiner und leistungsfähiger. Daraus ergeben sich zwangsläufig hohe Anforderungen an die zur Stromversorgung eingesetzte Batterie. Zum einen muss sie eine besonders hohe Energiedichte haben, d.h., aus möglichst geringer Masse muss sie möglichst viel elektrische Energie bereitstellen können. Zum anderen fordert die hochentwickelte Hörgerätetechnologie eine sehr hohe Leistung der Batterie. Schließlich soll das Hörgerät auch dann noch optimal arbeiten, wenn die Batterie bereits längere Zeit in Betrieb ist. Das bedeutet, die Spannung der Batterie muss auch bei relativ hohen Strömen bis zum Ende der Entladung nahezu konstant bleiben (▶1).

Früher wurden oft Quecksilberoxid-Zink-Batterien in Hörgeräte eingesetzt, die aber heute wegen der Toxizität des Quecksilbers nicht mehr zulässig sind. Deshalb werden moderne Hörgeräte mit Zink-Luft-Batterien betrieben (▶2). Am Minuspol der Zelle werden Zinkatome oxidiert, während am Pluspol aus Aktivkohle Sauerstoffmoleküle aus der Luft zu Hydroxid-Ionen reduziert werden. In alkalischer Lösung bilden Zink-Ionen mit Hydroxid-Ionen sehr stabile $[Zn(OH)_4]^{2-}$-Ionen, die im weiteren Verlauf zu festem Zinkhydroxid $Zn(OH)_2$ reagieren. Daher beträgt die Konzentration der freien Zink-Ionen nur ca. $10^{-16}\,mol \cdot l^{-1}$, sodass sich ein Redoxpotenzial der Zinkelektrode von $E(Zn/Zn^{2+}) = -1{,}23\,V$ ergibt. Das Redoxpotenzial am Pluspol beträgt $E(OH^-/O_2) = 0{,}40\,V$.
Bei längerem Betrieb bildet sich in der Zink-Luft-Batterie durch die ständige Luftzufuhr Kaliumcarbonat, wodurch die Leistungsfähigkeit der Batterie reduziert wird.

1 **a** Skizzieren Sie den prinzipiellen Aufbau einer Zink-Luft-Batterie und beschriften Sie die einzelnen Bestandteile der galvanischen Zelle.
b Formulieren Sie die Elektrodenreaktionen der Zink-Luft-Batterie. Ordnen Sie den Teilreaktionen die Begriffe Pluspol, Minuspol, Anode, Kathode, Donator- bzw. Akzeptorhalbzelle zu.
c Berechnen Sie die theoretisch maximale Zellspannung mithilfe der gegebenen Redoxpotenziale.
d Erklären Sie die Bildung von Kaliumcarbonat im Langzeitbetrieb der Zink-Luft-Batterie.

2 **a** Vergleichen Sie die Energiedichten der Batterietypen in ▶4 und diskutieren Sie, von welchen Faktoren diese abhängen.
b Bewerten Sie die Leistungsfähigkeit der Zink-Luft-Batterie im Vergleich zu den anderen Batterien. Leiten Sie eine Schlussfolgerung ab.
c Begründen Sie, warum Zink-Luft-Batterien gemeinhin als umweltfreundlich gelten.

Entfernung von Iodflecken

Das Element Iod kommt auf der Erde normalerweise nicht elementar vor, sondern ist als Iodid (I^-) oder Iodat (IO_3^-) in verschiedenen Salzen gebunden, von denen sich unter anderem im Meer große Vorkommen finden. Um elementares Iod zu gewinnen, können die entsprechenden Iodidsalze mit elementarem Brom oder Chlor umgesetzt werden. Die Standardpotenziale $E^0(Br^-/Br_2)$ und $E^0(Cl^-/Cl_2)$ sind größer als $E^0(I^-/I_2)$.

Eine mögliche Verwendung von Iod ist sein Einsatz in Tinkturen oder in Desinfektionsmitteln, denen es wegen seiner antibakteriellen Wirkung zugesetzt wird. Iod ist allerdings schlecht wasserlöslich, sodass sich Iodflecken nur schwer mit reinem Wasser aus Kleidungsstücken entfernen lassen. Setzt man dem Wasser hingegen Ascorbinsäure (Vitamin C) zu, gelingt die Entfernung des Flecks nach einer gewissen Einwirkzeit.

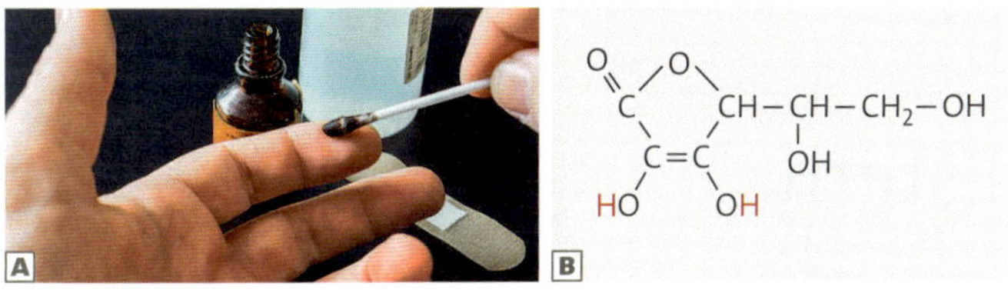

1 A Iodtinktur, **B** Strukturformel von Ascorbinsäure (Vitamin C)

$E^0(I_2/I^-)$ = 0,54 V bei pH 0 bis 14
$E^0(I_2/IO^-)$ = 1,44 V bei pH = 0
$E^0(I_2/IO^-)$ = 0,42 V bei pH = 14

2 pH-abhängige Standardpotenziale

1 Entwickeln Sie unter Zuhilfenahme von Oxidationszahlen die Reaktionsgleichung zur Gewinnung von Iod aus Natriumiodid und Chlor.

2 a Begründen Sie die schlechte Wasserlöslichkeit von elementarem Iod unter Berücksichtigung der zwischenmolekularen Wechselwirkungen.

b Das Ascorbinsäure-Molekül (H_2Asc) kann in Wasser unter Abgabe von zwei Protonen und zwei Elektronen zu einem Dehydroxyascorbinsäure-Molekül (Asc_{ox}) oxidiert werden. Erläutern Sie anhand von Reaktionsgleichungen, warum sich ein Iodfleck nach Zugabe von Ascorbinsäure in der nun sauren Lösung aus weißer Kleidung entfernen lässt.
Stellen Sie mithilfe von Oxidationszahlen die Reaktionsgleichung für den Zerfall von Iod-Molekülen (I_2) in Iodid-Ionen (I^-) und Hypoiodid-Ionen (IO^-) auf, die in alkalischer Lösung abläuft. Benennen Sie den Reaktionstyp.

c Erläutern Sie anhand der Standardpotenziale von I_2/I^- und IO^-/I_2, warum der Zerfall von Iod-Molekülen zu Iodid-Ionen und Hypoiodid-Ionen nur in alkalischer Lösung freiwillig abläuft.

Münzmetalle

Die Metalle Nickel, Cobalt und Kupfer werden häufig zur Herstellung von Schmuck, Werkzeugen oder Münzen verwendet. So besteht unter anderem der silberfarbene Rand einer Zwei-Euro-Münze aus einer Legierung von Kupfer und Nickel.

1 Verschiedene Metalle in der Zwei-Euro-Münze

Alle drei Metalle können in wässrigen Lösungen zweiwertige Kationen bilden, die den Lösungen charakteristische Farben verleihen. So sind Lösungen von Cu^{2+}-Ionen blau, während die Lösungen von Ni^{2+}-Ionen grün und die von Co^{2+}-Ionen rosa sind.

Metallblech / Salzlösung	Nickel	Cobalt	Kupfer
Ni^{2+}-Ionen	/		
Co^{2+}-Ionen		/	
Cu^{2+}-Ionen			/

2 Kombination von Metallen mit Metallsalzlösungen

1 In einem Experiment werden die drei Metalle Nickel, Cobalt und Kupfer jeweils mit den Salzlösungen der anderen beiden Metalle in Berührung gebracht (▸2). Die Standardpotenziale der Redoxpaare Ni/Ni2+, Co/Co^{2+} und Cu/Cu^{2+} sind bekannt 8.

a Nennen Sie die Beobachtungen, die Sie für die einzelnen Kombinationen erwarten.

b Erläutern Sie, welches der drei Metalle das edelste und welches das unedelste ist.

c Erläutern Sie die von Ihnen genannten Beobachtungen, indem Sie die Redoxgleichungen für die ablaufenden Reaktionen notieren.

2 Aus den Metallen Cobalt und Nickel und ihren jeweiligen Salzlösungen soll eine galvanische Zelle gebaut werden.

a Skizzieren Sie den Versuchsaufbau und markieren Sie die Anode und die Kathode.

b Erläutern Sie die Vorgänge, die in den Elektroden sowie in den Elektrolyten ablaufen. Benennen Sie dabei auch die Teilchen, die jeweils reagieren.

c Notieren Sie die Teilgleichungen für Oxidation und Reduktion sowie die Gesamtgleichung. Ordnen Sie den Teilgleichungen die Begriffe Anode und Kathode zu.

d Berechnen Sie die zu erwartende Zellspannung unter der Annahme, dass die Salzlösungen in gleichen Konzentrationen vorliegen.

e Durch eine entsprechende Verdünnung eines der Elektrolyte kann man die Polung der Nickel-Cobalt-Zelle umkehren. Erläutern Sie qualitativ, welche der beiden Salzlösungen man dazu verdünnen muss.

5

Organische Verbindungen

5.1 Kohlenwasserstoffe

5.2 Von den Alkoholen zu den Estern

5.3 Aromatische Kohlenwasserstoffe

Einstufungstest

Karteikarten

Ich kann:

5.1
- organische Verbindungen nach der IUPAC-Nomenklatur benennen und aus dem systemischen Namen die Struktur- oder Halbstrukturformel des Moleküls entwickeln ○
- die räumliche Struktur eines Moleküls begründet einer Isomerieart zuordnen ○
- Stoffeigenschaften anhand ihrer Kenntnisse über zwischenmolekulare Wechselwirkungen erklären ○
- Den Reaktionsmechanismus der radikalischen Substitution und der elektrophilen Addition erläutern ○

5.2
- die Stoffklasse der organischen Sauerstoffverbindungen (Alkohole bis Ester) anhand ihrer Molekülstruktur und funktionellen Gruppe unterscheiden ○
- Stoffeigenschaften und Reaktionsverhalten der organischen Sauerstoffverbindungen mit dem Einfluss der jeweiligen funktionellen Gruppe und der Einfluss der zwischenmolekularen Wechselwirkungen erklären für: ○
- Alkohole und Ether ○
- Aldehyde und Ketone ○
- Carbonsäuren und Ester ○
- den Reaktionsmechanismus der nucleophilen Substitution erläutern ○
- die schrittweise Oxidation der Alkohole als mehrstufigen Prozess beschreiben und Oxidationszahlen bestimmen ○
- den Reaktionsmechanismus der nucleophilen Substitution erläutern ○

5.3

Achtung! Dieses Thema wird nicht in jedem Bundesland bzw. in jedem Kurs behandelt.

- die Besonderheiten des aromatischen Bindungszustands erklären ◯
- Mesomerie von Molekülen erklären und entsprechende Grenzstrukturformeln formulieren ◯
- die Elektrophile Substitution als typische Reaktion aromatischer Verbindungen beschreiben ◯
- die Wirkung mesomerer und induktiver Effekte beschreiben ◯
- die dirigierende Wirkung von Substituenten bei der Zweitsubstitution deuten ◯

Die Citronensäure verleiht vielen Zitrusfrüchten ihren charakteristischen Geschmack. Geruch und Geschmack werden u. a. von Carbonsäuren und Estern hervorgerufen. Diese Verbindungen gehören zu den organischen Sauerstoffverbindungen. Nicht nur, dass wir ihnen täglich begegnen – einige von ihnen spielen auch in unserem Körper eine lebenswichtige Rolle.

5.1 Kohlenwasserstoffe

Kettenförmige Kohlenwasserstoffe

Organische Verbindungen, deren kettenförmige Moleküle nur aus den Elementen Kohlenstoff (C) und Wasserstoff (H) bestehen.

Alkane sind unpolare Verbindungen. Mit zunehmender Kettenlänge ihrer Moleküle steigen die Schmelz- und Siedetemperaturen und ihre Viskosität aufgrund stärker werdender Van-der-Waals-Kräfte.

Alkene sind ungesättigte Kohlenwasserstoffe mit mindestens einer C=C Doppelbindung im Molekül.

Alkine sind ungesättigte Kohlenwasserstoffe mit mindestens einer C≡C Dreifachbindung im Molekül.

	Alkane	Alkene	Alkine
Allgemeine Molekülformel	C_nH_{2n+2}	C_nH_{2n}	C_nH_{2n-2}
Beispiel	Ethan CH_3-CH_3	Ethen CH_2=CH_2	Ethin CH≡CH
C-C-Bindung	Einfachbindung	Doppelbindung	Dreifachbindung
Hybridisierung des C-Atoms	sp^3-hybridisiert	sp^2-hybridisiert	sp-hybridisiert

1 Überblick über kettenförmige Kohlenwasserstoffe

Isomere

Isomere sind Verbindungen mit gleicher Molekülformel, aber unterschiedlicher Strukturformel. Man unterscheidet verschiedene Isomeriearten.

Konstitutionsisomere	Stereoisomere	
	Konformationsisomere	cis-trans-Isomere
Moleküle, deren Atome in unterschiedlicher Reihenfolge verbunden sind	Unterschiedliche räumliche Lage von Atomen bzw. Atomgruppen durch Rotation um Einfachbindung	Unterschiedliche räumliche Lage von Atomen bzw. Atomgruppen an Doppelbindungen
$CH_3-CH_2-CH_2-CH_3$ n-Butan 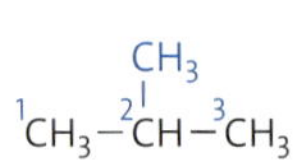 2-Methylpropan	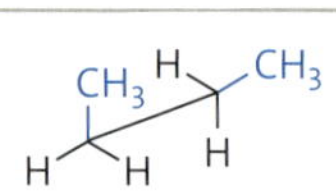 Konformationsisomere des Butans 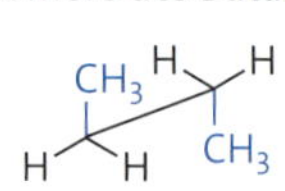	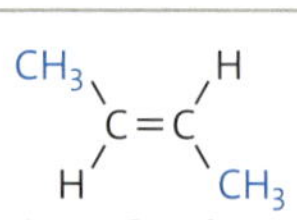 trans-But-2-en 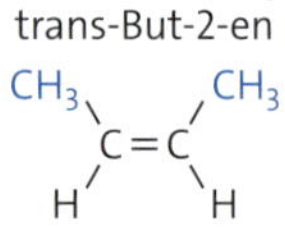 cis-But-2-en

2 Überblick über Isomeriearten

Radikalische Substitution

Bei einer Substitution wird ein Atom oder eine Atomgruppe in einem Molekül durch andere Atome oder Atomgruppen ersetzt. Die radikalische Substitution läuft als Kettenreaktion in drei Schritten ab (▶3).

1. Kettenstart durch Radikalbildung • Zuerst werden Brommoleküle unter der Einwirkung von UV-Licht homolytisch gespalten. Dabei entstehen Bromatome mit ungepaarten Elektronen, die Radikale.

2. Kettenfortpflanzung • Die Bromradikale greifen die Methanmoleküle unter Abspaltung eines Wasserstoffatoms und unter Bildung eines Bromwasserstoffmoleküls an, weil das Bromradikal bestrebt ist, sein Elektronenoktett zu ergänzen. Das dabei entstehende Methylradikal reagiert mit einem weiteren Brommolekül zu einem Brommethanmolekül und einem Bromradikal, das erneut in die Reaktionskette eintritt. Es wird pro Methanmolekül ein Wasserstoffatom durch ein Bromatom ersetzt. Diese Reaktionsfolge kann sich bis zu 10 000-mal wiederholen, ohne dass ein weiteres Brommolekül durch Licht gespalten werden muss.

3. Kettenabbruch • Die Kettenfortpflanzung wird durch Rekombination (Vereinigung) der die Kettenfortpflanzung bewirkenden Radikale beendet. Die Gesamtreaktion läuft nur so lange ab, wie durch UV-Licht neue Radikale gebildet werden.

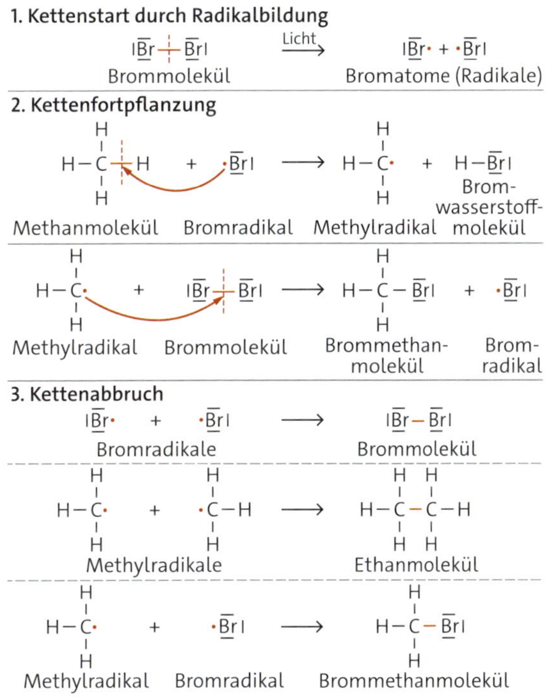

3 Reaktionsmechanismus der radikalischen Substitution

Halogenalkane leiten sich von den Alkanen ab. Es sind gesättigte organische Verbindungen, in deren Molekülen ein oder mehrere Wasserstoffatome durch Halogenatome ersetzt sind.

Beispiel: Chloroform ($CHCl_3$), Methylbromid (CH_3Br)

Elektrophile Addition

Bei der Addition werden an die Moleküle des ungesättigten Ausgangsstoffs Atome oder Atomgruppen an eine Doppelbindung angelagert. Als Reaktionsprodukt entsteht eine gesättigte Verbindung.

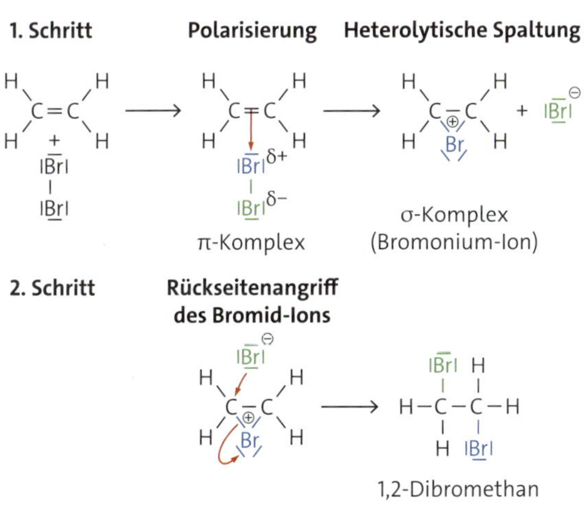

4 Mechanismus der elektrophilen Addition

Induktive Effekte sind elektronische Effekte, den ein Substituent aufgrund seiner Elektronegativität auf die Elektronenverteilung im Molekül ausübt.

+ I-Effekt: wird durch Substituenten verursacht, die die Elektronendichte an benachbarten Atomen oder Atomgruppen erhöhen.

– I-Effekt: wird durch Substituenten verursacht, die die Elektronendichte an benachbarten Atomen oder Atomgruppen verringern.

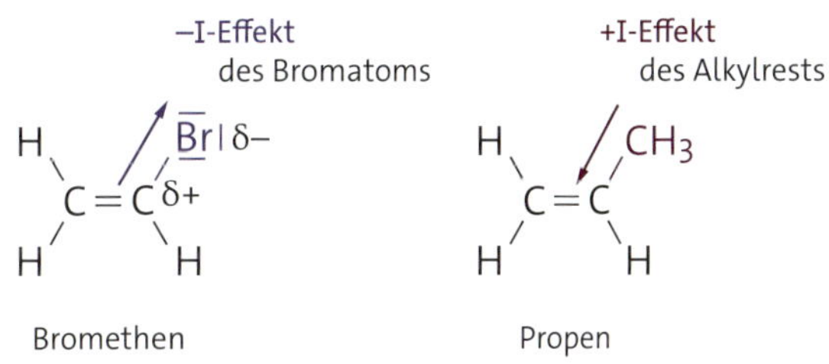

5 Induktiver Effekt am Beispiel

Reaktionstypen und reaktive Teilchen

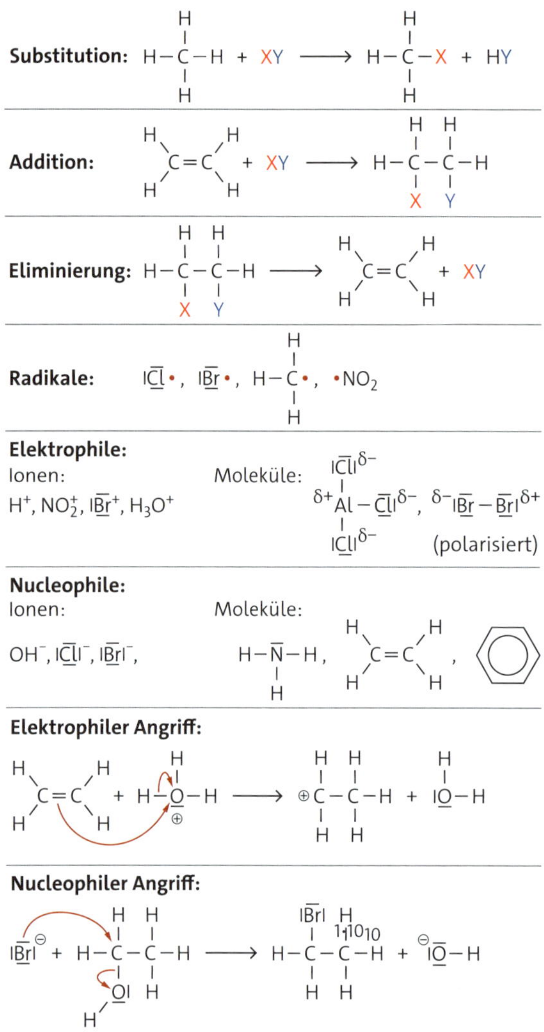

6 Übersicht über Reaktionstypen und reaktive Teilchen

Reaktionstyp	Vorgang
Halogenierung	Substitution von – H durch – X (X = Halogenatom)
Alkylierung	Substitution von – H durch – R (R = Alkylgruppe)
Dehydratisierung	Eliminierung von H_2O
Dehydrierung	Eliminierung von H_2
Decarboxylierung	Eliminierung von CO_2
Dehalogenierung	Eliminierung von HX

7 Spezielle Reaktionstypen

Reaktionstypen • In der organischen Chemie werden Reaktionen häufig anhand der Veränderungen der reagierenden Teilchen eingeteilt. Auf diese Weise lassen sich drei wesentliche Reaktionstypen beschreiben.

- **Substitutionen**: Sie sind für gesättigte Verbindungen wie die Alkane typisch. Hierbei wird ein Atom oder eine Atomgruppe im Molekül des Ausgangsstoffs durch ein anderes Atom oder eine andere Atomgruppe ersetzt (substituiert).
- **Additionen:** Sie sind für ungesättigte Verbindungen wie die Alkene charakteristisch. Dabei werden Atome oder Atomgruppen an Moleküle mit mindestens einer Doppelbindung angelagert.
- **Eliminierung**: Sie führen durch Abspaltung von Atomen oder Atomgruppen zur Ausbildung von Mehrfachbindungen. So kann aus einem gesättigten Molekül ein ungesättigtes gebildet werden. Die Eliminierung ist die Umkehrreaktion der Addition.

Reaktive Teilchen • Bei der Beschreibung von Reaktionen wird zwischen angreifenden und angegriffenen Teilchen unterschieden. Die meist kleineren angreifenden Teilchen tragen spezifische Namen und besitzen charakteristische Strukturmerkmale:

- **Radikale** sind Teilchen mit ungepaarten Elektronen. Sie werden gebildet, wenn Elektronenpaarbindungen symmetrisch gespalten werden (homolytische Spaltung).
- **Elektrophile** Teilchen sind Ionen oder Moleküle mit Elektronenmangel bzw. Elektronenlücken (Elektronenakzeptoren). Sie greifen den Reaktionspartner an Stellen hoher Elektronendichte, also im Bereich negativer Ladung oder Partialladung an.
- **Nucleophile** Teilchen sind negativ geladene Ionen oder Moleküle mit Elektronenüberschuss, z. B. freie Elektronenpaare (Elektronendonatoren). Sie greifen den Reaktionspartner an Stellen niedriger Elektronendichte, also im Bereich positiver Ladung oder Partialladung an.

Reaktionsmechanismus • Während der Reaktionstyp nur die Unterschiede in den Molekülen der Ausgangsstoffe und der Reaktionsprodukte beschreibt, vermittelt der Reaktionsmechanismus detaillierte Vorstellungen über die Veränderungen der Teilchen im Verlauf der Reaktion. Chemische Reaktionen laufen meist in mehreren Teilschritten ab.

5.2 Von den Alkoholen zu den Estern

Übersicht wichtiger funktioneller Gruppen

Alkohol	Ether	Aldehyd	Keton	Carbonsäure	Carbonsäureester
Hydroxygruppe	Ethergruppe	Aldehydgruppe	Ketogruppe	Carboxygruppe	Estergruppe
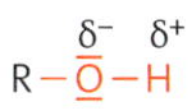		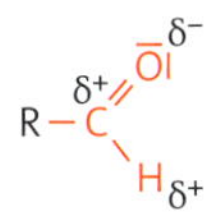	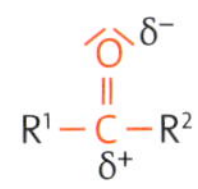	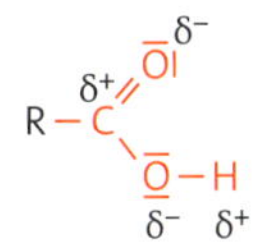	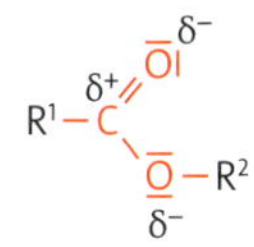

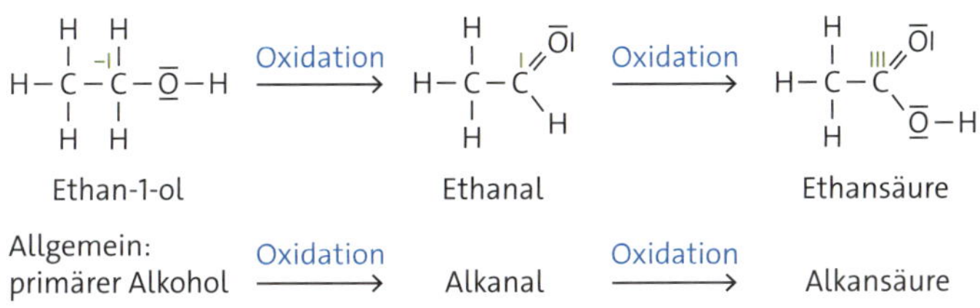

Alkohole (Alkanole)

Die funktionelle Gruppe der Alkohole ist die Hydroxygruppe (OH-Gruppe). Alkohole, die sich von den Alkanen ableiten lassen und nur eine Hydroxygruppe besitzen, werden als Alkanole bezeichnet.
Alkohole werden gebildet durch alkoholische Gärung oder nucleophile Substitution (S_N) von Halogenalkanen.

Eigenschaften: Die Siedetemperaturen der Alkanole liegen höher als die vergleichbarer Alkane, was auf die Ausbildung von Wasserstoffbrücken zwischen den OH-Gruppen zurückzuführen ist. Außerdem beeinflusst die OH-Gruppe die Viskosität und das Löslichkeitsverhalten der Alkanole.

primärer Alkohol	sekundärer Alkohol	tertiärer Alkohol	mehrwertiger Alkohol, z. B. Diol
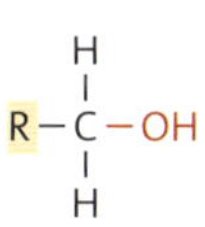	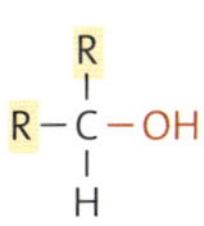	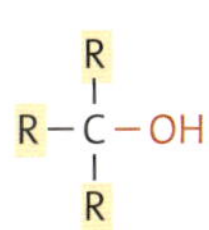	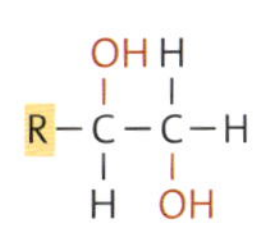

1 Einteilung der Alkohole Reaktionstypen

Ether

Ethermoleküle bestehen aus zwei Alkylgruppen, die über ein Sauerstoffatom miteinander verbunden sind. Die funktionelle Gruppe der Ether ist die Ethergruppe.

Symmetrische Ether	Unsymmetrische Ether

Ether sind Funktionsisomere der Alkohole. Zwei Alkoholmoleküle reagieren unter Abspaltung eines Wassermoleküls in einer Kondensationsreaktion zu einem Ethermolekül.

$$CH_3\text{-}OH + HO\text{-}CH_3 \rightarrow CH_3\text{-}O\text{-}CH_3 + H_2O$$

Eigenschaften: Die Siedetemperaturen der Ether liegen unter denen von isomeren Alkoholen, da ihre Moleküle untereinander keine Wasserstoffbrücken ausbilden können. Ihre Löslichkeit in Wasser beruht dagegen auf der Ausbildung von Wasserstoffbrücken zwischen dem partiell negativ geladenen Sauerstoffatom der Ethergruppe zu Wassermolekülen.

Aldehyde (Alkanale)

Die funktionelle Gruppe der Aldehyde ist die Aldehydgruppe (CHO-Gruppe). Aldehyde werden durch die partielle (unvollständige) Oxidation *primärer* Alkohole gebildet.

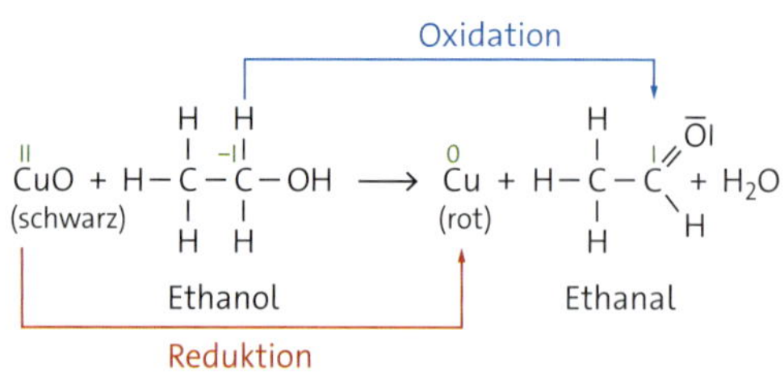

2 Oxidation von Ethanol

Auf der Oxidierbarkeit der Aldehyde beruhen die Nachweise durch **Fehling-Reagenz** oder **Tollens-Reagenz** (Silberspiegelprobe). Beide Nachweise verlaufen auch bei reduzierenden Zuckern positiv (Details zur Fehling-Probe und zum Tollens-Reagenz ► S. 111–112).

Eigenschaften: Zwischen den Molekülen der Alkanale wirken Dipol-Dipol-Kräfte, aber keine Wasserstoffbrücken. Deshalb liegen die Siedetemperaturen der Alkanale über denen vergleichbarer Alkane, aber unter denen der Alkanole.

Ketone (Alkanone)

Die funktionelle Gruppe der Ketone ist die Ketogruppe (C=O-Gruppe). Ketone werden durch die (unvollständige) Oxidation *sekundärer* Alkohole gebildet.

Im Unterschied zu Aldehyden besitzen Ketone keine reduzierende Wirkung, sie können selbst nicht oxidiert werden.

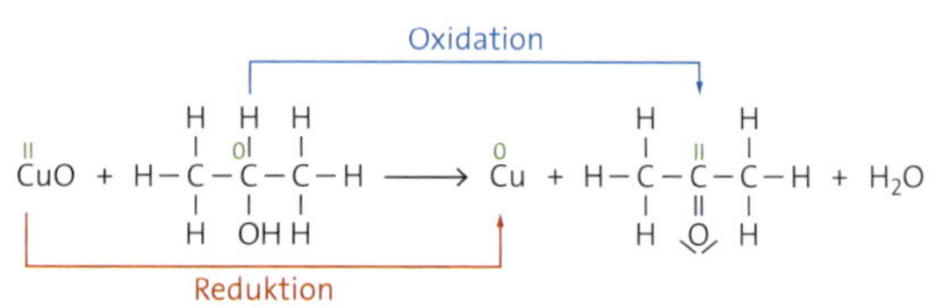

3 Oxidation von Propan-2-ol zu Propanon, einem Keton

Carbonsäuren (Alkansäuren)

Die funktionelle Gruppe der Carbonsäuren ist die Carboxygruppe (COOH-Gruppe). Carbonsäuren, die sich von Alkanen ableiten lassen und nur eine Carboxygruppe im Molekül besitzen, werden als Alkansäuren bezeichnet. Einteilung der Carbonsäuren:

Hydroxycarbonsäure	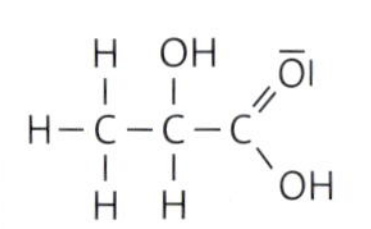 Milchsäure (2-Hydroxypropansäure)
Dicarbonsäure	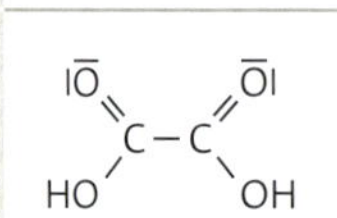 Oxalsäure (Ethandisäure)
Aminosäure	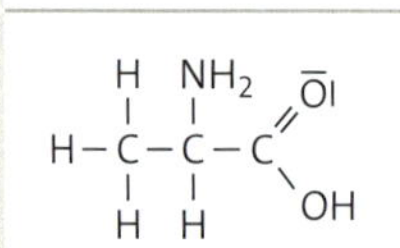 Alanin (2-Aminopropansäure)

Durch partielle (unvollständige) Oxidation von Alkoholen oder Aldehyden werden Carbonsäuren gebildet. Beispiel:

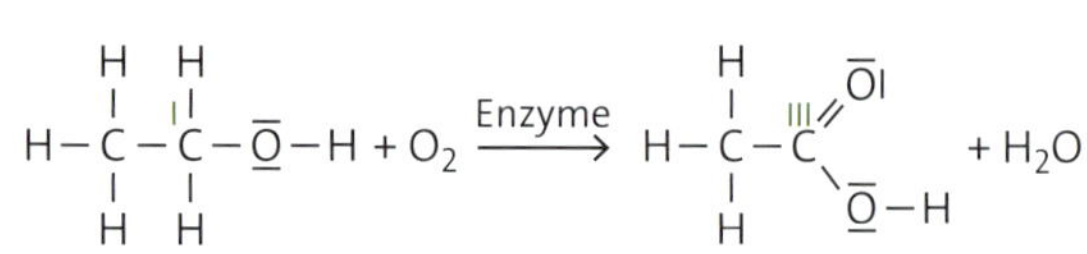

Ethanol — Ethansäure (Essigsäure)

Eigenschaften: Die Carboxygruppe bestimmt durch ihren stark polaren Charakter die Eigenschaften der Carbonsäuren. Ihre Moleküle bilden untereinander Wasserstoffbrücken aus. Dadurch entstehen stabile Doppelmoleküle. Die Siedetemperaturen liegen höher als die vergleichbarer Alkohole.

Acidität: In Wasser protolysieren Carbonsäuren in Carboxylat-Ionen und Oxonium-Ionen. Carbonsäuren reagieren sauer, weil das positiv polarisierte Wasserstoffatom der Carboxygruppe leicht abgespalten werden kann und das gebildete Carboxylat-Ion mesomeriestabilisiert ist.

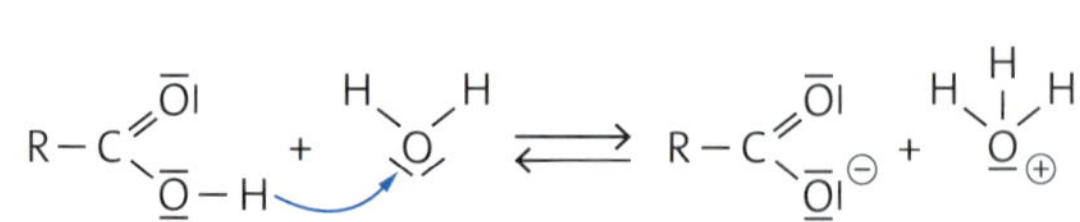

Carbonsäuremolekül — Wassermolekül — Carboxylat-Ion — Oxonium-Ion

Carbonsäureester

Carbonsäuren reagieren mit Alkoholen unter Abspaltung von Wasser zu Carbonsäureestern. Es handelt sich also um eine Kondensation. Dieser Vorgang wird Esterbildung oder **Veresterung** genannt. Die Esterbildung ist eine Gleichgewichtsreaktion, alle Schritte sind reversibel.

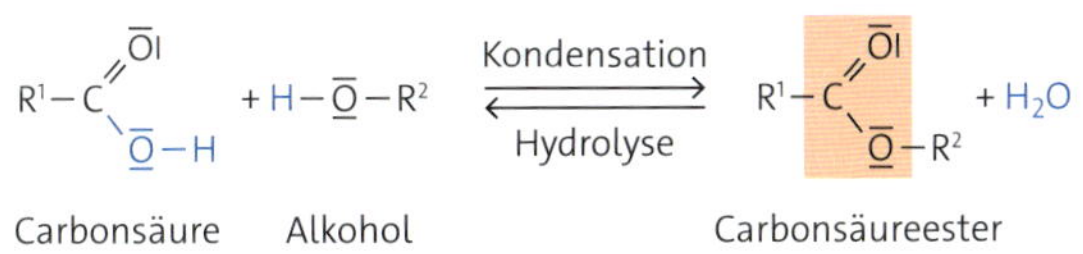

4 Esterbildung (Veresterung)

Bei der Rückreaktion, der Esterspaltung, findet eine Hydrolyse statt. Die alkalische Esterhydrolyse ist eine irreversible Reaktion. Bei der Spaltung von Fetten entstehen die Natrium- bzw. Kaliumsalze der Fettsäuren, die Seifen Deshalb wird die alkalische Esterhydrolyse auch **Verseifung** genannt.

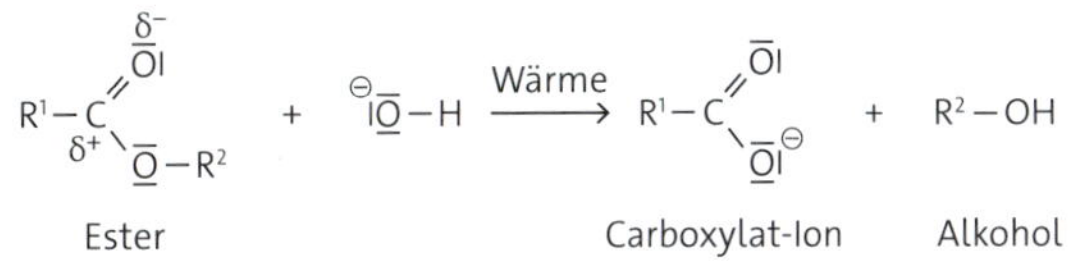

5 Alkalische Hydrolyse (Esterspaltung) – Verseifung

Nucleophile Substitution

Alkohole können durch nucleophile Substitution von Halogenalkanen mit Hydroxid-Ionen gebildet werden.

$$R–X + OH^- \longrightarrow R–OH + X^-$$

Man unterscheidet zwischen einer monomolekularen nucleophilen Substitution (S_N1) und einer bimolekularen nucleophilen Substitution (S_N2).

Bei einer monomolekularen nucleophilen Substitution (S_N1) erfolgen Abspaltung der Abgangsgruppe und die Anlagerung des Nucleophils nacheinander in zwei Schritten.

Bei einer bimolekularen nucleophilen Substitution (S_N2) erfolgen Abspaltung der Abgangsgruppe und die Anlagerung des Nucleophils gleichzeitig in einem Schritt.

1. Schritt (geschwindigkeitsbestimmend)

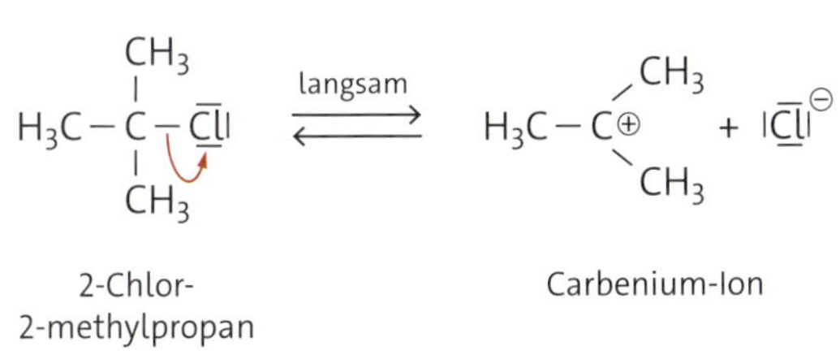

2. Schritt

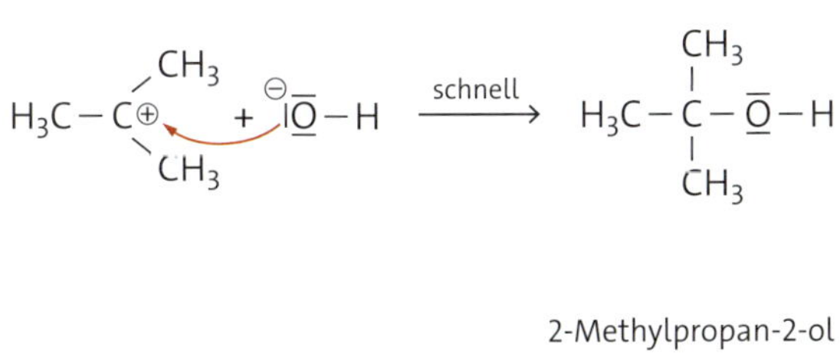

6 Mechanismus einer S_N1-Reaktion

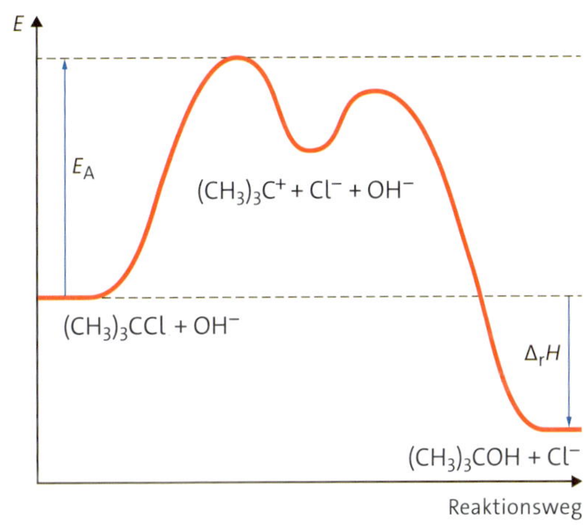

7 Energiediagramm einer S_N1-Reaktion

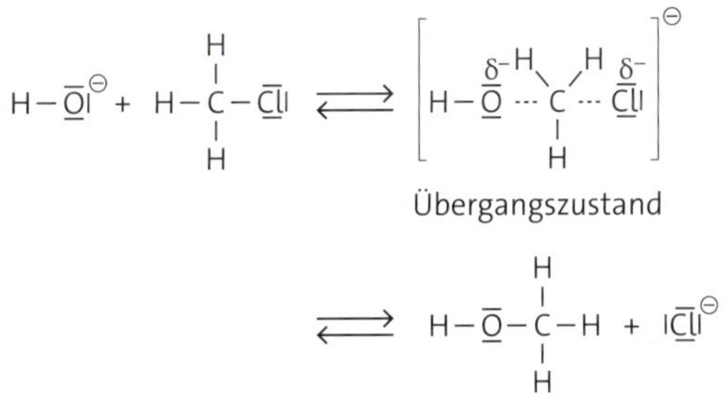

8 Mechanismus einer S_N2-Reaktion

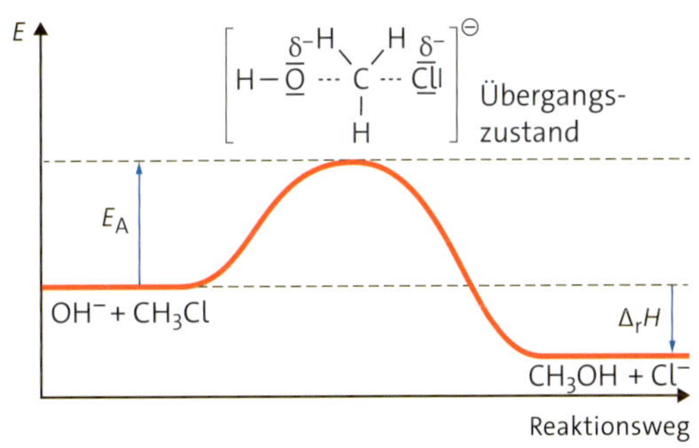

9 Energiediagramm einer S_N2-Reaktion

5.3 Aromatische Kohlenwasserstoffe

Aromatischer Bindungszustand

Merkmal eines Moleküls mit aromatischem Bindungszustand ist ein ringförmiges, ebenes, delokalisiertes π-Elektronensystem mit (4 n + 2) π-Elektronen (Hückel-Regel, n = 0, 1, 2, 3,...).
Ein **mesomeres System** ist ein System delokalisierter π-Elektronen, dessen Struktur nicht durch eine einzige Strukturformel, sondern durch Grenzformeln wiedergegeben wird. Die tatsächliche Elektronenverteilung im Molekül bzw. im Ion liegt zwischen den von den Grenzformeln angegebenen Elektronenverteilungen.
Zwischen solchen Grenzformeln wird der Mesomeriepfeil ⟷ gesetzt. Mesomere Systeme sind energieärmer und stabiler als die entsprechenden hypothetischen Grenzformeln.
Das **Benzolmolekül** ist ein ringförmiges Kohlenwasserstoffmolekül mit der Summenformel C_6H_6. Aufgrund des delokalisierten Elektronensystems ist das Benzolmolekül mesomeriestabilisiert.

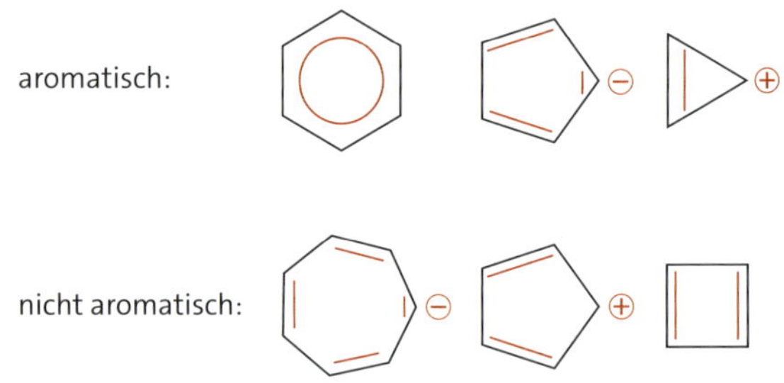

1 Beispiele für aromatische und nichtaromatische Moleküle

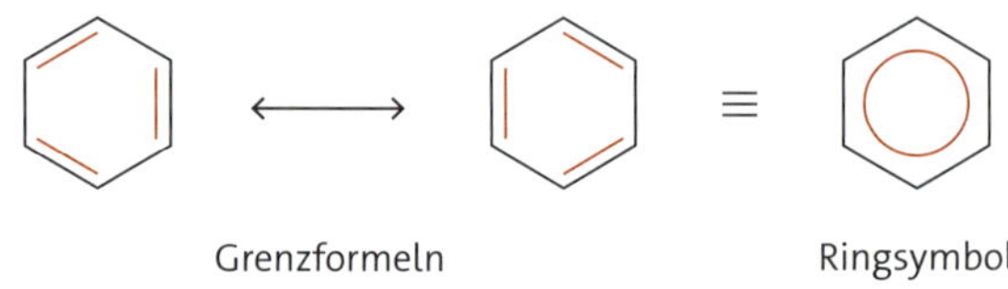

2 Mesomere Grenzformeln des Benzolmoleküls und Ringsymbol

Verwandte des Benzols

Phenol • Phenolmoleküle reagieren, im Unterschied zu Alkanolmolekülen, als Säuren. Phenolmoleküle können an Wassermoleküle Protonen abgeben, wodurch H_3O^+-Ionen und Phenolat-Ionen gebildet werden.

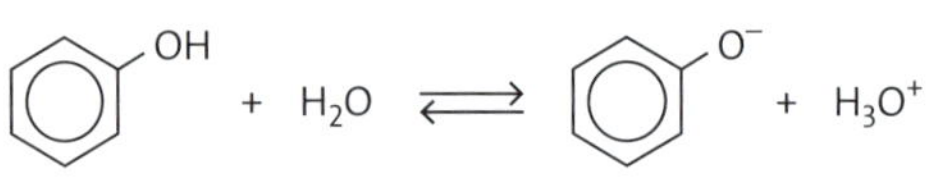

Ursache für die saure Reaktion des Phenolmoleküls ist die Wechselwirkung der Hydroxygruppe mit dem π-Elektronensystem des aromatischen Rings. Dadurch wird die Bindung in der Hydroxygruppe stärker polarisiert und das Proton kann leichter abgegeben werden.

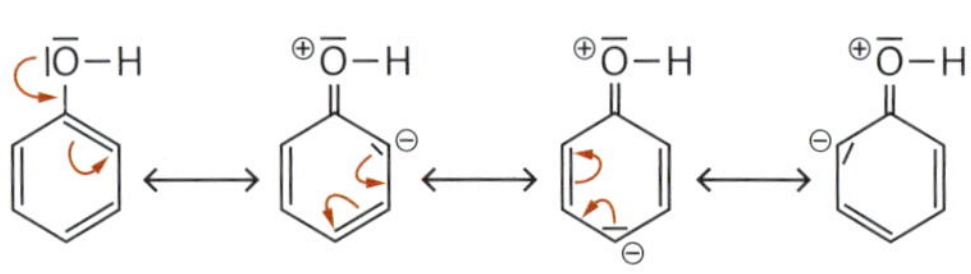

Außerdem wird das Phenolat-Ion stabilisiert, da die negative Ladung nicht ausschließlich am Sauerstoffatom lokalisiert ist, sondern über den gesamten aromatischen Ring verteilt wird:

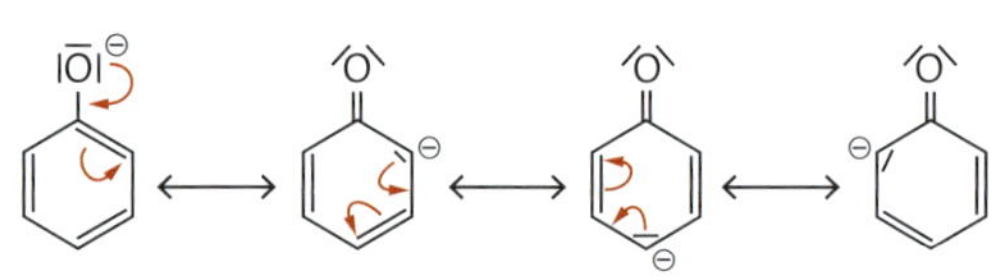

Anilin • Im Gegensatz zu Phenol zeigt eine wässrige Lösung von Anilin eine geringe basische Reaktion. Anilinmoleküle können ähnlich wie Ammoniakmoleküle (NH_3) Protonen von Wassermolekülen aufnehmen. Sie wirken als Protonenakzeptoren (Basen), weil in der Aminogruppe ein freies Elektronenpaar vorliegt.

Wie die Hydroxygruppe weist die Aminogruppe einen +M-Effekt auf. Die Elektronendichte ist im π-Elektronensystem des Rings erhöht, weil das freie Elektronenpaar des N-Atoms in die Mesomerie des Rings einbezogen ist. Anilin ist deshalb im Vergleich zu Ammoniak eine relativ schwache Base.

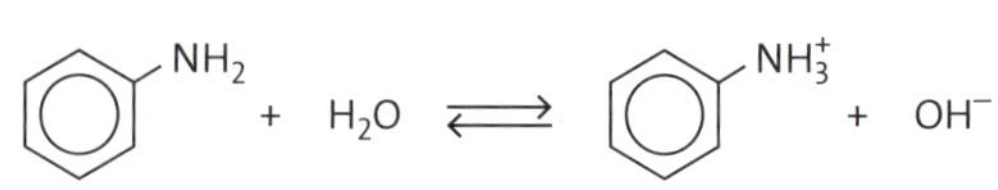

Mesomerer Effekt

Der mesomere Effekt beschreibt die Wirkung von Substituenten mit freiem Elektronenpaar auf die Elektronenverteilung im aromatischen System des Moleküls als Folge mesomerer Wechselwirkungen.

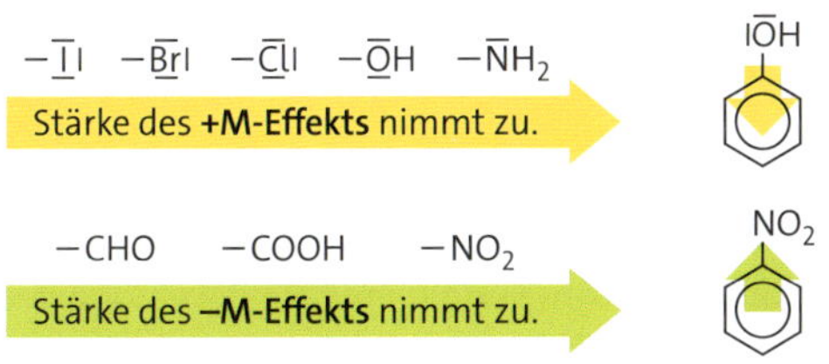

3 Stärke des mesomeren Effekts von Substituenten

+ M-Effekt: erhöht die Elektronendichte in einem aromatischen System; + M-Substituenten besitzen ein oder mehrere freie Elektronenpaare

– M-Effekt: vermindert die Elektronendichte in einem aromatischen System; – M-Substituenten besitzen Doppel- oder Dreifachbindungen

Elektrophile Substitution (S_E)

1. Schritt: Elektrophiler Angriff und heterolytische Spaltung

2. Schritt: Deprotonierung und Rearomatisierung

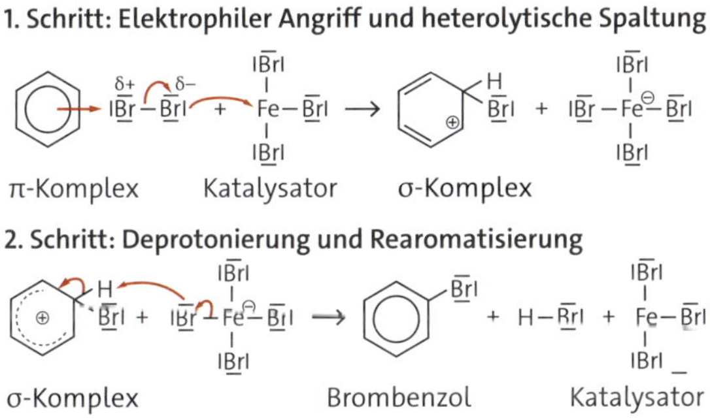

4 Mechanismus der elektrophilen Substitution

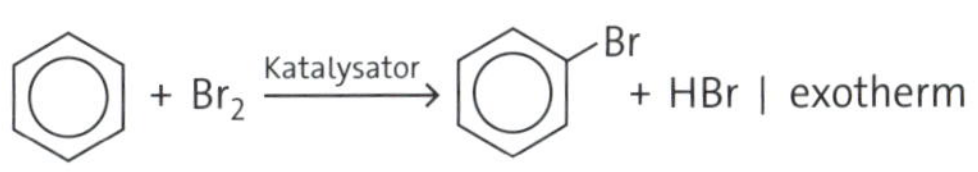

Typische Reaktionen der aromatischen Verbindungen sind elektrophile Substitutionen. Dabei wird in einer zweistufigen Reaktion ein Wasserstoffatom gegen einen Substituenten wie $-Br$, $-NO_3$ oder $-CH_3$ am Ring ausgetauscht. Unter Wiederherstellung des aromatischen Zustands entsteht ein Substitutionsprodukt.

Elektrophile Zweitsubstitution

Aus Benzolderivaten wie Phenol oder Anilin können durch eine weitere Substitution, die Zweitsubstitution, an einem anderen Kohlenstoffatom des Benzolmoleküls weitere Verbindungen hergestellt werden. Dabei hat der Erstsubstituent Einfluss auf die Reaktionsgeschwindigkeit und den Ort der Zweitsubstitution.

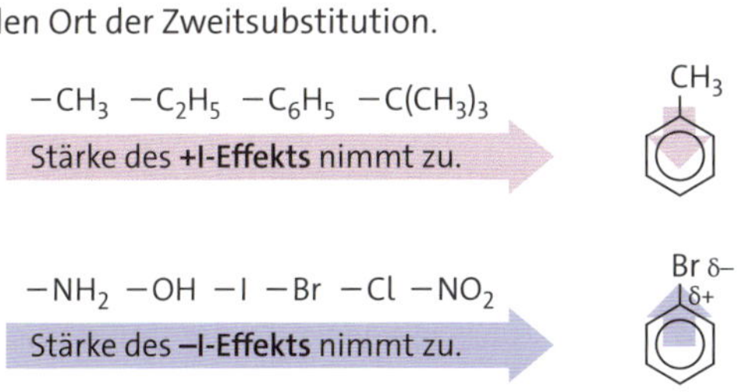

5 Stärke des induktiven Effekts von Substituenten

Induktive Effekte sind elektronische Effekte von Atomen oder Atomgruppen, die auf ihrer unterschiedlichen Elektronegativität beruhen.

Aktivierende Substituenten mit **+ M**- und / oder **+ I**-Effekt erhöhen die Elektronendichte im π-Elektronensystem und dirigieren den Zweitsubstituenten in **ortho-** oder **para-**Stellung.

Desaktivierende Substituenten mit **– M**- und / oder **– I**-Effekt verringern die Elektronendichte und dirigieren den Zweitsubstituenten in **meta-**Stellung.

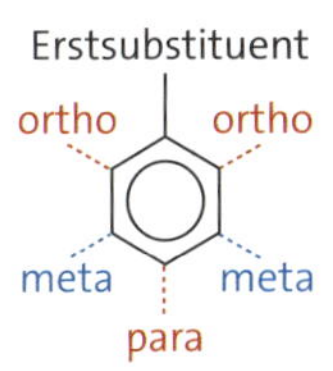

6 Positionen am substituierten Benzolmolekül

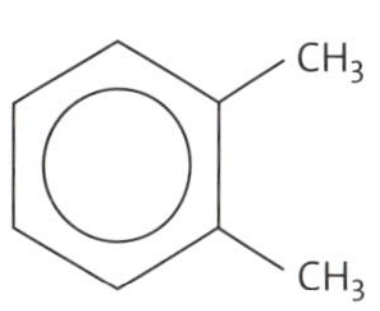

ortho-Xylol

7 Beispiel einer Zweitsubstitution in ortho-Stellung

Organische Verbindungen

Stoffklassen

1 Erläutern Sie die unterschiedlichen Siedetemperaturen der nachfolgenden Stoffe.
a Methan (–161,6 °C) und Methylchlorid (–24,2 °C)
b Methan und Wasser

2 Beschreiben Sie anhand von Wasser (H_2O) und Schwefelwasserstoff (H_2S), wie die Eigenschaften der Stoffe von der Art der chemischen Bindung und der Struktur der Stoffe abhängen.

3 Entscheiden Sie, welche zwischenmolekuaren Kräfte bei den folgenden Molekülen auftreten können:
a CH_4, C_2H_6
b HCl, HF
c CH_3Cl, C_2H_5Cl
d Ordnen Sie die bei den genannten Beispielen auftretenden zwischenmolekularen Kräfte nach ihrer Stärke.

4 **a** Geben Sie die Molekülformeln und die Halbstrukturformeln folgender Alkane an: 3-Ethyl-2-methylheptan, 2,2,3-Trimethylpentan, 4,6-Diethyl-5-methyldecan.
b Benennen Sie folgende Kohlenwasserstoffe nach IUPAC:

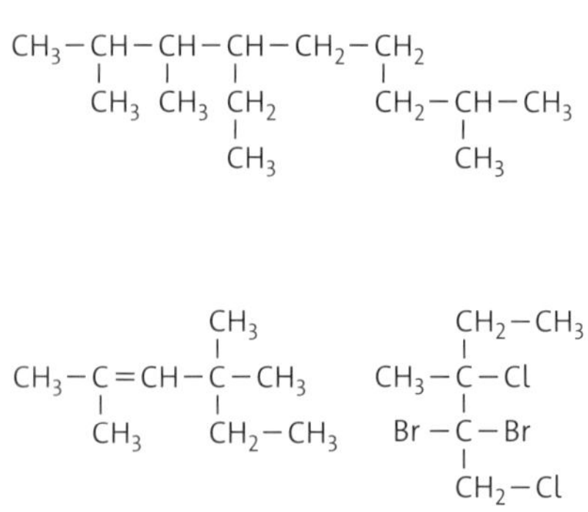

c Reflektieren Sie den Nutzen der IUPAC-Nomenklatur.

5 **Die Gaschromatografie ist eine Analysemethode zum Auftrennen von gasförmigen Gemischen.**
a Erklären Sie das Funktionsprinzip der Gaschromatografie anhand von intermolekularen Wechselwirkungen
b Beurteilen Sie am Beispiel der Gaschromatografie die Bedeutung von analytischen Verfahren in der Berufswelt.

6 Vergleichen Sie Alkane, Alkene und Alkine hinsichtlich ihrer Struktur und ihrer daraus resultierenden physikalischen und chemischen Eigenschaften. Erstellen Sie eine Übersicht zur Einteilung der Kohlenwasserstoffe.

7 **a** Geben Sie alle Konstitutionsisomere des Pentens an. Skizzieren Sie die Halbstrukturformeln und benennen Sie die Verbindungen nach IUPAC.
b Begründen Sie, welches der Isomere zusätzlich in cis- oder trans-Form vorliegen kann.

8 Zeichnen Sie die Halbstrukturformeln aller isomeren Alkene mit 6 Kohlenstoffatomen im Molekül. Benennen Sie die Verbindungen nach IUPAC.

9 Alkane wie Propan, Butan oder Pentan werden in Spraydosen als Treibmittel benutzt. Auf einem Backofenreiniger steht der Sicherheitshinweis: Nur wenige Sekunden sprühen, da sich sonst explosionsfähige Gasgemische bilden können. Erklären Sie dies.

10 Tropft man zu Propen bzw. Buta-1,3-dien etwas Brom, findet eine heftige Reaktion statt. Formulieren Sie jeweils die Reaktionsgleichung mit Strukturformeln und entscheiden Sie, ob unterschiedliche Isomere entstehen.

11 **a** Erläutern Sie den Einfluss der Hydroxygruppe auf die physikalischen Eigenschaften der Alkohole.
b Erklären Sie den Unterschied zwischen einem sekundären und einem zweiwertigen Alkohol.
c Erklären Sie, warum Natriumhydroxid (NaOH) nicht zu den Alkoholen gehört.

12 Klassifizieren Sie die folgenden Alkohole und benennen Sie die gezeigten Moleküle:

a
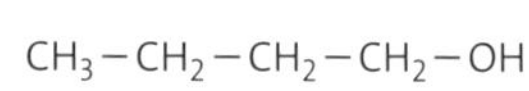
b
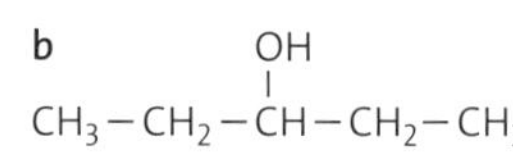
c
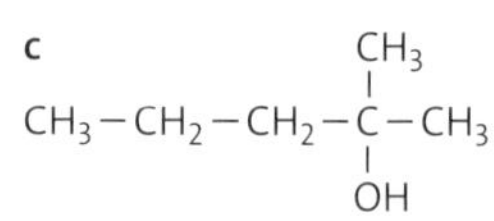
d
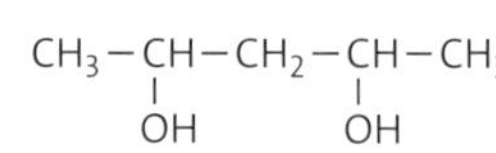
e
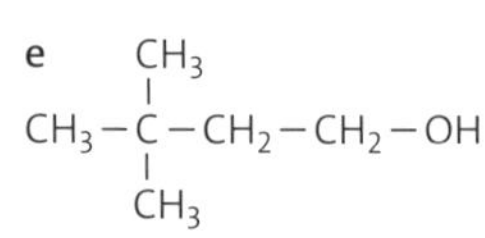
f
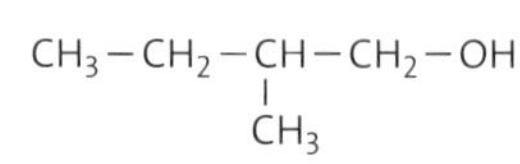

13 Geben Sie die Reaktionsgleichung für die Reaktion von Butan-1-ol mit Kalium an. Benennen Sie die Produkte.

14 **a** Geben Sie die Reaktionsgleichung für die Verbrennung von Propan-1-ol an.
b Zeigen Sie, dass es sich um eine Redoxreaktion handelt.

15 Geben Sie jeweils die Reaktionsgleichung für die Umsetzung von Butan-1-ol, Butan-2-ol und tert-Butanol (2-Methylpropan-2-ol) mit Kupfer(II)-oxid an.
Bestimmen Sie die Oxidationszahlen der Kohlenstoffatome und Kupferteilchen.

16 Leitet man Propanoldämpfe über ein heißes Platinnetz und führt die Produkte durch eine Kühlfalle, so entsteht eine farblose Flüssigkeit und ein Gas, das durch positive Knallgasprobe identifiziert werden kann.
a Formulieren Sie die Reaktionsgleichung unter Verwendung von Strukturformeln.
b Bestimmen Sie alle Oxidationszahlen und markieren Sie Oxidation und Reduktion.

17 In einem Labor sind die Etiketten von den Flaschen eines primären, eines sekundären und eines tertiären Alkohols abgefallen.

Sie haben die Aufgabe, die Alkohole durch geeignete Experimente zu identifizieren. Es handelt sich um:
A: Ethanol, B: 3-Methylpentan-3-ol, C: Propan-2-ol.
Zur Verfügung stehen Ihnen neben den laborüblichen Geräten folgende Chemikalien, die Sie aber nicht alle benutzen müssen:
Natronlauge, Kupferbleche, Salzsäure, Fehling-Lösung I und II, Ammoniak, Kupfer(I)-oxid, Universalindikator.

a Stellen Sie zunächst ein Flussdiagramm auf, das zeigt, wie Sie vorgehen müssen, um die einzelnen Alkohole zu identifizieren (ohne Reaktionsgleichungen!). Geben Sie jeweils die Beobachtungen an, die Sie zur Identifizierung benötigen.

b Geben Sie die zur Identifizierung notwendigen Reaktionsgleichungen an, notieren Sie dabei organische Stoffe in Strukturformeln. Kennzeichnen Sie in Redoxgleichungen alle Elektronenübergänge inklusive der Angabe „Oxidation“ bzw. „Reduktion“.

c Benennen Sie die organischen Reaktionsprodukte.

18 Benennen Sie die folgenden Verbindungen:

a
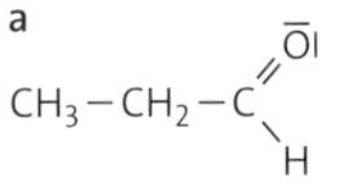

b
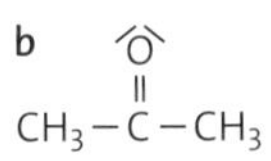

c
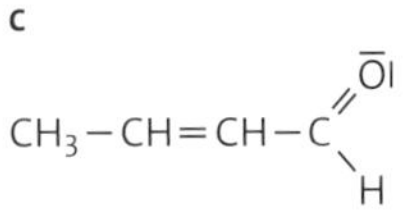

d
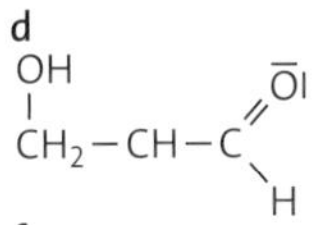

e
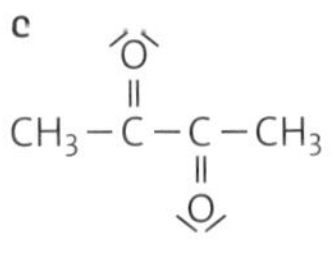

f
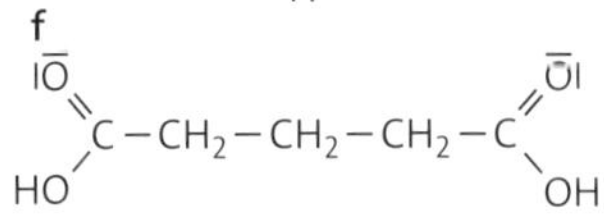

19 **a** Benennen Sie die folgenden Verbindungen:

I
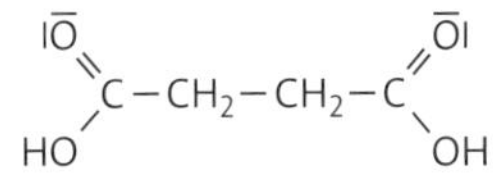

II
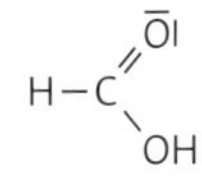

III
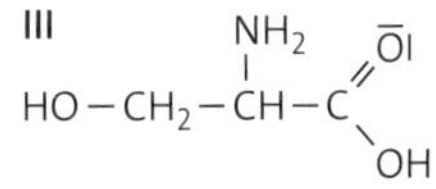

IV

b Für den Stoff **I** gelten zwei pK_S-Werte: $pK_{S1} = 4{,}16$ und $pK_{S2} = 5{,}61$. Erläutern Sie diesen Sachverhalt unter Verwendung geeigneter Protolysegleichungen.

20 **a** Geben Sie die Edukte für die Herstellung der folgenden Ester an: Ethansäureethylester, Propansäureethylester, Ethansäurepropylester, Methansäurehexylester.

a Benennen Sie die Ester nach der IUPAC-Nomenklatur.

21 Bei der Spaltung eines Esters entstehen Acetat-Ionen und Butanol. Geben Sie Namen und Strukturformel des Ausgangsstoffs an.

22 Entscheiden Sie, welche der folgenden Verbindungen die höhere Siedetemperatur besitzt. Begründen Sie Ihre Entscheidung.

a $CH_3–CH_2–COOH$ oder $CH_3–CH_2–CH_2OH$

b Pentansäure oder 2,2-Dimethylpropansäure

Reaktionswege

1 Gasförmiges 3-Ethylpentan wird mit gasförmigem Brom unter Lichteinfluss in einem Standzylinder zur Reaktion gebracht. Hält man ein angefeuchtetes Indikatorpapier in den Standzylinder, so färbt es sich rot. Weiterhin lassen sich vier Hauptreaktionsprodukte nachweisen, von denen drei zueinander isomer sind.
a Formulieren Sie den Reaktionsmechanismus, der zu einem der drei isomeren Hauptprodukte führt.
b Geben Sie die Namen der drei isomeren Produkte nach der IUPAC-Nomenklatur an.
c Deuten Sie die Rotfärbung des Indikatorpapiers.

2 Tetrachlormethan wurde früher als spezielles Reinigungsmittel für Kleidung verwendet. Besonders gut ließen sich damit Fettflecke aus der Kleidung entfernen, wohingegen man mit Wasser wenig Erfolg hatte. Erklären Sie diesen Sachverhalt.

3 Tropft man zu Propen, einem unsymmetrischen Alken, etwas Brom, so findet eine heftige Reaktion statt.
a Formulieren Sie für die Bildung von 1,2-Dibrompropan den Reaktionsmechanismus der elektrophilen Addition.
b Begründen Sie für die Umsetzung in Gegenwart von Lithiumchlorid die Bildung von 1-Brom-2-chlorpropan und erläutern Sie, welches andere Reaktionsprodukt man formal noch hätte erwarten können.

4 2-Iod-2-methylpentan wird mit Natriumhydroxid zur Reaktion gebracht.
a Geben Sie die Reaktionsgleichung an und benennen Sie das Reaktionsprodukt.
b Formulieren Sie den Reaktionsmechanismus.
c Skizzieren Sie das Energiediagramm der Reaktion.

5 Erklären Sie, warum primäre Halogenalkane bevorzugt nach einem S_N2-Mechanismus reagieren.

6 Ethanal wird in saurer Lösung mit Propan-1-ol im Überschuss zur Reaktion gebracht. Es findet eine Addition statt, bei der ein Nucleophil in zwei Reaktionsschritten angreift und Wasser abgespalten wird. Formulieren Sie den Reaktionsmechanismus in Strukturformeln.

7 Butansäure reagiert in saurer Lösung mit Methanol.
a Geben Sie das Reaktionsprodukt an.
b Formulieren Sie den Reaktionsmechanismus in Strukturformeln.
c Das organische Reaktionsprodukt wird anschließend mit Kalilauge umgesetzt. Formulieren Sie die Reaktionsgleichung und nennen Sie die Reaktionsart.

8 **a** Geben Sie die Edukte für die Herstellung der folgenden Ester an: Ethansäureethylester, Propansäureethylester, Ethansäurepropylester, Methansäurehexylester.
b Benennen Sie die Ester nach der IUPAC-Nomenklatur.

9 Die durch Protonen katalysierte Esterbildung ist reversibel. Sie führt zum chemischen Gleichgewicht. Beschreiben Sie die Rückreaktion und benennen Sie die beteiligten Reaktionsmechanismen.

10 Die Addition von Brom an Chlorethen erfolgt etwa 25-mal langsamer als die von Brom an Ethen. 1,2-Dichlorethen reagiert sehr langsam mit Brom und Tetrachlorethen praktisch überhaupt nicht mehr mit Brom. Erklären Sie diesen Sachverhalt.

11 Stellen Sie die Reaktionsgleichungen für die Bildung von Ethanol und tert-Butanol durch säurekatalysierte Addition der entsprechenden Alkene auf.

12 Erläutern Sie, weshalb bei der Reaktion von Ethen mit Bromwasser neben Dibromethan vorwiegend 2-Bromethanol entsteht.

13 Stellen Sie für die Reaktion von 1-Brompropan mit Kalilauge die Reaktionsgleichung auf. Nennen und begründen Sie den bevorzugten S_N-Mechanismus.

14 In alkalischer Lösung erfolgt eine quantitative Esterspaltung durch nucleophile Substitution. Der letzte Reaktionsschritt ist eine nicht reversible Protolyse. Formulieren Sie einen Reaktionsmechanismus.

15 Die gasförmigen Alkene Ethen und Propen haben sich in den letzten Jahren zu sehr wichtigen Ausgangsstoffen der chemischen Industrie entwickelt. So wird aus Ethen eine große Anzahl weiterer Stoffe hergestellt:

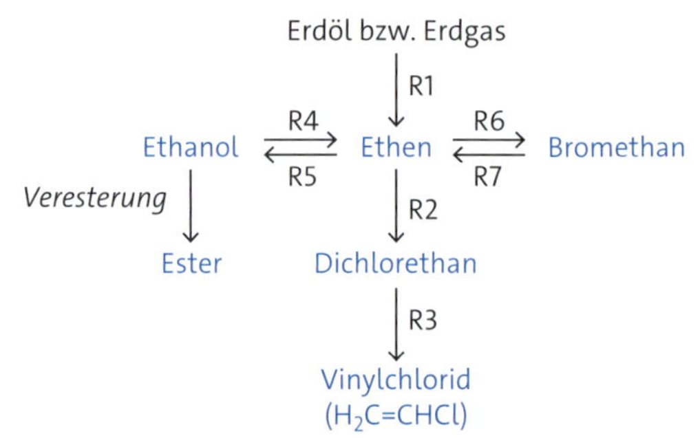

a Benennen Sie den jeweiligen Reaktionstyp der Reaktionen R1 bis R7. Geben Sie dabei alle möglichen Reaktionstypen an.
b Formulieren Sie jeweils den Mechanismus für die Reaktionen R3, R4, R6 und R7 unter Verwendung von Strukturformeln.
c Erläutern Sie für die Reaktion von Propen zu Propan-1-ol und Propan-2-ol den Mechanismus unter Verwendung von Strukturformeln. Begründen Sie, welches der beiden Produkte bevorzugt gebildet wird.

16 Der ungesättigte Charakter der Alkine mit einer C≡C-Dreifachbindung zeigt sich ähnlich wie der der Alkene dadurch, dass Alkine wie die Alkene in elektrophilen Additionsreaktionen reagieren.
a Formulieren Sie den Reaktionsmechanismus der elektrophilen Addition von Brom an Propin unter Verwendung von Strukturformeln. Gehen Sie davon aus, dass Brom im Überschuss hinzugegeben worden ist. Benennen Sie sämtliche Produkte. Erläutern Sie dabei das Auftreten isomerer Moleküle.
b Relevant sind auch die Additionen von Verbindungen zweier unterschiedlicher Halogene miteinander an ungesättigte Kohlenwasserstoffe. Erläutern Sie die Addition von Bromchlorid (BrCl) an But-1-in. Begründen Sie, welches der beiden möglichen Reaktionsprodukte mengenmäßig überwiegt.

c Technisch bedeutsam ist auch die Addition von Halogenwasserstoffen an Alkine in Gegenwart eines die Reaktion beschleunigenden Katalysators wie Eisen(III)-chlorid $FeCl_3$ oder Aluminiumchlorid $AlCl_3$ zu den entsprechenden Alkenen und Alkanen. Der Katalysator wird benötigt, da die Kohlenstoff-Kohlenstoff-Dreifachbindung weniger nucleophil als die Kohlenstoff-Kohlenstoff-Doppelbindung ist. Erklären Sie die Katalysatorwirkung.

17 Bei einem Experiment wird in einem Reagenzglas ein Stoffgemisch aus 3-Ethylpentan und Brom mit UV-Licht bestrahlt. Nach kurzer Zeit ist eine Entfärbung zu beobachten. Hält man ein angefeuchtetes Stück Universalindikatorpapier in das Reagenzglas, so färbt sich dieses rot. Als Hauptreaktionsprodukt lässt sich 3-Brom-3-ethylpentan identifizieren. Entwickeln Sie eine begründete Hypothese, weshalb gerade dieses Reaktionsprodukt mengenmäßig vorherrscht.

18 Die Moleküle vier organischer, farbloser, flüssiger Stoffe A, B, C und D besitzen die identische Molekülformel C_4H_8O. Mit diesen Stoffen sind einige Reaktionen durchgeführt worden. Dabei zeigten sich folgende Ergebnisse:

– Die Substanzen A und B reagieren jeweils mit Fehling-Lösung unter Bildung eines rötlichen Niederschlags.
– Die Substanzen C und D reagieren mit elementarem Natrium unter Wasserstoffentwicklung.
– Bromwasser wird durch die Substanzen C und D entfärbt.

a Entscheiden Sie anhand der Reaktionen, um welche chemischen Verbindungen es sich handeln könnte. Geben Sie Namen und Strukturformeln für Ihre vermuteten Stoffe an.

b Formulieren Sie die Reaktionsgleichungen für die beschriebenen Reaktionen der Stoffe.

c Geben Sie Namen und Strukturformeln vier weiterer Isomere mit der Summenformel C_4H_8O an.

Addition von Brom an ungesättigte Kohlenwasserstoffe

Mit den ungesättigten Kohlenwasserstoffen Hex-1-en, Cyclohexen und 1,2-Dichlorethen wurden die folgenden Experimente durchgeführt.

- Es werden jeweils zwei Reagenzgläser mit 1 ml Hex-1-en, mit 1 ml Cyclohexen und mit 1 ml 1,2-Dichlorethen gefüllt.
- In jeweils ein Reagenzglas mit den Kohlenwasserstoffen werden 5 ml Tetrachlormethan und einige Tropfen einer Lösung von Brom in Tetrachlormethan gegeben.
- In das andere Reagenzglas mit den Kohlenwasserstoffen sind 5 ml Ethanol und einige Tropfen einer Lösung von Brom in Ethanol zu geben.

Beobachtungen:

unges. Kohlenwasserstoff	Zugabe von Brom in Tetrachlormethan	Zugabe von Brom in Ethanol
Hex-1-en	spontane Entfärbung des Reaktionsgemischs	spontane Entfärbung des Reaktionsgemischs
Cyclohexen	Entfärbung des Reaktionsgemischs nach wenigen Sekunden	spontane Entfärbung des Reaktionsgemischs
1,2-Dichlorethen	keine Entfärbung des Reaktionsgemischs	keine Entfärbung des Reaktionsgemischs

1 Formulieren Sie den Reaktionsmechanismus für eine hypothetische Bromierung von 1,2-Dichlorethen.

2 Begründen Sie, weshalb man bei dem Experiment unterschiedlich lange Reaktionszeiten beobachtet.

3 Erläutern Sie am Beispiel des 1,2-Dichlorethens, was man unter einer Konfigurationsisomerie versteht.

4 Man hat für die Addition von Brom an verschiedene unges. Kohlenwasserstoffe die folgenden Reaktionsgeschwindigkeiten ermittelt.
Erklären Sie die unterschiedlichen Reaktionsgeschwindigkeiten.

Stoff	relative Reaktionsgeschwindigkeit
Ethen	1
Propen	96
2,3-Dimethylbut-2-en	930 000
Bromethen	0,03

5 Formulieren Sie den Reaktionsmechanismus für die Herstellung von Ethen aus 1,2-Dichlorethan in Anwesenheit von Zink.

Alkohole unter der Lupe

M1.1 Geckos als Kletterkünstler

Geckos können senkrechte Flächen erklimmen. Auf den Unterseiten ihrer Füße besitzen sie sehr viele, feinste Härchen, die *Spatulae* (Länge ca. 200 nm). Jedes dieser Härchen kann nur eine sehr kleine Kraft übertragen. Die große Anzahl der Härchen reicht dennoch aus, um das Tier buchstäblich kopfüber unter Decken laufen zu lassen. Ursächlich sind London-Kräfte.

M1.2 Einige Eigenschaften von Alkoholen

Name	Molare Masse in $g \cdot mol^{-1}$	Siedetemperatur in °C	Löslichkeit in Wasser in $g \cdot l^{-1}$
Methanol	32	64,7	vollständig
2-Methyl-butan-2-ol	88	102,2	118
Pentan-2-ol	88	119,0	166
Pentan-3-ol	88	116,0	55
Hexan-3-ol	102	135,0	17,5
Pentan-1,2-diol	104	206,0	vollständig

M1.3 Herstellung von Pentan-2-ol

Pentan-2-ol ist ein wichtiges Lösungsmittel in der Industrie. Es kann aus Pent-1-en durch Reaktion mit Wasser in Gegenwart eines Katalysators gewonnen werden.

1 Erklären Sie, warum der Gecko an senkrechten Wänden laufen kann (▶ **M1.1**).

2 **a** Zeichnen Sie die Strukturformeln der Alkohole aus ▶ **M1.2**.
b Vergleichen Sie die Eigenschaften der angegebenen Alkohole und begründen Sie die Unterschiede mit den Strukturmerkmalen der Moleküle.
c Stellen Sie einen Zusammenhang zwischen dem Phänomen „Gecko als Kletterkünstler“ und ausgewählten Eigenschaften der Alkohole her.

3 Erläutern Sie begründet, ob sich Pentan-2-ol als Lösungsmittel für Ethanol bzw. Hexan eignet.

4 **a** Formulieren Sie eine Reaktionsgleichung für die Synthese von Pentan-2-ol mit Chlorwasserstoff als Katalysator.
b Formulieren Sie eine Hypothese über die Bildung von Nebenprodukten.

Ähnlich, aber doch verschieden

M2.1 Der schlampige Laborant

In der Alltagshektik hat der Laborant vergessen, ein Vorratsgefäß, das eine farblose flüssige Substanz enthält, ordnungsgemäß zu beschriften. Auf dem Etikett steht die Molekülformel C3H8O. Er erinnert sich noch, dass er in einigen Experimenten den Stoff als Lösungsmittel eingesetzt hat.

M2.2 Ether, Alkane und Alkohole im Vergleich

Name	Molare Masse in $g \cdot mol^{-1}$	Siedetemperatur in °C	Löslichkeit in Wasser in $g \cdot l^{-1}$
Butan-1-ol	74	117	90
Diethylether	74	34,5	69
Pentan	72	36	0,3
Ethylmethylether	60,1	7,4	50
Propan-1-ol	60,1	97	vollständig
Propan-2-ol	60,1	82	vollständig

M2.3 Entsorgung – oder Synthese?

Im Labor können Natrium- oder Kaliumreste entsorgt werden, indem man sie in kleinen Portionen in Ethanol gibt.
Fügt man anschließend zu dieser Lösung Brommethan, so entstehen Ethylmethylether und Bromid-Ionen.

1 **a** Geben Sie mögliche Strukturformeln der Verbindung aus ▶ **M2.1** an.
b Entwickeln Sie eine experimentelle Vorgehensweise, um eine oder mehrere der gefundenen Strukturen auszuschließen.

2 Erläutern Sie, welche Reaktion bei der Entsorgung von Natriumresten nach ▶ **M2.3** abläuft.

3 Formulieren Sie eine Reaktionsgleichung für die Bildung des Ethers nach ▶ **M2.3**. Welches Produkt erwarten Sie, wenn Propan-2-ol anstelle von Ethanol eingesetzt wird?

4 Ethylmethylether kann formal durch eine Kondensation aus Ethanol und Methanol unter Säurekatalyse hergestellt werden.
a Geben Sie die Reaktionsgleichung an.
b Erläutern Sie, warum in dieser Reaktion ein Gemisch von Ethern anstelle des reinen Ethers entsteht.

Begründen Sie, warum Diethylether bei vergleichbarer molarer Masse in seiner Siedetemperatur Pentan ähnelt, in seinem Löslichkeitsverhalten jedoch Butan-1-ol (▶**M2.2**).

Oxidationsprodukte des Propanols im Vergleich

M1 Hochreines Kupfer als Werkstoff

Hochreines Kupfer besitzt nach Silber die zweithöchste elektrische Leitfähigkeit aller Stoffe und wird daher unter anderem für elektrische Leitungen, Schaltdrähte und Stromkabel geringen Querschnitts oder bei der Herstellung von Computerplatinen eingesetzt. Im Verarbeitungsprozess von Kupfer wird dieses zur leichteren Bearbeitung an der Luft erhitzt. Bei der Herstellung von hochglänzendem Kupferdraht wird bei der Verarbeitung der noch rot glühende und daher äußerlich oxidierte, schwarz gefärbte Draht mit einer Lösung besprüht, die ein Propanol enthält.

M2 Reaktion von Propanolen mit Kupfer(II)-oxid

Chemikalien: Propan-1-ol, Propan-2-ol, 2 Kupferdrahtnetze, Fehlingsche Lösung (hergestellt aus gleichen Teilen der Lösungen Fehling I und II), Watesmo-Papier

Durchführung:

1. Man erhitzt jeweils ein Kupferdrahtnetz, sodass sich auf seiner Oberfläche schwarzes Kupfer(II)-oxid bildet.
2. Man taucht das heiße Netz in ein kleines Becherglas mit 20 ml Propan-1-ol bzw. ein kleines Becherglas mit 20 ml Propan-2-ol und beobachtet, wie sich der eingetauchte Teil verändert. Der Vorgang wird mehrfach wiederholt.
3. Man untersucht die Edukte sowie Reaktionsprodukte mit Watesmo-Papier.
4. Man gibt in zwei Reagenzgläser je etwa 4 ml der Fehlingschen Lösung und fügt jeweils etwa 1 ml eines der Reaktionsprodukte hinzu.
5. Man erhitzt die beiden Reagenzgläser vorsichtig über dem Brenner.

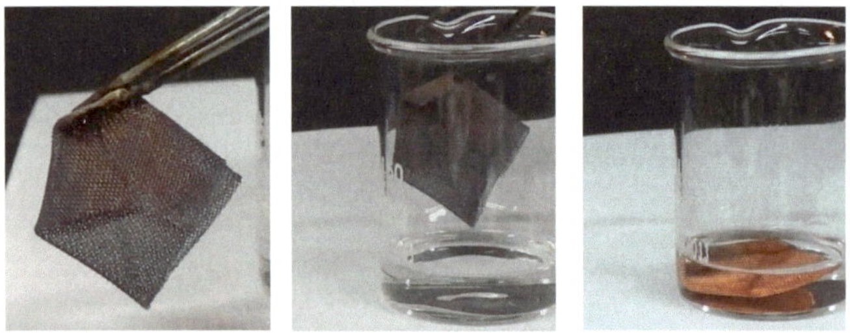

1 Schritte 1-2: Für die Druchführung mit Propan-1-ol und mit Propan-2-ol sind die Beobachtungen identisch.

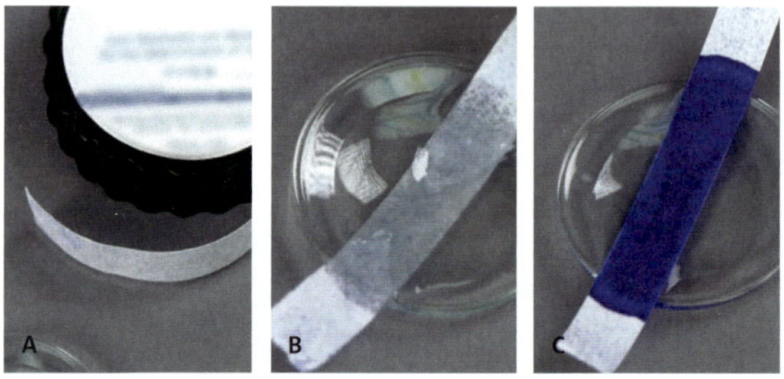

2 Nachweis mit Watesmo-Papier (Schritt 3): **A** trockener Streifen, **B** getränkt in Propan-1-ol bzw. Propan-2-ol (für beide Edukte können die gleichen Beobachtungen gemacht werden), **C** getränkt in ein Reaktionsprodukt (für beide Produkte können die gleichen Beobachtungen gemacht werden)

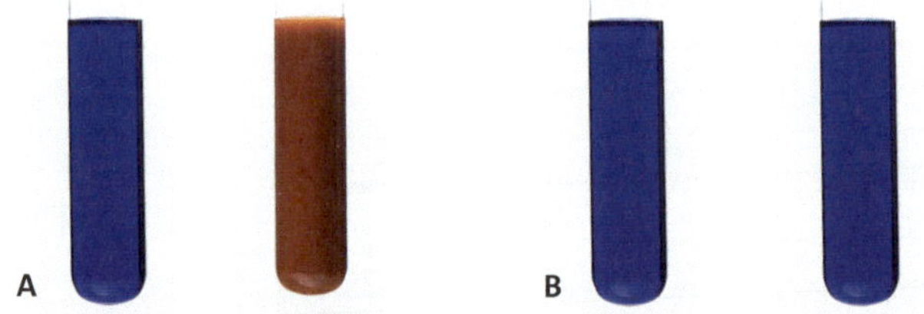

3 Beobachtungen zu den Schritten 4-5, jeweils vor und nach dem Erhitzen: **A** mit dem Reaktionsprodukt aus der Reaktion mit Propan-1-ol, **B** mit dem Reaktionsprodukt aus aus der Reaktion mit Propan-2-ol

1 Zeichnen Sie die Lewis-Formeln von Propan-1-ol und Propan-2-ol.

2 Beschreiben Sie die in ▸ **1**, ▸ **2** und ▸ **3** dargestellten Beobachtungen genau.

3 Deuten Sie die in ▸ **1**, ▸ **2** und ▸ **3** dargestellten Beobachtungen Schritt für Schritt ausführlich .

4 Erläutern Sie dass bei dem in ▸ **M1** beschriebenen Reingungsvorgang eine chemische Reaktion stattfindet.

5 Entwickeln Sie die Reaktionsgleichungen der ablaufenden Reaktionen unter Verwendung von Strukturformeln.

6 Belegen Sie anhand von Oxidationszahlen, dass es sich bei diesen Vorgängen um Redoxreaktionen handelt. Er-läutern Sie hieran das Donator-Akzeptor-Prinzip.

7 Begründen Sie, welches der organisch-chemischen Reaktionsprodukte die höhere Siedetemperatur und die bessere Wasserlöslichkeit hat. Gehen Sie dabei ausführlich auf das Struktur-Eigenschafts-Konzept ein.

8 Beurteilen Sie, inwiefern bei der Durchführung der Experimente mit Blindproben gearbeitet worden ist. Entwickeln Sie ggf. Vorschläge für geeignete Blindproben zu den einzelnen Aspekten der Durchführung. Begründen Sie Ihre Entscheidungen ausführlich.

Isobuten – ein bedeutender Grundstoff in der Industrie

M1 Technische Herstellung von Isobuten

Jährlich werden weltweit mehr als eine Million Tonnen der Grundchemikalie Isobuten synthetisch hergestellt. Da sich Isobuten leicht polymerisieren lässt, dient es als Ausgangsstoff für verschiedene Kunststoffe. So kann beispielsweise aus Isobuten die Grundmasse von Kaugummis, Polyisobuten, produziert werden.
Ausgehend von Erdöl wird ein Gemisch aus vier verschiedenen Isomeren des Butens hergestellt. Da deren Siedetemperaturen sehr dicht beieinanderliegen, erfolgt die Abtrennung durch Reaktion mit Wasser. Schwefelsäure dient dabei als Katalysator. Die Reaktionsgeschwindigkeit von Isobuten mit Wasser ist etwa um den Faktor 100 im Vergleich zu den anderen Isomeren erhöht. Das Produkt, der Alkohol 2-Methylpropan-2-ol, wird anschließend durch Erhitzen wieder in Isobuten und Wasser gespalten. So erhält man reines Isobuten.

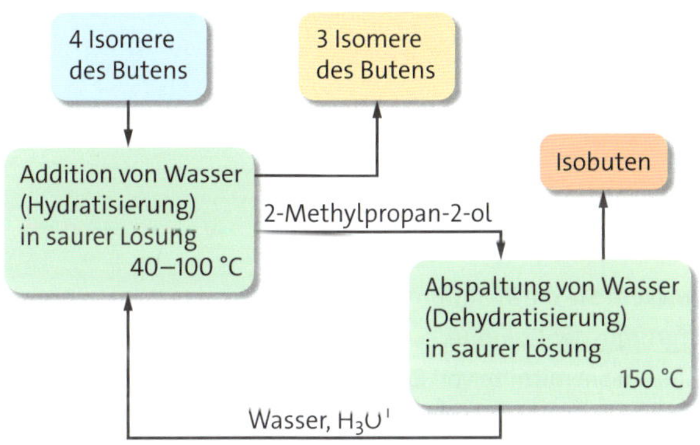

1 Schema zur technischen Gewinnung von Isobuten

M2 Halbstrukturformeln

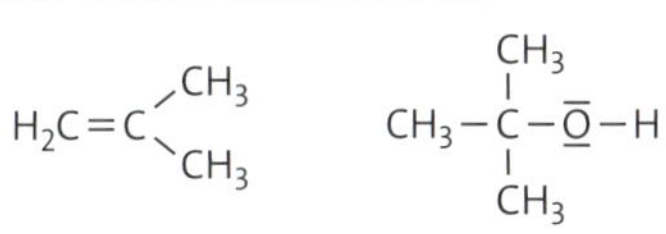

Isobuten   2-Methylpropan-2-ol

M3 Schwefelsäure als Katalysator – Säurekatalyse

Die Reaktion von Isobuten mit Wasser zu 2-Methylpropan-2-ol ist eine Gleichgewichtsreaktion und erfolgt nur in Anwesenheit von Oxonium-Ionen H_3O^+, die sich durch die Zugabe von Schwefelsäure bilden.
Zunächst überträgt ein im Reaktionsgemisch enthaltenes Oxonium-Ion ein Proton auf die Doppelbindung des Isobutenmoleküls, sodass ein positiv geladenes Carbenium-Ion entsteht. Im nächsten Schritt reagiert ein Wassermolekül mit dem Carbenium-Ion, wobei ein protoniertes Alkoholmolekül gebildet wird. Im letzten Schritt findet zwischen dem protonierten Alkoholmolekül und einem weiteren Wassermolekül ein Protonenübergang statt, wodurch als Reaktionsprodukt ein Alkoholmolekül gebildet wird. Damit ist die Rückbildung des Oxonium-Ions abgeschlossen.

M4 Durchführungsbeschreibung eines Schülerversuchs zur Herstellung und Untersuchung von Isobuten

A) 20 ml 2-Methylpropan-2-ol und 0,5 ml konzentrierte Schwefelsäure werden in einem Erlenmeyerkolben auf der Heizplatte bis zum Sieden erhitzt. Das entstehende Gas wird über ein Glasrohr in einem Kolbenprober aufgefangen.
B) Ein Teil des entstandenen Gases wird auf seine Brennbarkeit überprüft.
C) Ein weiterer Teil des Gases wird über ein Glasrohr mit ausgezogener Spitze in 10 ml Bromwasser eingeleitet, das sich in einem Reagenzglas befindet.

1 **a** Geben Sie den systematischen Namen nach IUPAC von Isobuten an (▶ **M2**).
b Ermitteln Sie die Strukturformeln der anderen drei Isomere des Butens sowie deren Namen nach IUPAC.

2 **a** Beschreiben Sie die Gewinnung von Isobuten (▶ **M1**).
b Begründen Sie, warum sich nur 2-Methylpropan-2-ol bildet.

3 **a** Formulieren Sie, ausgehend von Isobuten, den Mechanismus für die Bildung von 2-Methylpropan-2-ol (▶ **M3**).
b Nennen Sie den zugrunde liegenden Reaktionstyp.
c Begründen Sie, warum das Reaktionsprodukt 2-Methylpropan-1-ol kaum gebildet wird.

4 **a** Erläutern Sie anhand eines Reaktionsmechanismusses, wie sich aus 2-Methylpropan-2-ol mithilfe einer wässrigen sauren Lösung wieder Isobuten gewinnen lässt.
b Geben Sie den zugrunde liegenden Reaktionstyp an.

5 Vergleichen Sie die technische Herstellung von Isobuten mit dem Schülerversuch (▶ **M4**, Teil A).

6 Entwickeln Sie Hypothesen zu den auftretenden Beobachtungen bei den Schülerversuchen B und C. Begründen Sie.

Aromatische Kohlenwasserstoffe

1 Im Deutschen ist die Bezeichnung „Benzol“ immer noch üblich, obwohl nach der IUPAC-Nomenklatur die Bezeichnung „Benzen“ vorgesehen ist. Diskutieren Sie, welcher Name den Stoff genauer beschreibt.

2 Begründen Sie, warum Toluol (Methylbenzol) zu den aromatischen Kohlenwasserstoffen gehört.

3 Begründen Sie, nach welchem Reaktionstyp Chlor mit Benzol in Anwesenheit des Katalysators Eisen(III)-chlorid $FeCl_3$ reagiert. Formulieren Sie den Mechanismus der Reaktion.

4 Stellen Sie in einer Tabelle Edukte, Produkte, Reaktionsbedingungen und Art des angreifenden Teilchens der elektrophilen Addition der Alkene der elektrophilen Substitution der Aromaten gegenüber.

5 Elektrophile Substitutionen verlaufen mit Phenol besonders leicht und ohne Katalysatoreinsatz. Erklären Sie dieses Phänomen.

6 Erklären Sie, warum elektrophile Substitutionen mit Anilin bevorzugt an Position 2 oder 4 des Rings ablaufen.

7 **a** Erklären Sie unter Verwendung mesomerer Grenzformeln die Acidität des Phenols.
b Auch die Derivate 4-Nitrophenol und 4-Methylphenol reagieren sauer. Ordnen Sie Phenol und die gegebenen Derivate nach abnehmender Acidität und begründen Sie Ihre Entscheidung.

8 Anilin geht wie Phenol sehr leicht elektrophile Substitutionsreaktionen ein. In saurer Umgebung reagiert Anilin jedoch nur schlecht. Erklären Sie dieses Phänomen.

9 **a** Geben Sie an, welche Reaktionsprodukte bei der Bromierung von Toluol (Methylbenzol) überwiegend entstehen.
b Formulieren Sie die Grenzformeln der σ-Komplexe für die Zweitsubstitution.
c Begründen Sie, warum nicht in gleichem Maße ortho-, meta- und para-Produkte gebildet werden.

10 Phenol (Hydroxybenzol) kann mit weiteren Hydroxygruppen substituiert werden. Die dabei gebildeten Verbindungen mit zwei Hydroxygruppen heißen Diphenole:

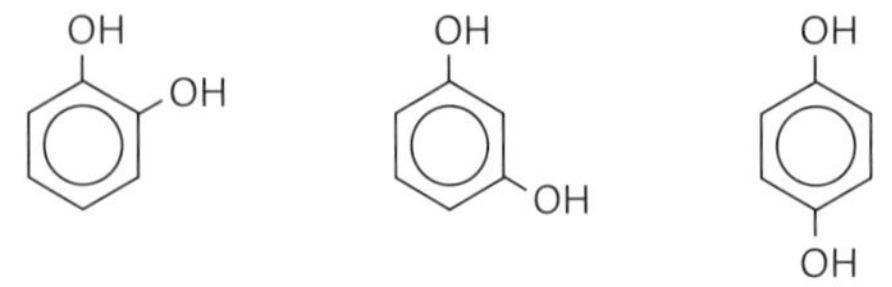

Brenzkatechin Resorcin Hydrochinon

a Geben Sie die systematischen Namen der drei isomeren Diphenole an.
b Hydrochinon färbt sich an der Luft braunrot. Dabei entsteht das Oxidationsprodukt 1,4-Benzochinon.

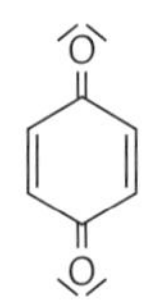

1,4-Benzochinon

Entwickeln Sie die Reaktionsgleichung. Charakterisieren Sie die Stoffgruppe der Chinone.
c Stellen Sie mithilfe von Reaktionsgleichungen eine Hypothese auf, ob Brenzcatechin und Resorcin ebenfalls an der Luft oxidieren. Begründen Sie Ihre Hypothese.

Salicylsäure und Co.

1 Salicylsäure kann aus der Rinde von Weiden (links) und der Spierstaude (rechts) gewonnen werden.

Schon im antiken Ägypten schätzte man die fiebersenkende, entzündungshemmende und schmerzlindernde Wirkung von Weidenrindenextrakt. Es enthält als Wirkstoff Salicylsäure, deren Name sich von lat. *salix*: Weide ableitet.

M1 Der lange Weg zum Medikament

Salicylsäure (2-Hydroxybenzoesäure) hat einen extrem bitteren Geschmack und reizt die Magenschleimhaut. Ende des 19. Jahrhunderts gelang es dem Chemiker FELIX HOFFMANN, die Salicylsäure chemisch zu modifizieren und so die Einnahme verträglicher zu machen. Bereits am 6. März 1899 wird der Handelsname „Aspirin“ in die Warenzeichenrolle des Kaiserlichen Patentamts in Berlin eingetragen. Trotz seiner bekannten Wirkung gegen Schmerzen und Fieber dauerte es aber noch bis zum Jahr 1971, bis seine Wirkungsweise geklärt werden konnte, wofür John Robert Vane 1982 den Nobelpreis für Medizin erhielt.
Der Wirkstoff des Aspirins ist Acetylsalicylsäure (kurz: ASS). Sie kann durch die Umsetzung von Salicylsäure mit Essigsäureanhydrid gewonnen werden (▸ 3).

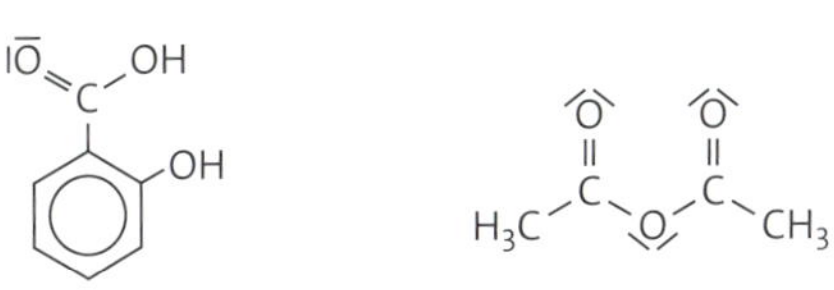

Salicylsäure Essigsäureanhydrid

3 Strukturformeln der Ausgangsstoffe der ASS-Synthese

M2 Herstellung von Essigsäureanhydrid

Das für die ASS-Synthese notwendige Essigsäureanhydrid wird durch Dehydratisierung von Essigsäure bei 800 °C hergestellt. Dabei ist eine rasche Abkühlung und Trennung der Produkte notwendig, da andernfalls die Rückreaktion ablaufen kann.

M3 Herstellung von Acetylsalicylsäure

Versuchsvorschrift: 10 g Salicylsäure und 20 ml Essigsäureanhydrid werden mit 5 Tropfen konzentrierter Schwefelsäure in einem wasserfreien Erlenmeyerkolben bis zur Auflösung geschüttelt. Die Lösung wird auf 60 °C erhitzt.

Beobachtung: Es ist ein Geruch nach Essig wahrnehmbar. Nach dem Abkühlen der Lösung in Eiswasser bildet sich ein weißer, kristalliner Niederschlag, der abfiltriert wird. Durch Schmelzpunktbestimmung können die Kristalle als Acetylsalicylsäure identifiziert werden.

M4 Wintergrünöl

In der Natur kommt Wintergrünöl in der gleichnamigen Pflanze Wintergrün (*Gaultheria procumbens*) vor, aus der es durch Wasserdampfdestillation gewonnen werden kann. Das Öl wird u. a. zum Einreiben bei Muskelschmerzen eingesetzt. Sein minzartiges Aroma wird in den USA in Kaugummis geschätzt. Synthetisches Wintergrünöl kann durch Umsetzung von Salicylsäure mit Methanol unter saurer Katalyse hergestellt werden.

1 Geben Sie die Strukturmerkmale der Salicylsäure an und ordnen Sie sie einer Stoffklasse zu (▸ M1).

2 a Stellen Sie die Reaktionsgleichung für die Synthese von Essigsäureanhydrid auf (▸ M2).
b Nennen Sie den Reaktionstyp und begründen Sie den Namen von Essigsäureanhydrid.
c Diskutieren Sie, welcher Stoffgruppe dieser Stoff formal auch zugeordnet werden könnte.

3 a Stellen Sie die Reaktionsgleichung für die Synthese von Acetylsalicylsäure in Strukturformeln auf. Benennen Sie alle Reaktionsprodukte (▸ M3).
b Geben Sie die Funktion der Schwefelsäure an.
c Erläutern Sie, warum bei der Synthese darauf geachtet werden muss, dass sich kein Wasser im Kolben befindet.

4 a Stellen Sie den Reaktionsmechanismus für die Synthese des Wintergrünöls auf und benennen Sie diesen.
b Geben Sie den systematischen Namen des Wintergrünöls an.

5 Formulieren Sie eine Hypothese, warum z. B. ein warmes Bad mit Wintergrünöl schmerzlindernde Wirkung hat.

6

Naturstoffe

6.1 Kohlenhydrate

6.2 Aminosäuren und Proteine

6.3 Fette und Tenside

Achtung! Nicht jedes dieser Themen wird in jedem Bundesland oder in jedem Kurs behandelt.

Einstufungstest

Karteikarten

Ich kann:

6.1
- Kohlenhydrate nach ihren spezifischen Strukturmerkmalen in Gruppen einteilen
- Spiegelbildisomerie definieren und Moleküle als Enantiomere oder Diastereomere charakterisieren
- Fischer-Projektionsformeln und Haworth-Projektionen aufstellen
- die optische Aktivität eines Stoffs erklären und Chiralität als notwendige Voraussetzung benennen
- Stoffeigenschaften und Reaktionsverhalten der Kohlenhydrate mit dem Einfluss der jeweiligen funktionellen Gruppen sowie der zwischenmolekularen Wechselwirkungen erklären

6.2
- die Struktur von Aminosäuren unter Berücksichtigung von stereoisomeren Merkmalen beschreiben
- Stoffeigenschaften und Reaktionsverhalten der Aminosäuren anhand der spezifischen Strukturmerkmale erklären
- die Bildung von Peptiden und Proteinen als Kondensationsreaktion von Aminosäuren beschreiben
- Vorkommen und Bedeutung von Proteinen anhand von Beispielen belegen
- die Funktion von Enzymen als hochspezialisierte Proteine erläutern

6.3
- die Struktur von Fetten beschreiben und daraus Rückschlüsse auf die Eigenschaften ziehen
- die Bedeutung und Verwendung von Fetten anhand von Beispielen belegen
- die Herstellung von Seifen erläutern
- den Waschvorgang erläutern
- den Einsatz synthetischer Tenside und Waschhilfsstoffe begründen

Für alle Lebensvorgänge benötigt der menschliche Körper Energie und Baustoffe, die er mit Kohlenhydraten, Fetten und Proteinen aus der Nahrung aufnimmt. Kohlenhydrate wie Glucose und Saccharose sowie Fette sind die wichtigsten Energielieferanten. Für das Wachstum und die Bildung von Geweben sind Proteine von Bedeutung. Rund 20 000 Proteine übernehmen im Körper des Menschen die unterschiedlichsten Funktionen, z. B. beim Muskelaufbau oder bei der Regulation des Stoffwechsels.

6.1 Kohlenhydrate

Allgemeine Summenformel der Kohlenhydrate: $C_x(H_2O)_y$

Monosaccharide

Einfachzucker, Unterscheidung nach:

- der Art der funktionellen Gruppe: **Aldosen** (eine Aldehydgruppe im Molekül) und **Ketosen** (eine Ketogruppe im Molekül)
- der Länge der Kohlenstoffkette, Anzahl der Kohlenstoffatome: **Triosen (3)**, **Tetrosen (4)**, **Pentosen (5)**, **Hexosen (6)**
- der Stellung der Hydroxygruppe des am weitesten von der funktionellen Gruppe entfernten asymmetrischen Kohlenstoffatoms in der Fischer-Projektion: **D- und L-Zucker**

Aldosen: haben eine Aldehydgruppe am C-1-Atom
Beispiel: D-Glucose

Fischer-Projektion	Haworth-Projektion
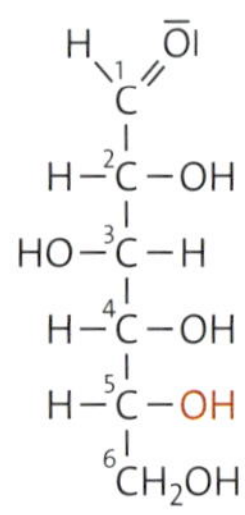 D-Glucose	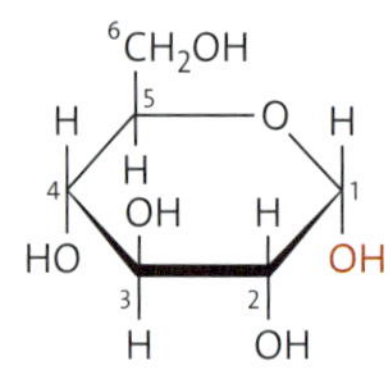 α-D-Glucose

Ketosen: haben eine Ketogruppe am C-2-Atom
Beispiel: D-Fructose

Fischer-Projektion	Haworth-Projektion
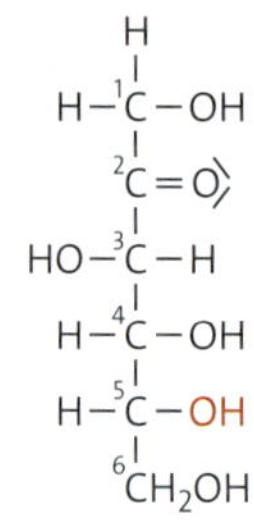 D-Fructose	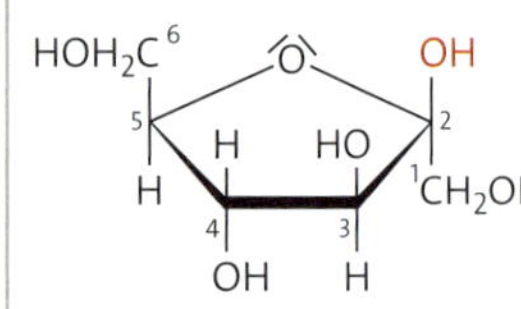 β-D-Fructose (Furanose)

Spiegelbildisomerie

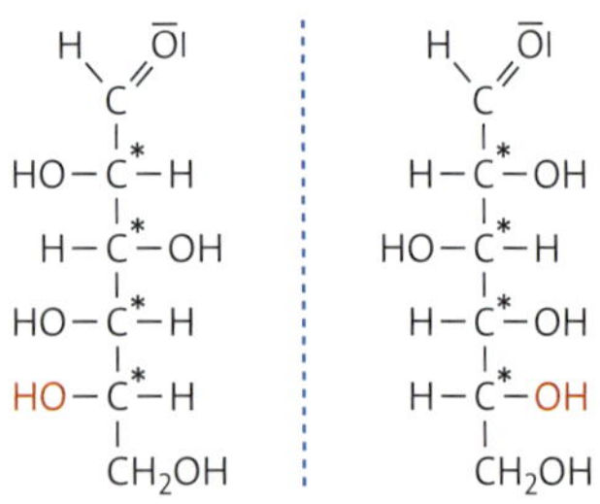

L-Glucose D-Glucose

1 L-Glucose und D-Glucose sind Enantiomere

Objekte, die mit ihrem Spiegelbild nicht zur Deckung gebracht werden können, sind chiral. Ein chirales Molekül und sein Spiegelbild heißen Spiegelisomere oder Enantiomere.

Stereoisomere, die sich wie Bild-Spiegelbild verhalten. *Beispiel:* L-Glucose und D-Glucose sind **Enantiomere** (▶ **1**). Enantiomere sind chiral, sie zeigen optische Aktivität. Notwendiges Kriterium für Chiralität: mindestens ein asymmetrisches Kohlenstoffatom im Molekül, das vier Unterschiedliche Substituenten besitzt.

Keto-Enol-Tautomerie

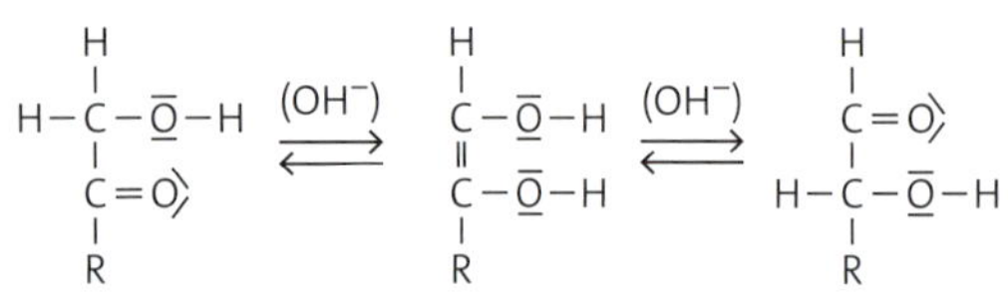

Ketoform Enolform Aldehydform

2 Keto-Enol-Tautomerie

In alkalischen Lösungen wird das Keton Fructose über eine Keto-Enol-Tautomerie durch katalytisch wirkende OH^--Ionen in den Aldehyd Glucose umgewandelt. Dabei kommt es zur intramolekularen Umlagerung von Wasserstoffatomen. Die Keto-Enol-Tautomerie ist eine Gleichgewichtsreaktion.

Anomere

Durch die Ringbildung entsteht ein neues asymmetrisches (anomeres) Kohlenstoffatom, sodass sich zwei Stereoisomere (Anomere) bilden: **α- und β-Form**.

Zeigt die Hydroxygruppe am anomeren Kohlenstoffatom in der Haworth-Formel nach unten, so spricht man von α-Glucose, steht sie oben, so handelt es sich um β-Glucose.

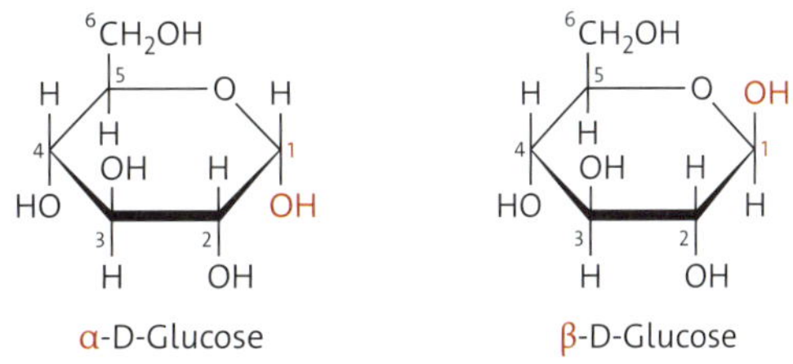

3 Stereoisomere des D-Glucosemoleküls

Disaccharide

Zweifachzucker, deren Moleküle aus zwei Monosaccharidbausteinen bestehen. Bildung erfolgt durch die Kondensation von zwei Monosaccharidbausteinen unter Abspaltung eines Wassermoleküls.

Disaccharid	Monosaccharid-bausteine	Glykosidische Bindung	Strukturformel	Eigenschaft
Saccharose	α-D-Glucose β-D-Fructose	α-1,β-2	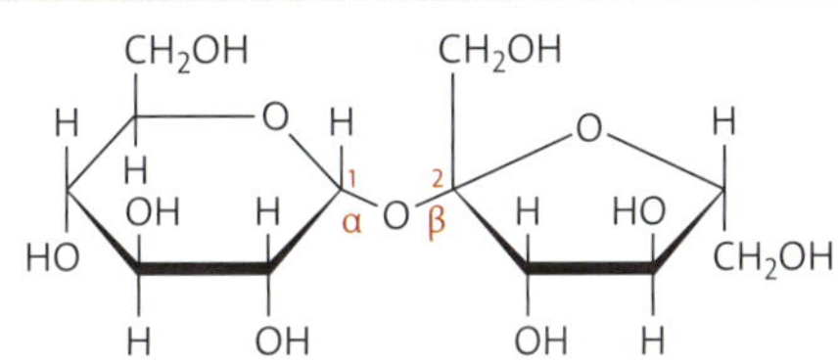 Saccharose	nicht reduzierend
Maltose	α-D-Glucose α-D-Glucose	α-1,4	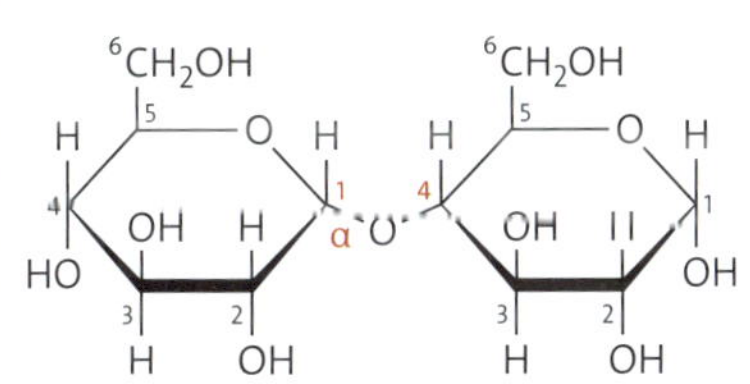 Maltose	reduzierend

Nachweise von Aldehyden: Fehling-Probe

Die Nachweisreaktionen der Aldehyde beruhen darauf, dass die Aldehydgruppen oxidiert werden.
Bei der **Fehling-Probe** wird das Aldehyd durch Cu^{2+}-Ionen in alkalischer Lösung oxidiert. Die dabei entstehende Carbonsäure reagiert sofort mit den Hydroxid-Ionen in einer Säure-Base-Reaktion, sodass aus dem Aldehyd nicht die Carbonsäure, sondern das Carbonsäure-Anion entsteht. Außerdem wird das schwerlösliche orangerote Kupfer(I)-oxid gebildet, an dem man den positiven Nachweis erkennt (▶ 4).

Die Fehling-Probe verläuft bei reduzierenden Zuckern positiv.

Oxidation: $R-\overset{I}{C}HO + 3\,OH^- \longrightarrow R-\overset{III}{C}OO^- + 2\,H_2O + 2\,e^-$

Reduktion: $2\,\overset{II}{Cu}{}^{2+} + 2\,OH^- + 2\,e^- \longrightarrow \overset{I}{Cu}_2O + H_2O$

Redoxreaktion: $R-CHO + 2\,Cu^{2+} + 5\,OH^- \longrightarrow R-COO^- + Cu_2O + 3\,H_2O$

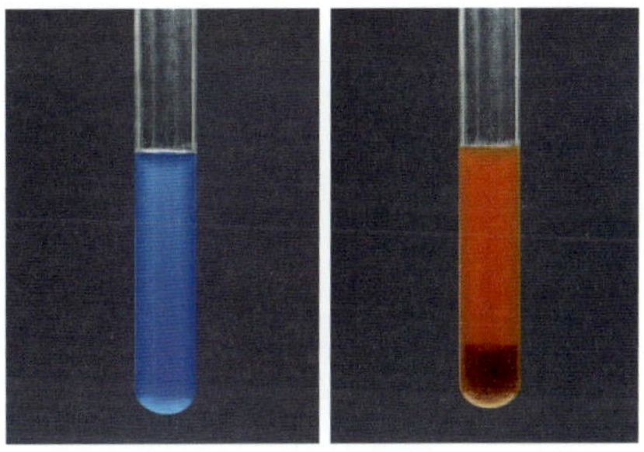

4 Oxidation eines Aldehyds mit Fehling-Reagenz

Im Unterschied zu Aldehyden besitzen Ketone keine reduzierende Wirkung und lassen sich selbst nicht oxidieren.

Nachweise von Aldehyden: Tollens-Reagenz

Die **Silberspiegelprobe** mit **Tollens-Reagenz** erfolgt nach dem gleichen Prinzip wie die Fehling-Probe. Die Nachweisreaktionen beruhen darauf, dass die Aldehydgruppen oxidiert werden. Das Aldehyd wird bei der Silberspiegelprobe mit alkalischer Silbernitratlösung versetzt. Durch die Aldehydmoleküle werden die gelösten Ag^+-Ionen zu Silberatomen reduziert, die sich als metallischer Silberspiegel am Reaktionsgefäß festsetzen (▶ 5).

Aldehyde können von Ketonen durch deren Oxidierbarkeit unterschieden werden:

Die Tollens-Probe verläuft bei reduzierenden Zuckern positiv.

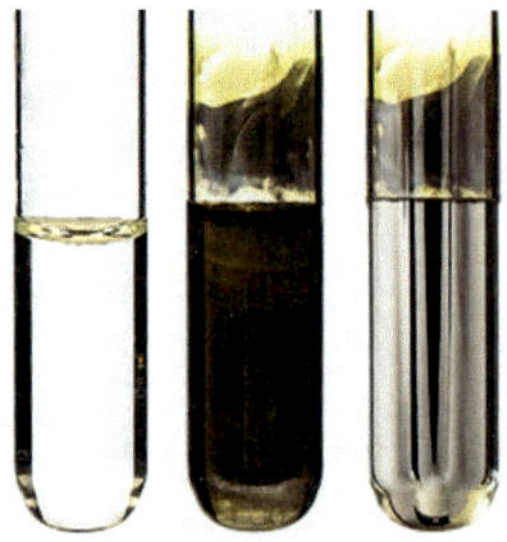

Oxidation: $$R-\overset{I}{C}HO + 3\,OH^- \longrightarrow R-\overset{III}{C}OO^- + 2\,H_2O + 2\,e^-$$

Reduktion: $$2\,\overset{I}{Ag}{}^+ + 2\,e^- \longrightarrow 2\,\overset{0}{Ag}$$

Redoxreaktion: $$R-CHO + 3\,OH^- + 2\,Ag^+ \longrightarrow R-COO^- + 2\,Ag + 2\,H_2O$$

5 Oxidation eines Aldehyds mit Tollens-Reagenz

Polysaccharide

Polysaccharide sind Vielfachzucker, deren Moleküle aus 10 bis zu 1 Million Monosaccharidbausteinen bestehen. Die Bildung erfolgt durch die Kondensation von vielen Monosaccharidbausteinen unter Abspaltung von Wassermolekülen.

Stärke – Makromolekül aus α-D-Glucosebausteinen – Pflanzlicher Speicherstoff	**Amylose** – unverzweigt, spiralförmig – α-1,4-glykosidische Verknüpfung	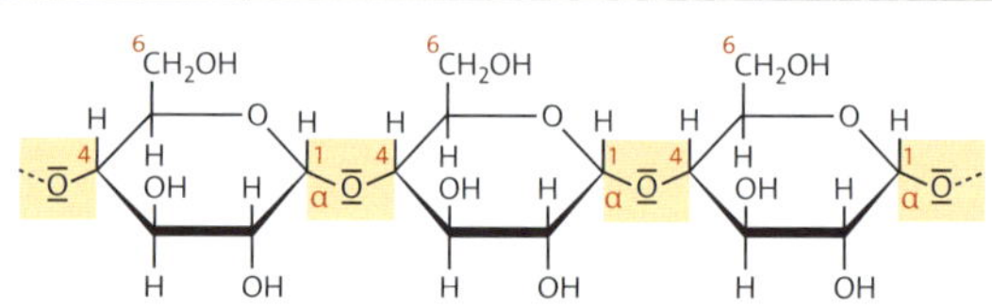
	Amylopektin – verzweigt – α-1,4- und α-1,6-glykosidische Verknüpfung	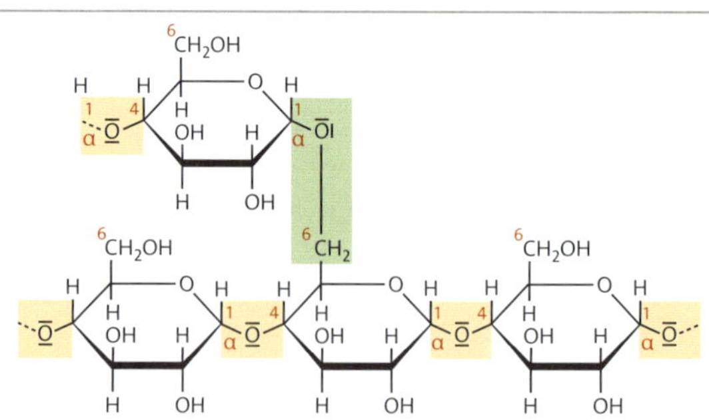
Cellulose – Makromolekül aus β-D-Glucosebausteinen – Pflanzlicher Baustoff	– lineare Molekule – β-1,4-glykosidische Verknüpfung – lagern sich zu größeren Verbänden zusammen, die durch Wasserstoffbrücken stabilisiert werden	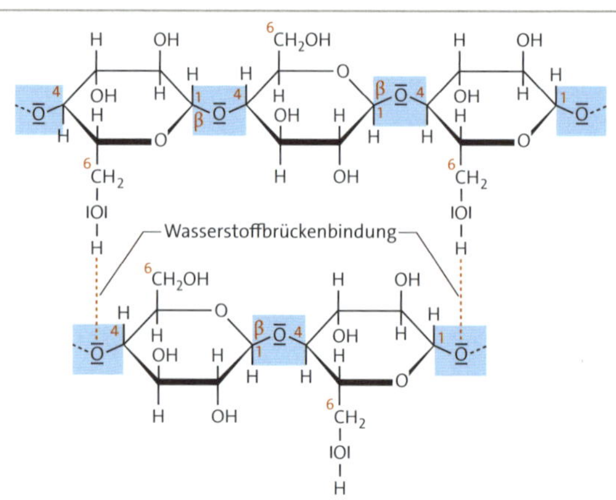

6.2 Aminosäuren und Proteine

α-Aminosäuren

α-Aminosäuren enthalten in ihren Molekülen als funktionelle Gruppen eine Amino- und eine Carboxygruppe, die am C-2-Atom gebunden sind. Sie unterscheiden sich durch die verschieden gestaltete Seitenkette, die die Eigenschaften der Aminosäuren bestimmt. α-Aminosäuremoleküle besitzen mit Ausnahme des Glycinmoleküls ein asymmetrisches C*-Atom und sind chiral. Die Enantiomere (Spiegelbildisomere) werden D- und L-Aminosäuren genannt. In der Natur kommen ausschließlich die L-Aminosäuren vor.

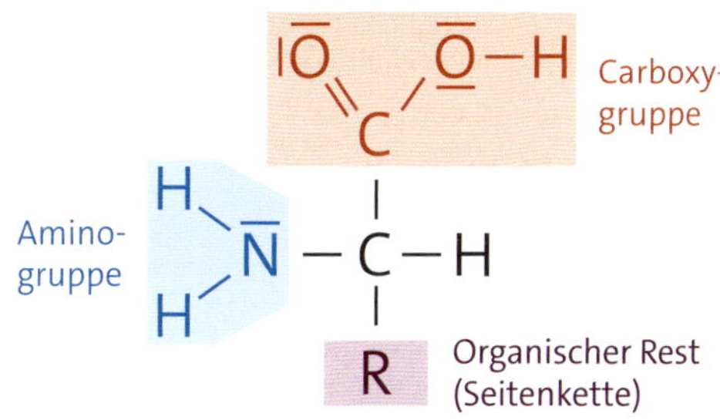

1 Allgemeiner Bau der proteinogenen Aminosäuren

Zwitterion

Die Aminogruppe als Protonenakzeptor und die Carboxygruppe als Protonendonator führen in wässrigen Lösungen zur Bildung von Zwitterionen. Aminosäuren wirken deshalb als **Ampholyte**, die in wässrigen Lösungen pH-abhängige Gleichgewichtsreaktionen bilden.

Aufgrund der polaren Struktur ihrer Moleküle zeigen Aminosauren ähnliche Eigenschaften wie Salze, beispielsweise haben sie hohe Schmelztemperaturen. Der pH-Wert, bei dem die maximale Konzentration an Zwitterionen vorliegt, wird isoelektrischer Punkt genannt. Der isoelektrische Punkt (pH_{iso}) ist für jede Aminosäure charakteristisch.

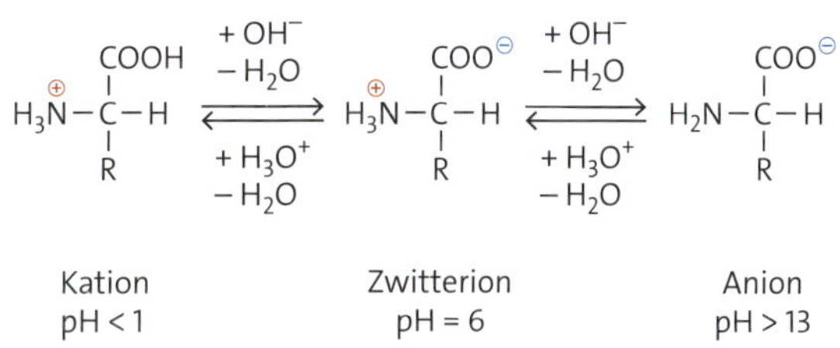

2 Gleichgewichte der Aminosäuren in sauren und basischen Lösungen

Elektrophorese

Die Elektrophorese ist ein analytisches Verfahren, um Aminosäuregemische in einem elektrischen Feld aufzutrennen. Bei diesem Verfahren nutzt man aufgrund der spezifischen isoelektrischen Punkte der jeweiligen Aminosäure die unterschiedlichen Wanderungsbewegungen im elektrischen Feld.
Entspricht der pH_{iso}-Wert der Aminosäure dem pH-Wert der Pufferlösung, wandert die Aminosäure nicht im elektrischen Feld, da sie sowohl vom Plus- als auch vom Minuspol angezogen werden. Aminosäuren mit kleinerem pH_{iso}-Wert bilden an den Seitenketten negativ geladene COO—Gruppen und wandern zum Pluspol. Aminosäuren mit höherem pH_{iso}-Wert bilden positiv geladene NH_3^+-Gruppen und wandern zum Minuspol (▶ 3).

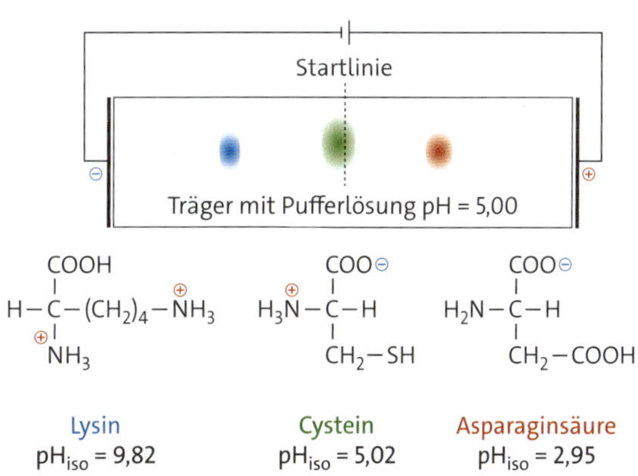

3 Prinzip der Auftrennung von Aminosäuren durch Elektrophorese

An ihrem isoelektrischen Punkt liegen alle Aminosäuren fast vollständig als Zwitterionen vor.

Peptidbindung

Peptide sind Verbindungen, die durch Kondensation von Aminosäuren entstehen. Die Moleküle enthalten mindestens eine Peptidbindung und jeweils eine terminale Amino- bzw. Carboxygruppe.

Die Peptidbindung ist ein gemeinsames Strukturmerkmal von Peptid- und Proteinmolekülen, das durch die Verknüpfung von Aminosäurebausteinen entsteht (▶ 4).

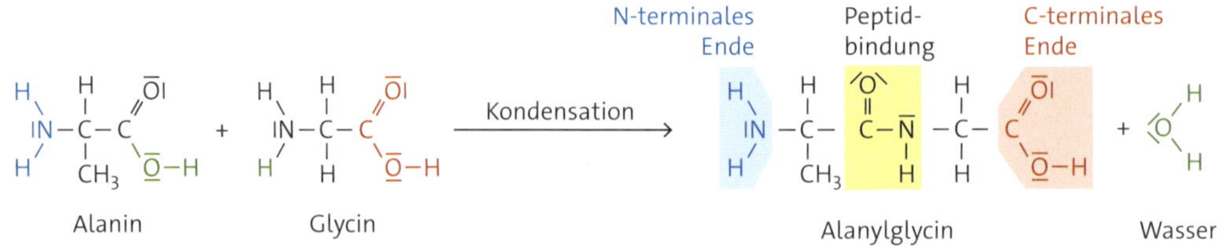

4 Bildung und Benennung eines Dipeptids

Struktur von Proteinen

Proteine erfüllen vielfältige Funktionen in allen Lebewesen. Weil ihre Molekülstrukturen äußerst variabel sind, können sie sowohl biochemische Reaktionen steuern oder auch unserem Körper Stabilität geben.
Man unterscheidet vier Molekülstrukturen: die Primär-, Sekundär-, Tertiär- und Quartärstruktur.

- **Primärstruktur:** Reihenfolge der Aminosäurebausteine (Aminosäuresequenz)
- **Sekundärstruktur:** α-Helix- und β-Faltblattstruktur
- **Tertiärstruktur:** räumliche Struktur des gesamten Proteins bzw. Faltung der Sekundärstruktur
- **Quartärstruktur:** funktionelle Einheit eines Proteins aus mehreren Polypeptidketten

Enzyme

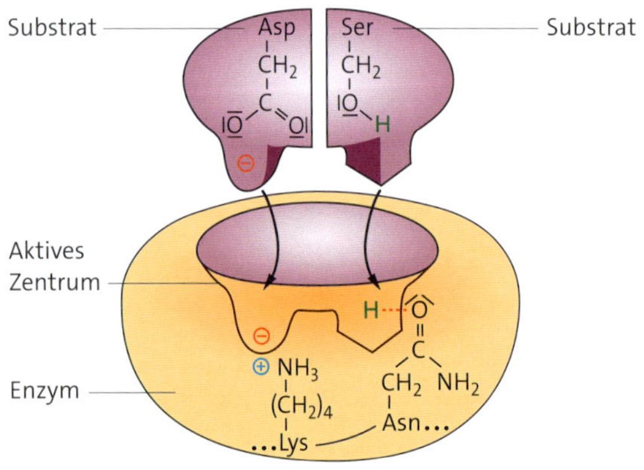

5 Beispielhafter Enzym-Substrat-Komplex

Damit die vielen Tausend chemischen Reaktionen des Stoffwechsels in den Zellen der Lebewesen ablaufen können, sind Proteine mit einer spezifischen Funktion, die Enzyme, erforderlich. Als besonderes Strukturmerkmal besitzen sie ein aktives Zentrum, das die Substrate in Produkte umwandelt.

Enzyme können die Aktivierungsenergie senken, erhöhen die Reaktionsgeschwindigkeit und gehen als Reaktionsteilnehmer nach der Reaktion unverändert aus ihr hervor. Sie haben eine katalytische Funktion bei biochemischen Reaktionen und werden deshalb Biokatalysatoren genannt.

Denaturierung

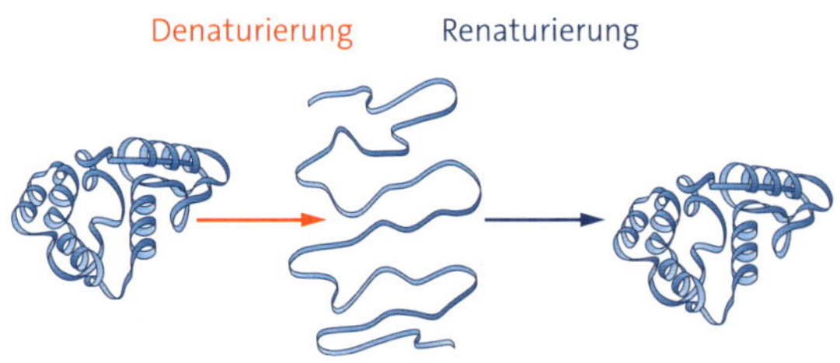

6 Modell zur De- und Renaturierung eines globulären Proteins

Denaturierung ist die Änderung der natürlichen Struktur eines Proteins durch das Einwirken von Säuren, Laugen und Schwermetallsalzen, wodurch die biologische Funktion der Proteine verloren geht. Der Vorgang der Denaturierung kann durch die Renaturierung teilweise wieder rückgängig gemacht werden, in anderen Fällen bleibt die Denaturierung jedoch irreversibel.

6.3 Fette und Tenside

Fette

Fette sind Ester des dreiwertigen Alkohols Glycerin mit meist drei langkettigen Carbonsäuren, die als Fettsäuren bezeichnet werden. Mit systematischem Namen heißen Fette auch Triglyceride oder Triacylglyceride.

Die Moleküle der **gesättigten** Fettsäuren besitzen in der Kohlenstoffkette nur Einfachbindungen. Die **ungesättigten** Fettsäuren enthalten hingegen mindestens eine Doppelbindung in der Kohlenstoffkette. Weisen Fette mehrere Doppelbindungen auf, spricht man von mehrfach ungesättigten Fettsäuren.

Einige Fettsäuren kann der menschliche Körper nicht selbst herstellen, sie müssen mit der Nahrung zugeführt werden. Man bezeichnet sie als **essenzielle Fettsäuren**.

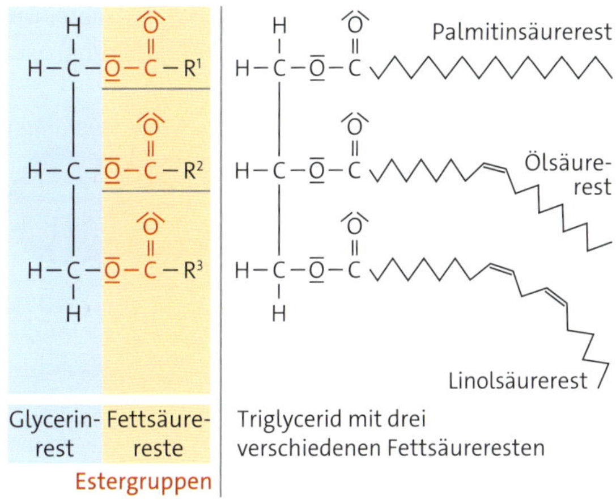

1 A Allgemeiner Bau eines Fettmoleküls, **B** Beispiel eines Fettsäuremoleküls

Tenside

Tenside sind Stoffe, die die Grenzflächenspannung zwischen zwei nichtmischbaren Flüssigkeiten verringern. Sie wirken deshalb als waschaktive Stoffe und als Emulgatoren. Ihre Moleküle bestehen aus einem polaren (hydrophilen) und einen unpolaren (hydrophoben) Teil, der die Eigenschaften bestimmt.

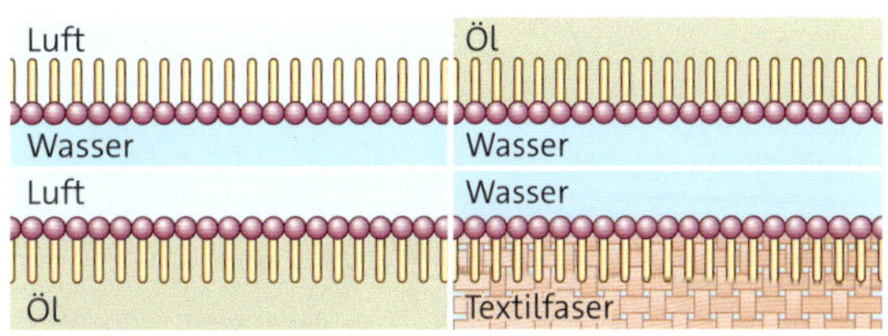

2 Grenzflächenbesetzung durch Tenside

Tensidklassen

Entsprechend dem Bau ihres hydrophilen „Kopfs“ der Moleküle werden Tenside in Klassen eingeteilt:

Anionische Tenside	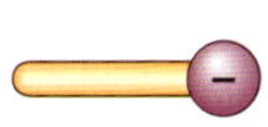	Natirumlaurylsulfat $CH_3\text{-}(CH_2)_{11}\text{-}O\text{-}SO_3^-\text{-}Na^+$
Kationische Tenside	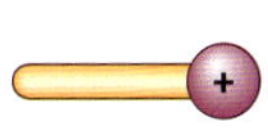	Diesterquat 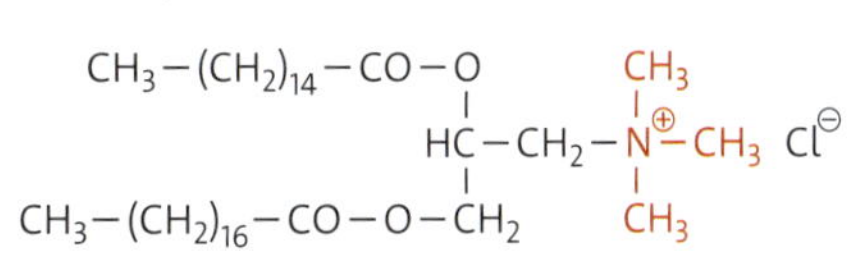
Zwitterionische Tenside	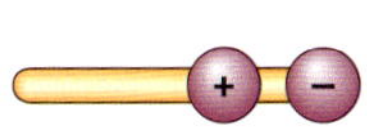	Tridecyldimethylbetain 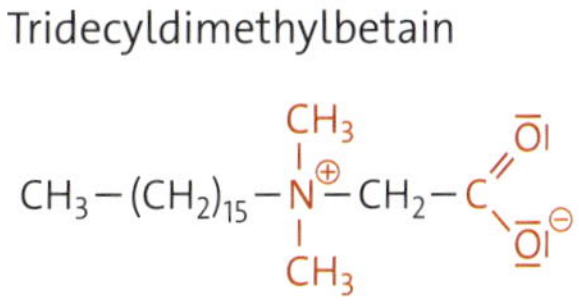
Nichtionische Tenside	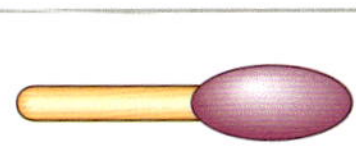	Polyoxyethylen(4)laurylether $CH_3\text{-}(CH_2)_{11}\text{-}O\text{-}(C_2H_4\text{-}O)_4\text{-}H$

Seifen

Seifen sind Alkalisalze von Fettsäuren. Sie werden durch alkalische Esterspaltung (Verseifung) von Fetten gebildet (▸ X). Seifen gehören zu den anionischen Tensiden. Die Herstellung erfolgt durch Esterspaltung (Verseifung) oder Hydrolyse von Fetten.

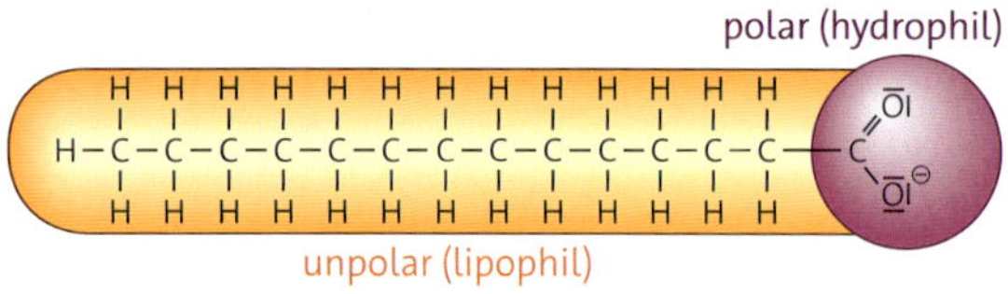

3 Modell eines Seifen-Anions

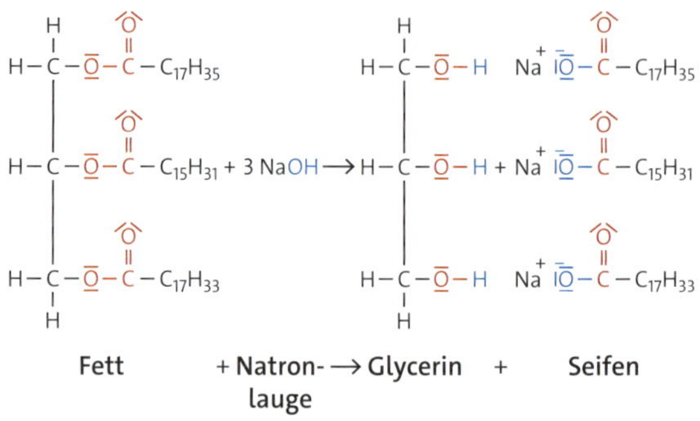

4 Alkalische Esterspaltung eines Fettes (Verseifung)

Waschvorgang

Beim Waschvorgang lagern sich Tensidmoleküle an den Schmutz an, lösen ihn von der Faser und umschließen ihn vollständig. Dabei wird der Schmutz in Micellen zerteilt (dispergiert), die mit der Waschlösung entfernt werden (▸ 5).

Waschhilfsstoffe sind alle Stoffe in Waschmitteln, die nicht zu den Tensiden gehören, jedoch den Waschvorgang unterstützen, z. B. Enzyme, Bleichmittel, Enthärter, optische Aufheller. Sie verbessern das Ergebnis des Waschvorgangs durch bessere Reinigung, Vermeidung von Kalkablagerungen oder durch Bleichen von Flecken.

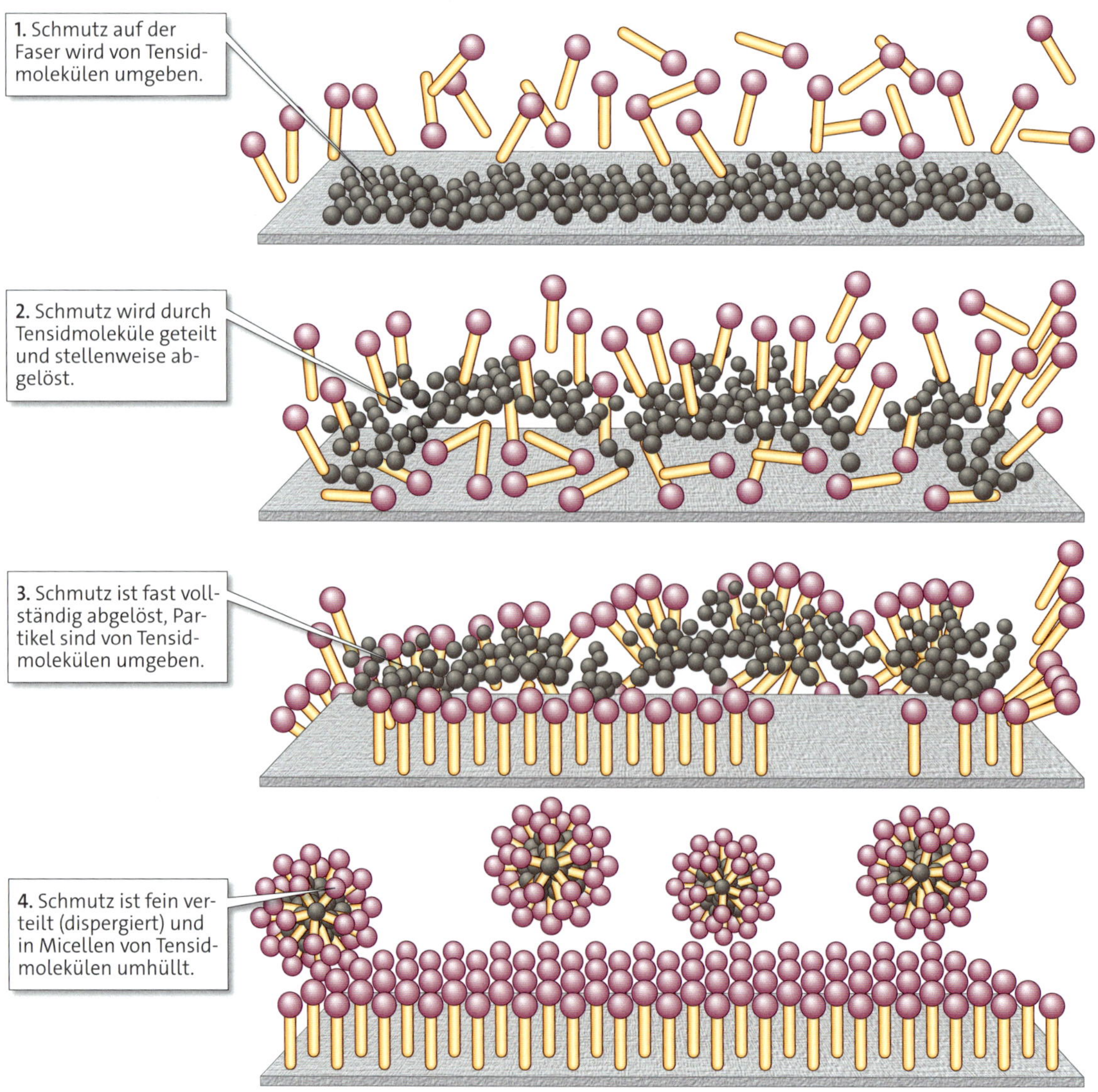

5 Phasen des Waschvorgangs: A Benetzen, B Umnetzen, C Ablösen, D Dispergieren

Naturstoffe

Kohlenhydrate

1 Die Samen von Psyllium, einer Wegerichart, enthalten sehr viele Ballaststoffe und werden deshalb bei Verdauungsproblemen angewendet. Außerdem enthält die Pflanze ein Monosaccharid, die Rhamnose.

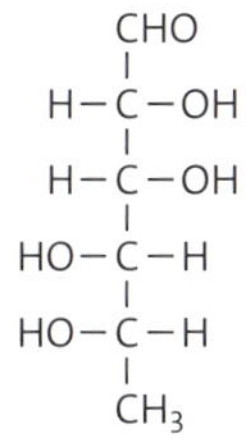

L-Rhamnose

a Vergleichen Sie die Struktur der Rhamnose mit der kettenförmigen Struktur von Glucose und Fructose.

b Zeichnen Sie die Haworth-Projektionsformel der ringfömigen L-Rhamnose.

c Begründen Sie die Zuordnung des Stoffs zu den Kohlenhydraten.

2 Die folgende Abbildung zeigt Modelle und Fischer-Projektionen verschiedener Kohlenhydrate:

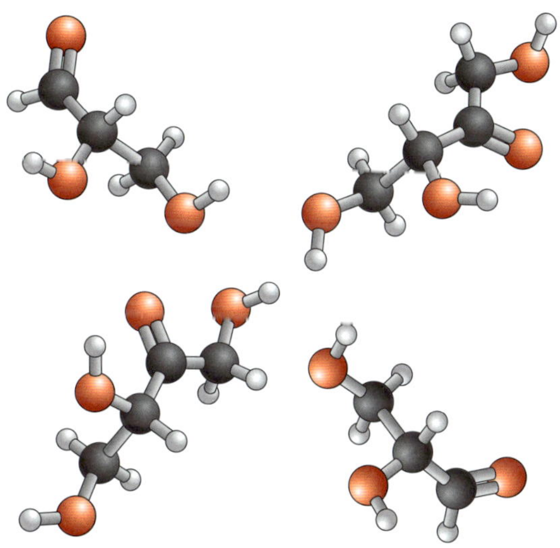

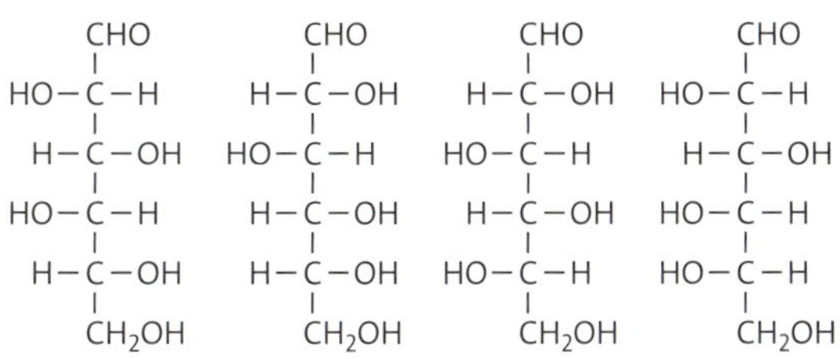

a Zeichnen Sie von den im Kugelstabmodell dargestellten Kohlenhydraten die Fischer-Projektionen und benennen Sie sie.

b Bestimmen Sie die Chiralitätszentren aller Moleküle.

c Ordnen Sie bei den gegebenen Fischer-Projektionen Enantiomere und Diastereomere einander zu.

d Erläutern Sie die Begriffe Enantiomer und Diastereomer.

3 Max behauptet: „α- und β-D-Glucose sind Enantiomere." Nehmen Sie zu dieser Aussage begründet Stellung. Finden Sie mindestens zwei Argumente, die Ihre Meinung stützen.

4 Reine Mannose wird in Wasser gelöst und mit Natronlauge versetzt. Nach einigen Minuten wird neutralisiert. In der Lösung lassen sich jetzt neben Mannose auch Glucose und Fructose nachweisen.

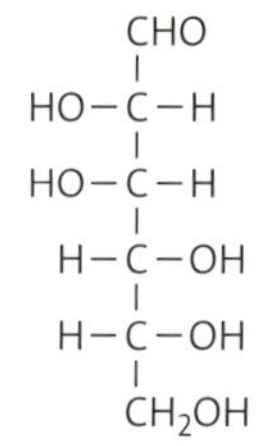

D-Mannose

a Vergleichen Sie die Molekülstruktur von D-Mannose mit der kettenförmigen Struktur von D-Glucose und D-Fructose.

b Zeichnen Sie eine Haworth-Projektion der ringförmigen Mannose (Pyranoseform).

c Erklären Sie das Versuchsergebnis ausführlich.

5 Oligofructose ist eine Kette aus drei bis sieben Fructosebausteinen in β-2,1-glykosidischer Verknüpfung.

a Zeichnen Sie die Strukturformel eines Oligofructosemoleküls aus drei β-D-Fructosebausteinen (Furanoseform).

b Kennzeichnen Sie die anomeren Kohlenstoffatome.

c Formulieren Sie eine Hypothese, ob die Fehling-Probe positiv verläuft.

6 Die folgende Tabelle enthält Angaben zu unterschiedlichen Disacchariden:

Name	Monosaccharidbausteine	Verknüpfung
Gentiobiose	D-Glucose, D-Glucose	β-1,6
Isomaltose	D-Glucose, D-Glucose	α-1,6
Lactulose	D-Galactose, D-Fructose	β-1,4
Sambubiose	D-Xylose, D-Glucose	β-1,2

a Erläutern Sie, was unter einer glykosidischen Bindung zu verstehen ist.

b Stellen Sie die in der Tabelle aufgeführten Disaccharide mit Haworth-Projektionen dar.

c Neben den Disacchariden Gentiobiose und Isomaltose besteht auch Maltose ausschließlich aus dem Monomer Glucose. Erklären Sie diese Vielfalt.

7 Chitin ist im Verbund mit Proteinen der Baustoff der Exoskelette von Insekten.

a Vergleichen Sie Chitin und Cellulose.

b Exoskelette der Insekten sind aus Chitin und nicht aus Cellulose. Erklären Sie, welcher Vorteil für Insekten daraus entsteht.

8 Natürliche Stärke besteht aus zwei Kohlenhydraten.

a Nennen Sie das Monosaccharid, das entsteht, wenn Stärke vollständig hydrolysiert wird.

b Vergleichen Sie Amylose und Amylopektin in Bezug auf ihre Struktur und ihre Eigenschaften.

c Beschreiben Sie, wie Stärke nachgewiesen werden kann.

d Die Makromoleküle beider Stärkearten besitzen an einem Ende freie glykosidische Gruppen. Trotzdem fällt die Fehling-Probe negativ aus. Erklären Sie diesen Sachverhalt.

9 Eine 10%ige α-D-Glucoselösung wird hergestellt. Der Drehwinkel der Lösung wird über einen Zeitraum von 1,5 Tagen gemessen. Das Ergebnis der Messung ist im Diagramm dargestellt:

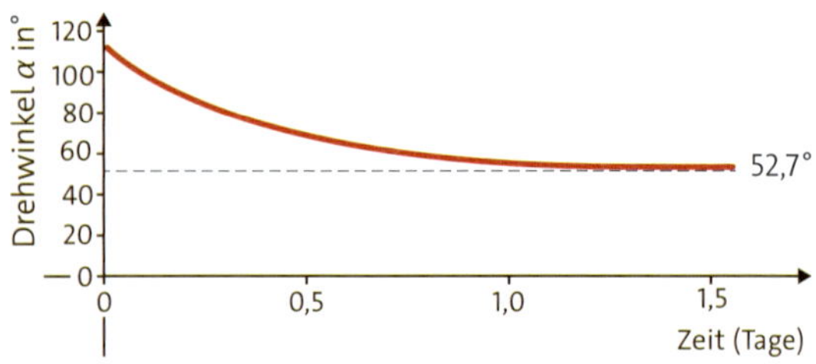

a Beschreiben Sie das Diagramm.

b Erklären Sie das Ergebnis der Messung.

c Der Drehwinkel von β-D-Glucoselösung beträgt +18,7°. Skizzieren Sie den Verlauf für die β-Glucoselösung über 1,5 Tage. Erklären Sie die Skizze.

10 Ein Labor soll ein Trisaccharid analysieren. Wird es nur kurze Zeit hydrolysiert, erhält man neben Fructose und Glucose zwei weitere Disaccharide. Eines der Disaccharide reagiert positiv mit Fehling-Lösung, das andere nicht. Nach längerer Zeit enthält das Reaktionsgemisch nur noch Glucose und Fructose im Verhältnis 2 : 1.

a Beschreiben Sie die Vorgänge, die bei der Hydrolyse der Trisaccharide stattfinden.

b Diskutieren Sie die Möglichkeiten für den Aufbau des Trisaccharids.

c Ordnen Sie die Disaccharide begründet den reduzierenden bzw. nichtreduzierenden Zuckern zu.

11 Kunsthonig wurde in Notzeiten erfunden und wird heute noch als Invertzuckercreme bei der Herstellung von Lebkuchen verwendet. Rezept: 200 ml Wasser, 40 ml Zitronensaft und 250 g Haushaltszucker bei ca. 80 °C so lange erhitzen, bis sich das Volumen ungefähr halbiert hat. Man erhält eine dickflüssige Creme.

a Erläutern Sie die chemischen Vorgänge bei der Herstellung von Kunsthonig.

b Stellen Sie eine Hypothese zur chemischen Zusammensetzung des Kunsthonigs auf.

c Beschreiben Sie einen experimentellen Weg, um die Hypothese zu überprüfen.

Zwei Disaccharide im Vergleich

M1.1 Maltose

„Hopfen und Malz – Gott erhalt's!“ ist der Wahlspruch der Bierbrauer. Malz ist durch Wasser zum Quellen gebrachte Gerste. Bei Temperaturen zwischen 30 und 40 °C wird die in der Gerste enthaltene Stärke durch das Enzym Amylase in Maltose gespalten. Dieser Zucker wird dann von Hefen abgebaut und zu Alkohol vergoren.

M1.2 Trehalose

Dieses Disaccharid wird nur langsam im Dünndarm abgebaut. Es sorgt für eine gleichmäßige Versorgung des Bluts mit Glucose. Deshalb eignet er sich als Zuckeraustauschstoff besonders in Sportgetränken. In der Natur findet man Trehalose in einigen Pflanzen und in der Lymphflüssigkeit von Insekten.

M1.3 Experimentelle Untersuchung

Mit beiden Zuckern werden folgende Experimente durchgeführt:

I) 10%ige Lösungen von Maltose und Trehalose werden mit Glucoseteststreifen geprüft. Ergebnis:

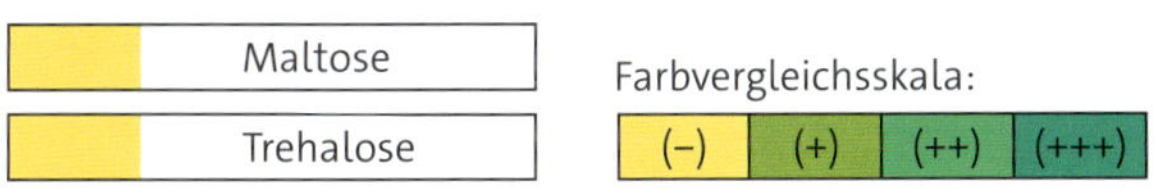

II) 10%ige Lösungen beider Zucker werden jeweils mit Fehling-Lösung versetzt und erhitzt. Ergebnis:

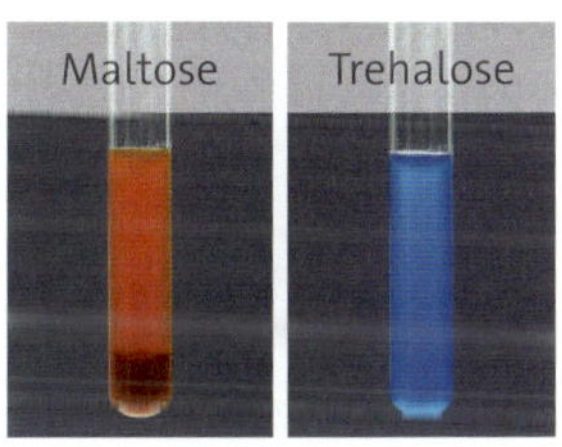

III) Die Lösungen beider Zucker werden mit Salzsäure versetzt und 10 min im Wasserbad erhitzt. Nach dem Abkühlen wird mit Natronlauge neutralisiert und erneut mit Glucoseteststreifen geprüft. Ergebnis:

1 Stellen Sie die Haworth-Formel von Maltose auf und beschreiben Sie die glykosidische Bindung.

2 Beschreiben Sie die abgebildeten Versuchsergebnisse (▶ **M1.3**).

3 Erklären Sie das Versuchsergebnis mit Fehling-Lösung.

4 Leiten Sie aus den Versuchsergebnissen Merkmale der Molekülstruktur der Trehalose ab. Entwickeln Sie begründet eine mögliche Haworth-Formel der Trehalose.

Reifung von Äpfeln

M2.1 Äpfel – ein gesunder Snack

„An apple a day keeps the doctor away“ heißt es im englischen Volksmund. Äpfel bestehen zu 85 % aus Wasser und sind damit als Durstlöscher geeignet, wenn kein Getränk zur Hand ist. Der Gehalt an Kohlenhydraten im reifen Apfel wird hauptsächlich durch Fructose und Glucose bestimmt und liegt bei rund 11 g je 100 g Fruchtfleisch. Aus diesen Zuckern kann im Stoffwechsel rasch Energie gewonnen werden. Äpfel enthalten aber noch viele weitere Spurenelemente und Vitamine sowie die für den erfrischenden Geschmack verantwortlichen Säuren wie die Äpfelsäure.

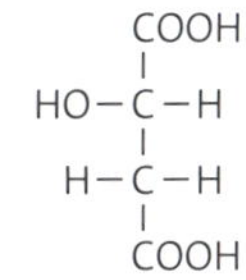

Äpfelsäure

M2.2 Richtiges experimentelles Vorgehen?

Eine Schülergruppe möchte am Wettbewerb „Jugend forscht“ teilnehmen und hat sich als Thema „Reifung von Äpfeln“ ausgesucht. Ihre Fragestellung lautet: „Was verändert sich im Apfel während des Reifungsprozesses?“ Sie führen mit einem im Juli gepflückten, unreifen und einem im gleichen Monat auf dem Wochenmarkt gekauften, reifen Apfel Experimente durch. Ihre Lehrerin soll nun beurteilen, ob sie sich mit diesem Beitrag beim Wettbewerb anmelden sollten.

A) Bestimmung des pH-Werts. Ergebnis:
Apfel unreif: pH = 3
Apfel reif: pH = 4

B) Bestimmung des Gehalts an Äpfelsäure. Ergebnis:
Apfel unreif: 100 mg/dl
Apfel reif: 50 mg/dl

C) Bestimmung der enthaltenen Zucker. Ergebnis:

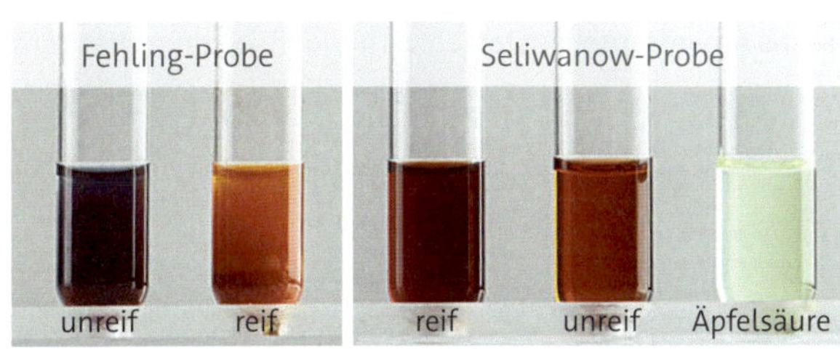

1 Zeichnen Sie die Haworth-Formeln für das Glucose- und Fructosemolekül (Furanoseform).

2 Erläutern Sie, welche Stoffe mit den Versuchen A bis C untersucht werden sollen, und benennen Sie sie.

3 Werten Sie die Versuchsergebnisse aus.

4 Diskutieren Sie die experimentelle Vorgehensweise der Schülergruppe.

Aminosäuren und Proteine

1 a Begründen Sie die Tatsache, dass von fast allen proteinogenen Aminosäuren zwei Enantiomere möglich sind.
b Geben Sie an, welche Form in der Natur vorkommt.

2 Erklären Sie die hohen Schmelz- bzw. Zersetzungungstemperaturen der Aminosäuren auf molekularer Ebene.

3 a Kennzeichnen Sie im Zwitterion des Valins die nach BRÖNSTED sauer und basisch reagierenden Gruppen.
b Begründen Sie anhand der Strukturformeln der Aminosäuren deren Einteilung in neutrale, saure und basische Aminosäuren und nennen Sie je ein Beispiel.

4 a Stellen Sie die Reaktionsgleichung für die Umsetzung von Alanin mit Salzsäure auf.
b Alanin hat einen pH_{iso} von 6,11. Geben Sie an, zu welcher Elektrode Alanin im elektrischen Feld bei pH = 3,5; pH = 6,11 und pH = 9 wandert.

5 Glutathion (γ-L-Glutamyl-L-cysteinylglycin) ist ein Tripeptid, das in fast allen Zellen vorkommt.

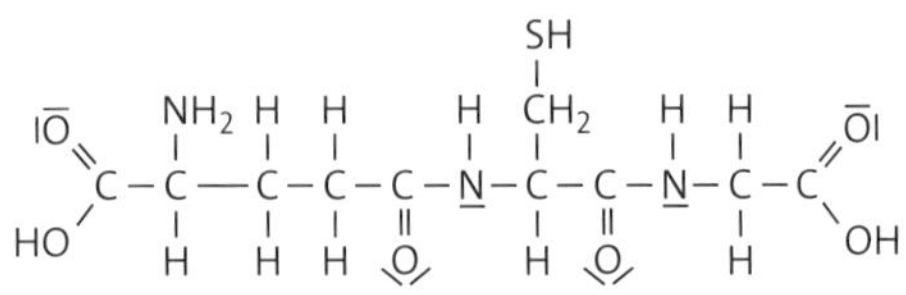

Glutathion

a Geben Sie die Aminosäurebausteine an, aus denen das Tripeptid aufgebaut ist.
b Stellen Sie die Reaktionsgleichung für die Bildung des Dipeptids Cysteinylglycin auf.
c Erläutern Sie, inwieweit Glutathion reguläre Peptidbindungen aufweist.
d Zwei Glutathionmoleküle können zu einem Peptidmolekül aus sechs Aminosäurebausteinen verbunden werden. Erläutern Sie mögliche Verknüpfungen und geben Sie die Aminosäuresequenz der Peptide an.

6 Definieren Sie die Begriffe Peptid sowie Oliogpeptid, Polypeptid und Protein.

7 Klassifizieren Sie die vier möglichen Molekülstrukturen der Proteine anhand der jeweils wirkenden Bindungsarten und stellen Sie dies übersichtlich in einer Tabelle dar.

8 Ordnen Sie schematisch die in den Organismen vorkommenden Proteine nach ihrer Struktur und den daraus resultierenden Eigenschaften und Funktionen. Nennen Sie jeweils zwei Beispiele.

9 Aminosäuren mit voluminösen Seitenketten begünstigen die Helixbildung, solche mit kleinen Seitenketten die Faltblattstrukturbildung. Erläutern Sie, warum in Naturseide Glycin und Alanin häufig vorkommen.

10 a Beschreiben Sie den Aufbau und die Eigenschaften des Strukturproteins Kollagen.
b Erläutern Sie, durch welche Maßnahmen aus Kollagen ein wasserbindendes Protein erzeugt werden kann, und benennen Sie dieses.

11 Die Verdauung von Proteinen findet im Magen statt. Der Magensaft enthält u. a. anderem Salzsäure und das Enzym Peptidase.
a Definieren Sie den Begriff Enzym.
b Erläutern Sie die Funktion der Salzsäure und des Enzyms im Magensaft.
c Erstellen Sie ein allgemeines Reaktionsschema für die Proteinverdauung.
d Stellen Sie eine Hypothese auf, ob Magensaft, der nur aus Salzsäure besteht, die Proteinverdauung ermöglichen würde.

Proteine im Blut

Etwa vier bis sechs Liter Blut pulsieren durch den Körper eines erwachsenen Menschen. Es übernimmt u. a. die wichtige Aufgabe, den Stoffaustausch zwischen Umwelt und Zellen im Körper zu gewährleisten. Blut besteht zu 44 % aus zellulären Bestandteilen und zu 55 % aus Blutplasma. Die Funktionen des hauptsächlich aus Wasser und Proteinen bestehenden Blutplasmas sind Stofftransport, Immunabwehr, Blutgerinnung und Regulierung des pH-Werts.

Die Proteine im Blut lassen sich durch Elektrophorese in verschiedene Globuline und Albumin, das häufigste Plasmaprotein, auftrennen.
Albumin besteht aus 585 Aminosäurebausteinen, von denen viele polare Seitenketten aufweisen. Zudem hat es 16 Histidinbausteine gebunden.
Indem Albumin in den Blutgefäßen Wasser an sich bindet, verhindert es dessen Austritt in die Zellzwischenräume und somit ins Gewebe.

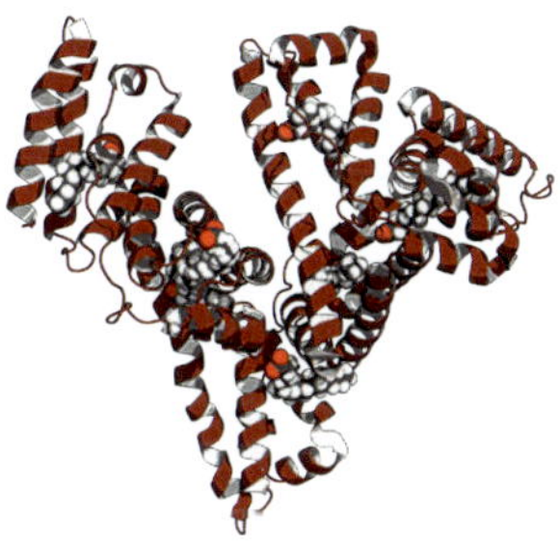

1 Raummodell von Albumin

1 **a** Beschreiben Sie die Struktur des Albumins anhand von ▶1 und ordnen Sie es begründet einer Proteinart zu.
b Vergleichen Sie die Struktur von Albumin mit der eines selbst gewählten fibrillären Proteins. Leiten Sie daraus die unterschiedlichen Funktionen globulärer und fibrillärer Proteine ab.

2 **a** 1 g Albumin kann bis zu 18 ml Wasser binden. Erklären Sie diesen Sachverhalt.
b Stellen Sie eine Hypothese auf, wie ein Mangel an Albumin im Blutplasma zu Ödemen, Wasseransammlungen im Gewebe, führen kann.

3 Blut hat einen stabilen pH-Wert von etwa 7,4. Erläutern Sie anhand einer Skizze die auf den Histidinbausteinen beruhende Pufferwirkung von Albumin im Blut.

4 Erklären Sie das Prinzip der Elektrophorese exemplarisch anhand der Plasmaproteine des Bluts.

5 Kommt es bei einer Rasur zu einer Verletzung, so dienen Alaunstifte zum Stillen der Blutung. Sie enthalten Kaliumaluminiumalaun ($K_2Al_2(SO_4)_4$). Erläutern Sie, worauf die blustillende Wirkung beruht.

Friseure als Chemiker

Haare bestehen aus dem fibrillären Protein α-Keratin, dessen häufigster Aminosäurebaustein Cystein ist. In einem Ausschnitt des Keratinmoleküls kommen beispielsweise Aminosäurebausteine in der Reihenfolge –Ser–Cys–Leu– vor.

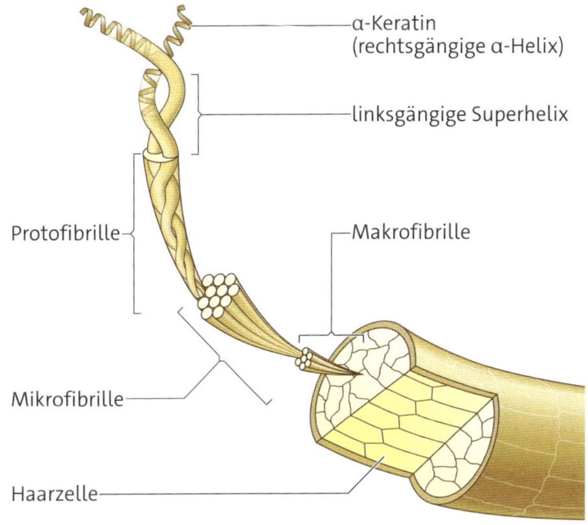

1 Aufbau eines menschlichen Haars

Keratinmoleküle liegen als α-Helices vor, von denen mehrere durch Disulfidbrücken verbunden und zu einer Superhelix verdrillt sind. Sie ist Bestandteil einer Protofibrille. Elf Protofibrillen verbinden sich zu Mikrofibrillen. Ein Bündel davon ergibt eine Makrofibrille, von denen sich wiederum mehrere in einer Zelle des Haars befinden. Bei einer Dauerwelle werden die Disulfidbrücken an den Cysteinbausteinen durch ein Reduktionsmittel, das Protonen H^+ liefert, zu Thiolen –SH geöffnet. Nach dem Formen des Haars wird durch das Oxidationsmittel Wasserstoffperoxid (H_2O_2) die neue Struktur fixiert. Sie bleibt bis zum Nachwachsen des Haars bestehen.

1 Zeichnen Sie die Strukturformel für den angegebenen Ausschnitt des Keratinmoleküls. Benennen Sie die vorliegende Bindung.

2 Erläutern Sie am Beispiel des α-Keratins die Begriffe Primär-, Sekundär-,Tertiär- und Quartärstruktur.

3 Formulieren Sie am Beispiel zweier Cysteinbausteine des Keratinmoleküls die chemischen Reaktionen, die zur Formung des Haars führen. Zeigen Sie, dass es sich um eine Redoxreaktion handelt.

Fette und Tenside

1 **a** Formulieren Sie die Reaktionsgleichung für die Hydrolyse eines Fettmoleküls mit Fettsäureresten aus Stearinsäure, Laurinsäure und Linolsäure.
b Erklären Sie die unterschiedliche Konsistenz von Schweineschmalz und Sonnenblumenöl.

2 Diskutieren Sie die Verwendung von Margarine in der Ernährung.

3 Beschreiben Sie den allgemeinen Aufbau eines Tensidmoleküls.

4 Geben Sie die Phasen des Waschvorgangs von Textilien an. Erläutern Sie, worauf die Waschwirkung von Tensiden beruht.

5 Wasserläufer gehören zu den Wanzen. Sie laufen auf der Wasseroberfläche und fangen dort Tiere, die ins Wasser gefallen sind.

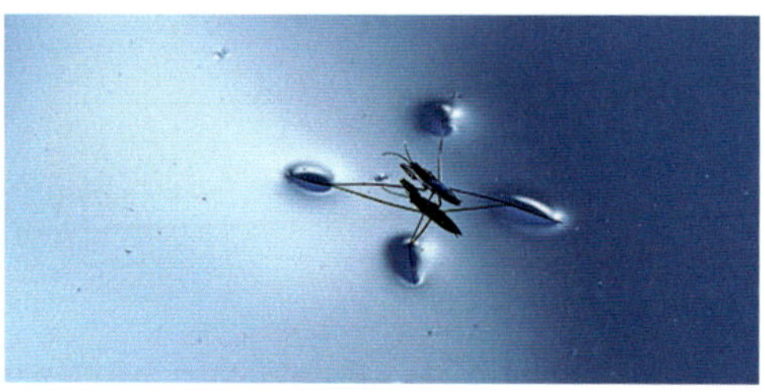

a Erklären Sie die Fähigkeit des Wasserläufers, auf dem Wasser zu laufen.
b Gibt man Seife in das Wasser, dann versinken die Tiere. Erklären Sie dieses Phänomen.

6 Das folgende Bild zeigt drei Tenside:

$CH_3-(CH_2)_{11}-O-(C_2H_4-O)_6-H$

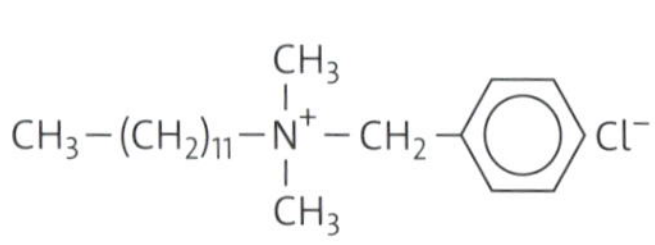

a Ordnen Sie die dargestellten Tenside begründet den bekannten Tensidklassen zu und geben Sie die Verwendungsmöglichkeiten an.
b Eine Tensidklasse ist im Bild nicht vertreten. Nennen Sie die fehlende Tensidklasse und geben Sie die Halbstrukturformel eines Vertreters an.

7 Beim Waschen in hartem Wasser ändert sich die Dosierung des Waschmittels.
a Erläutern Sie den Begriff „hartes Wasser“.
b In hartem Wasser muss man für ein gutes Waschergebnis mehr Tenside einsetzen. Begründen Sie.
c Schlagen Sie zwei weitere Maßnahmen vor, die die negativen Auswirkungen von hartem Wasser mindern.

8 Über längere Zeit getragene, mit Hautfetten verschmutzte Kleidung wurden früher mit Soda (Natriumcarbonat, Na_2CO_3) gewaschen. Nach kurzer Zeit schäumt die Waschlösung und die Kleidung wird sauber.
a Begründen Sie die Waschwirkung und die beobachtete Schaumbildung, auch unter Zuhilfenahme von Reaktionsgleichungen.
b Erläutern Sie, warum sich das Verfahren nur für relativ stark verschmutzte Wäsche aus Baumwolle eignet, Wolle und Seide dagegen nicht mit Soda gewaschen werden dürfen.

9 Aus Glucose und Hexadecan-1-ol lässt sich ein waschaktiver Stoff gewinnen. Dabei reagiert eine Hydroxygruppe des Glucosemoleküls unter Abspaltung eines Wassermoleküls mit einem Alkoholmolekül.
a Formulieren Sie die Reaktionsgleichung für die Herstellung und geben Sie an, zu welcher Tensidklasse das Reaktionsprodukt gehört.
b Begründen Sie die Waschwirkung des Tensids.
c Beschreiben Sie eine Methode, mit der sich eine Lösung dieses Tensids von einer Seifenlösung experimentell unterscheiden lässt.

Tenside in der Küche

Mayonnaise kennt eigentlich jeder und hat sie im Supermarkt schon gekauft. Dabei ist es gar nicht so schwer, eine klassische Mayonnaise selbst herzustellen (▶ C1.1). Dazu wird neben Essig und Öl vor allem Eigelb benötigt. Ein Eidotter enthält ca. 50 % Wasser, 16 % Proteine und 32 % Fette sowie Vitamine und Mineralsalze. Für die Mayonnaise besonders wichtig ist Lecithin (▶ C1.2), das dem Fettanteil zugerechnet wird. Das Tensid wirkt als Emulgator und stabilisiert die Wasser-in-Öl-Emulsion, die Mayonnaise aus chemischer Sicht ist.

Mayonnaise selbst gemacht

Zutaten: 2 Eigelb, 1 Prise Salz, 3 Teelöffel Essig, 0,25 l Öl

Eigelb, Salz und Essig gut miteinander verrühren. Dann erst unter ständigem Rühren tropfenweise etwas Öl zugeben. Anschließend das restliche Öl in kleinen Portionen unter weiterem Rühren untermischen.

1 Rezept zur Herstellung von Mayonnaise

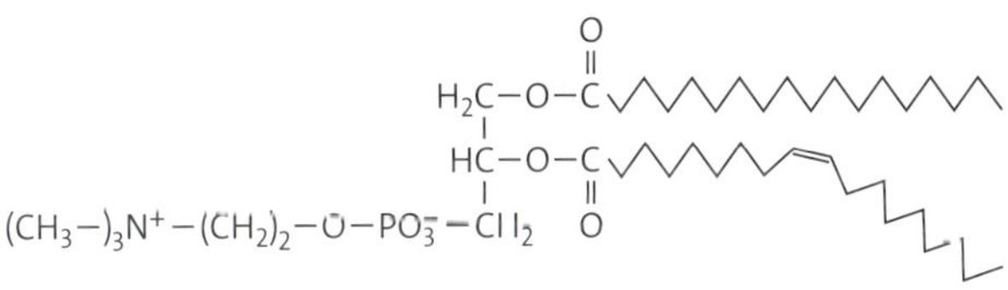

2 Formel von Lecithin

1 a Zeichnen Sie die Halbstrukturformel des Lecithins und beschriften Sie sie entsprechend dem „Kopf-Schwanz-Modell".
b Begründen Sie die Grenzflächenaktivität des Lecithins.

2 a Entwickeln Sie ein Experiment, um die emulgierende Wirkung von Eigelb bei der Herstellung von Mayonnaise nachzuweisen.
b Führen Sie das Experiment durch und werten Sie es aus.
c Erläutern Sie die emulgierende Wirkung von Lecithin mithilfe eines geeigneten Modells.

3 Diskutieren Sie, ob es sinnvoll ist, die Salze von Speisefettsäuren als Emulgatoren in der Lebensmittelindustrie einzusetzen.

Seife vs. Duschgel

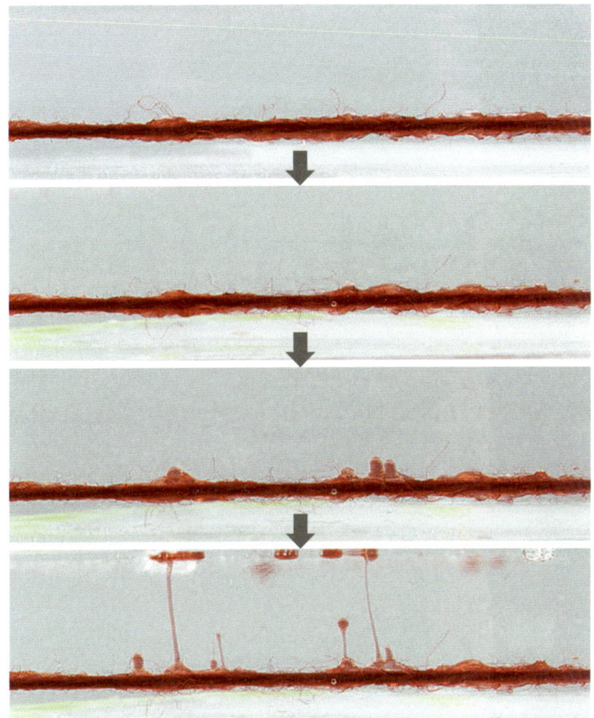

1 Dispergieren von Öl aus einem Wollfaden in Seifenlösung

Inhaltsstoff	Kategorie
Wasser	
Natriumlaurylsulfat	anionisches Tensid
Cocamidopropylbetain	zwitterionisches Tensid
Natriumchlorid	
Propylenglycol-Distearat	Emulgator
Glycerin, Natriumlactat	Befeuchtungsmittel
Laureth-4 (Polyethylenglykol-Ether)	Emulgator
Citronensäure, Natriumbenzoat	Konservierungsmittel
Gamma-Methylionon, Limonen, Linalool	Duftstoff

2 Zusammensetzung eines Duschgels

1 Ein verölter Wollfaden wird in eine Seifenlösung gegeben und von Nahem betrachtet (▶ D1.1).
a Beschreiben Sie den Vorgang unter Anwendung der Fachsprache und erklären Sie die Funktion der Seife.
b Erläutern Sie die Nachteile von Seifen als Waschmittel für Textilien, insbesondere der hier gezeigten Wolle.

2 Vergleichen Sie die Zusammensetzung eines Waschmittels und die eines Duschgels (▶ D1.2). Leiten Sie eine Schlussfolgerung im Hinblick auf die spezifischen Anforderungen an die jeweiligen Produkte ab.

7

Farbstoffe

Achtung! Dieses Thema wird nicht in allen Bundesländern oder in jedem Kurs behandelt.

Einstufungstest

Karteikarten

Ich kann:

- die Farbigkeit von Stoffen durch Lichtabsorption begründen
- den Zusammenhang zwischen Farbigkeit und Molekülstruktur mithilfe des Mesomeriemodells erläutern
- Absorptionsspektren von Farbstoffen auswerten und die Ergebnisse interpretieren
- die Farbigkeit innerhalb der wichtigsten synthetischen Farbstoffgruppen erläutern
- die Synthese eines Azofarbstoffs beschreiben und die Azokupplung als elektrophile Zweitsubstitution erläutern
- die Art der chemischen Bindung der Textilfarbstoffgruppen auf der Faser beschreiben und erklären

Der Rotaugenlaubfrosch fasziniert durch seine wunderbare Färbung, die erst sichtbar wird, wenn er sich bewegt. Durch seine roten Augen und seine tiefgrüne Haut, kombiniert mit den blau-violetten Flanken, ist er ein echter Blickfang. Farben wirken in unserer Umwelt als Signale und dienen der Orientierung. Auch wir nutzen Farben gezielt, indem wir Kleidung färben, uns schminken oder in der Werbung mit Farben Aufmerksamkeit erzeugen: Farben sind aus unserem Leben nicht wegzudenken.

7 Farbstoffe

Licht und Farbe

Farbige Stoffe sind Verbindungen, die elektromagnetische Strahlung aus dem sichtbaren Bereich des Spektrums (380 bis 800 nm) absorbieren und daher dem menschlichen Auge farbig erscheinen (▶ 1). Wahrgenommen wird die Komplementärfarbe des absorbierten Lichts.
Die von einem Stoff absorbierte Spektralfarbe und die Mischfarbe des restlichen Spektrums sind komplementär zueinander (▶ 2).

Die **Lichtabsorption** ist die durch Licht bedingte Anregung von Elektronen eines Moleküls von einem Grundzustand in einen angeregten Zustand.

Die **Lichtemission** ist die Rückkehr der Elektronen vom angeregten Zustand in den Grundzustand unter Abgabe von Licht.

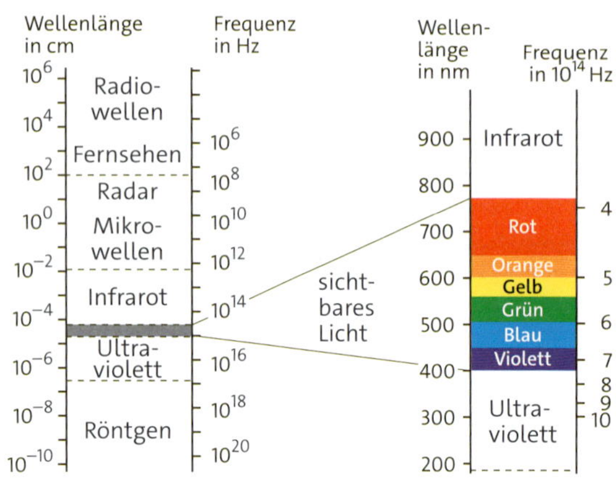

1 Elektromagnetisches Spektrum

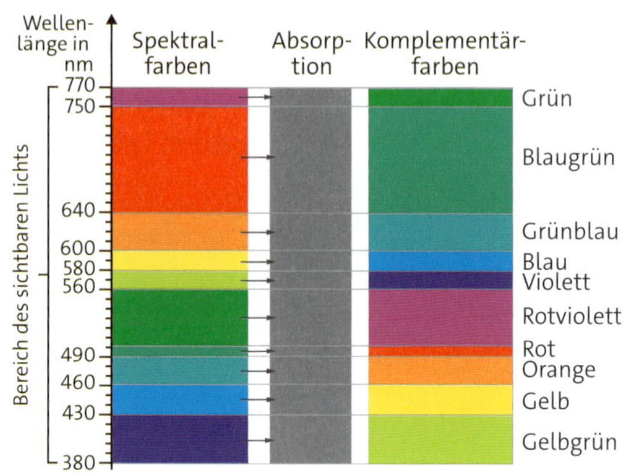

2 Spektralfarben und ihre Komplementärfarben

Molekülstruktur und Farbigkeit

Ein **Chromophor** ist ein farbgebendes, delokalisiertes, konjugiertes -Elektronensystem, das die Lichtabsorption eines Moleküls ermöglicht.
Das farbgebende Chromophor eines Farbstoffmoleküls besteht aus einem ausgedehnten System von konjugierten Doppelbindungen, das für die Absorption von Licht im sichtbaren Bereich verantwortlich ist. Je größer das delokalisierte Elektronensystem ist, desto größer und energieärmer ist die Wellenlänge des absorbierten Lichts. Chromophore gleicher Kettenlänge absorbieren Licht einer umso größeren Wellenlänge, je stärker sich die Energien der mesomeren Grenzstrukturen gleichen.

Die **auxochromen Gruppen** sind funktionelle Gruppen, die durch mesomere Wechselwirkungen mit dem Chromophor die Lichtabsorption eines Farbstoffmoleküls und damit die Farbigkeit eines Stoffs beeinflussen.

Als Farbeffekte gibt es die:
Bathochromie: Farbvertiefung, Verschiebung der Lichtabsorption in den längerwelligen Bereich
Hypsochromie: Farberhöhung, Verschiebung der Lichtabsorption in den kürzerwelligen Bereich

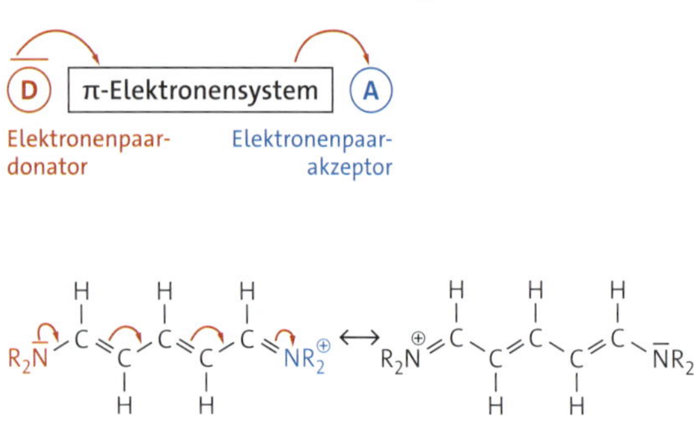

3 Mesomere Grenzstrukturen und Erweiterung des Chromophors bei Cyaninen

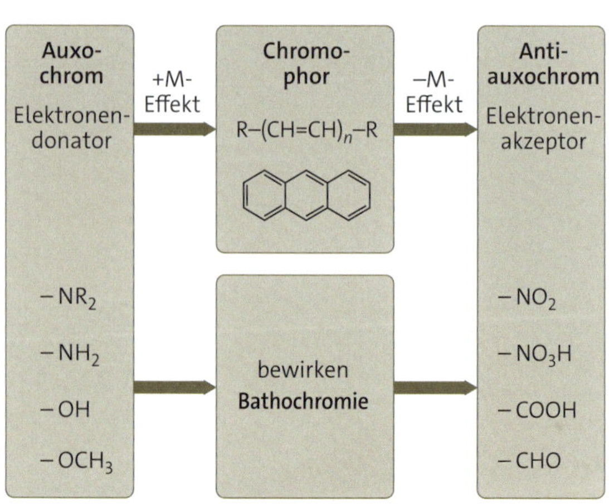

4 Modell eines Farbstoffmoleküls

Farbstoffgruppen

Farbstoffe werden nach bestimmten Strukturmerkmalen in Farbstoffgruppen unterteilt.

Azofarbstoffe • Azofarbstoffe besitzen ein oder mehrere Azobrücken (-N=N-). Sie werden teilweise als Säure-Base-Indikatoren verwendet. Bei Säure-Base-Indikatoren ändert sich durch Abgabe oder Aufnahme von Protonen die Struktur ihres Moleküls, sodass es in einem anderen Wellenlängenbereich absorbiert. Ihre Farbe ist daher vom pH-Wert abhängig.

Triphenylmethanfarbstoffe • Triphenylmethan besteht aus drei Phenylringen, die durch ein zentrales Kohlenstoffatom miteinander verbunden sind.
Beispiel: Phenolphthalein, ein bekannter farbloser Säure-Base-Indikator, der sich nur bei pH zwischen 8 und 12 rotviolett färbt.

Carbonylfarbstoffe • Carbonylfarbstoffe besitzen mindestens zwei Carbonylgruppen (C=O), die durch ein konjugiertes -Elektronensystem miteinander verbunden sind.

Farbstoffgruppe	Azofarbstoffe	Triphenylmethanfarbstoffe	Carbonylfarbstoffe
Strukturmerkmale	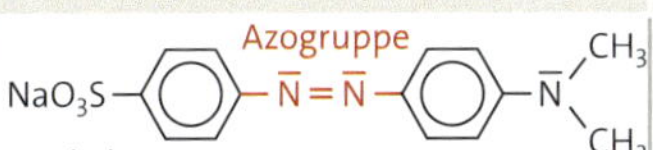 Methylorange	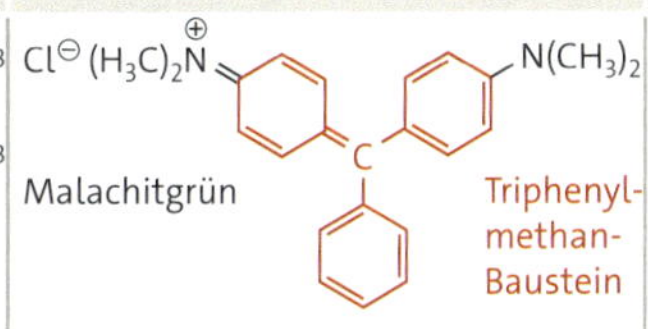 Malachitgrün	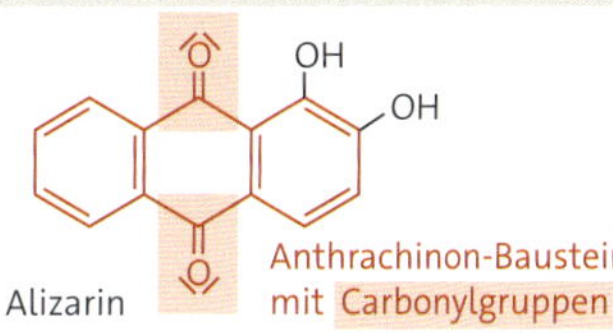 Alizarin
Beispiele	Methylorange, Kongorot	Phenolphthalein, Aurin	Henna, Indigo, Purpur

Färbeverfahren

Färbeverfahren bewirken die Verbindung des Farbstoffs mit der Faser. Die Färbeverfahren werden dabei auf ein optimales Zusammenspiel von Fasermolekül und Farbstoffmolekül abgestimmt.

Farbstoffmoleküle können durch zwischenmolekulare Wechselwirkungen, Ionenbindungen oder Elektronenpaarbindung an den Molekülen der Faser verankert werden. Je fester die Verankerung auf der Faser erfolgt, desto waschechter ist die Färbung.

Es gibt:

- Entwicklungsfärben (Zweikomponentenfärben, Küpenfärben, Beizenfärben)
- Substantives (▶ 5), anionisches (▶ 6) oder kationisches Direktfärben
- Reaktivfärben (▶ 7)
- Dispersionsfärben

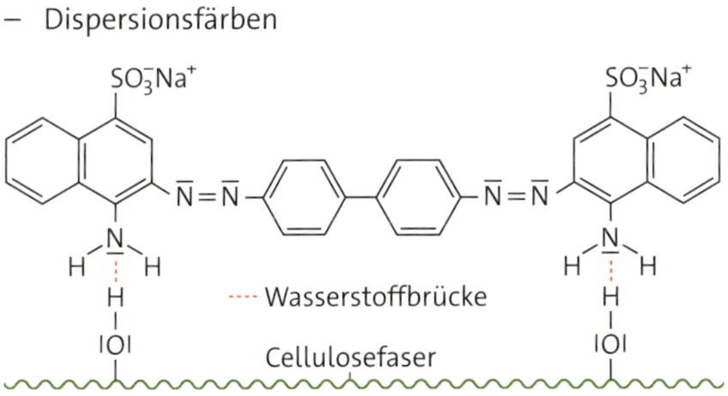

5 Substantive Direktfärbung: Bindung eines Kongorotmoleküls an eine Cellulosefaser durch Wasserstoffbrücken

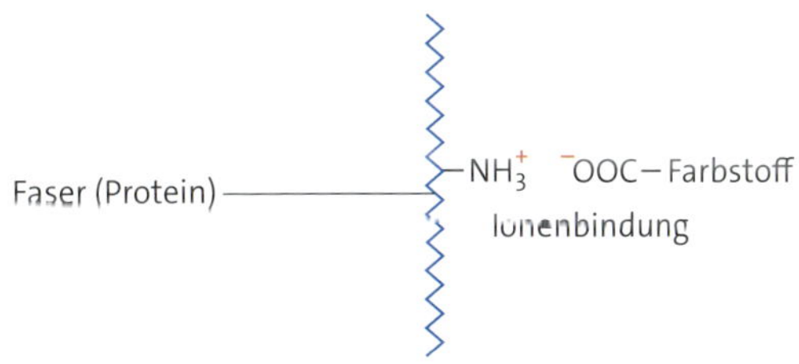

6 Bindung eines anionischen Farbstoffs an der Faser

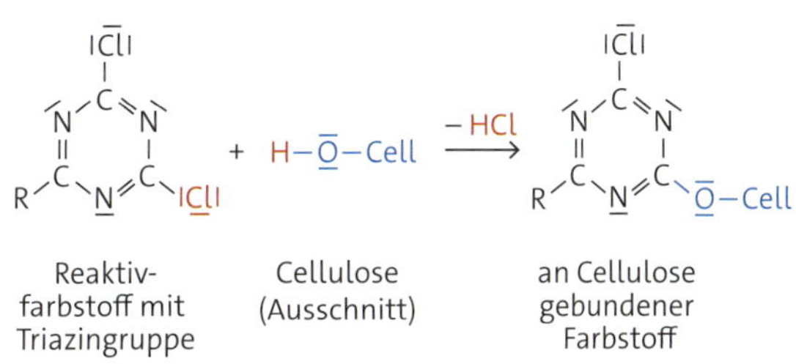

R: Chromophor
H–O–Cell: Hydroxygruppen des Cellulosemoleküls

7 Reaktivfärben: chemische Reaktion zwischen einem Reaktivfarbstoff und einem Cellulosemolekül

Farbstoffe

1 Erläutern Sie die folgenden Fachbegriffe:
a Lichtabsorption und Lichtemission
b subtraktive und additive Farbmischung
c Fluoreszenz und Phosphoreszenz

2 Erläutern Sie unter Verwendung von Fachbegriffen den Zusammenhang zwischen Molekülstruktur und Farbigkeit am Beispiel des gelben Farbstoffs Buttergelb.

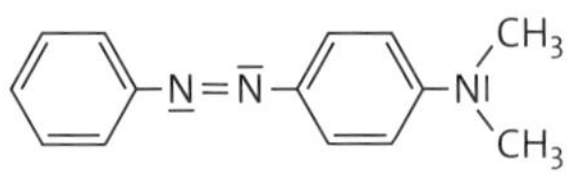

3 Nur eine der beiden Verbindungen mit folgenden Halbstrukturformeln erscheint farbig:
$H–(CH=CH)_4–H$ (Verbindung 1)
$(CH_3–)_2N–(CH=CH)_4–CHO$ (Verbindung 2)
a Erläutern Sie die unterschiedliche Lichtabsorption der beiden Verbindungen anhand von mesomeren Grenzstrukturen.
b Begründen Sie anhand von geeigneten mesomeren Grenzstrukturen, wie sich der Austausch der Aldehydgruppe –CHO durch eine Nitrogruppe $–NO_2$ in der Verbindung 2 auf die Farbigkeit auswirken würde.

4 Wird ein Gegenstand, der im Tageslicht blau erscheint, nur mit dem gelben Licht einer Natriumdampflampe bestrahlt, so erscheint der Gegenstand schwarz.
Erklären Sie diesen Sachverhalt.

5 **a** Erläutern Sie die folgenden Begriffe: Direktfarbstoff, Leukoform, Carbonylfarbstoff.
b Begründen Sie, dass Indigo eigentlich nicht zu den Farbstoffen gehört und leiten Sie ab, warum zum Färben mit Indigo dessen Verküpung notwendig ist.

6 Um Resorcingelb herzustellen, wird eine alkalische Lösung aus Sulfanilsäure und Natriumnitrit auf unter 5 °C abgekühlt und dann mit Salzsäure gemischt. Zu dieser Lösung gibt man eine ebenfalls abgekühlte alkalische Lösung von Resorcin.

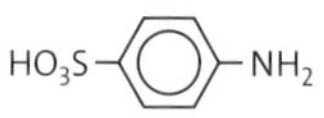

Sulfanilsäure

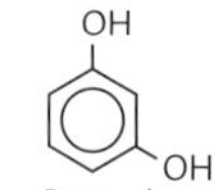

Resorcin

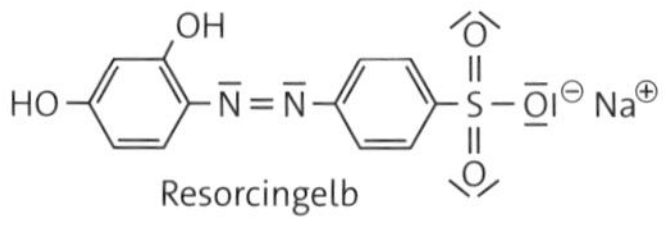

Resorcingelb

a Geben Sie an, zu welcher Farbstoffklasse Resorcingelb gehört und begründen Sie Ihre Zuordnung.
b Entwickeln Sie den Reaktionsmechanismus der Synthese ausgehend von der Versuchsvorschrift.
c Nehmen Sie zu folgender Hypothese begründet Stellung: „Resorcingelb kann in einem ähnlichen Verfahren auch unter Verwendung von 4-Amino-1,3-dihydroxybenzol als Ausgangsstoff und Benzolsulfonsäure als Kupplungskomponente hergestellt werden."
d Begründen Sie, welche Faser sich mit Resorcingelb im Direktfärbeverfahren färben lässt. Beurteilen Sie die Waschechtheit des so gefärbten Textilstücks. Erläutern Sie, wie die Waschechtheit eines mit Resorcingelb zu färbenden Stoffs erhöht werden kann.
e Resorcingelb wird auch als Säure-Base-Indikator eingesetzt und weist bei pH < 11 eine gelbe und bei pH > 12,7 eine rote Färbung auf. Erläutern Sie den Farbumschlag.

Anthocyane – pflanzliche Farbstoffe

Anthocyane

Anthocyane sind eine Gruppe von wasserlöslichen Pflanzenfarbstoffen, die in fast allen Blüten und Früchten von Samenpflanzen vorkommen und ihnen eine intensive Färbung verleihen. Im Herbst verursachen diese Farbstoffe zusammen mit den chemisch verwandten Flavonen und Carotinoiden die leuchtenden Farben der Blätter.
Anthocyane absorbieren Licht im sichtbaren Bereich zwischen 450 und 650 nm. Der Wellenlängenbereich wird von der Molekülstruktur und vom pH-Wert der Umgebung beeinflusst. Sie erscheinen deshalb in unterschiedlichen Farben, vor allem in Rot, Violett oder Blau. Die einzelnen Farbstoffe können durch Kochen der Pflanzenteile in saurer Lösung gewonnen werden. Je nach verwendeter Pflanze wird Pelargonidin, Cyanidin und Delphinidin erhalten.

Beispiele	Formel
Pelargonidin, Absorptionsmaximum 506 nm	
	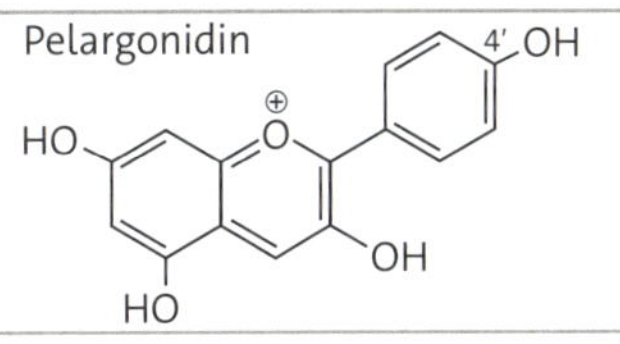
Cyanidin, Absorptionsmaximum 525 nm	
	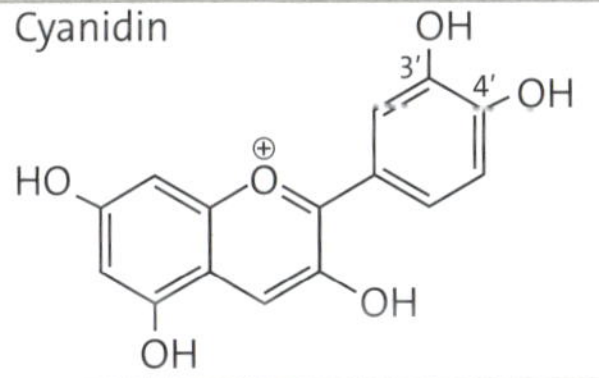
Delphinidin, Absorptionsmaximum 540 nm	
	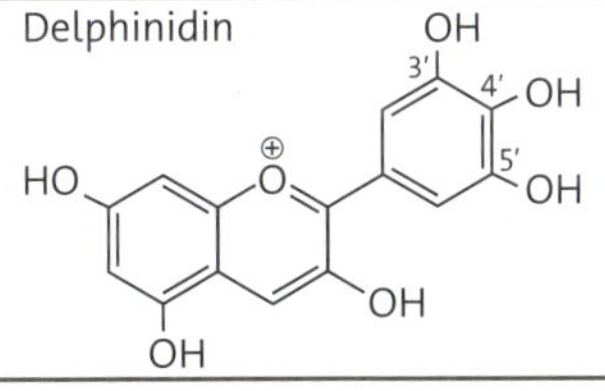

1 Farben und Formeln von verschiedenen Anthocyanen

pH-Abhängigkeit von Cyanidin

Cyanidin ist auch Bestandteil des Extrakts von Rotkohlblättern, der im Chemieunterricht als „Rotkohlindikator" Verwendung findet. Die Struktur des Cyanidinmoleküls ändert sich je nach pH-Wert der Lösung. Cyanidin ist damit ein Säure-Base-Indikator, der zur Bestimmung des pH-Werts über nahezu die gesamte pH-Skala benutzt werden kann.

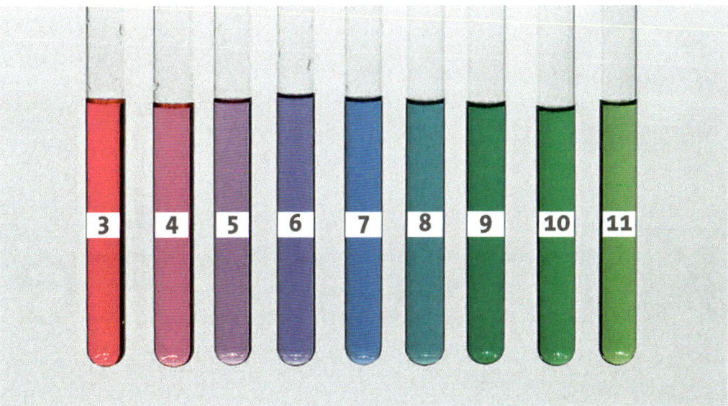

2 Rotkohlextrakt bei unterschiedlichen pH-Werten

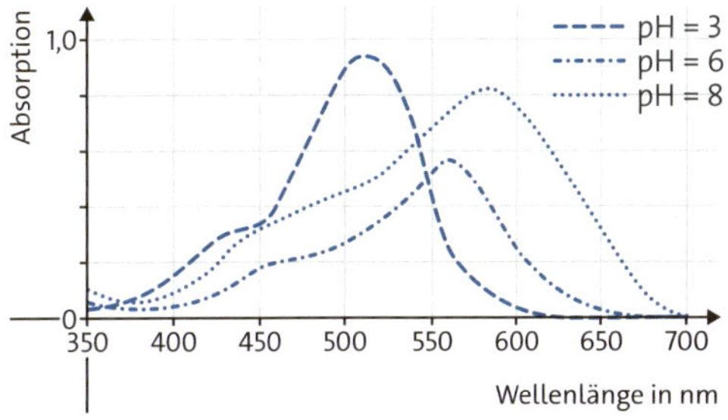

3 Absorptionsspektrum von Cyanidin

Färben mit Rotkohlextrakt

Zwei Stoffproben aus Baumwolle werden mit Rotkohlextrakt gefärbt. Eine Stoffprobe wird in ein Becherglas mit heißem Rotkohlextrakt gegeben. Die zweite Stoffprobe wird zuerst in ein Becherglas getaucht, in dem sich eine Lösung von Alaun (Kaliumaluminiumsulfat) befindet. Dann erst wird die vorbehandelte Stoffprobe in ein Becherglas mit heißem Rotkohlextrakt gegeben. Beide Proben werden gleich lang im Farbbad bewegt. Dann werden die Proben ausgewaschen und getrocknet.
Beobachtungen: Die Baumwolle wird in beiden Fällen rot-violett gefärbt. Die mit Alaun vorbehandelte Stoffprobe zeigt einen intensiveren Farbton, der nicht so leicht ausgewaschen wird.

1 Erklären Sie unter Bezug auf die jeweilige Molekülstruktur die Farbigkeit der drei Anthocyane in ▶**1**. Gehen Sie auch auf die Absorptions- und Komplementärfarben ein.

2 **a** Beschreiben Sie das Absorptionsspektrum in ▶**3**.
b Ermitteln Sie die pH-abhängigen Farben von Cyanidin.
c Erläutern Sie die Absorptionen bei den verschiedenen pH-Werten.

3 Erläutern Sie beide Färbeverfahren mit dem Rotkohlextrakt und die jeweiligen Beobachtungen.

4 Beurteilen Sie, ob ein Färbeverfahren mit dem aus Rotkohl gewonnenen Cyanidin sinnvoll und gesundheitlich unbedenklich ist.

8

Kunststoffe

Einstufungstest

Karteikarten

Ich kann:

- den Aufbau von Polymeren aus Monomeren beschreiben
- Kunststoffe nach ihrer charakteristischen Struktur und den daraus resultierenden Eigenschaften in Thermoplaste, Duroplaste und Elastomere klassifizieren
- Kunststoffe aufgrund ihrer Synthese als Polykondensate, Polymerisate oder Polyaddukte zuordnen
- die Reaktionsschritte bei einer Polykondensation, radikalischen Polymerisation und Polyaddition erläutern
- geeignete Kunststoffarten und Verarbeitungsverfahren für die Herstellung von Alltagsprodukten beschreiben
- aufgrund der Eigenschaften von Kunststoffen auf deren Einsatzmöglichkeiten schließen
- Maßnahmen für eine adäquate Wiederverwertung von Kunststoffabfällen erläutern

Wer Getränkekisten tragen muss, ist froh, wenn die darin befindlichen Flaschen aus Kunststoff sind. Wir nutzen diese leichten, stabilen und in allen Formen sowie Farben herstellbaren Einweg- und Mehrwegverpackungen täglich für viele Lebensmittel. Da die Ausgangsstoffe für die meisten Kunststoffe jedoch nur begrenzt vorhanden sind, müssen entsprechende Recyclingmethoden angewendet werden – vor allem auch, um die Umwelt vor einem rasanten Anstieg von Kunststoffabfällen zu schützen.

8 Kunststoffe

Einteilung der Kunststoffe

Werkstoffe, die künstlich oder durch Abwandlung von Naturprodukten hergestellt werden. Sie bestehen aus einzelnen gleichartigen Grundbausteinen, den Monomeren. Durch chemische Verknüpfungen von sehr vielen Monomeren entstehen langkettige Makromoleküle, die Polymere.

Einteilung der Kunststoffe nach ihrer Struktur und ihren Eigenschaften			
Kunststoffart	**Thermoplaste**	**Duroplaste**	**Elastomere**
Struktur der Makromoleküle	lineare oder wenig verzweigte Makromoleküle 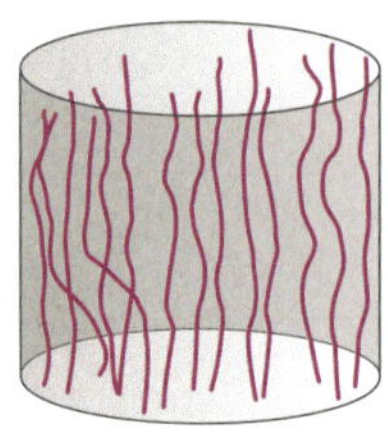	engmaschig vernetzte Makromoleküle 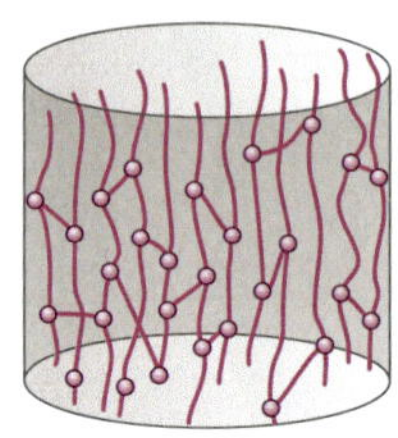	weitmaschig vernetzte Makromoleküle 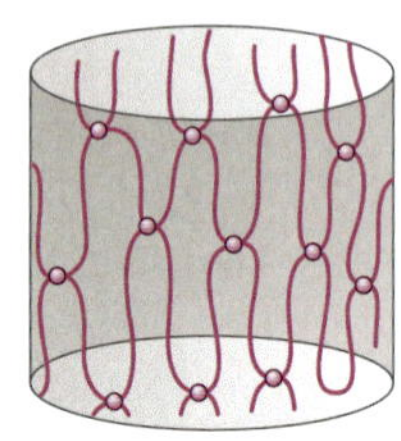
Eigenschaften	erweichen beim Erwärmen, plastisch formbar	zersetzen sich beim Erwärmen, mechanisch nicht formbar	verändern bei mechanischer Belastung ihre Form
Einteilung der Polymere nach ihrer Herstellungsart			
Herstellungsart	Polymerisation	Polykondensation	Polyaddition
Reaktionstyp	Addition	Substitution	Addition
Strukturmerkmale in den Monomeren	reaktionsfähige Mehrfachbindungen	zwei oder mehr funktionelle Gruppen	Mehrfachbindungen und reaktionsfähige Wasserstoffatome
Produkt(e)	Polymerisat ohne Nebenprodukt, Beispiel: Polyethen (PE)	Polykondensat und Nebenprodukt (z. B. H_2O), Beispiel: Polyamid (PA)	Polyaddukt ohne Nebenprodukt, Beispiel: Polyurethan (PUR)

Copolymere

Copolymere sind Makromoleküle, die aus zwei oder mehreren verschiedenen Monomeren aufgebaut sind. Dadurch wird eine große strukturelle Variationsbreite erzielt, um Eigenschaften des Produkts gezielt zu steuern.

Die Copolymerisation kann unterschiedlich verlaufen. Im einfachsten Fall verbinden sich die Monomere zufällig miteinander und ein **statistisches** Copolymer entsteht. Bei **alternierenden** Copolymeren liegen die Monomere abwechselnd verknüpft vor. In **Blockcopolymeren** folgen Abschnitte von mehreren gleichen Monomeren aufeinander. Bei **Pfropfcopolymeren** ist auf eine lineare (nur aus einer Monomerart bestehende) Polymerkette, die andere Monomerart als Seitenkette aufgesetzt („aufgepfropft").

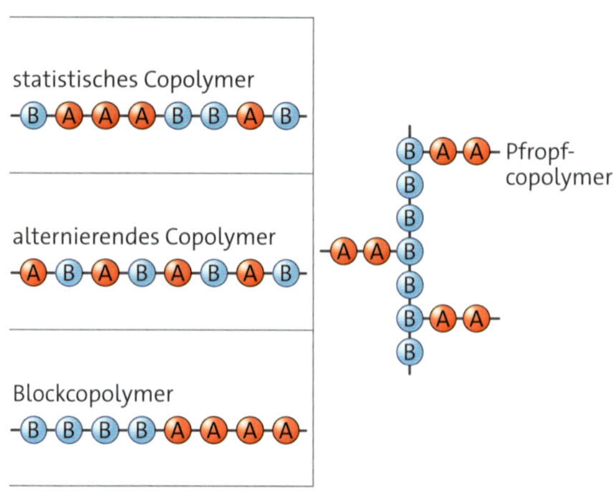

1 Möglichkeiten der Bildung von Copolymeren

Polymerisation

Die radikalische Polymerisation ist eine Additionsreaktion, bei der Monomere mit mindestens einer Mehrfachbindung zu Makromolekülen verknüpft werden. Die Aktivierung der Monomere erfolgt durch Radikale. Dies sind Teilchen, die sich durch ein ungepaartes Elektron auszeichnen und deshalb sehr reaktionsfreudig sind.

Die Kettenreaktion verläuft in drei Schritten:

1. Startreaktion
2. Kettenwachstum
3. Abbruchreaktion

Im Gegensatz zur Polykondensation bilden sich keine Nebenprodukte.

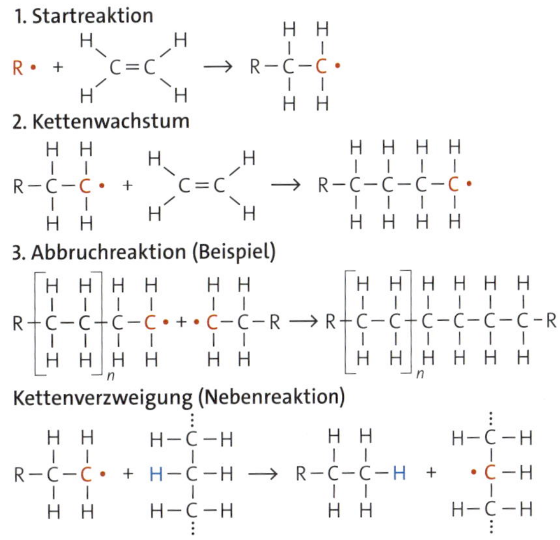

2 Radikalische Polymerisation am Beispiel von Polyethen

Polykondensation

Bei der Polykondensation werden Monomere mit mindestens zwei funktionellen Gruppen zu Makromolekülen verknüpft. Dabei werden niedermolekulare Nebenprodukte abgespalten, z. B. Wasser-, Ammoniak- oder Chlorwasserstoffmoleküle. Die Polykondensation kommt auch in der Natur bei der Bildung von Polysacchariden aus Monosacchariden und von Proteinen aus Aminosäuren vor.

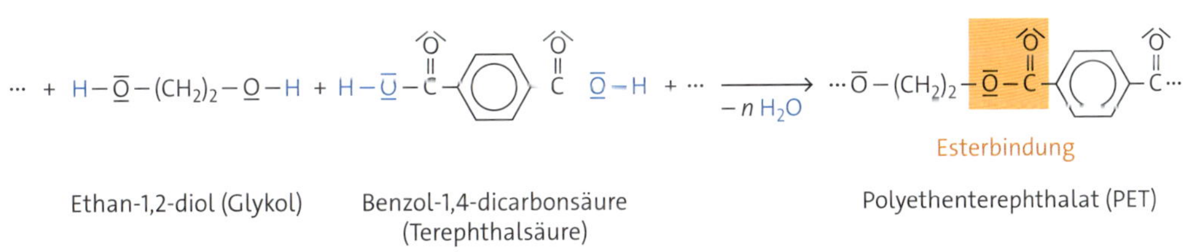

3 Bildung eines Polyesters (PET)

Polyaddition

Im Gegensatz zur Polymerisation werden bei der Polyaddition zwei unterschiedliche Monomere verwendet, deren Moleküle über jeweils zwei oder mehr funktionelle Gruppen verfügen. Ein Monomer besitzt dabei meist polare Doppelbindungen, während das andere Monomer reaktionsfähige Wasserstoffatome aufweist.

Die Polyaddition ist eine Form der Addition, bei der aus Monomeren mit mehreren funktionellen Gruppen durch molekulare Umlagerung (Protonenwanderung) Makromoleküle gebildet werden. Wie bei der Polymerisation entstehen auch bei der Polyaddition keine Nebenprodukte.

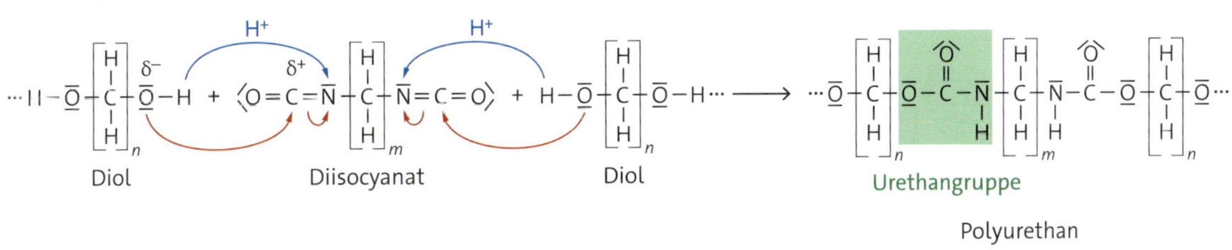

4 Bildung eines Polyurethans

Verarbeitung von Kunststoffen

Thermoplaste werden durch Extrusion, Strangpressen, Spritzgießen, Folienblasen, Blasformen, Rotationsformen, Kalandrieren und Schmelzspinnen verarbeitet. Duroplaste und Elastomere sind nicht wärmeverformbar und müssen aus unvernetzten Vorprodukten hergestellt werden.

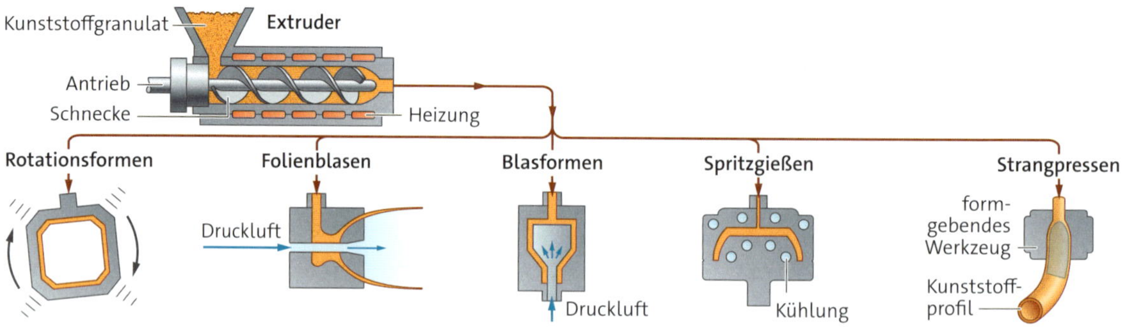

5 Verfahren zur Verarbeitung von Thermoplasten

Verwertung von Kunststoffabfällen

Die Verwertung von Kunststoffen kann je nach eingesetztem Produkt nach dem werkstofflichen, rohstofflichen oder thermischen Verfahren erfolgen.

Werkstoffliche Verwertung: Sortenreine Kunststoffabfälle werden zerkleinert und wieder aufgeschmolzen.

Rohstoffliche Verwertung: Aus gemischten Kunststoffabfällen werden die Monomere zurückgewonnen oder durch Pyrolyse und Hydrierung niedermolekulare Kohlenwasserstoffe in Form von Ölen oder Gasen erzeugt.

Energetische Verwertung: Gemischte Kunststoffabfälle werden zur Energieerzeugung verbrannt.

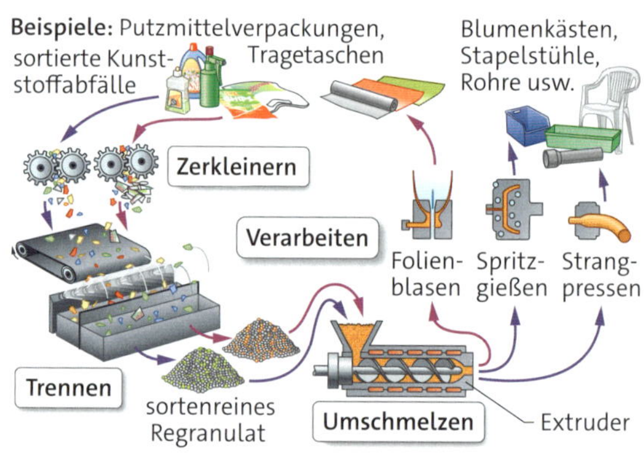

6 Schema zum werkstofflichen Recycling

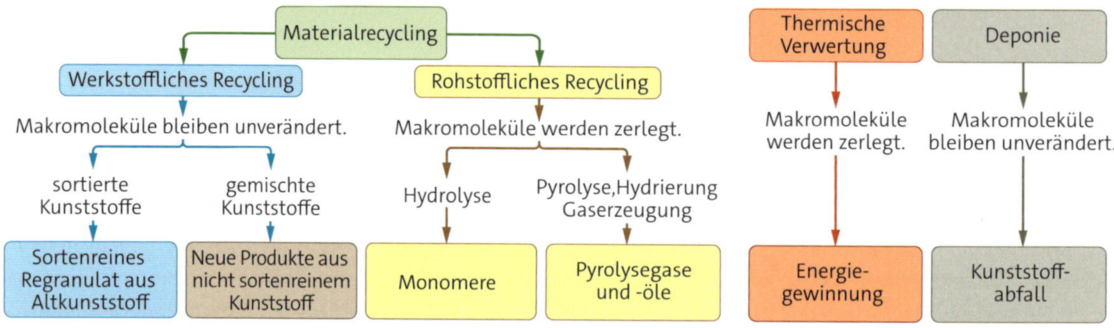

7 Überblick über Verwertungsverfahren für Kunststoffabfälle

Biokunststoffe

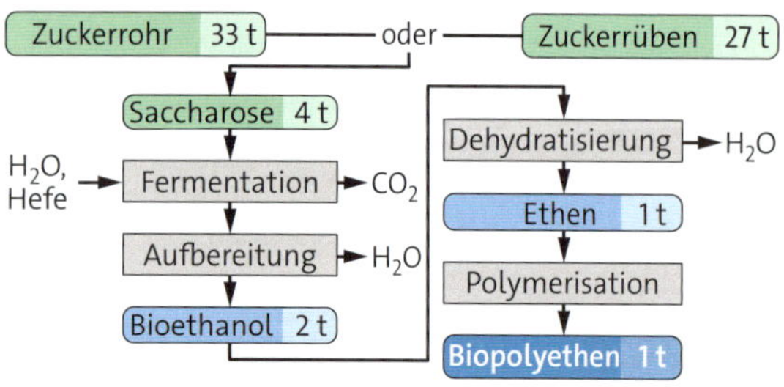

8 Herstellung von Bio-Polyethen (Bio-PE)

Um die umweltgefährdenden Risiken von Kunststoffen zu reduzieren und unabhängiger vom Rohstoff Erdöl zu werden, wird an Biokunststoffen geforscht. Man möchte:

1. die Verwertung umweltfreundlicher machen mit biologisch abbaubaren bzw. kompostierbaren Kunststoffen
2. für die Rohstoffbasis bei der Herstellung als Ausgangsstoffe Biomasse statt Erdöl verwenden

Kunststoffe

1 *"Molecule of high relative molecular mass, the structure of which essentially comprises the multiple repetition of units derived, [...], from molecules of low relative molecular mass."* Geben Sie an, welcher Begriff hier definiert wird, und formulieren Sie eine sinngemäße deutsche Definition.

2 Erläutern Sie die unterschiedlichen Eigenschaften von Thermoplasten, Duroplasten und Elastomeren anhand ihrer jeweiligen Struktur.

3 Versetzt man Styrol (Vinylbenzol) mit Dibenzoylperoxid, so bildet sich nach kurzer Zeit in einer exothermen Reaktion eine zähe Flüssigkeit, die allmählich zum Feststoff erstarrt.
a Formulieren Sie unter Verwendung von Strukturformeln die Reaktionsgleichung für diesen Vorgang und benennen Sie das Produkt.
b Beschreiben und erklären Sie das thermoplastische Verhalten des Produkts.
c Formulieren und erläutern Sie den Mechanismus der ablaufenden Reaktion. Verwenden Sie für das Radikal das Symbol R· und für das Styrolmolekül das Symbol S.

4 4-Hydroxybenzoesäure ist zur Bildung von Makromolekülen geeignet, Benzoesäure (Phenylmethansäure) dagegen nicht.
a Stellen Sie die Strukturformeln der beiden Verbindungen auf.
b Geben Sie die Reaktionsgleichung für die Bildung eines Makromoleküls aus 4-Hydroxybenzoesäure an und nennen Sie die Reaktionsart. Begründen Sie, warum Benzoesäure als Ausgangsstoff nicht dafür geeignet ist.
c Stellen Sie eine Hypothese auf, wie sich der gebildete Kunststoff beim Erwärmen verhalten wird.

5 Um 1846 stellte Berzelius den ersten Polyester aus Weinsäure (2,3-Dihydroxybutandisäure) und Glycerin her.
a Erklären Sie an diesem Beispiel die Begriffe Monomer und Polymer.
b Begründen Sie mithilfe von Strukturformeln (Ausschnitt), dass die Bildung eines Polyesters ausschließlich aus Weinsäure ebenfalls möglich ist.
c Erläutern Sie, zu welcher Kunststoffklasse der von Berzelius erzeugte Polyester zuzuordnen ist.

6 Ein Laborant soll ein Polymer herstellen. Als Ausgangsstoffe stehen ihm Diamin $H_2N–CH_2–NH_2$, Dimethylamin $H_3C–NH–CH_3$ und Diisocyanat O=C=N–R–N=C=O zur Verfügung. Geben Sie unter Auswahl geeigneter Ausgangsstoffe einen möglichen Reaktionsmechanismus an, der zur Bildung eines Polymers führt.

7 Beschreiben Sie die Herstellung einer Flasche aus PET und einer Salatschüssel aus HDPE.

8 Begründen Sie, dass für Ummantelungen elektrischer Kabel Thermoplaste nur bedingt geeignet sind. Schlagen Sie eine geeignete Kunststoffart vor.

9 EC-Karten aus PVC können recycelt werden. Skizzieren Sie ein Schema, das den Lebenszyklus von PVC inklusive der Möglichkeiten einer sinnvollen Verwertung darstellt.

10 Stellen Sie allgemein Möglichkeiten dar, bei Einsatz von nur zwei bestimmten Monomeren dennoch zu Polymeren mit unterschiedlichen „maßgeschneiderten" Eigenschaften zu kommen.

Glasfaserverstärkte Kunststoffe in Reparatur-Sets

Der Faser-Kunststoff-Verbund GFK (Glasfaserverstärkter Kunststoff) besteht aus einem Kunststoff, der mit Glasfasern versetzt wurde. Im Alltag wird GFK auch als Fiberglas oder Komposit bezeichnet. Andere gebräuchliche Begriffe sind hier auch GF-Epoxy, GFK-Polyester, sowie im englischen glass-fibre reinforced plastic (kurz GFRP). Als Basis kommen dementsprechend sowohl thermoplastische Kunststoffe (z. B. Polyamid) als auch duroplastische Kunststoffe (z. B. Epoxidharz oder Polyesterharz) in Frage.

Aus einer Anwendungsbeschreibung zur Reparatur von Durchrostungen, Rissen oder Löchern an Autokarosserien, Wohnwagen, Booten und Geräten im Haus und Garten:

1. *Zuerst die Reparaturstelle gründlich mit Schleifpapier (grob) von Rost, Lackresten und Fett säubern.*
2. *Anschließend anschleifen und die Korrosionsschutz-Grundierung aufsprühen.*
3. *Benötigte Menge an Polyester-Reparaturharz mit ca. 2 % Härter gut vermischen.*
4. *Zugeschnittene Glasfasermatte auf einer festen Platte glatt auflegen und das mit Härter versetzte Reparaturharz mit einem Spachtelwerkzeug satt auftragen.*
5. *Reparaturstelle ebenfalls mit dem angemischten Reparaturharz bestreichen.*
6. *Glasfasermatte auf die Schadstelle legen und sorgfältig mit dem Spachtelwerkzeug festdrücken.*

Das Reparaturset besteht aus:
Glasfasermatte, Dose mit dem zähflüssigen Polyester-Reparaturharz (z. B. aus Maleinsäure und Ethan-1,2-diol gelöst in Styrol), Tube mit dem Härter (z. B. Dibenzoylperoxid)

Strukturformeln:

Maleinsäure (rechts) und Styrol (links)

1 Geben Sie die Strukturformel von Ethan-1,2-diol an.

2 Entwickeln Sie die Reaktionsgleichung zur Bildung des Polyesters, aus dem das Reparaturharz besteht. Erläutern Sie die Vorgänge bei dieser Reaktion.

3 Erklären Sie, welche Bedeutung der Härter für den Reparaturprozess hat.

4 Vergleichen Sie die Stoffeigenschaften des ungehärteten Polyesters und des gehärteten Polyesters. Begründen Sie, weshalb die beschriebene Reparatur besonders zur Behebung von Durchrostungen, Rissen oder Löchern an Autokarosserien, Wohnwagen oder Booten geeignet ist.

Biologisch abbaubare Kunststoffe

M1 Dimerisierung von Milchsäure

Milchsäure hat eine besondere Eigenschaft: Sie bildet mit sich selbst Dimere. Sie werden als Dilactide bezeichnet. Dabei handelt es sich um cyclische Ester.

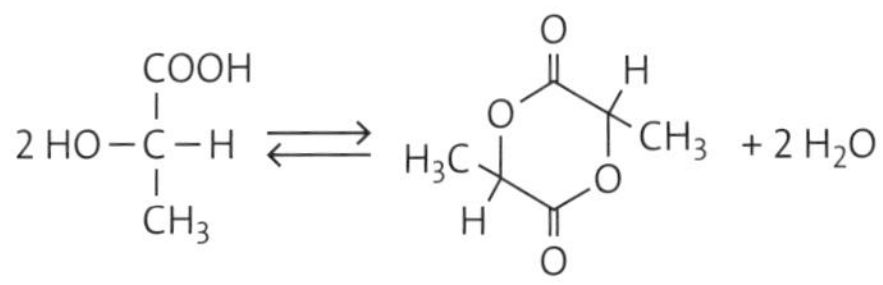

Milchsäure Dilactid

M2 Polymerisierung zum Polylactid

Aus Milchsäure lässt sich der Kunststoff Polylactid (PLA, auch Polymilchsäure) herstellen. Polylactide können bis zu einer molaren Masse von 15 000 g/mol durch Polykondensation direkt aus Milchsäure und bei Raumtemperatur erzeugt werden. Die Entsorgung der dazu verwendeten Lösungsmittel ist allerdings problematisch. Deshalb werden Polylactide bevorzugt durch die ionische Polymerisation von Dilactiden hergestellt. Bei etwa 180 °C und unter der Einwirkung von Zinn(II)-chlorid findet die Ringöffnung des Dilactids sowie die Polymerisation statt. So werden Kunststoffe mit sehr großen molaren Massen von über 20 000 g/mol und hoher Festigkeit erzeugt.

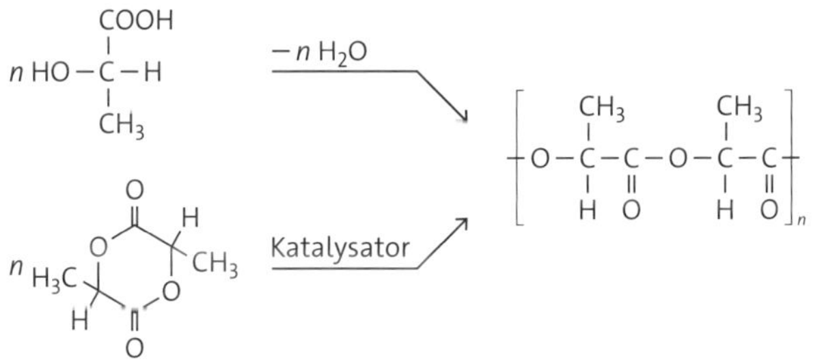

M3 Biologischer Abbau

Viele Biokunststoffe landen fälschlicherweise in der gelben Tonne und nicht in der Biotonne. Aber: Betreiber von Kompostieranlagen finden dies gar nicht schlimm, da entsprechend den Vorschriften erst nach zehn Wochen 90 % des Biokunststoffs abgebaut sein müssen. In Abhängigkeit von den Umweltbedingungen wird diese Abbaurate teilweise nicht mal erreicht.

Temperatur in °C	4	25	25	40	60	60
Relative Luftfeuchte in %	100	20	80	80	20	80
Vollständiger Abbau in Monaten	124	58	37	10	3	2

1 Vollständiger Abbau von Polylactiden

M4 Eigenschaften

Durch gezielte Copolymerisation von D- und L-Milchsäuremonomeren stellt man verschiedene Polylactide her, die sich in ihrem Kristallisationsgrad, ihren Schmelztemperaturen sowie ihrem Abbauverhalten unterscheiden. So ist beispielsweise das Poly-L-lactid teilkristallin, also aufgrund seiner kristallähnlichen Struktur relativ hart und spröde. Die Schmelztemperatur ist von der jeweiligen Kettenlänge der Makromoleküle abhängig und beträgt beispielsweise bei Poly-L-lactid 80 bis 190 °C. Aus diesem Biokunststoff werden diverse Verpackungen, aber auch Tüten für Bioabfälle hergestellt.

M5 Copolymerisierung von Milchsäure und Glycolsäure

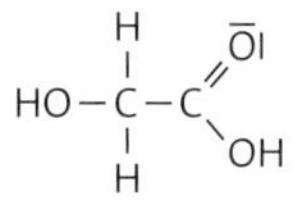

Glycolsäure

Der Biokunststoff Polylactid-co-Glycolid (PLGA) besteht aus den Monomeren Milchsäure und Glycolsäure und findet vor allem in der Medizintechnik Anwendung, beispielsweise als chirurgisches Nahtmaterial oder bei der Herstellung von sich auflösenden Arzneimitteldepots. Alle PLGA-Typen haben amorphe Strukturen und besitzen eine Schmelztemperatur von etwa 200 °C.

Aufgaben zu E

1 Definieren Sie die Begriffe Duroplast, Thermoplast und Elastomer und ordnen Sie Poly-L-lactid einer der drei Kunststoffarten begründet zu (▶ **M4**).

Stellen Sie Unterschiede und Gemeinsamkeiten der beiden Polylactidsynthesen (aus einzelnen Milchsäuremolekülen bzw. aus Dilactiden) tabellarisch gegenüber. Entwickeln Sie daraus Vor- und Nachteile der beiden Polylactidsynthesewege (▶ **M2**).

Beurteilen Sie aus den Daten zum Abbau von Polylactiden die Meinung der Betreiber von Kompostieranlagen auch aus chemischer Sicht. Ziehen Sie hieraus die Schlussfolgerung, wie die meisten Biokunststoffe heutzutage entsorgt werden (▶ **M3**).

2 In der Medizintechnik finden Polylactide als Copolymerisate mit Glycolsäure, die PLGA, vielfach Anwendung (▶ **M4, M5**).

a Zeichnen Sie einen charakteristischen PLGA-Strukturformelausschnitt und nennen Sie unterschiedliche Eigenschaften von Poly-L-lactid und PLGA, die sich aufgrund der Strukturformel ableiten lassen.

b Begründen Sie anhand der Eigenschaften von Poly-L-lactid und PLGA, für welche Anwendungen sie sich gut bzw. weniger gut eignen.

Abiturklausuren

Grundkurs

- Abiturklausur 1
- Abiturklausur 2
- Abiturklausur 3
- Abiturklausur 4
- Abiturklausur 5
- Abiturklausur 6

Leistungskurs

- Abiturklausur 1
- Abiturklausur 2
- Abiturklausur 3
- Abiturklausur 4
- Abiturklausur 5
- Abiturklausur 6

Lösungen

Abiturklausur 1

Grundkurs

Thema: „Gezieltes Heilen“ durch Nano-Polyester

Aufgabenstellung:

1 Erläutern Sie mithilfe von Oxidationszahlen, bei welchem der ersten beiden Schritte der Oxalsäuredichlorid-Herstellung eine Redoxreaktion vorliegt. Wenden Sie die Säure-Base-Theorie nach Brönsted auf die Protonenübertragung zwischen Schwefelsäure und Oxalat-Ionen an. Geben Sie eine mögliche Reaktionsgleichung für die Bildung von Oxalsäuredichlorid aus Oxalsäure und den dazugehörigen Reaktionstyp an.

(*18 Punkte*)

2 Erläutern Sie die Synthese eines Makromoleküls aus Oxalsäuredichlorid und Diethylstilbestrol (DES) unter Angabe einer Reaktionsgleichung. Erläutern Sie die Eignung von 1,4-Cyclohexandimethanol (CHDM) zur Verringerung des Wirkstoffanteils im Molekül durch einen Vergleich der Molekülstrukturen und Stoffeigenschaften von DES und CHDM. Zeichnen Sie einen repräsentativen Makromolekülausschnitt des Produktes aus Oxalsäuredichlorid, DES und CHDM.

(*22 Punkte*)

3 Beschreiben Sie die Ergebnisse der Untersuchung der PVAX-Mikropartikel. Untersuchen Sie den Ausschnitt des PVAX-Moleküls unter Angabe der Strukturformeln der eingesetzten Monomere hinsichtlich des verwendeten Wirkstoffs. Erläutern Sie, inwiefern „gezieltes Heilen“ durch Nano-Polyester möglich ist.

(*20 Punkte*)

Zugelassene Hilfsmittel:

- Taschenrechner (grafikfähiger Taschenrechner / CAS-Taschenrechner)
- Periodensystem
- Wörterbuch zur deutschen Rechtschreibung

Fachspezifische Vorgaben:

„Gezieltes Heilen" durch Nano-Polyester

Bei manchen Krankheiten unterscheiden sich kranke Zellen von gesunden Zellen dadurch, dass sie bestimmte Stoffe bilden, z. B. Wasserstoffperoxid. Dies machen sich Medizinerinnen und Mediziner zunutze, indem sie das Wasserstoffperoxid am Wirkort verwenden, um ein in die Zellen eingeschleustes Medikament freizusetzen.

Bei einer bestimmten Erkrankung hat sich Diethylstilbestrol (DES) als sehr effektiver Wirkstoff erwiesen.

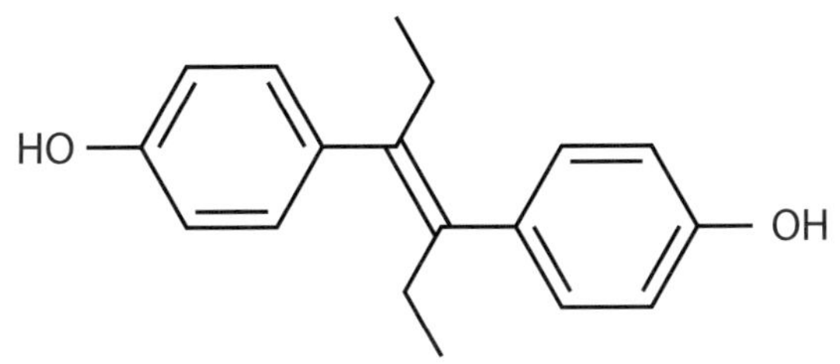

Abbildung 1 Diethylstilbestrol (DES)

DES wird nun als molekularer Bestandteil eines Copolymers in die Zelle gebracht. Dort wird er durch bei kranken Zellen vorhandenes Wasserstoffperoxid freigesetzt.

Das DES-Copolymer ist ein Polyester, welcher aus drei unterschiedlichen Monomeren hergestellt wird:

1. Oxalsäuredichlorid
2. DES (Wirkstoff)
3. 1,4-Cyclohexandimethanol (CHDM)

Synthese des Eduktes Oxalsäuredichlorid

Oxalsäure wird durch thermische Dehydrierung von Formiat-Ionen (I) und anschließender Reaktion der Oxalat-Ionen mit Schwefelsäure (II) gewonnen. Zum Schluss erfolgt eine Überführung in das Oxalsäuredichlorid.

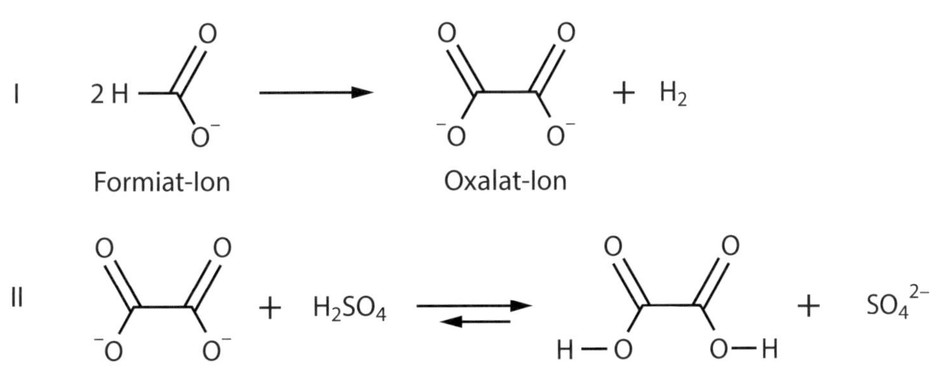

Abbildung 2 Synthese von Oxalsäure aus Formiat-Ionen

Untersuchung von medizinisch wirksamen Polyestern

Neben DES lassen sich auch andere Wirkstoffe in einen solchen Polyester einbringen. In einer Forschungsarbeit haben Wissenschaftlerinnen und Wissenschaftler so den Polyester PVAX geschaffen. Er zeigt in einer Untersuchung von kugelförmigen Mikropartikeln die folgenden Ergebnisse:

Abbildung 3 Aufnahmen eines Rasterelektronenmikroskops, PVAX-Mikropartikel nach mehreren Stunden in Wasser bzw. nach einer halben und einer Stunde in einer Wasserstoffperoxid-Lösung ($c = 0{,}01\,mol \cdot L^{-1}$)[1]

Zusatzinformationen:

Elektronegativitätswerte:

Wasserstoff	2,1	Kohlenstoff	2,5	Sauerstoff	3,5

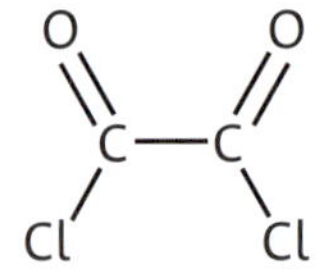

Oxalsäuredichlorid

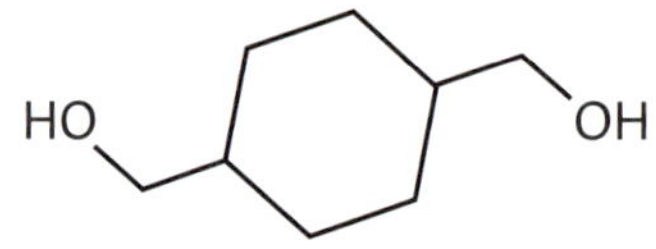

1,4-Cyclohexandimethanol (CHDM)

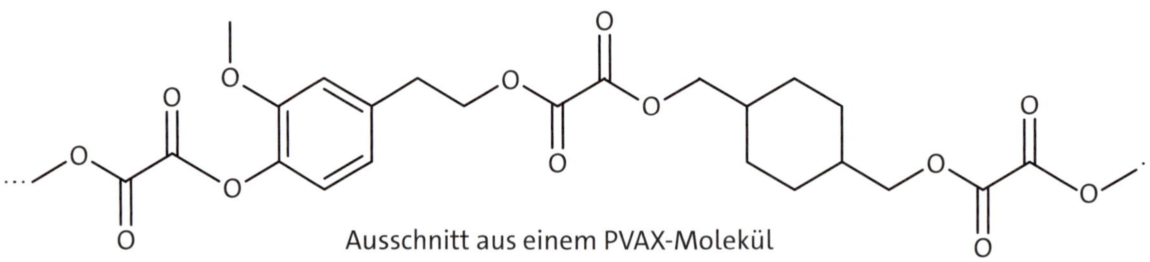

Ausschnitt aus einem PVAX-Molekül

1,4-Cyclohexandimethanol (CHDM):

CHDM wird als ungiftig eingestuft. Indem CHDM den Wirkstoff ersetzt, kann es zur Steuerung des Wirkstoffanteils eingesetzt werden.

Partikelgrößen:

Nanopartikel	Teilchen einer Größe von unter 0,1 µm
Mikropartikel	Teilchen einer Größe im Bereich von 0,1–100 µm

1 Abbildung 3 selbst erstellt nach Yamei Huang et al.: Facile Fabrication of Oxidation-Responsive Polymeric Nanoparticles for Effective Anticancer Drug Delivery, Molecular Pharmaceutics 2019, 16, S. 49 – 59, American Chemical Society 2019

Abiturklausur 2

Grundkurs

Lösungen

Thema: Korrosionsprobleme im Bootssport

Aufgabenstellung:

1 Erklären Sie am Beispiel des Rostens von Eisen den Begriff Korrosion. Geben Sie die Reaktionsgleichungen für die beim Rosten von Eisen ablaufenden Reaktionen an. Erläutern Sie die Vorgänge der Sauerstoffkorrosion von Eisen bis zur Entstehung von Eisen(II)-hydroxid, auch indem Sie die Abbildung 2 (▶ **Anhang**) durch Formeln und Teilgleichungen ergänzen.

(20 Punkte)

2 Skizzieren Sie einen möglichen experimentellen Aufbau zur Galvanisierung eines Eisenwerkstückes. Erläutern Sie anhand von Teilgleichungen für die beim Verzinken von Eisen ablaufenden Reaktionen den Prozess des Galvanisierens. Berechnen Sie die Stromstärke, bei der die Verzinkung der Ankerkette in Experiment 1 durchgeführt wurde.

(22 Punkte)

3 Erläutern Sie die Beobachtungen bei Experiment 2 auch mithilfe von Teilgleichungen. Erläutern Sie vor dem Hintergrund der Beobachtungen den Begriff „Opferanode" und diskutieren Sie die Rahmenbedingungen, die zum Schutz des Eisens mit dieser Methode gewährleistet sein müssen.

(18 Punkte)

Zugelassene Hilfsmittel:

- Taschenrechner (grafikfähiger Taschenrechner / CAS-Taschenrechner)
- Periodensystem
- Wörterbuch zur deutschen Rechtschreibung

Fachspezifische Vorgaben:

Korrosionsvorgänge an Metallteilen können auch im Bootssport großen Schaden verursachen, da Teile aus Stahl mit hohem Eisengehalt bei Kontakt mit Meerwasser und Sauerstoff innerhalb kurzer Zeit korrodieren (rosten).

Beim Rosten reagiert elementares Eisen zunächst mit Sauerstoff und Wasser zu Eisen(II)-hydroxid. Im weiteren Korrosionsverlauf kann Eisen(II)-hydroxid nochmals mit Sauerstoff zu Eisen(III)-oxidhydroxid mit der Formel FeO(OH) reagieren, was den eigentlichen orangebraunen Rost darstellt.

Ein besonders korrosionsgefährdeter Gegenstand auf einem Segelboot ist die Ankerkette. Sie unterliegt ständiger mechanischer Belastung und ist dem Seewasser besonders häufig ausgesetzt. Bei Segelbooten werden Ketten aus nichtrostendem Edelstahl ebenso wie verzinkte Eisenketten eingesetzt. Letztere haben den Vorteil des günstigeren Preises. Die Verzinkung der Ketten kann durch Galvanisieren erfolgen. Dabei wird die Kette in eine Lösung getaucht, die Zink-Ionen enthält, und mit dem Minuspol einer Gleichspannungsquelle verbunden. Der Pluspol der Gleichspannungsquelle wird mit einem Zinkstück verbunden, das sich ebenfalls in der Lösung befindet.

Experiment 1: Galvanische Verzinkung einer Ankerkette aus Eisen

Eine Eisenkette mit einer Masse von 80,000 kg wurde galvanisch 4 Tage bei konstanter Stromstärke verzinkt. Die Masse der verzinkten Kette betrug danach 80,654 kg.

Einsatz von Opferanoden
An vielen Schiffsrümpfen kann man große Blöcke aus Magnesium oder Zink wahrnehmen (▶ **Foto**). Diese Blöcke werden auch als „Opferanoden" bezeichnet. Die Anzahl der Opferanoden variiert mit der Größe der zu schützenden Teile. Die Funktionsweise einer solchen Anordnung wird in einem Laborexperiment untersucht.

Abbildung 1 Opferanode aus Zink an einem Schiffsrumpf

Experiment 2: Überprüfung des Effektes eines an Eisen angebrachten Zinkblocks

a) In einer Petrischale wird ein gereinigter Eisennagel in eine wässrige Natriumchloridlösung gelegt, die mit wenig Phenolphthalein und Kaliumhexacyanoferrat(III) versetzt wurde.

Beobachtungen: Um den Nagel sind nach einiger Zeit sowohl blaue als auch purpurfarbene Verfärbungen zu sehen.

b) In eine zweite Petrischale werden ein an der Oberfläche gereinigtes Zinkstück und darauf ein ebenfalls gereinigter Eisennagel gelegt, sodass sich beide Metalle berühren. Danach wird eine wässrige Natriumchloridlösung, die mit wenig Phenolphthalein und Kaliumhexacyanoferrat (III) versetzt wurde, vorsichtig in die Petrischale gegossen.

Beobachtungen: Am Eisennagel verfärbt sich die Lösung purpur. Am Zinkstück bildet sich ein gelblich-weißer Niederschlag.

Zusatzinformationen:

Kaliumhexacyanoferrat(III) bildet bei Anwesenheit von Fe^{2+}-Ionen ein blaues Produkt.

Kaliumhexacyanoferrat(III) bildet bei Anwesenheit von Zn^{2+}-Ionen einen schwerlöslichen, gelblich-weißen Niederschlag.

Phenolphthalein färbt sich bei Anwesenheit von Hydroxid-Ionen purpur.

Molare Masse

$M(\text{Zn}) = 65{,}4\,\text{g} \cdot \text{mol}^{-1}$

***Faraday*-Konstante**

$\text{F} = 96485\,\text{A} \cdot \text{s} \cdot \text{mol}^{-1}$

***Faraday*-Gesetz**

$I \cdot t = n \cdot z \cdot \text{F}$

Stoff	korrespondierendes Redoxpaar	Standardpotential ($E°$)
Zink	$Zn \rightleftarrows Zn^{2+} + 2\,e^-$	–0,76 V
Eisen	$Fe \rightleftarrows Fe^{2+} + 2\,e^-$	–0,41 V
Sauerstoff (pH = 7)	$4\,OH^- \rightleftarrows O_2 + 2\,H_2O + 4\,e^-$	0,81 V

Anhang:

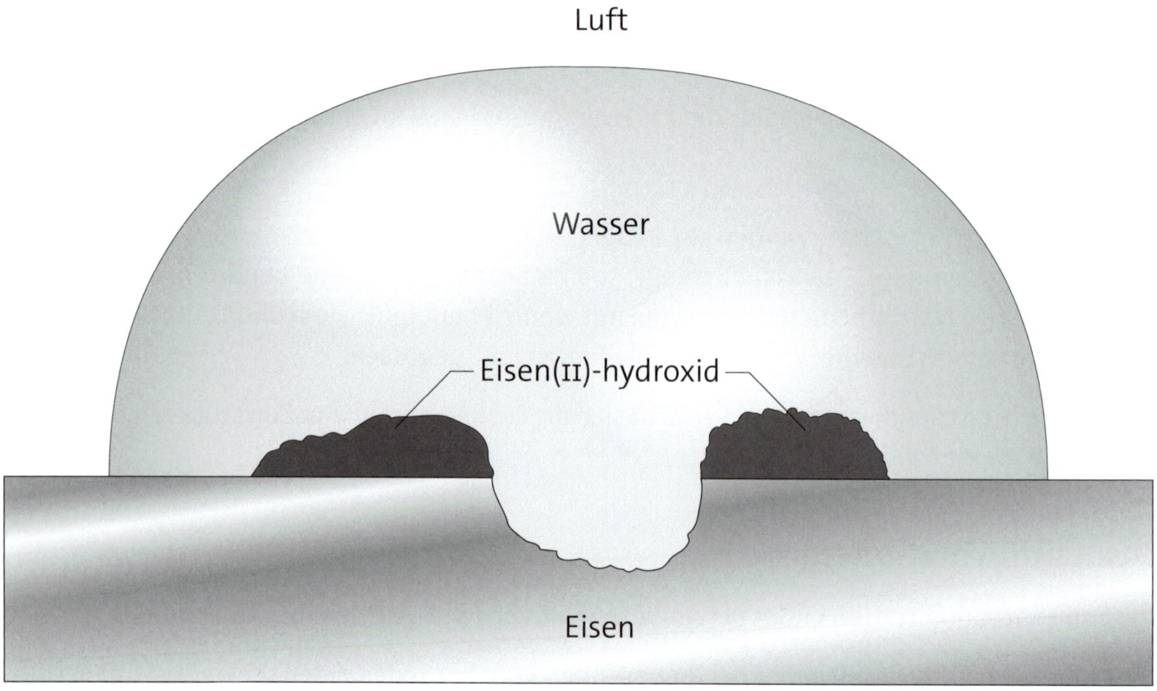

Abbildung 2 Darstellung der Komponenten bei der Sauerstoffkorrosion von Eisen

Abiturklausur 3

Grundkurs

Lösungen

Thema: Gelbe Farbstoffe in Safran und Kurkuma

Aufgabenstellung:

1 Erklären Sie am Beispiel des Farbstoffs Crocin unter Bezug auf die Tabelle den Zusammenhang zwischen Lichtabsorption und Farbigkeit. Begründen Sie anhand der Molekülstruktur die Farbigkeit von Crocin. Geben Sie eine Reaktionsgleichung und den Reaktionstyp für die beim Erwärmen einer Crocinlösung mit verdünnter Salzsäure ablaufende Reaktion an.

(20 Punkte)

2 Geben Sie den Reaktionstyp der nach Zugabe von Bromwasser zu einer Crocinlösung ablaufenden Reaktion an. Erläutern Sie den Ablauf dieser Reaktion in Einzelschritten. Begründen Sie anhand der beschriebenen Reaktion die beobachtbare Farbänderung einer Crocinlösung bei Zugabe von Bromwasser.

(16 Punkte)

3 Begründen Sie die Unabhängigkeit der beiden mesomeren Systeme des Curcumin-Moleküls (Form A). Erläutern Sie anhand der Molekülstrukturen der Formen A und B des Curcumin-Moleküls (▶ **Abbildungen 2** und **3**) die unterschiedliche Farbe neutraler und alkalischer Kurkumalösungen. Stellen Sie eine begründete Hypothese auf, ob die Zugabe von Bromwasser ebenfalls zur Unterscheidung von reinem Safran und gefälschtem Safran verwendet werden kann.

(24 Punkte)

Zugelassene Hilfsmittel:

- Taschenrechner (grafikfähiger Taschenrechner / CAS-Taschenrechner)
- Periodensystem
- Wörterbuch zur deutschen Rechtschreibung

Fachspezifische Vorgaben:

Safran wird aus einer u. a. in Südeuropa verbreiteten Krokusart (*Crocus sativus*) gewonnen und ist wegen seines unvergleichlichen Aromas und seiner leuchtend gelben Farbe als Gewürz berühmt. Für das Gewürz werden nur die getrockneten Stempelfäden der Krokusblüte verwendet. Schon wenige Safranfäden genügen, um einem Gericht den typischen Geschmack und die intensiv gelbe Farbe zu verleihen. Um ein Kilogramm von ihnen zu gewinnen, benötigt man etwa 120.000 Blüten und damit eine Anbaufläche von ungefähr 1000 m^2. Die Ernte ist reine Handarbeit. Somit zählt Safran zu den teuersten Gewürzen der Welt. Im Handel zahlt man 4 bis 14€ pro Gramm Safran, allein aus diesem Grunde ist die Geschichte der Safran-Fälschungen lang.

Für die färbende Wirkung des Safrans ist der Farbstoff **Crocin** (► **Abbildungen 1a** und **1b**) verantwortlich. Er zeigt folgende typische Reaktionen:

- Bei Zugabe von Bromwasser ($Br_2(aq)$) zu einer Crocinlösung verändert sich die Farbe der Crocinlösung sukzessive, bis sie farblos wird.
- Beim Erwärmen einer Crocinlösung mit verdünnter Salzsäure (HCl(aq)) werden die Zuckerreste (R) abgespalten. Es fällt ein farbiger Niederschlag (Feststoff) aus und die überstehende Lösung ist farblos.

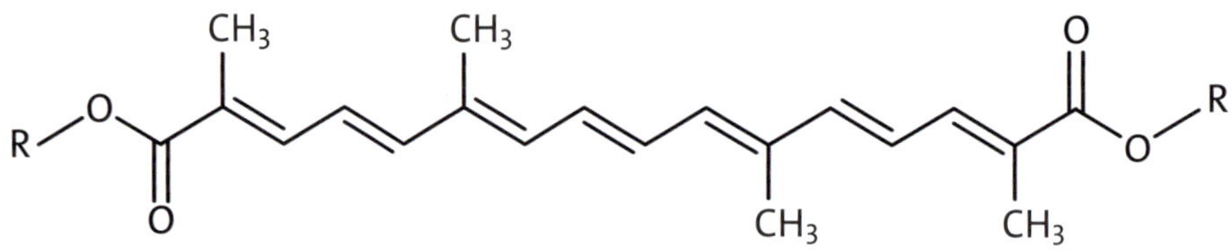

Abbildung: 1a: Crocin-Molekül mit zwei Zweifachzucker-Resten (R)

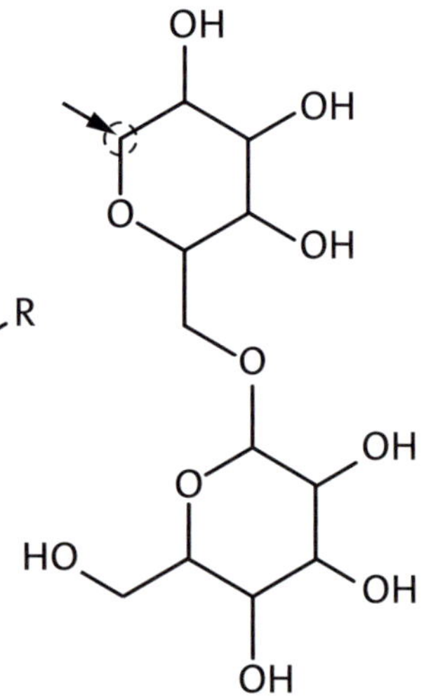

Abbildung: 1b: Zweifachzucker Rest (R), der Pfeil markiert die Bindungsstelle

Kurkuma, auch Gelbwurz genannt, ist ein Gewürz aus dem südostasiatischen Raum, das durch seine auffällige gelbe Farbe sofort ins Auge sticht. Es wird aus den Wurzeln von Gelbwurzgewächsen (z. B. *Curcuma xanthorrhiza*) gewonnen und bildet als gemahlenes Pulver einen wesentlichen Bestandteil von Currypulver. Kurkuma wird häufig nicht nur zum Würzen,sondern auch aus optischen Gründen zum Färben von Gerichten verwendet. Kurkuma-Pulver ist ein beliebtes und günstiges Mittel, den teuren Safran als Gewürz zu strecken.

Für die färbende Wirkung des Kurkuma ist der Farbstoff **Curcumin** (E 100) verantwortlich. In sauren und neutralen Medien liegen Curcumin-Moleküle in der in Abbildung 2 dargestellten Form A vor und weisen zwei unabhängige mesomere Systeme in ihren Molekülen auf.

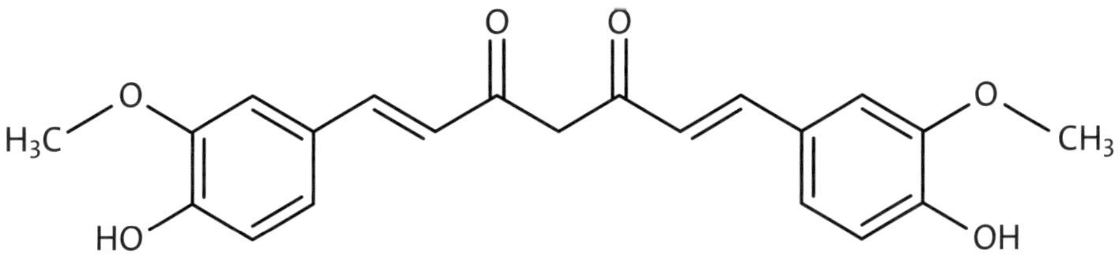

Abbildung 2 Curcumin-Molekül (Form A, gelb)

In alkalischem Medium liegen die Curcumin-Moleküle in der in Abbildung 3 dargestellten Form B vor, die Lösung erscheint rot:

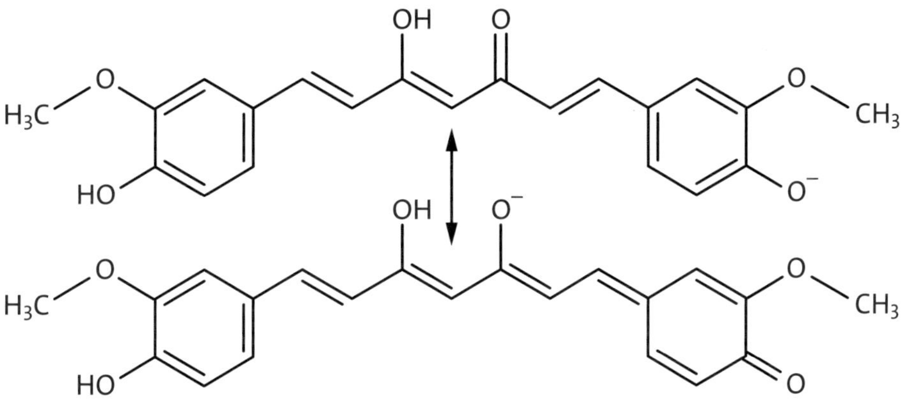

Abbildung 3 Curcumin-Molekül (Form B)

Ein einfacher Unterscheidungstest zwischen Safran und Kurkuma beruht auf der Zugabe von Natronlauge. Während sich die Farbe eines Safranextraktes bei Zugabe von Natronlauge nicht ändert, färbt sich ein Kurkumaextrakt sofort rot.

Zusatzinformationen:

Tabelle **Zusammenhang von absorbierter Strahlung, zugehöriger Spektralfarbe und beobachteter Komplementärfarbe**

Wellenlänge λ in nm	Spektralfarbe	Komplementärfarbe
< 400	ultraviolett	farblos
400–435	violett	gelbgrün
435–480	blau	gelb
480–490	grünblau	orange
490–500	blaugrün	rot
500–560	grün	purpur
560–580	gelbgrün	violett
580 –595	gelb	blau
595–605	orange	grünblau
605–770	rot	blaugrün

Lösungen

Abiturklausur 4

Grundkurs

Thema: Anlaufen und Reinigen von Silber

Aufgabenstellung:

1 Erläutern Sie die im ▶ **Experiment a** gemachten Beobachtungen ohne Anlegen einer Spannung mithilfe zugehöriger Reaktionsgleichungen. Berechnen Sie die Masse an Silber, die sich in Experiment b) abscheidet. Erläutern Sie den Vorteil der Verwendung von Silber (▶ **Experiment b**) als Anodenmaterial gegenüber Graphit (▶ **Experiment c**) unter Einbeziehung der Reaktionsgleichungen für beide Elektrodenvorgänge. Beurteilen Sie, ob es sinnvoller ist, Gegenstände galvanisch zu versilbern, anstatt sie lediglich in eine Silbersalz-Lösung zu legen.

(24 Punkte)

2 Erklären Sie die Beobachtungen bei der Behandlung von angelaufenem Silber im Labor. Beurteilen Sie die Aussagen der Zitate zum Anlaufen von Silber unter der Annahme, dass die aufgelisteten Reaktionen für diesen Vorgang verantwortlich sind.

(14 Punkte)

3 Zeichnen Sie einen beschrifteten Aufbau der Silberreinigung nach der Aluminium-Salz-Methode. Erläutern Sie auch unter Angabe von Reaktionsgleichungen die elektrochemischen Vorgänge bei diesem Reinigungsverfahren. Beurteilen Sie die beiden Verfahren zur Silberreinigung, indem Sie Vor- und Nachteile beider Verfahren gegenüberstellen.

(22 Punkte)

Zugelassene Hilfsmittel:

- Taschenrechner (grafikfähiger Taschenrechner / CAS-Taschenrechner)
- Periodensystem
- Wörterbuch zur deutschen Rechtschreibung

Fachspezifische Vorgaben:

Silber besitzt viele Eigenschaften, die es für Gebrauchsgegenstände nützlich machen. Es hat unter allen Metallen den höchsten Glanz und wirkt bakterientötend. Somit sind Silbergegenstände nicht nur optisch schön, sondern auch hygienisch. Daher findet Silber auch Verwendung bei der Herstellung von Besteck.

Silberbesteck besteht meistens nicht aus reinem Silber, da Silber nicht hart genug ist und das Besteck sich leicht verformen würde. Bei Silberbesteck aus „Hartsilber" wird ein aus einem Stahlkern bestehendes Besteck galvanisch mit einer dünnen Silberschicht überzogen.

Experimente zum Versilbern einer Gabel

Eine elektrochemische Silberabscheidung ist häufig schwierig, da sich Silber oftmals nicht als gleichmäßige Schicht, sondern in Form von unregelmäßigen Verästelungen abscheidet.

a) In einem Laborexperiment konnte das Versilbern einer Gabel aus Eisen nachvollzogen werden. Hierzu legte man eine Eisengabel in eine Silbernitrat-Lösung. Innerhalb weniger Minuten bildeten sich kleine schwarze Verästelungen an der Eisengabel.

b) In einem weiteren Experiment verwendete man ein Becherglas, welches mit einer alkalischen Silbernitrat-Lösung der Konzentration $c = 1\,\text{mol} \cdot \text{L}^{-1}$ und pH = 14 gefüllt wurde. Die Gabel und ein kleines Silberblech wurden in die Lösung gebracht und mit den Polen einer Gleichspannungsquelle verbunden. Im Anschluss wurde mit einer Stromstärke von 5 Ampere für 10 Minuten galvanisiert.

c) Ebenso konnte auch eine Graphitelektrode als Anode verwendet werden. Auch hier überzog sich die Gabel mit einer Silberschicht. Im Gegensatz zur Verwendung einer Anode aus Silber beobachtete man hier eine Gasentwicklung an der Graphitelektrode.

Anlaufen von Silber

Obwohl es sich bei Silber um ein Edelmetall handelt, läuft es mit der Zeit an. In einem Buch zu Korrosion und Korrosionsschutz kann man folgende Zitate finden:

„In trockenen und feuchten Atmosphären ist Silber immun gegen korrosiven Angriff. Eine Oxidation zu Ag_2O unterhalb 180 °C ist zwar nachzuweisen, eine sichtbare Oxidschicht tritt nicht auf."

„Die Ursache für dieses Anlaufen sind dünne Schichten aus dem schwarzen Ag_2S, die sich an der Oberfläche bilden, selbst wenn nur Spuren von H_2S in der Atmosphäre zugegen sind. Über den Reaktionsmechanismus ist man sich nicht im Klaren, und auch die stöchiometrischen Verhältnisse sind nicht geklärt. Im Einzelnen ist die Frage offen, ob der Anlaufvorgang [...] unter der Beteiligung von Luftsauerstoff abläuft."

Die hier zu vermutenden Teilreaktionen mit den entsprechenden Standardpotentialen $E°$ lauten:

$2\,Ag + H_2S \rightleftarrows Ag_2S + 2\,H^+ + 2\,e^-$	–0,036 V
$4\,OH^- \rightleftarrows O_2 + 2\,H_2O + 4\,e^-$	0,4 V
$Ag \rightleftarrows Ag^+ + e^-$	0,8 V

Behandlung von angelaufenem Silber im Labor

Auch Silberbleche im Labor laufen mit der Zeit an. Hält man ein angelaufenes Reinsilberblech in die nichtleuchtende Brennerflamme, so wird dieses wieder blank.

Reinigen von angelaufenem Silberbesteck

In Haushaltsratgebern werden unterschiedliche Maßnahmen zum Reinigen des angelaufenen Silberbestecks vorgeschlagen:

- Zahnpasta-Methode:
  Mit einer weichen Bürste wird das Besteck vorsichtig mit Zahnpasta eingerieben. Die Silbersulfid-Schicht wird hierbei mechanisch abgetragen. Anschließend wird die Paste mit Wasser abgewaschen.

- Aluminium-Salz-Methode:
  In einer Schüssel werden mehrere Teelöffel Kochsalz mit warmem Wasser vermischt, bis sich das Salz gelöst hat. Dann gibt man ein wenig Essig hinzu. Das Silberbesteck wird locker in Aluminiumfolie eingewickelt, so dass es Kontakt mit der Folie hat, und für 10 Minuten in dieser Lösung belassen. Bei diesem Verfahren werden die Silber-Ionen wieder in Silber-Atome umgewandelt. Die freiwerdenden Sulfid-Ionen reagieren in der essigsauren Lösung zunächst zu Hydrogensulfid-Ionen (HS^-) und weiter zu Schwefelwasserstoff-Molekülen (H_2S). Nach dem Auspacken des Silberbestecks aus der Aluminiumfolie ist das Besteck wieder blank. Die Aluminiumfolie weist eine raue Oberfläche und kleine Löcher auf. Der Geruch von Schwefelwasserstoff ist wahrzunehmen.
  Schwefelwasserstoff ist ein sehr giftiges Gas. Der Mensch kann es bereits in äußerst geringen Konzentrationen riechen, die bei kurzzeitiger Wahrnehmung unproblematisch sind.

Zusatzinformationen:

Faraday-Konstante

$F = 96485\,A \cdot s \cdot mol^{-1}$

Faraday-Gesetz

$I \cdot t = n \cdot z \cdot F$

$M(Ag) = 107{,}9\,g \cdot mol^{-1}$

Standardpotentiale

bei $T = 298{,}15\,K$, $p = 101{,}325\,kPa$ und $c = 1\,mol \cdot L^{-1}$

reduzierte Form	⇄	oxidierte Form + z · e^-	Standardpotential $E°$ in V
Al	⇄	$Al^{3+} + 3\,e^-$	–1,66
Fe	⇄	$Fe^{2+} + 2\,e^-$	–0,41
$4\,OH^-$	⇄	$O_2 + 2\,H_2O + 4\,e^-$	+0,40 (pH = 14)
Ag	⇄	$Ag^+ + e^-$	+0,80

Lösungen

Abiturklausur 5

Grundkurs

Thema: Ballistische Schutzwesten

Aufgabenstellung:

1 Geben Sie die Monomere sowie den Reaktionstyp der Synthese des Polyester-Präpolymers an. Erläutern Sie unter Angabe einer Reaktionsgleichung mit Strukturformeln die Bildungsreaktion des Polyester-Präpolymers und erklären Sie, wie sich diese zugunsten einer besseren Produktausbeute steuern lässt.

(*22 Punkte*)

2 Erklären Sie die einzelnen Reaktionsschritte der Bildung von Poly-α-methylstyrol aus α-Methylstyrol unter Zugabe eines organischen Peroxids. Geben Sie für diese Teilschritte Reaktionsschemata an. Begründen Sie den Einsatz des Copolymers aus α-Methylstyrol und dem Polyester-Präpolymer in Schutzwesten anstelle von Poly-α-methylstyrol.

(*18 Punkte*)

3 Vergleichen Sie die zwischenmolekularen Wechselwirkungen im Polyaramid und im Hochleistungspolyethen mithilfe von geeigneten Strukturformelausschnitten. Erklären Sie, wie Verzweigungen in Polyethenketten die zwischenmolekularen Wechselwirkungen beeinflussen. Diskutieren Sie die Vorteile des FKV gegenüber einer ausschließlichen Verwendung von Verstärkungsfasern.

(*20 Punkte*)

Zugelassene Hilfsmittel:

- Taschenrechner (grafikfähiger Taschenrechner / CAS-Taschenrechner)
- Periodensystem
- Wörterbuch zur deutschen Rechtschreibung

Fachspezifische Vorgaben:

Ballistische Schutzwesten – auch „kugelsichere Westen" genannt – dienen dazu, die Trägerin oder den Träger vor der tödlichen Wirkung von Geschossen aus Schusswaffen zu schützen.Sie werden von Polizistinnen und Polizisten auf der ganzen Welt während ihres Dienstes verwendet.

Das Geschoss bleibt nach einem Beschuss in der Weste und die Energie des Einschlags wird auf eine möglichst große Fläche verteilt. Damit dies sicher gelingt, bestehen die Kleidungsstücke aus einem Faser-Kunststoff-Verbund (FKV), einem Werkstoff, bei dem Verstärkungsfasern in einen Kunststoff (Matrix) eingebettet werden. Der FKV muss sehr reißfest sein und darf auch bei hohen Temperaturen nicht schmelzen.

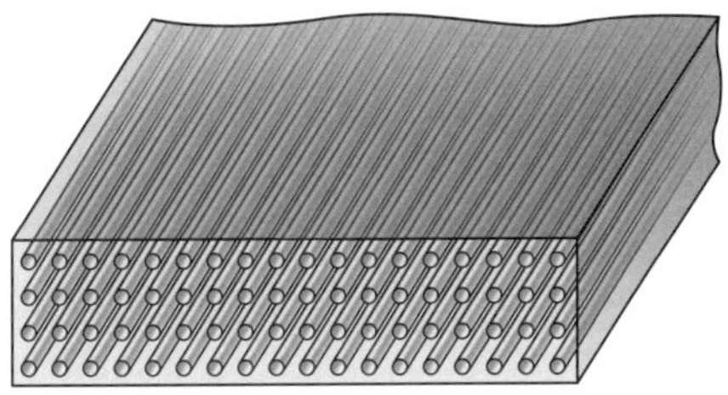

Abbildung 1 Faser-Kunststoff-Verbund (FKV) – Verstärkungsfasern werden von einer Kunststoffmatrix umgeben [1]

Herstellung der Matrix

Die Matrix besteht aus einem Copolymer, das aus α-Methylstyrol und einem kurzkettigen Polyester-Präpolymer gebildet wird.

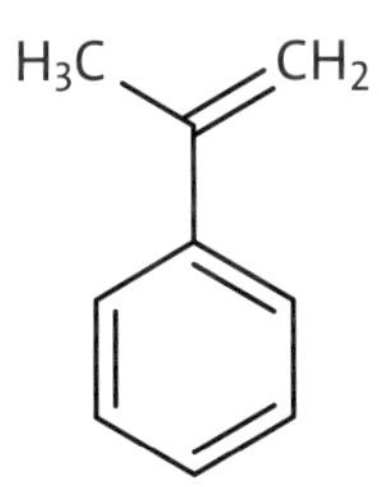

α-Methylstyrol

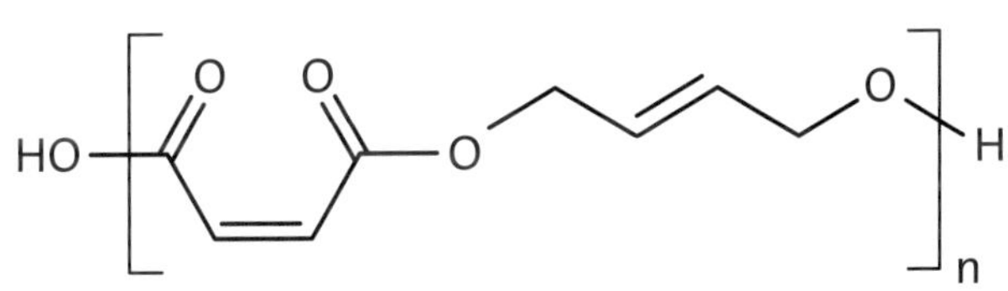

Polyester-Präpolymer

Herstellung der Verstärkungsfasern

Es gibt unterschiedliche Verstärkungsfasern, die sich für den Einsatz in einer solchen Art von Schutzweste eignen. Am häufigsten werden Fasern aus Polyaramid oder Hochleistungspolyethen verwendet. Hochleistungspolyethen besteht aus völlig unverzweigten, d. h. nur linearen Ketten, während die Polymerketten in normalem Polyethen auch Verzweigungen haben. Beide Kunststoffe, Polyaramid und Hochleistungspolyethen, werden nach der Herstellung zuerst gesponnen und danach verstreckt, so dass große Bereiche mit parallelen Molekülketten entstehen (kristalline Bereiche). Die fertigen Fasern bettet man bei der Matrixbildung ein, es entsteht eine Platte aus einem Faser-Kunststoff-Verbund.

1 Abbildung 1 selbst erstellt nach: Lechler, Katharina; Menner, Marietta: Lehrerhandbuch – Faserverbundwerkstoffe. Universität Augsburg 2016, S. 8

Zusatzinformationen:

Kristallisationsgrad

Die Kristallisation ist der Übergang eines Kunststoffs in einen hochgeordneten Zustand. Der Kristallisationsgrad gibt an, welcher Anteil des Werkstoffs diesen Zustand erreicht hat.

Zugfestigkeit

Ein Probekörper mit definierten Abmessungen wird mittels einer Prüfmaschine auseinandergezogen. Die maximale Kraft pro mm^2 bis zum Zerreißen ist die Zugfestigkeit.

Tabelle 1 **Kristallisationsgrad und Zugfestigkeit von Polyaramid und verschiedenen Polyethen-Sorten**

	Kristallisationsgrad	Zugfestigkeit
Polyaramid	52 %	2800–2900 N/mm^2
Hochleistungspolyethen	85 %	3000–4000 N/mm^2
Polyethen (HD) [1]	55–75 %	27 N/mm^2

1 Polyethen (HD): Polyethen mit einer hohen Dichte (0,94 g/cm^3 bis 0,97 g/cm^3)

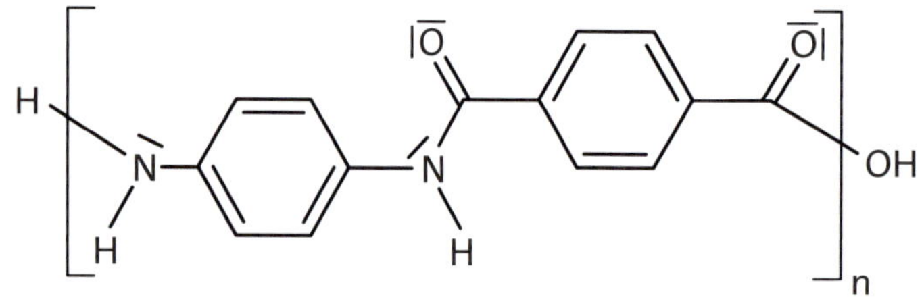

Polyaramid

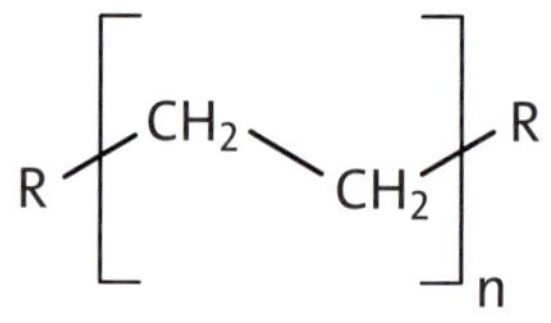

Polyethen

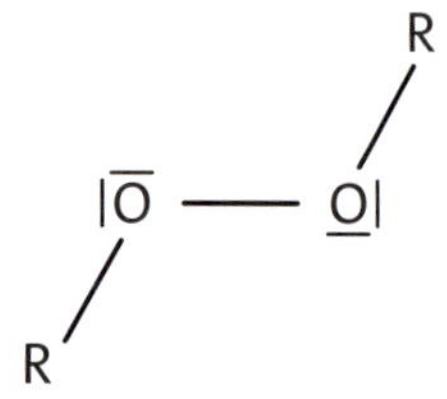

allgemeine Form eines organischen Peroxids

Abiturklausur 6

Grundkurs

Lösungen

Thema: Carmoisin – Synthese und Einsatz als Lebensmittelfarbstoff

Aufgabenstellung:

1 Geben Sie die Kennzeichen aromatischer Systeme an. Erläutern Sie anhand der Molekülstrukturen das unterschiedliche Verhalten von Stoff A (Naphthalin) und Stoff B (1,2,3,4,5,8-Hexahydronaphthalin) gegenüber Brom. Erläutern Sie den Ablauf der Reaktion von Stoff B und Brom in Einzelschritten.

(16 Punkte)

2 Geben Sie Reaktionsgleichungen und den Reaktionstyp für die Sulfonierung von 1-Naphthol und 1-Aminonaphthalin an. Erläutern Sie die unterschiedliche Löslichkeit von 4-Hydroxynaphthalin-1-sulfonsäure in Natronlauge und in stark saurer Lösung. Erläutern Sie unter Angabe des Reaktionstyps den Ablauf der Reaktion von 4-Hydroxynaphthalin-1-sulfonat-Ionen und Diazonium-Ionen zu Carmoisin-Molekülen (Schritt III) in Einzelschritten.

(24 Punkte)

3 Erklären Sie am Beispiel von Carmoisin unter Bezug auf Tabelle 1 und das angegebene Extinktionsmaximum den Zusammenhang zwischen Lichtabsorption und Farbigkeit. Begründen Sie anhand der Molekülstruktur die Farbigkeit von Carmoisin. Beurteilen Sie anhand der Molekülstruktur und der Eigenschaften den Einsatz von Carmoisin in Limonade.

(20 Punkte)

Zugelassene Hilfsmittel:

- Taschenrechner (grafikfähiger Taschenrechner / CAS-Taschenrechner)
- Periodensystem
- Wörterbuch zur deutschen Rechtschreibung

Fachspezifische Vorgaben:

Carmoisin (E 122) ist ein synthetischer, in Europa zugelassener Lebensmittelfarbstoff. Das Extinktionsmaximum von Carmoisin liegt bei 516 nm. Carmoisin ist beständig gegen Fruchtsäuren, Licht und Hitze und wird aufgrund seiner intensiven Farbe in zahlreichen Lebensmitteln eingesetzt, u. a. in Süß- und Zuckerwaren, Marzipan, Puddingpulver, Kunstspeiseeis, Fruchtkonserven, Fertigsuppen und Paniermehl. Seit 2010 müssen Lebensmittel, die Lebensmittelfarbstoffe der Farbstoffklasse enthalten, zu der Carmoisin gehört, mit dem Warnhinweis „Kann Aktivität und Aufmerksamkeit bei Kindern beeinträchtigen" versehen sein. Der ADI-Wert (acceptable daily intake) von Carmoisin beträgt 4 mg/kg Körpergewicht. Er gibt die Menge an, die bei einem Menschen bei täglicher lebenslanger Aufnahme als unbedenklich gilt.

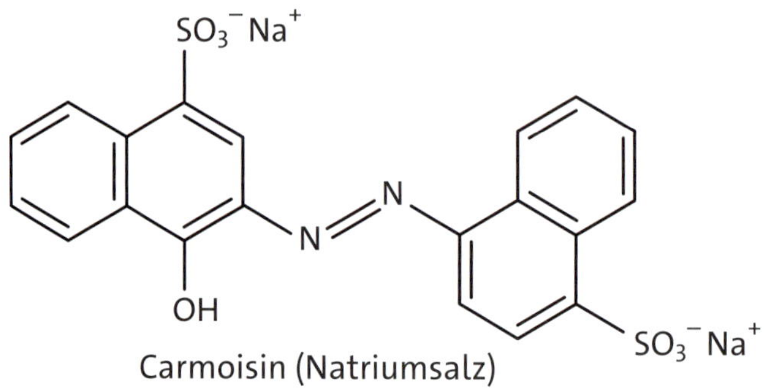

Carmoisin (Natriumsalz)

Carmoisin kann aus bicyclischen Kohlenwasserstoffverbindungen hergestellt werden, die ein Naphthalin-Grundgerüst tragen. **Naphthalin** (Stoff A) ist ein weißer Feststoff, der in unpolaren Lösemitteln gut löslich ist. Gibt man elementares Brom (Br_2) zu einer Naphthalinlösung, entfärbt sich die Lösung nicht. Im Vergleich dazu entfärbt sich eine Lösung aus 1,2,3,4,5,8-Hexahydronaphthalin (Stoff B) und elementarem Brom schnell.

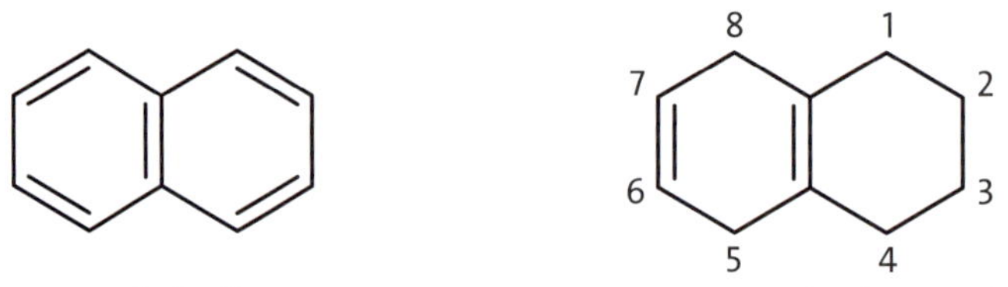

Naphthalin (Stoff A)

1, 2, 3, 4, 5, 8-Hexahydronaphthalin (Stoff B)

Für die **Carmoisin-Synthese** können die beiden Naphthalin-Derivate 1-Hydroxynaphthalin (1-Naphthol) und 1-Aminonaphthalin eingesetzt werden. Beide Verbindungen werden zunächst sulfoniert, indem sie mit konzentrierter Schwefelsäure (H_2SO_4) versetzt werden. Dabei dienen Schwefeltrioxid-Moleküle (SO_3) als Reaktionspartner, die in der konzentrierten Schwefelsäure gelöst vorliegen. Bei der Sulfonierung (▶ **Abbildung 1, Schritte Ia und Ib**) entstehen 4-Hydroxynaphthalin-1-sulfonsäure und 4-Aminonaphthalin-1-sulfonsäure. 4-Hydroxynaphthalin-1-sulfonsäure ist in Natronlauge besser löslich als in stark saurer Lösung. Aus 4-Aminonaphthalin-1-sulfonat-Ionen lassen sich durch Zugabe von Natriumnitrit ($NaNO_2$) und Salzsäure (HCl(aq)) Diazonium-Ionen herstellen (Schritt II), die mit 4-Hydroxynaphthalin-1-sulfonat-Ionen zu Carmoisin reagieren (Schritt III).

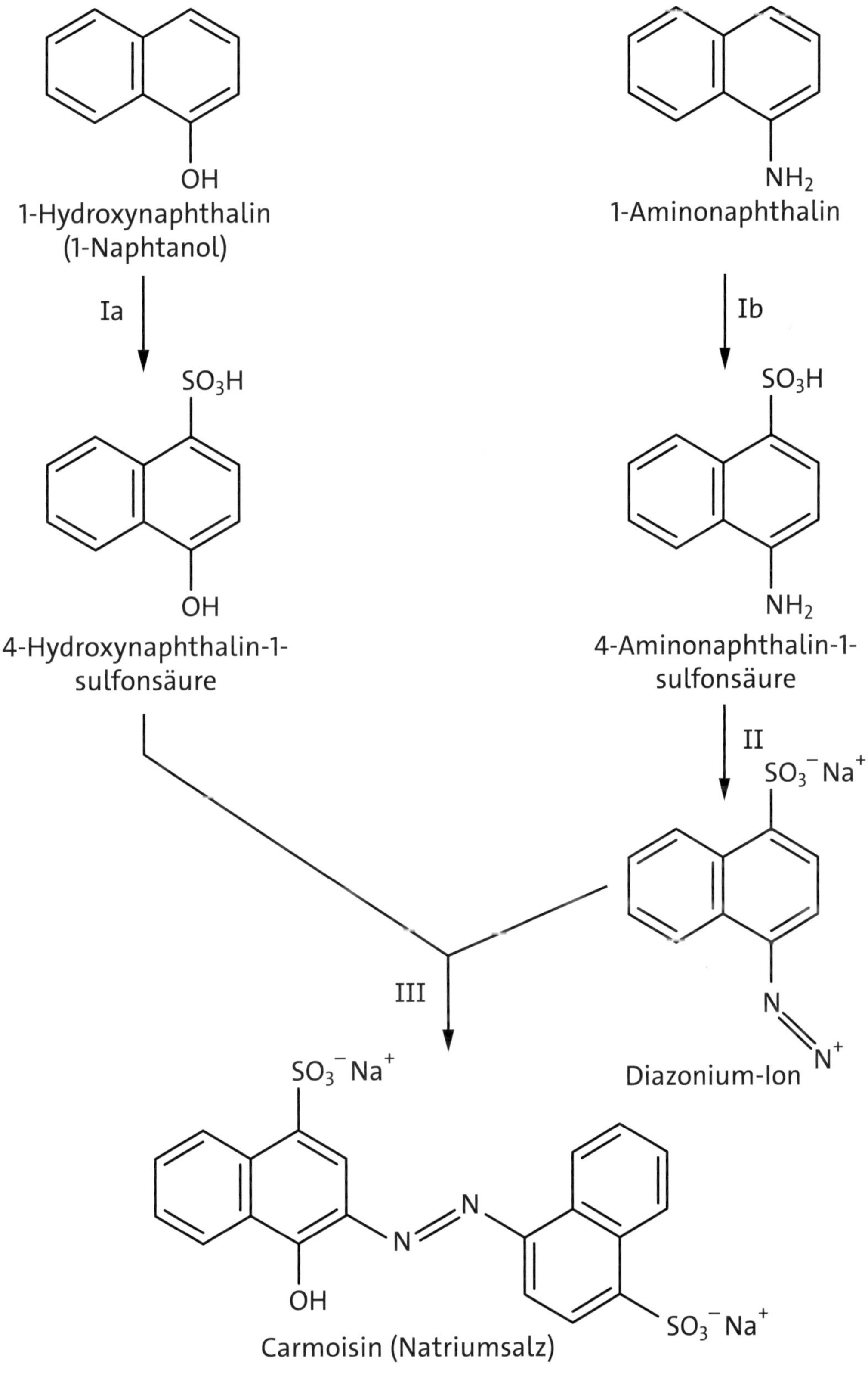

Abbildung 1 Synthese von Carmoisin aus Naphthalin-Derivaten

Zusatzinformationen:

Als ein **Derivat** (von lateinisch *derivare* ‚ableiten') wird in der Chemie ein Stoff ähnlicher Struktur bezeichnet. Derivate sind z. B. Stoffe, die an Stelle eines Wasserstoff-Atoms ein anderes Atom oder eine ganze Atomgruppe besitzen bzw. bei denen ein oder mehrere Atome/Atomgruppen entfernt wurden.

Schwefeltrioxid-Moleküle sind planar gebaut und enthalten drei gleichlange Bindungen zwischen dem Schwefel-Atom und den Sauerstoff-Atomen.

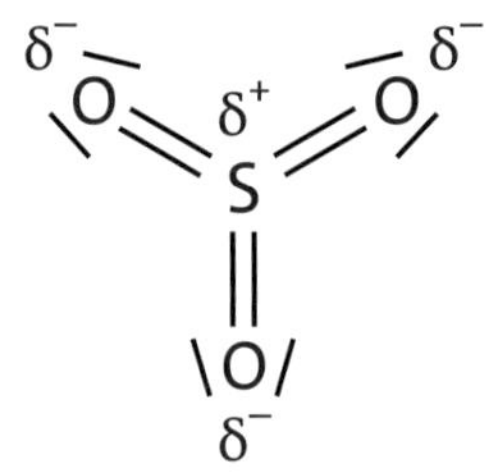

Tabelle 1 **Zusammenhang von absorbierter Strahlung, zugehöriger Spektralfarbe und beobachteter Komplementärfarbe**

Wellenlänge λ in nm	Spektralfarbe	Komplementärfarbe
< 400	ultraviolett	farblos
400–435	violett	gelbgrün
435–480	blau	gelb
480–490	grünblau	orange
490–500	blaugrün	rot
500–560	grün	purpur
560–580	gelbgrün	violett
580 –595	gelb	blau
595–605	orange	grünblau
605–770	rot	blaugrün

Abiturklausur 1

Lösungen

Leistungskurs

Thema: „Gezieltes Heilen“ durch Nano-Polyester

Aufgabenstellung:

1 Erläutern Sie mithilfe von Oxidationszahlen, bei welchem der ersten beiden Schritte der Oxalsäuredichlorid-Herstellung eine Redoxreaktion vorliegt. Wenden Sie die Säure-Base-Theorie nach Brönsted auf die Protonenübertragung zwischen Schwefelsäure und Oxalat-Ionen an. Geben Sie eine mögliche Reaktionsgleichung für die Bildung von Oxalsäuredichlorid aus Oxalsäure und den dazugehörigen Reaktionstyp an.

(14 Punkte)

2 Erläutern Sie die Synthese eines Makromoleküls aus Oxalsäuredichlorid und Diethylstilbestrol (DES) unter Angabe einer Reaktionsgleichung. Erläutern Sie die Eignung von 1,4-Cyclohexandimethanol (CHDM) zur Verringerung des Wirkstoffanteils im Molekül durch einen Vergleich der Molekülstrukturen und Stoffeigenschaften von DES und CHDM. Zeichnen Sie einen repräsentativen Makromolekülausschnitt des Produktes aus Oxalsäuredichlorid, DES und CHDM.

(16 Punkte)

3 Erklären Sie mithilfe von Fachbegriffen den ersten Schritt zum Abbau des Nano-Polyesters (▶ Abbildung 3). Übertragen Sie diesen mithilfe von kommentierten Reaktionsgleichungen auf den Ablauf der 1,2-Dioxetandionbildung. Entwickeln Sie eine Hypothese, die den Zerfall eines 1,2-Dioxetandionmoleküls in zwei Kohlenstoffdioxidmoleküle erklärt.

(22 Punkte)

4 Beschreiben Sie die Ergebnisse der Untersuchung der PVAX-Mikropartikel. Untersuchen Sie den Ausschnitt des PVAX-Moleküls unter Angabe der Strukturformeln der eingesetzten Monomere hinsichtlich des verwendeten Wirkstoffs. Erläutern Sie, inwiefern „gezieltes Heilen“ durch Nano-Polyester möglich ist.

(14 Punkte)

Zugelassene Hilfsmittel:

- Taschenrechner (grafikfähiger Taschenrechner / CAS-Taschenrechner)
- Periodensystem
- Wörterbuch zur deutschen Rechtschreibung

Fachspezifische Vorgaben:

„Gezieltes Heilen" durch Nano-Polyester

Bei manchen Krankheiten unterscheiden sich kranke Zellen von gesunden Zellen dadurch, dass sie bestimmte Stoffe bilden, z. B. Wasserstoffperoxid. Dies machen sich Medizinerinnen und Mediziner zunutze, indem sie das Wasserstoffperoxid am Wirkort verwenden, um ein in die Zellen eingeschleustes Medikament freizusetzen.

Bei einer bestimmten Erkrankung hat sich Diethylstilbestrol (DES) als sehr effektiver Wirkstoff erwiesen.

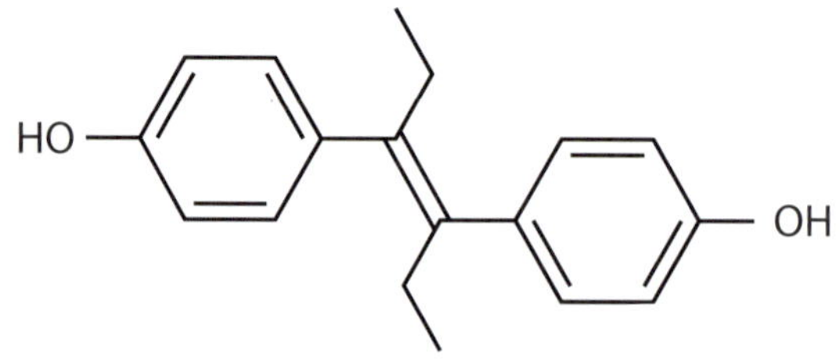

Abbildung 1 Diethylstilbestrol (DES)

DES wird nun als molekularer Bestandteil eines Copolymers in die Zelle gebracht. Dort wird er durch bei kranken Zellen vorhandenes Wasserstoffperoxid freigesetzt.

Das DES-Copolymer ist ein Polyester, welcher aus drei unterschiedlichen Monomeren hergestellt wird:

1. Oxalsäuredichlorid
2. DES (Wirkstoff)
3. 1,4-Cyclohexandimethanol (CHDM)

Synthese des Eduktes Oxalsäuredichlorid

Oxalsäure wird durch thermische Dehydrierung von Formiat-Ionen (I) und anschließender Reaktion der Oxalat-Ionen mit Schwefelsäure (II) gewonnen. Zum Schluss erfolgt eine Überführung in das Oxalsäuredichlorid.

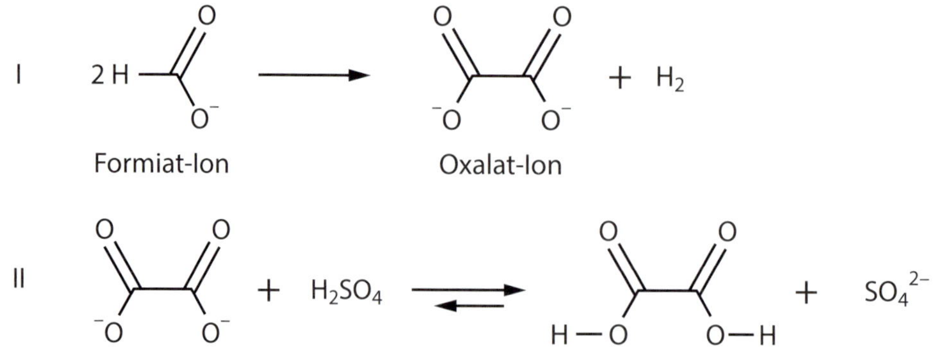

Abbildung 2 Synthese von Oxalsäure aus Formiat-Ionen

Abbau des Polyesters in einem Laborexperiment

Bei der säurekatalysierten Reaktion mit Wasserstoffperoxid kommt es im Labor zur Spaltung des Polyesters:

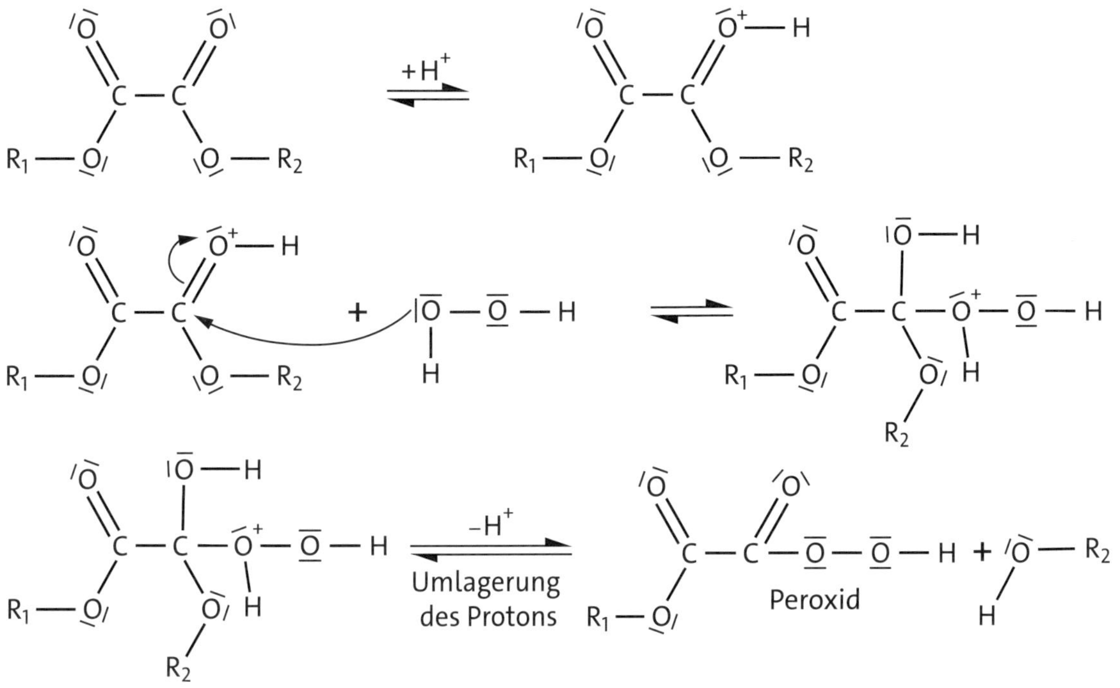

Abbildung 3 Erster Schritt zum Abbau des Polyesters

Das entstandene Peroxid reagiert nun intern mit der zweiten Carbonylgruppe der Oxalsäuresequenz unter Bildung eines 1,2-Dioxetandions, das weiter zu CO_2 zerfällt.

Untersuchung von medizinisch wirksamen Polyestern

Neben DES lassen sich auch andere Wirkstoffe in einen solchen Polyester einbringen. In einer Forschungsarbeit haben Wissenschaftlerinnen und Wissenschaftler so den Polyester PVAX geschaffen. Er zeigt in einer Untersuchung von kugelförmigen Mikropartikeln die folgenden Ergebnisse:

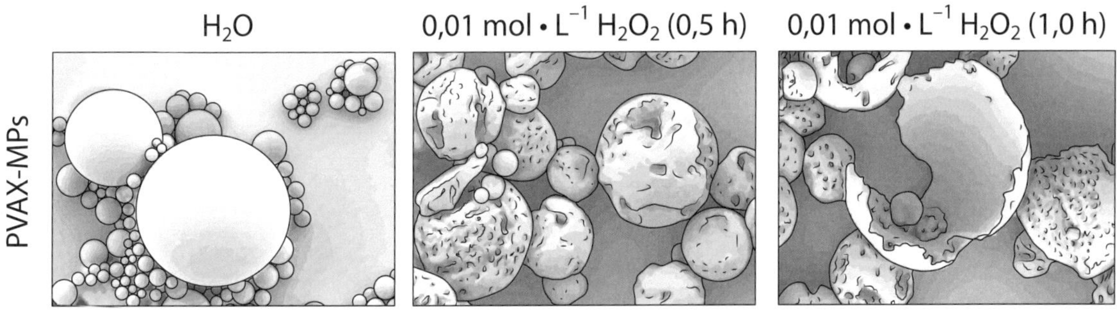

Abbildung 4 Aufnahmen eines Rasterelektronenmikroskops, PVAX-Mikropartikel nach mehreren Stunden in Wasser bzw. nach einer halben und einer Stunde in einer Wasserstoffperoxid-Lösung ($c = 0{,}01\ mol \cdot L^{-1}$) [1]

1 Abbildung 3 selbst erstellt nach Yamei Huang et al.: Facile Fabrication of Oxidation-Responsive Polymeric Nanoparticles for Effective Anticancer Drug Delivery, Molecular Pharmaceutics 2019, 16, S. 49–59, American Chemical Society 2019

Zusatzinformationen:

Elektronegativitätswerte:

Wasserstoff	2,1	Kohlenstoff	2,5	Sauerstoff	3,5

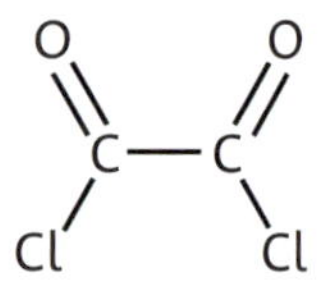

Oxalsäuredichlorid

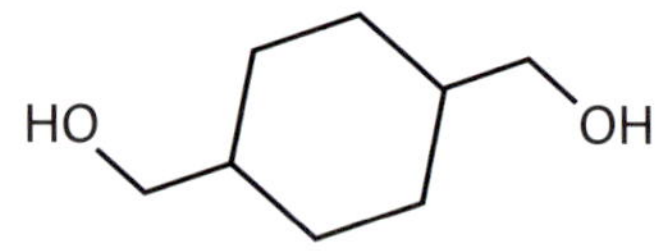

1,4-Cyclohexandimethanol (CHDM)

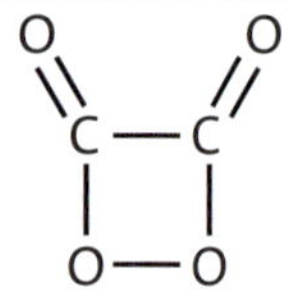

1,2-Dioxetandion

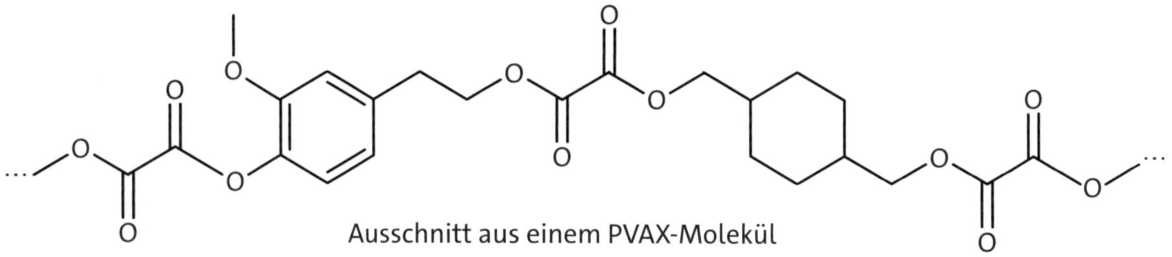

Ausschnitt aus einem PVAX-Molekül

1,4-Cyclohexandimethanol (CHDM):
CHDM wird als ungiftig eingestuft. Indem CHDM den Wirkstoff ersetzt, kann es zur Steuerung des Wirkstoffanteils eingesetzt werden.

Partikelgrößen:

Nanopartikel	Teilchen einer Größe von unter 0,1 µm
Mikropartikel	Teilchen einer Größe im Bereich von 0,1–100 µm

Abiturklausur 2

Leistungskurs

Lösungen

Thema: Korrosionsprobleme im Bootssport

Aufgabenstellung

1 Erklären Sie am Beispiel des Rostens von Eisen den Begriff Korrosion. Geben Sie die Reaktionsgleichungen für die beim Rosten von Eisen ablaufenden Reaktionen an. Erläutern Sie die Vorgänge der Sauerstoffkorrosion von Eisen bis zur Entstehung von Eisen(II)-hydroxid, auch indem Sie die Abbildung 2 (▶ **Anhang**) durch Formeln und Teilgleichungen ergänzen.

(16 Punkte)

2 Skizzieren Sie einen möglichen experimentellen Aufbau zur Galvanisierung eines Eisenwerkstückes. Erläutern Sie anhand von Teilgleichungen für die beim Verzinken von Eisen ablaufenden Reaktionen den Prozess des Galvanisierens. Berechnen Sie die Stromstärke, bei der die Verzinkung der Ankerkette in Experiment 1 durchgeführt wurde.

(18 Punkte)

3 Berechnen Sie die Spannung einer Konzentrationszelle aus der Vergleichshalbzelle und einer Halbzelle mit einer Probelösung, deren Konzentration dem Richtwert von 5,0 mg · L^{-1} entspricht (▶ **Experiment 2**). Erläutern Sie das Auftreten einer Spannung und begründen Sie anhand der Rechnung, wie sich die Spannung beim Überschreiten des Richtwertes ändert.

(16 Punkte)

4 Erläutern Sie die Beobachtungen bei Experiment 3 auch mithilfe von Teilgleichungen. Erläutern Sie vor dem Hintergrund der Beobachtungen den Begriff „Opferanode“ und diskutieren Sie die Rahmenbedingungen, die zum Schutz des Eisens mit dieser Methode gewährleistet sein müssen.

(16 Punkte)

Zugelassene Hilfsmittel:

- Taschenrechner (grafikfähiger Taschenrechner / CAS-Taschenrechner)
- Periodensystem
- Wörterbuch zur deutschen Rechtschreibung

Fachspezifische Vorgaben:

Korrosionsvorgänge an Metallteilen können auch im Bootssport großen Schaden verursachen, da Teile aus Stahl mit hohem Eisengehalt bei Kontakt mit Meerwasser und Sauerstoff innerhalb kurzer Zeit korrodieren (rosten).

Beim Rosten reagiert elementares Eisen zunächst mit Sauerstoff und Wasser zu Eisen(II)-hydroxid. Im weiteren Korrosionsverlauf kann Eisen(II)-hydroxid nochmals mit Sauerstoff zu Eisen(III)-oxidhydroxid mit der Formel FeO(OH) reagieren, was den eigentlichen orangebraunen Rost darstellt.

Ein besonders korrosionsgefährdeter Gegenstand auf einem Segelboot ist die Ankerkette. Sie unterliegt ständiger mechanischer Belastung und ist dem Seewasser besonders häufig ausgesetzt. Bei Segelbooten werden Ketten aus nichtrostendem Edelstahl ebenso wie verzinkte Eisenketten eingesetzt. Letztere haben den Vorteil des günstigeren Preises. Die Verzinkung der Ketten kann durch Galvanisieren erfolgen. Dabei wird die Kette in eine Lösung getaucht, die Zink-Ionen enthält, und mit dem Minuspol einer Gleichspannungsquelle verbunden. Der Pluspol der Gleichspannungsquelle wird mit einem Zinkstück verbunden, das sich ebenfalls in der Lösung befindet.

Experiment 1: Galvanische Verzinkung einer Ankerkette aus Eisen

Eine Eisenkette mit einer Masse von 80,000 kg wurde galvanisch 4 Tage bei konstanter Stromstärke verzinkt. Die Masse der verzinkten Kette betrug danach 80,654 kg.

Konzentrationsmessung

Beim galvanischen Verzinken fallen Lösungen an, die Zink(II)-Ionen enthalten. Diese Lösungen können nur dann ohne Bedenken entsorgt werden, wenn die Konzentration an Zink(II)-Ionen nicht zu hoch ist. Der Richtwert, der nicht überschritten werden soll, liegt bei einer Massenkonzentration $\beta(Zn^{2+}) = 5{,}0\,mg \cdot L^{-1}$.

Experiment 2:

Die Konzentration einer zu entsorgenden Lösung kann mithilfe einer Konzentrationszelle ermittelt werden. Hierzu werden zwei Zinkhalbzellen verwendet, bei der die Vergleichshalbzelle eine Zink(II)-Ionenkonzentration von $1{,}0\,mol \cdot L^{-1}$ enthält. Die andere Halbzelle wird mit einer Probe der zu entsorgenden Lösung befüllt.

Einsatz von Opferanoden

An vielen Schiffsrümpfen kann man große Blöcke aus Magnesium oder Zink wahrnehmen (▶ **Foto**). Diese Blöcke werden auch als „Opferanoden" bezeichnet. Die Anzahl der Opferanoden variiert mit der Größe der zu schützenden Teile. Die Funktionsweise einer solchen Anordnung wird in einem Laborexperiment untersucht.

Abbildung 1 Opferanode aus Zink an einem Schiffsrumpf

Experiment 3: Überprüfung des Effektes eines an Eisen angebrachten Zinkblocks

a) In einer Petrischale wird ein gereinigter Eisennagel in eine wässrige Natriumchloridlösung gelegt, die mit wenig Phenolphthalein und Kaliumhexacyanoferrat(III) versetzt wurde.

Beobachtungen: Um den Nagel sind nach einiger Zeit sowohl blaue als auch purpurfarbene Verfärbungen zu sehen.

b) In eine zweite Petrischale werden ein an der Oberfläche gereinigtes Zinkstück und darauf ein ebenfalls gereinigter Eisennagel gelegt, sodass sich beide Metalle berühren. Danach wird eine wässrige Natriumchloridlösung, die mit wenig Phenolphthalein und Kaliumhexacyanoferrat (III) versetzt wurde, vorsichtig in die Petrischale gegossen.

Beobachtungen: Am Eisennagel verfärbt sich die Lösung purpur. Am Zinkstück bildet sich ein gelblich-weißer Niederschlag.

Zusatzinformationen:

Kaliumhexacyanoferrat(III) bildet bei Anwesenheit von Fe^{2+}-Ionen ein blaues Produkt.

Kaliumhexacyanoferrat(III) bildet bei Anwesenheit von Zn^{2+}-Ionen einen schwerlöslichen, gelblich-weißen Niederschlag.

Phenolphthalein färbt sich bei Anwesenheit von Hydroxid-Ionen purpur.

Molare Masse

$M(\mathrm{Zn}) = 65{,}4\,\mathrm{g \cdot mol^{-1}}$

Massenkonzentration

$\beta = c \cdot \mathrm{M}$

***Faraday*-Konstante**

$\mathrm{F} = 96485\,\mathrm{A \cdot s \cdot mol^{-1}}$

***Faraday*-Gesetz**

$I \cdot t = n \cdot z \cdot \mathrm{F}$

Nernst-Gleichung:

$$E = E^0 + \frac{0{,}059\,\mathrm{V}}{z} \cdot \lg \frac{c(\mathrm{ox.})}{c(\mathrm{red.})}$$

Stoff	korrespondierendes Redoxpaar	Standardpotential ($E°$)
Zink	$Zn \rightleftarrows Zn^{2+} + 2\,e^-$	–0,76 V
Eisen	$Fe \rightleftarrows Fe^{2+} + 2\,e^-$	–0,41 V
Sauerstoff (pH = 7)	$4\,OH^- \rightleftarrows O_2 + 2\,H_2O + 4\,e^-$	0,81 V

Anhang:

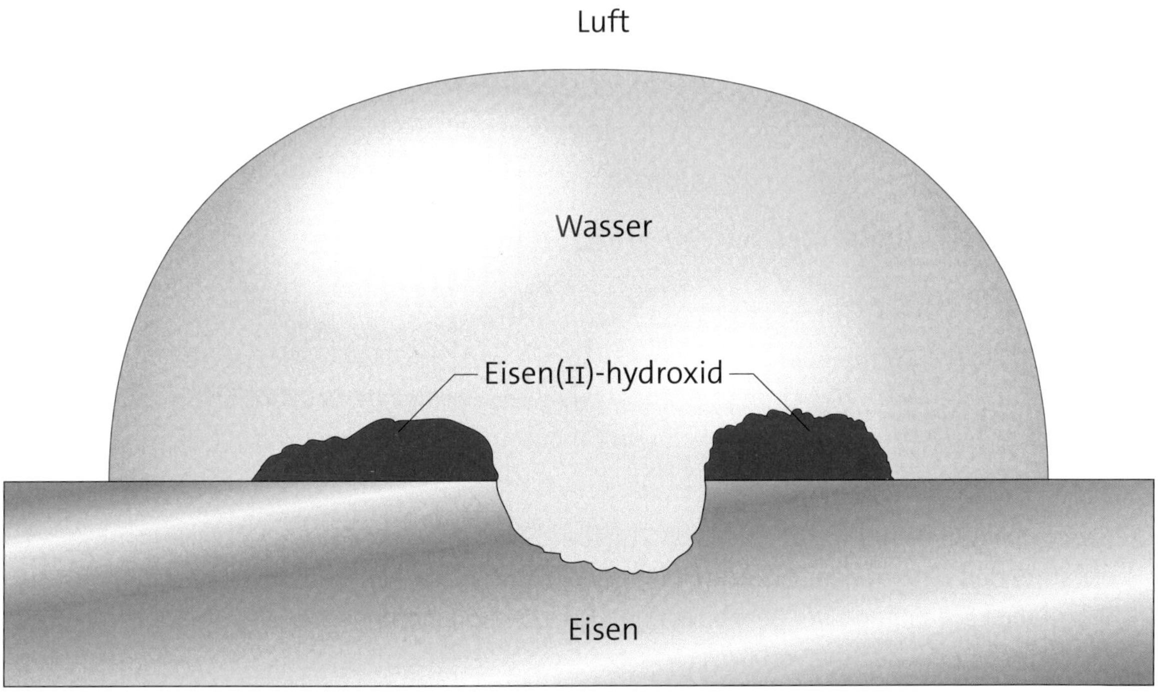

Abbildung 2 Darstellung der Komponenten bei der Sauerstoffkorrosion von Eisen

Lösungen

Abiturklausur 3

Leistungskurs

Thema: Gelbe Farbstoffe in Safran und Kurkuma

Aufgabenstellung:

1 Erklären Sie am Beispiel der Farbstoffe Curcumin und Crocin unter Bezug auf Tabelle 1 den Zusammenhang zwischen Lichtabsorption und Farbigkeit. Begründen Sie anhand der Molekülstrukturen die Farbigkeit von Curcumin (Form A) und Crocin.

(24 Punkte)

2 Geben Sie den Reaktionstyp der nach Zugabe von Bromwasser zu einer Crocinlösung ablaufenden Reaktion an. Erläutern Sie den Ablauf dieser Reaktion in Einzelschritten. Begründen Sie anhand der beschriebenen Reaktion die beobachtbare Farbänderung einer Crocinlösung bei Zugabe von Bromwasser.

(14 Punkte)

3 Begründen Sie die Unabhängigkeit der beiden mesomeren Systeme des Curcumin-Moleküls (Form A). Erläutern Sie die auftretende Farbveränderung bei Zugabe von Natronlauge zu einem Kurkumaextrakt anhand einer Reaktionsgleichung und geeigneter mesomerer Grenzstrukturen. Erläutern Sie, weshalb auch eine Natriumcarbonatlösung zur Untersuchung einer möglichen Fälschung von Safran mit Kurkumapulver verwendet werden kann.

(22 Punkte)

4 Erläutern Sie anhand einer Reaktionsgleichung, welche Reaktion beim Erwärmen einer Crocinlösung mit verdünnter Salzsäure abläuft. Begründen Sie das Auftreten eines Niederschlages bei dieser Reaktion. Beurteilen Sie anhand der Molekülstrukturen und der Angaben zur Herstellung die Eignung von Crocin und Curcumin als Lebensmittelfarbstoffe für die Färbung von wasserhaltigen und von fetthaltigen Lebensmitteln (z. B. Margarine).

(16 Punkte)

Zugelassene Hilfsmittel:

- Taschenrechner (grafikfähiger Taschenrechner / CAS-Taschenrechner)
- Periodensystem
- Wörterbuch zur deutschen Rechtschreibung

Fachspezifische Vorgaben:

Safran wird aus einer u.a. in Südeuropa verbreiteten Krokusart (*Crocus sativus*) gewonnen und ist wegen seines unvergleichlichen Aromas und seiner leuchtend gelben Farbe als Gewürz berühmt. Für das Gewürz werden nur die getrockneten Stempelfäden der Krokusblüte verwendet. Schon wenige Safranfäden genügen, um einem Gericht den typischen Geschmack und die intensiv gelbe Farbe zu verleihen. Um ein Kilogramm von ihnen zu gewinnen, benötigt man etwa 120.000 Blüten und damit eine Anbaufläche von ungefähr 1000 m^2. Die Ernte ist reine Handarbeit. Somit zählt Safran zu den teuersten Gewürzen der Welt. Im Handel zahlt man 4 bis 14 € pro Gramm Safran, allein aus diesem Grunde ist die Geschichte der Safran-Fälschungen lang.

Crocin (▶ **Abbildungen 1a und 1b**) ist der bedeutendste Farbstoff des Safrans. Der Farbstoff lässt sich leicht aus den Safranfäden isolieren. Wesentlich günstiger und in größerem Maßstab lässt sich Crocin biotechnologisch herstellen.

Bei Zugabe von Bromwasser ($Br_2(aq)$) zu einer Crocinlösung verändert sich die Farbe der Crocinlösung sukzessive, bis sie farblos wird.

Beim Erwärmen einer Crocinlösung mit verdünnter Salzsäure ($HCl(aq)$) werden die Zuckerreste (R) abgespalten. Es fällt ein farbiger Niederschlag (Feststoff) aus und die überstehende Lösung ist farblos.

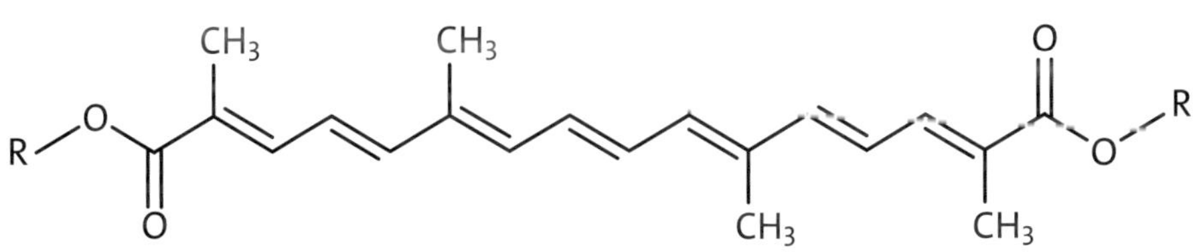

Abbildung: **1a**: Crocin-Molekül mit zwei Zweifachzucker-Resten (R)

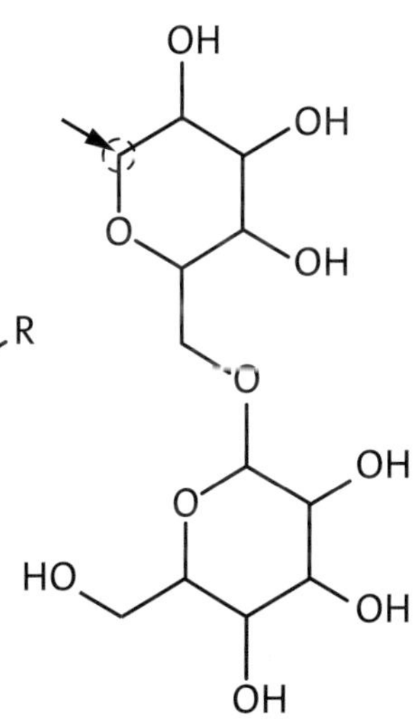

Abbildung: **1b**: Zweifachzucker Rest (R), der Pfeil markiert die Bindungsstelle

Kurkuma, auch Gelbwurz genannt, ist ein Gewürz aus dem südostasiatischen Raum, das durch seine auffällige gelbe Farbe sofort ins Auge sticht. Es wird aus den Wurzeln von Gelbwurzgewächsen (z.B. *Curcuma xanthorrhiza*) gewonnen und bildet als gemahlenes Pulver einen wesentlichen Bestandteil von Currypulver. Kurkuma wird häufig nicht nur zum Würzen,sondern auch aus optischen Gründen zum Färben von Gerichten verwendet. Kurkuma-Pulver ist ein beliebtes und günstiges Mittel, den teuren Safran als Gewürz zu strecken.

Für die färbende Wirkung des Kurkuma ist der Farbstoff **Curcumin** (E 100) verantwortlich. In sauren und neutralen Medien liegen Curcumin-Moleküle in der in Abbildung 2 dargestellten Form A vor und weisen zwei unabhängige mesomere Systeme in ihren Molekülen auf.

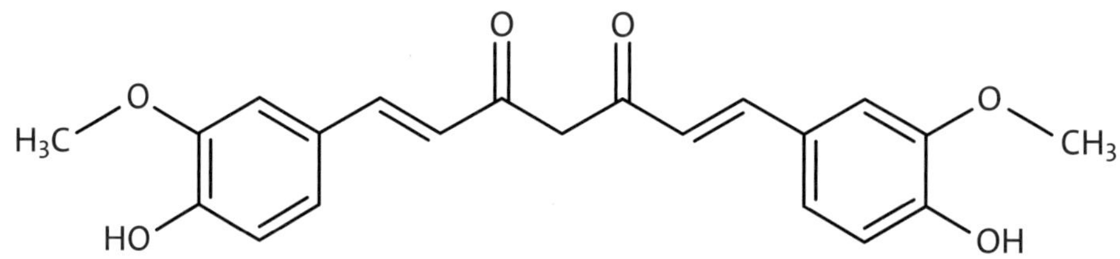

Abbildung 2 Curcumin-Molekül (Form A, gelb)

In alkalischem Medium liegen die Curcumin-Moleküle in der in Abbildung 3 dargestellten Form B vor und reagieren an der mit dem Pfeil gekennzeichneten Stelle mit Hydroxid-Ionen:

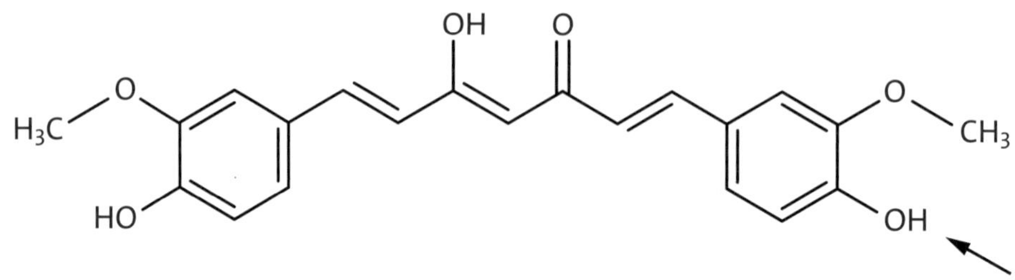

Abbildung 3 Curcumin-Molekül (Form B)

Ein einfacher und zuverlässiger Unterscheidungstest zwischen Safran und Kurkuma beruht auf der Zugabe von Natronlauge (NaOH(aq)): Während sich die Farbe eines Safranextraktes bei Zugabe von Natronlauge nicht ändert, färbt sich ein Kurkumaextrakt sofort rot. In der eigenen Küche kann man eine mögliche Fälschung untersuchen, indem man in Wasser gelöstes Natriumcarbonat (z. B. „Waschsoda") verwendet. Auch hier stellt sich eine Rotfärbung ein, wenn dem Safran Kurkuma beigemischt wurde.

Zusatzinformationen:

Natriumcarbonat (Na_2CO_3): pKB (CO_3^{2-}) = 3,67

Tabelle 1 **Zusammenhang von absorbierter Strahlung, zugehöriger Spektralfarbe und beobachteter Komplementärfarbe**

Wellenlänge λ in nm	Spektralfarbe	Komplementärfarbe
< 400	ultraviolett	farblos
400–435	violett	gelbgrün
435–480	blau	gelb
480–490	grünblau	orange
490–500	blaugrün	rot
500–560	grün	purpur
560–580	gelbgrün	violett
580 –595	gelb	blau
595–605	orange	grünblau
605–770	rot	blaugrün

Lösungen

Abiturklausur 4

Leistungskurs

Thema: Anlaufen und Reinigen von Silber

Aufgabenstellung

1 Erläutern Sie die im Experiment a) gemachten Beobachtungen ohne Anlegen einer Spannung mithilfe zugehöriger Reaktionsgleichungen. Berechnen Sie die Masse an Silber, die sich in Experiment b) abscheidet. Erläutern Sie den Vorteil der Verwendung von Silber (▶ **Experiment b**) als Anodenmaterial gegenüber Graphit (▶ **Experiment c**) unter Einbeziehung der Reaktionsgleichungen für beide Elektrodenvorgänge.

(*18 Punkte*)

2 Berechnen Sie die Spannung, die mindestens aufgebracht werden muss, um einen Gegenstand nach Experiment c) zu versilbern. Erläutern Sie mithilfe der NERNST-Gleichung, welchen Einfluss die Hydroxid-Ionen-Konzentration auf die aufzubringende Spannung hat. Beurteilen Sie, ob es sinnvoller ist, Gegenstände galvanisch zu versilbern als sie lediglich in eine Silbersalz-Lösung zu legen.

(*16 Punkte*)

3 Erklären Sie die Beobachtungen bei der Behandlung von angelaufenem Silber im Labor. Beurteilen Sie die Aussagen der Zitate zum Anlaufen von Silber unter der Annahme, dass die aufgelisteten Reaktionen für diesen Vorgang verantwortlich sind.

(*14 Punkte*)

4 Erläutern Sie auch unter Angabe von Reaktionsgleichungen die elektrochemischen Vorgänge beim Reinigen von Silber nach der Aluminium-Salz-Methode. Beurteilen Sie die beiden Verfahren zur Silberreinigung, indem Sie Vor- und Nachteile beider Verfahren gegenüberstellen.

(*18 Punkte*)

Zugelassene Hilfsmittel:

- Taschenrechner (grafikfähiger Taschenrechner / CAS-Taschenrechner)
- Periodensystem
- Wörterbuch zur deutschen Rechtschreibung

Fachspezifische Vorgaben:

Silber besitzt viele Eigenschaften, die es für Gebrauchsgegenstände nützlich machen. Es hat unter allen Metallen den höchsten Glanz und wirkt bakterientötend. Somit sind Silbergegenstände nicht nur optisch schön, sondern auch hygienisch. Daher findet Silber auch Verwendung bei der Herstellung von Besteck.

Silberbesteck besteht meistens nicht aus reinem Silber, da Silber nicht hart genug ist und das Besteck sich leicht verformen würde. Bei Silberbesteck aus „Hartsilber" wird ein aus einem Stahlkern bestehendes Besteck galvanisch mit einer dünnen Silberschicht überzogen.

Experimente zum Versilbern einer Gabel
Eine elektrochemische Silberabscheidung ist häufig schwierig, da sich Silber oftmals nicht als gleichmäßige Schicht, sondern in Form von unregelmäßigen Verästelungen abscheidet.

a) In einem Laborexperiment konnte das Versilbern einer Gabel aus Eisen nachvollzogen werden. Hierzu legte man eine Eisengabel in eine Silbernitrat-Lösung. Innerhalb weniger Minuten bildeten sich kleine schwarze Verästelungen an der Eisengabel.

b) In einem weiteren Experiment verwendete man ein Becherglas, welches mit einer alkalischen Silbernitrat-Lösung der Konzentration $c = 1\,mol \cdot L^{-1}$ und $pH = 14$ gefüllt wurde. Die Gabel und ein kleines Silberblech wurden in die Lösung gebracht und mit den Polen einer Gleichspannungsquelle verbunden. Im Anschluss wurde mit einer Stromstärke von 5 Ampere für 10 Minuten galvanisiert.

c) In Experiment b) wurde das Silberblech durch eine Graphitelektrode ausgetauscht. Die Gabel überzog sich mit einer Silberschicht. Im Gegensatz zur Verwendung einer Anode aus Silber beobachtete man hier eine Gasentwicklung an der Graphitelektrode.

Anlaufen von Silber
Obwohl es sich bei Silber um ein Edelmetall handelt, läuft es mit der Zeit an. In einem Buch zu Korrosion und Korrosionsschutz kann man folgende Zitate finden:

„In trockenen und feuchten Atmosphären ist Silber immun gegen korrosiven Angriff. Eine Oxidation zu Ag_2O unterhalb 180 °C ist zwar nachzuweisen, eine sichtbare Oxidschicht tritt nicht auf."
„Die Ursache für dieses Anlaufen sind dünne Schichten aus dem schwarzen Ag_2S, die sich an der Oberfläche bilden, selbst wenn nur Spuren von H_2S in der Atmosphäre zugegen sind. Über den Reaktionsmechanismus ist man sich nicht im Klaren, und auch die stöchiometrischen Verhältnisse sind nicht geklärt. Im Einzelnen ist die Frage offen, ob der Anlaufvorgang [...] unter der Beteiligung von Luftsauerstoff abläuft."

Die hier zu vermutenden Teilreaktionen mit den entsprechenden Standardpotentialen $E°$ lauten:

$2\,Ag + H_2S \rightleftarrows Ag_2S + 2\,H^+ + 2\,e^-$	–0,036 V
$4\,OH^- \rightleftarrows O_2 + 2\,H_2O + 4\,e^-$	0,4 V
$Ag \rightleftarrows Ag^+ + e^-$	0,8 V

Behandlung von angelaufenem Silber im Labor

Auch Silberbleche im Labor laufen mit der Zeit an. Hält man ein angelaufenes Reinsilberblech in die nichtleuchtende Brennerflamme, so wird dieses wieder blank.

Reinigen von angelaufenem Silberbesteck im Haushalt

In Haushaltsratgebern werden unterschiedliche Maßnahmen zum Reinigen des angelaufenen Silberbestecks vorgeschlagen:

- Zahnpasta-Methode:
  Mit einer weichen Bürste wird das Besteck vorsichtig mit Zahnpasta eingerieben. Die Silbersulfid-Schicht wird hierbei mechanisch abgetragen. Anschließend wird die Paste mit Wasser abgewaschen.

- Aluminium-Salz-Methode:
  In einer Schüssel werden mehrere Teelöffel Kochsalz mit warmem Wasser vermischt, bis sich das Salz gelöst hat. Dann gibt man ein wenig Essig hinzu. Das Silberbesteck wird locker in Aluminiumfolie eingewickelt, so dass es Kontakt mit der Folie hat, und für 10 Minuten in dieser Lösung belassen. Bei diesem Verfahren werden die Silber-Ionen wieder in Silber-Atome umgewandelt. Die freiwerdenden Sulfid-Ionen reagieren in der essigsauren Lösung zunächst zu Hydrogensulfid-Ionen (HS^-) und weiter zu Schwefelwasserstoff-Molekülen (H_2S). Nach dem Auspacken des Silberbestecks aus der Aluminiumfolie ist das Besteck wieder blank. Die Aluminiumfolie weist eine raue Oberfläche und kleine Löcher auf. Der Geruch von Schwefelwasserstoff ist wahrzunehmen.
  Schwefelwasserstoff ist ein sehr giftiges Gas. Der Mensch kann es bereits in äußerst geringen Konzentrationen riechen, die bei kurzzeitiger Wahrnehmung unproblematisch sind.

Zusatzinformationen:

***Faraday*-Konstante**

$F = 96485\,A \cdot s \cdot mol^{-1}$

***Faraday*-Gesetz**

$I \cdot t = n \cdot z \cdot F$

$M(Ag) = 107{,}9\,g \cdot mol^{-1}$

Sonderform der NERNST-Gleichung für Sauerstoff-Halbzellen:

$$E(OH^-/O_2,H_2O) = E^0(OH^-/O_2,H_2O) + \frac{0{,}059\,V}{4} \cdot \lg \frac{1}{c^2(OH^-)}$$

Standardpotentiale

bei $T = 298{,}15\,K$, $p = 101{,}325\,kPa$ und $c = 1\,mol \cdot L^{-1}$

reduzierte Form	⇄	oxidierte Form + z · e⁻	Standardpotential $E°$ in V
Al	⇄	$Al^{3+} + 3\,e^-$	–1,66
Fe	⇄	$Fe^{2+} + 2\,e^-$	–0,41
$4\,OH^-$	⇄	$O_2 + 2\,H_2O + 4\,e^-$	+0,40 (pH = 14)
Ag	⇄	$Ag^+ + e^-$	+0,80

Anmerkung zum Zitat:

Quelle:

Kunze, Egon (Hrsg.): Korrosion und Korrosionsschutz. Band 1: Einführung und wissenschaftliche Grundlagen. Weinheim: Wiley-VCH Verlag 2001, S. 1589–1590

Lösungen

Abiturklausur 5

Leistungskurs

Thema: Ballistische Schutzwesten

Aufgabenstellung:

1 Geben Sie die Monomere sowie den Reaktionstyp der Synthese des Polyester-Präpolymers an. Erläutern Sie unter Angabe einer Reaktionsgleichung mit Strukturformeln die Bildungsreaktion des Polyester-Präpolymers und erklären Sie, wie sich diese zugunsten einer besseren Produktausbeute steuern lässt.

(16 Punkte)

2 Erläutern Sie unter Angabe des Reaktionstyps den Ablauf der Reaktion für die Herstellung von Cumol aus Benzol und Propen in Einzelschritten. Geben Sie begründet ein mögliches Nebenprodukt an.

(16 Punkte)

3 Erklären Sie die einzelnen Reaktionsschritte der Bildung von Poly-α-methylstyrol aus α-Methylstyrol unter Zugabe eines organischen Peroxids. Geben Sie für diese Teilschritte Reaktionsschemata an. Begründen Sie den Einsatz des Copolymers aus α-Methylstyrol und dem Polyester-Präpolymer in Schutzwesten anstelle von Poly-α-methylstyrol.

(16 Punkte)

4 Vergleichen Sie die zwischenmolekularen Wechselwirkungen im Polyaramid und im Hochleistungspolyethen mithilfe von geeigneten Strukturformelausschnitten. Erklären Sie, wie Verzweigungen in Polyethenketten die zwischenmolekularen Wechselwirkungen beeinflussen. Erläutern Sie, dass die Art der zwischenmolekularen Wechselwirkungen allein nicht ausreichend ist, um die Zugfestigkeit der Fasern einzuordnen.

(18 Punkte)

Zugelassene Hilfsmittel:

- Taschenrechner (grafikfähiger Taschenrechner / CAS-Taschenrechner)
- Periodensystem
- Wörterbuch zur deutschen Rechtschreibung

Fachspezifische Vorgaben:

Ballistische Schutzwesten – auch „kugelsichere Westen" genannt – dienen dazu, die Trägerin oder den Träger vor der tödlichen Wirkung von Geschossen aus Schusswaffen zu schützen.Sie werden von Polizistinnen und Polizisten auf der ganzen Welt während ihres Dienstes verwendet.

Das Geschoss bleibt nach einem Beschuss in der Weste und die Energie des Einschlags wird auf eine möglichst große Fläche verteilt. Damit dies sicher gelingt, bestehen die Kleidungsstücke aus einem Faser-Kunststoff-Verbund (FKV), einem Werkstoff, bei dem Verstärkungsfasern in einen Kunststoff (Matrix) eingebettet werden. Der FKV muss sehr reißfest sein und darf auch bei hohen Temperaturen nicht schmelzen.

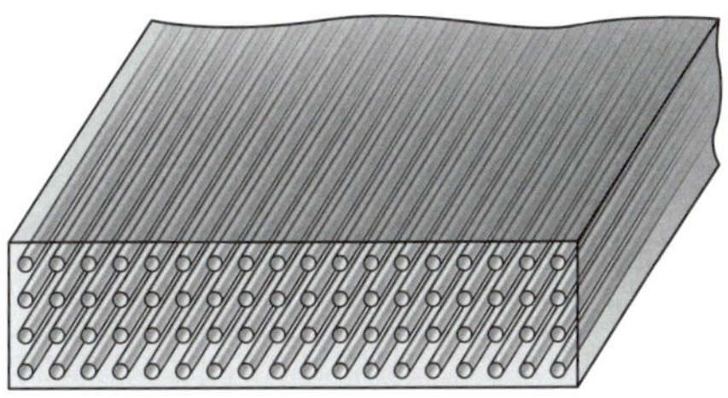

Abbildung 1 Faser-Kunststoff-Verbund (FKV) – Verstärkungsfasern werden von einer Kunststoffmatrix umgeben [1]

Herstellung der Matrix

Die Matrix besteht aus einem Copolymer, das aus α-Methylstyrol und einem kurzkettigen Polyester-Präpolymer gebildet wird.

Das benötigte α-Methylstyrol wird in einem zweischrittigen Verfahren gewonnen. Zuerst reagieren in einer säurekatalysierten Reaktion Propen und Benzol zu Cumol. Anschließend erfolgt eine Dehydrierung, die das Monomer bildet.

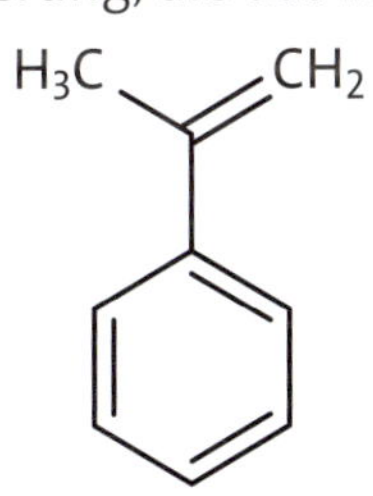

α-Methylstyrol

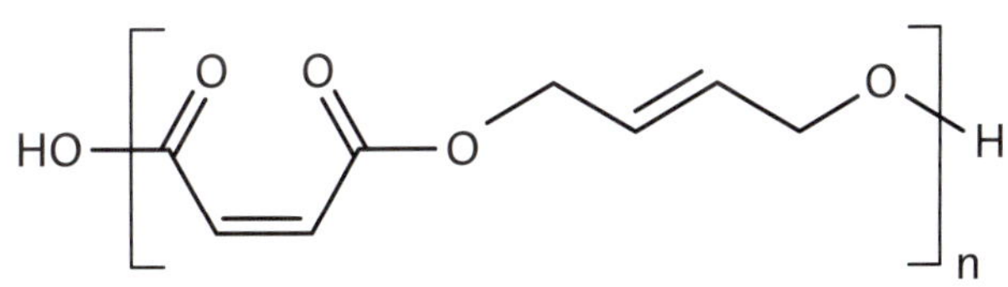

Polyester-Präpolymer

1 Abbildung 1 selbst erstellt nach: Lechler, Katharina; Menner, Marietta: Lehrerhandbuch – Faserverbundwerkstoffe. Universität Augsburg 2016, S. 8

Herstellung der Verstärkungsfasern

Es gibt unterschiedliche Verstärkungsfasern, die sich für den Einsatz in einer solchen Art von Schutzweste eignen. Am häufigsten werden Fasern aus Polyaramid oder Hochleistungspolyethen verwendet. Hochleistungspolyethen besteht aus völlig unverzweigten, d. h. nur linearen Ketten, während die Polymerketten in normalem Polyethen auch Verzweigungen haben. Beide Kunststoffe, Polyaramid und Hochleistungspolyethen, werden nach der Herstellung zuerst gesponnen und danach verstreckt, so dass große Bereiche mit parallelen Molekülketten entstehen (kristalline Bereiche). Die fertigen Fasern bettet man bei der Matrixbildung ein, es entsteht eine Platte aus einem Faser-Kunststoff-Verbund.

Zusatzinformationen:

Kristallisationsgrad

Die Kristallisation ist der Übergang eines Kunststoffs in einen hochgeordneten Zustand.
Der Kristallisationsgrad gibt an, welcher Anteil des Werkstoffs diesen Zustand erreicht hat.

Zugfestigkeit

Ein Probekörper mit definierten Abmessungen wird mittels einer Prüfmaschine auseinandergezogen. Die maximale Kraft pro mm^2 bis zum Zerreißen ist die Zugfestigkeit.

Tabelle 1 **Kristallisationsgrad und Zugfestigkeit von Polyaramid und verschiedenen Polyethen-Sorten**

	Kristallisationsgrad	Zugfestigkeit
Polyaramid	52 %	2800–2900 N/mm^2
Hochleistungspolyethen	85 %	3000–4000 N/mm^2
Polyethen (LD) [1]	35–50 %	20 N/mm^2
Polyethen (HD) [2]	55–75 %	27 N/mm^2

1 Polyethen (LD): Polyethen mit einer geringen Dichte (0,915 g/cm^3 bis 0,935 g/cm^3)
2 Polyethen (HD): Polyethen mit einer hohen Dichte (0,94 g/cm^3 bis 0,97 g/cm^3)

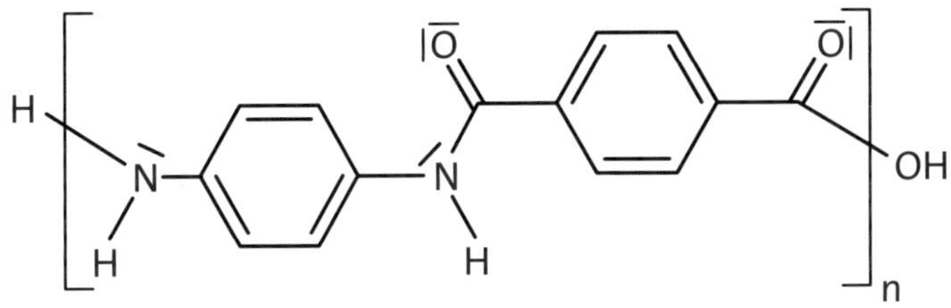

Polyaramid

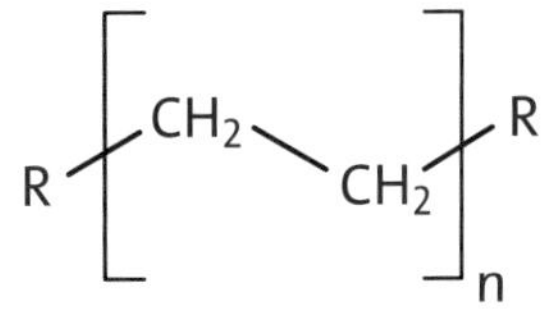

Polyethen

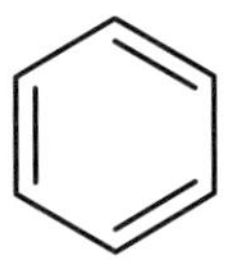

Benzol

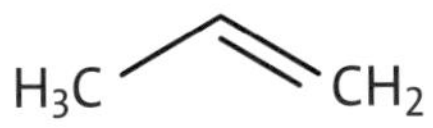

Propen

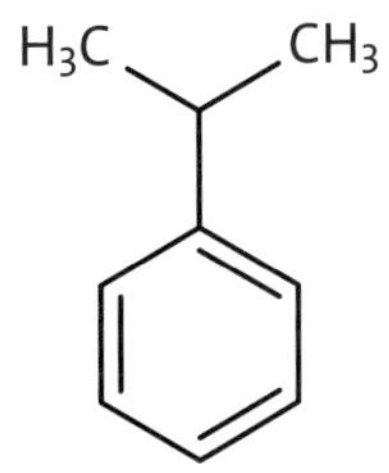

Cumol

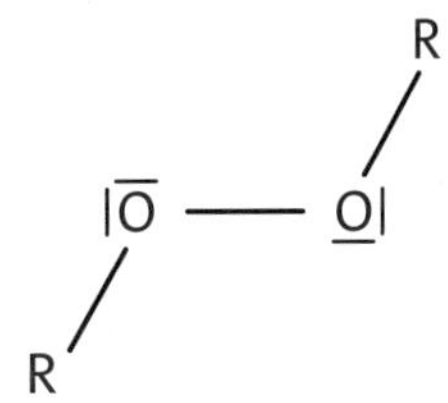

allgemeine Form eines organischen Peroxids

Lösungen

Abiturklausur 6

Leistungskurs

Carmoisin – Synthese und Einsatz als Lebensmittelfarbstoff

Aufgabenstellung:

1 Geben Sie die Kennzeichen aromatischer Systeme an. Erläutern Sie anhand der Molekülstrukturen das unterschiedliche Verhalten von Stoff A (Naphthalin) und Stoff B (1,2,3,4,5,8-Hexahydronaphthalin) gegenüber Brom. Erläutern Sie den Ablauf der Reaktion von Stoff B und Brom in Einzelschritten.

(*16 Punkte*)

2 Geben Sie den Reaktionstyp für die der Sulfonierung von 1-Naphthol zugrundeliegenden Reaktion an. Erläutern Sie den Ablauf dieser Reaktion in Einzelschritten. Begründen Sie die Position, an der die Sulfonierung von 1-Naphthol erfolgt.

(*12 Punkte*)

3 Entwickeln Sie unter Angabe des Reaktionstyps und der beteiligten Stoffe eine Reaktionsgleichung für die in Schritt II der Carmoisin-Synthese ablaufende Reaktion. Geben Sie begründend die bei diesem Schritt einzuhaltenden Reaktionsbedingungen an. Entwickeln Sie unter Angabe des Reaktionstyps eine Reaktionsgleichung für die in Schritt III der Carmoisin-Synthese ablaufende Reaktion.

(*18 Punkte*)

4 Erklären Sie am Beispiel von Carmoisin unter Bezug auf Tabelle 1 und das angegebene Extinktionsmaximum den Zusammenhang zwischen Lichtabsorption und Farbigkeit. Begründen Sie anhand der Molekülstruktur die Farbigkeit von Carmoisin. Erläutern Sie am Beispiel der Konzentrationsbestimmung von Carmoisin in Limonade die Grundlagen und Durchführung des fotometrischen Messverfahrens.

(*20 Punkte*)

Zugelassene Hilfsmittel:

- Taschenrechner (grafikfähiger Taschenrechner / CAS-Taschenrechner)
- Periodensystem
- Wörterbuch zur deutschen Rechtschreibung

Fachspezifische Vorgaben:

Carmoisin (E 122) ist ein synthetischer, in Europa zugelassener Lebensmittelfarbstoff. Das feste Natriumsalz ist gut wasserlöslich und beständig gegen Licht und Hitze. Das Extinktionsmaximum von Carmoisin liegt bei 516 nm. Carmoisin wird aufgrund seiner intensiven Farbe u. a. für Getränke, Süß- und Zuckerwaren, Marzipan, Puddingpulver, Kunstspeiseeis, Fruchtkonserven, Fertigsuppen und Paniermehl verwendet

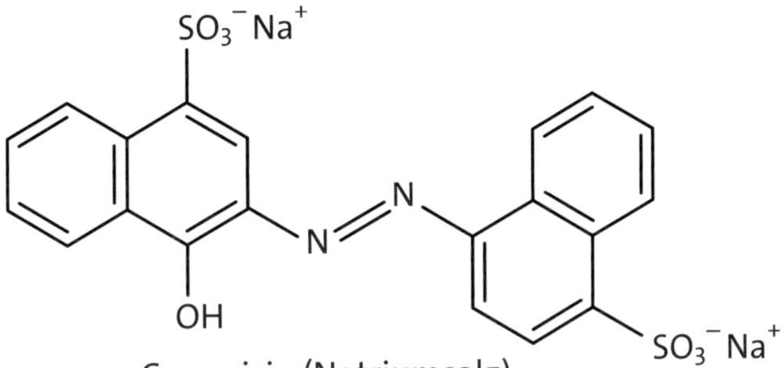

Carmoisin (Natriumsalz)

Carmoisin kann aus bicyclischen Kohlenwasserstoffverbindungen hergestellt werden, die ein Naphthalin-Grundgerüst tragen. **Naphthalin** (Stoff A) ist ein weißer Feststoff, der in unpolaren Lösemitteln gut löslich ist. Gibt man elementares Brom (Br_2) zu einer Naphthalinlösung, entfärbt sich die Lösung nicht. Im Vergleich dazu entfärbt sich eine Lösung aus 1,2,3,4,5,8-Hexahydronaphthalin (Stoff B) und elementarem Brom schnell.

Naphthalin (Stoff A) | 1,2,3,4,5,8-Hexahydronaphthalin (Stoff B)

Für die **Carmoisin-Synthese** können die beiden Naphthalin-Derivate 1-Hydroxynaphthalin (1-Naphthol) und 1-Aminonaphthalin eingesetzt werden (▶ **Abbildung 1**). Beide Verbindungen werden zunächst sulfoniert, indem sie mit konzentrierter Schwefelsäure (H_2SO_4) versetzt werden. Dabei dienen Schwefeltrioxid-Moleküle (SO_3) als Reaktionspartner, die in der konzentrierten Schwefelsäure gelöst vorliegen. Bei der Sulfonierung (▶ **Schritte Ia und Ib**) entstehen 4-Hydroxynaphthalin-1-sulfonsäure und 4-Aminonaphthalin-1-sulfonsäure. Beide Verbindungen lassen sich in verdünnter Natronlauge lösen und reagieren unter bestimmten Bedingungen zum gewünschten Farbstoff Carmoisin. Dabei wird 4-Aminonaphthalin-1-sulfonsäure zunächst in ein Zwischenprodukt überführt (▶ **Schritt II**) und der Reaktionsansatz anschließend mit 4-Hydroxynaphthalin-1-sulfonsäure versetzt (▶ **Schritt III**).

Konzentrationsbestimmung

Seit 2010 müssen Lebensmittel, die Lebensmittelfarbstoffe der Farbstoffklasse enthalten, zu der auch Carmoisin gehört, mit dem Warnhinweis „Kann Aktivität und Aufmerksamkeit bei Kindern beeinträchtigen“ versehen sein. Zur Überprüfung der Einhaltung der für die einzelnen Lebensmittel festgelegten Höchstmengen an Farbstoffen werden Konzentrationsbestimmungen durchgeführt. In Limonade, die als einzigen zugesetzten Farbstoff Carmoisin enthält, lässt sich die Konzentration des Farbstoffs gut fotometrisch ermitteln.

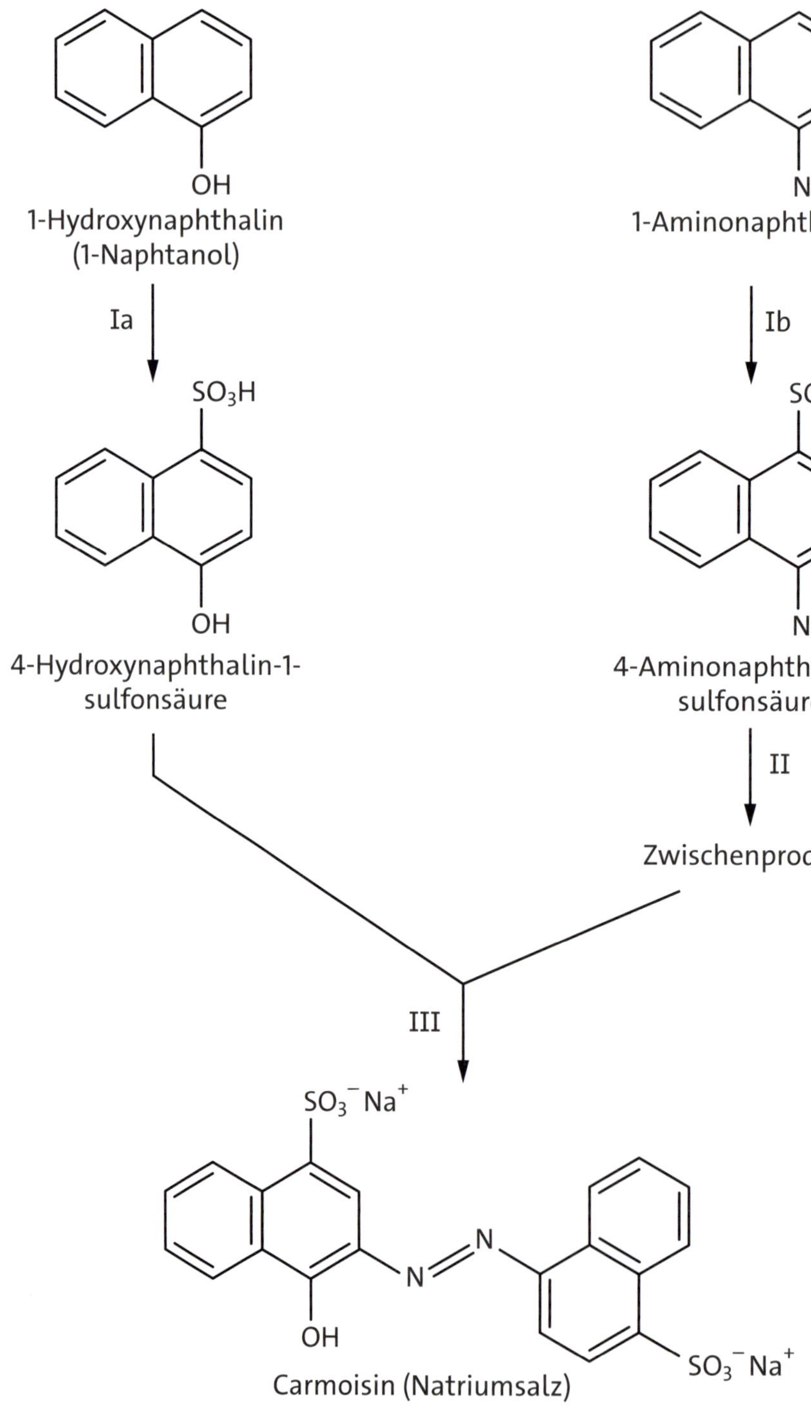

Abbildung 1 Synthese von Carmoisin aus Naphthalin-Derivaten

Zusatzinformationen:

Als ein **Derivat** (von lateinisch *derivare* ‚ableiten‘) wird in der Chemie ein Stoff ähnlicher Struktur bezeichnet. Derivate sind z. B. Stoffe, die an Stelle eines Wasserstoff-Atoms ein anderes Atom oder eine ganze Atomgruppe besitzen bzw. bei denen ein oder mehrere Atome/Atomgruppen entfernt wurden.

Schwefeltrioxid-Moleküle sind planar gebaut und enthalten drei gleichlange Bindungen zwischen dem Schwefel-Atom und den Sauerstoff-Atomen.

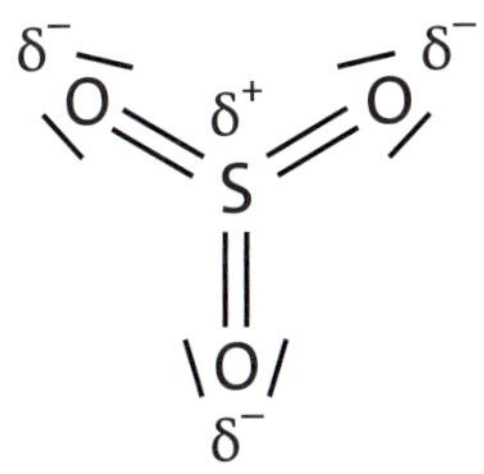

Tabelle 1 **Zusammenhang von absorbierter Strahlung, zugehöriger Spektralfarbe und beobachteter Komplementärfarbe**

Wellenlänge λ in nm	Spektralfarbe	Komplementärfarbe
< 400	ultraviolett	farblos
400–435	violett	gelbgrün
435–480	blau	gelb
480–490	grünblau	orange
490–500	blaugrün	rot
500–560	grün	purpur
560–580	gelbgrün	violett
580 –595	gelb	blau
595–605	orange	grünblau
605–770	rot	blaugrün

Quellenverzeichnis

Bildnachweis

Cover:Cornelsen/Molekül: Science Photo Library/Molekuul, Formel: Klein & Halm | ClipDealer GmbH/Bastian Kienitz: 85/2 | Cornelsen/Absatz-DTP-Service, Oxana Rödel: 36/m.r.; 37/u.l.; 38/Formeln; 39/o.r.Formel; 45; 46; 51/3; 87/1B; 96; 97/bis auf 7; 106; 113; 114/4; 115/u.-Molekülmodelle; 116/3; 126/3; 127/o., 5, 7; 128; 129/Formeln; Cornelsen/Birgit Janisch: 22/Gleichungen der Beispiele, l. Formeln 1-3+5, l.2; 72/3; 86/1; Cornelsen/Detlef Seidensticker: 39/o. Molekül; 44/o.; Cornelsen/Hannes von Goessel: 21; 22/l. Formel 4+6, r. Formeln; 24/u.; 25; 32-33; 56/8; 58/2; 59-60; 61/2; 64; 71/4; 72/1, 2; 76/1; 81/10; 85/l.1, 3; 90; 91/4; 93-95; 98-100; 105/1, M2; 107/3; 110; 111/Formeln; 112/Formeln; 115/2, Formeln; 116/4; 117-118; 119/Formel, Teststreifen; 120; 122/Formeln; 123/Formel; 133; 136-137; Cornelsen/Hannes von Goessel, Hans Wunderlich: 77; Cornelsen/Tom Menzel: 18-19; 36/u.; 37/u.m.; 38/Moleküle; 39/m.r.-Molekül, u.r.; 54/3; 55; 57; 58/1; 78/78+79; 80/5; 81/9; 114/6; 116/5; 121; 129/3; 132/u.; 134/5; Cornelsen/Tom Menzel, bearbeitet von Hannes von Goessel: 132/o; 134/6; Cornelsen/Volker Döring: 111/u.r.; 119/l.-Reagenzgläser; Cornelsen/Volker Minkus: 104/2, 119/r.-Reagenzgläser; 123/1l.; Cornelsen/Werner Wildermuth: 14-15; 16/1; 29; 44/u.; 54/1, 2; 56/7; 66-67; 76/2-4; 80/6, 7; 81/11, 12; 91/3, 5; 92; 97/7; 114/5; 115/1, 2; 126/1-2, 4; 127/6; 134/7-8; 141-142; 146-164; 169-185 | dpa Picture-Alliance/Christoph Schmidt: 51/1; Bildarchiv: 107/M1 | Dr. Thomas Kappel und Falk-Holger Helbing: 104/1 | Imago Stock & People GmbH/blickwinkel: 85/r. | mauritius images/Westend61: 73/1 |PEFC Deutschland e.V.: 2/u.| Projektträger Jülich/Forschungszentrum Jülich GmbH: 61/1 | sciencephotolibrary: Andrew Lambert Photography: 104/3; MARTYN F. CHILLMAID: 112/Reagenzgläser | Shutterstock.com: 3523studio: 144, 167; Africa Studio: 63; Alex Popov: 103; Andreas Zerndl: 129/lila Blüte m.; Andrey Lobachev: 87/r.; ArthurStock: 11; Billion Photos: 17/3; Chones: 130-131; ESB Professional: 108-109; fizkes: 12; Gunnar Pippel: 138-139; Mikhail Romanov: 87/1A; Pheelings media: 13; PhotoMediaGroup: 86/2; rawf8: 74-75; Seashell World: 53; VH-studio: 16/2; zhangyang13576997233: 104/M1; Vitalina Rybakova: 40-41 | stock.adobe.com: Aleksey Stemmer: 124-125; alexlukin: 119/Apfel; Birgitt.Bautze: 129/lila Blüte u.; DmyTo: 129/rote Blüte; DragonImages: 28; dutchlight: 107/1r.; focus finder: 122/mi.; liboriop: 107/1l.; Mushy: 129/Erdbeere; OlegDoroshin: 105/o.m.; Phoenixpix: 129/blaue Blüte; Pixelmixel: 129/orange Blüte; Roman Samokhin: 88-89; Shirinov Angela/Angela Staenicke: 73/2 | Thomas Seilnacht: 129/2 | www.xpbimages.com: 42-43.

Textnachweis

Projektträger Jülich/ Forschungszentrum Jülich GmbH: 61 /M1; Qualitäts- und UnterstützungsAgentur – Landesinstitut für Schule (QUA-LiS NRW): Abitur-Prüfungsaufgaben: 140-185

Periodensystem der Elemente

Metall (blau) · Halbmetall (grün) · Nichtmetall (gelb)

schwarz = Feststoff
weiß = Flüssigkeit
rot = Gas
hellblau = künstliches Element
* = radioaktives Element
[1] = Gruppennummerierung IUPAC (1989): Gruppennummern 1 bis 18

Periode	1[1] I. Hauptgruppe	2 II. Hauptgruppe	3 III. Nebengruppe	4 IV. Nebengruppe	5 V. Nebengruppe	6 VI. Nebengruppe	7 VII. Nebengruppe	8 VIII. Nebengruppe	9 VIII. Nebengruppe	10 VIII. Nebengruppe	11 I. Nebengruppe	12 II. Nebengruppe	13 III. Hauptgruppe	14 IV. Hauptgruppe	15 V. Hauptgruppe	16 VI. Hauptgruppe	17 VII. Hauptgruppe	18 VIII. Hauptgruppe
1	1 1,008 2,1 H Wasserstoff $1s^1$																	2 4,003 He Helium $1s^2$
2	3 6,94 1,0 Li Lithium $[He]2s^1$	4 9,01 1,5 Be Beryllium $[He]2s^2$											5 10,81 2,0 B Bor $[He]2s^2 2p^1$	6 12,01 2,5 C Kohlenstoff $[He]2s^2 2p^2$	7 14,007 3,0 N Stickstoff $[He]2s^2 2p^3$	8 15,999 3,5 O Sauerstoff $[He]2s^2 2p^4$	9 18,998 4,0 F Fluor $[He]2s^2 2p^5$	10 20,18 Ne Neon $[He]2s^2 2p^6$
3	11 22,99 0,9 Na Natrium $[Ne]3s^1$	12 24,31 1,2 Mg Magnesium $[Ne]3s^2$											13 26,98 1,5 Al Aluminium $[Ne]3s^2 3p^1$	14 28,09 1,8 Si Silicium $[Ne]3s^2 3p^2$	15 30,97 2,1 P Phosphor $[Ne]3s^2 3p^3$	16 32,07 2,5 S Schwefel $[Ne]3s^2 3p^4$	17 35,45 3,0 Cl Chlor $[Ne]3s^2 3p^5$	18 39,95 Ar Argon $[Ne]3s^2 3p^6$
4	19 39,10 0,8 K Kalium $[Ar]4s^1$	20 40,08 1,0 Ca Calcium $[Ar]4s^2$	21 44,96 1,3 Sc Scandium $[Ar]3d^1 4s^2$	22 47,88 1,5 Ti Titan $[Ar]3d^2 4s^2$	23 50,94 1,6 V Vanadium $[Ar]3d^3 4s^2$	24 51,996 1,6 Cr Chrom $[Ar]3d^5 4s^1$	25 54,94 1,5 Mn Mangan $[Ar]3d^5 4s^2$	26 55,85 1,8 Fe Eisen $[Ar]3d^6 4s^2$	27 58,93 1,8 Co Cobalt $[Ar]3d^7 4s^2$	28 58,69 1,8 Ni Nickel $[Ar]3d^8 4s^2$	29 63,55 1,9 Cu Kupfer $[Ar]3d^{10} 4s^1$	30 65,39 1,6 Zn Zink $[Ar]3d^{10} 4s^2$	31 69,72 1,6 Ga Gallium $[Ar]3d^{10} 4s^2 4p^1$	32 72,61 1,8 Ge Germanium $[Ar]3d^{10} 4s^2 4p^2$	33 74,92 2,0 As Arsen $[Ar]3d^{10} 4s^2 4p^3$	34 78,96 2,4 Se Selen $[Ar]3d^{10} 4s^2 4p^4$	35 79,90 2,8 Br Brom $[Ar]3d^{10} 4s^2 4p^5$	36 83,80 Kr Krypton $[Ar]3d^{10} 4s^2 4p^6$
5	37 85,47 0,8 Rb Rubidium $[Kr]5s^1$	38 87,62 1,0 Sr Strontium $[Kr]5s^2$	39 88,91 1,3 Y Yttrium $[Kr]4d^1 5s^2$	40 91,22 1,6 Zr Zirconium $[Kr]4d^2 5s^2$	41 92,91 1,6 Nb Niob $[Kr]4d^4 5s^1$	42 95,94 1,8 Mo Molybdän $[Kr]4d^5 5s^1$	43 [98] 1,9 Tc* Technetium $[Kr]4d^6 5s^1$	44 101,07 2,2 Ru Ruthenium $[Kr]4d^7 5s^1$	45 102,91 2,2 Rh Rhodium $[Kr]4d^8 5s^1$	46 106,42 2,2 Pd Palladium $[Kr]4d^{10}$	47 107,87 1,9 Ag Silber $[Kr]4d^{10} 5s^1$	48 112,41 1,7 Cd Cadmium $[Kr]4d^{10} 5s^2$	49 114,82 1,7 In Indium $[Kr]4d^{10} 5s^2 5p^1$	50 118,71 1,8 Sn Zinn $[Kr]4d^{10} 5s^2 5p^2$	51 121,76 1,9 Sb Antimon $[Kr]4d^{10} 5s^2 5p^3$	52 127,60 2,1 Te Tellur $[Kr]4d^{10} 5s^2 5p^4$	53 126,90 2,5 I Iod $[Kr]4d^{10} 5s^2 5p^5$	54 131,29 Xe Xenon $[Kr]4d^{10} 5s^2 5p^6$
6	55 132,91 0,7 Cs Caesium $[Xe]6s^1$	56 137,33 0,9 Ba Barium $[Xe]6s^2$	57 138,91 1,1 La Lanthan ● $[Xe]5d^1 6s^2$	72 178,49 1,3 Hf Hafnium $[Xe]4f^{14} 5d^2 6s^2$	73 180,95 1,5 Ta Tantal $[Xe]4f^{14} 5d^3 6s^2$	74 183,84 1,7 W Wolfram $[Xe]4f^{14} 5d^4 6s^2$	75 186,21 1,9 Re Rhenium $[Xe]4f^{14} 5d^5 6s^2$	76 190,23 2,2 Os Osmium $[Xe]4f^{14} 5d^6 6s^2$	77 192,22 2,2 Ir Iridium $[Xe]4f^{14} 5d^7 6s^2$	78 195,08 2,2 Pt Platin $[Xe]4f^{14} 5d^9 6s^1$	79 196,97 2,4 Au Gold $[Xe]4f^{14} 5d^{10} 6s^1$	80 200,59 1,9 Hg Quecksilber $[Xe]4f^{14} 5d^{10} 6s^2$	81 204,38 1,8 Tl Thallium $[Xe]4f^{14} 5d^{10} 6s^2 6p^1$	82 207,2 1,8 Pb Blei $[Xe]4f^{14} 5d^{10} 6s^2 6p^2$	83 208,98 1,9 Bi Bismut $[Xe]4f^{14} 5d^{10} 6s^2 6p^3$	84 [209] 2,0 Po Polonium $[Xe]4f^{14} 5d^{10} 6s^2 6p^4$	85 [210] 2,2 At* Astat $[Xe]4f^{14} 5d^{10} 6s^2 6p^5$	86 [222] Rn* Radon $[Xe]4f^{14} 5d^{10} 6s^2 6p^6$
7	87 [223] 0,7 Fr* Francium $[Rn]7s^1$	88 226,03 0,9 Ra* Radium $[Rn]7s^2$	89 227,03 1,1 Ac* Actinium ●● $[Rn]6d^1 7s^2$	104 [261] Rf* Rutherfordium $[Rn]5f^{14} 6d^2 7s^2$	105 [262] Db* Dubnium $[Rn]5f^{14} 6d^3 7s^2$	106 [266] Sg* Seaborgium $[Rn]5f^{14} 6d^4 7s^2$	107 [264] Bh* Bohrium $[Rn]5f^{14} 6d^5 7s^2$	108 [267] Hs* Hassium $[Rn]5f^{14} 6d^6 7s^2$	109 [268] Mt* Meitnerium $[Rn]5f^{14} 6d^7 7s^2$	110 [271] Ds* Darmstadtium $[Rn]5f^{14} 6d^9 7s^1$	111 [272] Rg* Roentgenium $[Rn]5f^{14} 6d^{10} 7s^1$	112 [272] Cn* Copernicium $[Rn]5f^{14} 6d^{10} 7s^2$	113 [284] Nh* Nihonium $[Rn]5f^{14} 6d^{10} 7s^2 7p^1$	114 [289] Fl* Flerovium $[Rn]5f^{14} 6d^{10} 7s^2 7p^2$	115 [288] Mc* Moscovium $[Rn]5f^{14} 6d^{10} 7s^2 7p^3$	116 [293] Lv* Livermorium $[Rn]5f^{14} 6d^{10} 7s^2 7p^4$	117 [293] Ts* Tennessine $[Rn]5f^{14} 6d^{10} 7s^2 7p^5$	118 [294] Og* Oganesson $[Rn]5f^{14} 6d^{10} 7s^2 7p^6$

Legende (Beispiel): 7 14,007 · 3,0 N · Stickstoff · $[He]2s^2 2p^3$

Ordnungszahl – Atommasse in u
Elektronegativitätswert – Symbol
Name – Elektronenkonfiguration

Die Atommassen in eckigen Klammern beziehen sich auf das längstlebige gegenwärtig bekannte Isotop des betreffenden Elements.

● Elemente der Lanthanreihe (Lanthanoide)

58 140,12 1,1 Ce Cer $[Xe]4f^2 6s^2$	59 140,91 1,1 Pr Praseodym $[Xe]4f^3 6s^2$	60 144,24 1,2 Nd Neodym $[Xe]4f^4 6s^2$	61 [145] 1,2 Pm* Promethium $[Xe]4f^5 6s^2$	62 150,36 1,2 Sm Samarium $[Xe]4f^6 6s^2$	63 151,97 1,2 Eu Europium $[Xe]4f^7 6s^2$	64 157,25 1,1 Gd Gadolinium $[Xe]4f^7 5d^1 6s^2$	65 158,93 1,2 Tb Terbium $[Xe]4f^9 6s^2$	66 162,50 1,2 Dy Dysprosium $[Xe]4f^{10} 6s^2$	67 164,93 1,2 Ho Holmium $[Xe]4f^{11} 6s^2$	68 167,26 1,2 Er Erbium $[Xe]4f^{12} 6s^2$	69 168,93 1,2 Tm Thulium $[Xe]4f^{13} 6s^2$	70 173,04 1,1 Yb Ytterbium $[Xe]4f^{14} 6s^2$	71 174,97 1,2 Lu Lutetium $[Xe]4f^{14} 5d^1 6s^2$

●● Elemente der Actiniumreihe (Actinoide)

90 232,04 1,3 Th* Thorium $[Rn]6d^2 7s^2$	91 231,04 1,5 Pa* Protactinium $[Rn]5f^2 6d^1 7s^2$	92 238,03 1,7 U* Uran $[Rn]5f^3 6d^1 7s^2$	93 [237] 1,2 Np* Neptunium $[Rn]5f^4 6d^1 7s^2$	94 [244] 1,3 Pu* Plutonium $[Rn]5f^6 7s^2$	95 [243] 1,3 Am* Americium $[Rn]5f^7 7s^2$	96 [247] 1,3 Cm* Curium $[Rn]5f^7 6d^1 7s^2$	97 [247] 1,3 Bk* Berkelium $[Rn]5f^9 7s^2$	98 [251] 1,3 Cf* Californium $[Rn]5f^{10} 7s^2$	99 [252] 1,3 Es* Einsteinium $[Rn]5f^{11} 7s^2$	100 [257] 1,3 Fm* Fermium $[Rn]5f^{12} 7s^2$	101 [258] 1,3 Md* Mendelevium $[Rn]5f^{13} 7s^2$	102 [259] 1,3 No* Nobelium $[Rn]5f^{14} 7s^2$	103 [262] 1,3 Lr* Lawrencium $[Rn]5f^{14} 6d^1 7s^2$